普通高等教育“十二五”规划教材

物流信息管理

主　编　丰　斓　赵弘志

副主编　于海溶　温凤媛

参　编　丰　蕾　崔　健　王　[illegible]

　　　　黄　巍　周丽艳

机械工业出版社

物流信息管理是物流管理和物流工程专业的核心课程之一，是现代物流管理实践中必备的技术基础。本书结合高等院校创新型应用人才培养的特点，以理论知识为基础，注重理论与实际相结合。本书分为6章，主要内容包括物流信息管理基础、物流信息技术、物流管理业务流程、物流信息系统、物流信息系统的开发和物流信息安全。本书引用了大量的最新物流信息管理理论研究成果和不同类型企业的信息管理案例，为读者提供了丰富的学习资料，同时选编了多种形式的思考与练习题，以供读者训练或操作时使用。

本书可作为高等院校物流管理、物流工程、电子商务等相关专业本、专科生的教材，也可作为物流企业和社会培训人员的参考书籍。

图书在版编目（CIP）数据

物流信息管理/丰斓，赵弘志主编．—北京：机械工业出版社，2012.8（2020.1重印）

普通高等教育“十二五”规划教材

ISBN 978-7-111-39412-9

Ⅰ.①物…　Ⅱ.①丰…　②赵…　Ⅲ.①物流－信息管理－高等学校－教材　Ⅳ.①F253.9

中国版本图书馆CIP数据核字（2012）第186406号

机械工业出版社（北京市百万庄大街22号　邮政编码100037）
策划编辑：易　敏　责任编辑：易　敏　赵海莲　邓海平
版式设计：姜　婷　责任校对：赵　蕊
封面设计：马精明　责任印制：李　昂
唐山三艺印务有限公司印刷
2020年1月第1版第5次印刷
169mm×239mm・19印张・369千字
标准书号：ISBN 978-7-111-39412-9
定价：35.00元

前　言

如果把物流系统比做社会经济发展输送营养的血液循环系统，那么物流信息就是附着在血管上的神经网络。物流信息来源于物流系统，又作用于物流系统，物流信息管理是保证物流畅通的重要手段。

《国务院办公厅关于促进物流业健康发展政策措施的意见》（以下简称《意见》）（国办发［2011］38 号）中指出，为进一步贯彻落实《国务院关于印发物流业调整和振兴规划的通知》（国发［2009］8 号）精神，促进物流业健康发展，提出了若干意见。其中包括加强物流新技术的自主研发，重点支持物流信息平台、物流管理软件、移动物流信息服务等关键技术攻关；鼓励物流企业应用供应链管理技术和信息技术，地方各级人民政府对物流企业的物流信息平台建设要积极给予扶持；推动有关部门、重点制造企业和商贸企业、物流企业不断提高物流信息资源的开发利用水平，促进物流信息的科学采集、安全管理、有效利用、深度开发、有序交换和集成应用；推进物流信息资源开放共享，处理好安全与协同的关系，鼓励采取多种方式实现物流信息的互通交换，促进信息流、物流和资金流的协同和联动，提高物流服务效率和经营管理水平。

从《意见》中可以看出，物流信息资源共享、物流信息平台的构建和物流信息技术的发展已经成为促进我国物流业健康发展的关键要素。在这样的大背景下，物流信息管理人才的培养便凸显其重要性。物流信息管理的专业人才应该掌握物流业务流程方面的知识、数据库方面的知识、某一种面向对象的编程语言和管理信息系统开发方面的知识。本书在继承市场上已有教材的优秀结构与内容的基础上，主要目的是强化学生物流信息处理能力，增强学生对物流信息系统的分析能力，并具备一定的物流信息系统的开发能力。

本书以掌握理论为基础，以强化应用为重点，增加了物流信息管理领域中最新的研究成果，引入了大量近期有代表性的企业案例，供学生解析领悟。本书主要包括 6 章内容：第 1 章介绍了信息管理和物流信息管理相关的基础知识；第 2 章主要介绍了物流信息管理中常用的信息技术；要进行有效的物流信息管理首先要了解物流的相关业务流程，本书第 3 章主要介绍的就是物流业务流程及其优化方面的知识；物流信息系统是物流信息管理的有效工具，本书第 4 章主要介绍了物流信息系统的相关知识；一名合格的物流信息管理人员必须掌握一定的系统开发知识，才能更好地运用信息系统进行物流管理工作，本书第 5 章介绍的是物流信息系统开发方面的知识；再好的信息系统也达不到百分之百的安全，因此信息安全是一个永恒的主题，本书第 6 章介绍了物流信息安全的相关知识。

本书由沈阳工学院的丰斓、赵弘志任主编，负责对全书框架结构的设计及最后定稿；沈阳住房公积金管理中心的于海溶、沈阳师范大学国际商学院的温凤媛任副主编。

参与本书编写的还有大连民族学院的丰蕾、沈阳工学院的崔健、沈阳师范大学国际商学院的王尧、沈阳住房公积金管理中心的黄巍和沈阳工学院的周丽艳。

由于时间仓促，编者水平有限，本书错漏之处在所难免，欢迎广大读者批评指正。

目　录

第1章 物流信息管理基础

本章教学要点

- **掌握**：信息和物流信息的定义和特征；信息系统的定义；信息管理和物流信息管理的内容。
- **熟悉**：数据、信息、知识和智慧之间的关系；知识管理的概念；信息管理的对象；我国与国外关于物流定义的差异。
- **了解**：信息的类型及功能。

【导入阅读】

“普利特”——从数据里发现盈利之源㊀

上海普利特复合材料股份有限公司（以下简称“普利特”）创立于1993年，目前拥有五大类200余种品级的改性塑料产品，为汽车制造、家用电器、电子信息等企业提供配套服务，是专业从事高性能塑料复合材料研究、生产、销售和服务的民营高新技术企业。

2009年5月，在中国企业制造业上海峰会上，上海普利特总工程师（副总经理）张祥福展示了一张特别的管理报表，它揭示了“普利特”的盈利之源。这张报表显示：某个客户一年销售收入贡献近2 000万元，而真实的利润贡献却不到28万元，利润率只有1.5%；而另一个客户一年销售收入贡献不到600万元，利润贡献却超过100万元，利润贡献率高达18.87%。通过这样的多维度分析，可以轻松揭示一个事实：销售收入最大的客户不一定是企业利润贡献最大的客户。

这得益于商业智能系统。传统ERP（企业资源计划系统）可以帮助用户获取客户收入、费用支出、产品销售这一系列维度的单一信息，但却无法将这些信息统一到一张表里进行综合分析，类似的综合信息只有通过商业智能系统才能获得。“普利特”有500家以上的客户，而商业智能系统能有效帮助该公司更好地

㊀ 工业和信息化部中小企业司，中小企业信息化成果案例选登，企业科技与发展，2010年第11期，第7页。

提高客户服务，挖掘最有价值的客户。

公司有几十个业务人员，如何掌握业务员对企业的利润贡献，是“普利特”管理者关注的问题。有的业务员看似销售收入贡献很大，但其花费的成本也高，算下来最终纯利率很低；而有的业务员销售收入贡献看似不大，但成本合理，最终纯利率高，这样的业务员才是企业的核心人才。

张祥福认为，企业管理者都应该掌握使用商业智能系统的技能。该系统工具可以指导管理者经营公司，抛弃传统的经验管理，以数字说话。现在“普利特”的管理者每天上班第一件事就是查看一下个人的管理门户（U8 商业智能管理者门户），查看企业运营是否出现异常，通过主题分析监控、分析企业的运营。

“普利特”真正实现了从数据里发现企业的盈利之源，帮助管理者实现了科学管理决策。

1.1 信息与信息系统

1.1.1 信息的概念

1. 信息的定义

信息是事物本质、特征、运动规律的反映，是事物之间相互联系、相互作用的状况和规律的反映。不同的事物有不同的本质、特征、运动规律。人们就是通过事物发出的信息来认识该事物，将该事物区别于其他事物的。

我国国家标准 GB 489885《情报与文献工作词汇基本术语》中，关于“信息”的解释是：“信息是物质存在的一种方式、形态或运动状态，也是事物的一种普遍属性，一般指数据、消息中所包含的意义，可以使消息中所描述事件的不确定性减少。”从定义分析中可以得出：信息的本质是物质的属性，而不是物质实体本身。客观存在的一切事物，包括自然界、人体本身和人类社会，都是在不断运动着的，运动的物质，必然会产生相互作用和影响，从而引起物质结构、数量等多方面的变化，事物的这些变化，便成为信息产生的物质基础。因此，信息不是事物本身，而是由事物发出的数据、消息中所包含的意义。该定义明确了信息的认知知识的功能，即能减少不确定性的能力，可以说，信息是知识的源泉，知识是对获得信息进行处理并使之系统化的结果。这一功能是信息的基本功能，是人类解释客观世界发展规律的重要途径，知识的积累、科技的发展进步、经济文化的繁荣，都离不开信息的这一功能，经过大脑对信息的鉴别、筛选、归纳、提炼和存储，人类对客观世界的认识逐步深入，人类逐步进化、进步、发展。其次，这一定义明确了信息是指数据与消息中所包含的意义，是数据与消息这样的信息中所包含的内容，区分了信息与讯息，从结构上使信息的概念更加准确。

信息还有一个本质的特征，即序列。它揭示了具有相同信息量的语法信息却具有不同语义（语义信息）的现象。例如，人们熟知的DNA，是由两条脱氧核苷酸长链，通过若干对而总共只有四种的碱基连接在一起，扭曲组成一个双螺旋结构大分子。组成分子的成分就是脱氧核苷酸长链和四种碱基这五种成分。然而就是这五种成分，却以不同的数目和不同的顺序，组成了成千上万的不同生物物种。

2. 数据、信息、知识、理解和智慧

系统理论家R. 阿克奥夫认为人的意识可以分成以下五类㊀：

(1) 数据：即符号。数据未经过加工，它以简单形式存在，如果没有平台的支撑就没有任何意义。它能够以任何形式存在，可以是有用的，也可以是无用的。它的自身没有任何意义。

(2) 信息：即经过加工的有用数据，回答关于“谁”、“什么”和“何时”的问题。信息是通过某种关联而具有含义的数据。这个“含义”可能是有用的，也可能是无用的。用计算机语言表述就是由数据组成的关联数据库。

(3) 知识：即数据和信息的运用，回答“如何”的问题。知识是经过选择的信息，具有一定的目的性。当人们“记忆”信息时，实际上是在积累知识。这种知识对于他们来说是有用的，但不是为了某种目的，而是为了其中可能含有更多的知识。例如，小学生可以告诉你“2×2=4”，因为他们积累了相关知识(乘法口诀)。但是对于“1 267×300”，他们就无法计算了，因为没有相关的乘法口诀。如果要做出这道数学题，需要学习下一步的知识，需要认知和分析能力。用计算机术语表达就是，应用软件用于存储知识。

(4) 理解：即回答“为什么”的问题。理解是一个或然的过程，是经过认知和分析的。在这个过程中，人们可以通过以前掌握的知识获得进一步的知识和整合出新的知识。理解与知识的不同表现为“学问”与“记忆”的差别。有理解力的人能够采取有意识的行动，因为他们能够通过以前的理解整合出新的知识，至少是新的信息。也就是说，理解建立在已有信息、知识的基础之上。用计算机语言表述就是，人工智能系统具有理解功能，它能够利用所存储的信息和知识整合成新的知识。

(5) 智慧：即有价值、可以理解。智慧是一种推断和非确定、非或然的过程。它调动了所有的意识，尤其是人所具有的特殊的意识，如道德和伦理规范等。它使人们理解以前未曾理解的东西，以此来达到超越理解本身的目的。它是一种基本的哲学探索。与前四种类型不同，智慧回答关于没有答案或者不能轻易得出答案的问题。在某种意义上说，也可能是处于未知答案的时期。因此，智慧

㊀ G. 贝林杰等，数据、信息、知识、智慧，国外社会科学，2007年第6期，第105~107页。

是通过人们的观察，判断是与非和好与坏的过程。计算机不具备这种功能，也永远不会拥有这项功能。智慧是人类独有的能力。智慧需要灵魂，它就像人的心脏一样存在于人的大脑中。灵魂绝不是某种机器能够拥有的。

图 1-1 表示数据、信息、知识和智慧之间的转换关系，理解是各种转换之间的桥梁，理解融于各阶段之中。

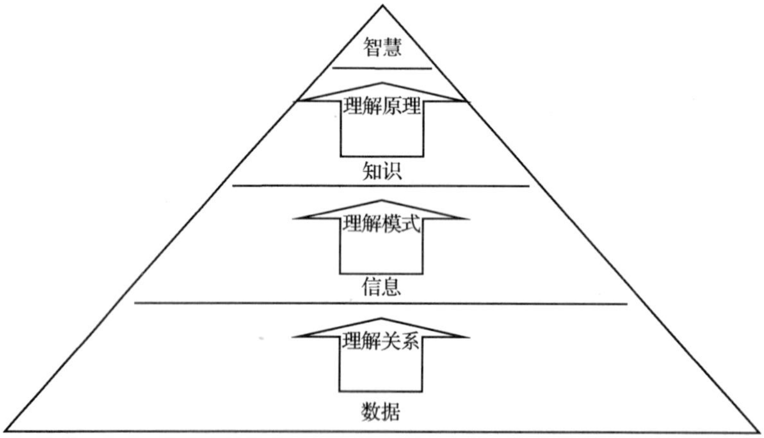

图 1-1　层次模型

如下举例能够帮助人们更好地理解五者之间的关系：

1）数据表示一种事实或对没有任何关联的事件的描述。例如，下雨了。

2）信息包含着对一些事件的关系、可能出现的后果的理解。例如，温度下降到 15℃，然后开始下雨。

3）知识表现为一种模式，它进一步预测可能发生的事情。例如，由于湿度很高，气温下降，空气支撑不住湿气，所以下雨。

4）智慧是对更多隐含知识的理解，它以知识为基础。智慧具有系统性。例如，因为下雨所以下雨。这其中包含着对所有发生事件的理解：蒸发、空气流动、温度变化和正在下雨。

3. 企业信息资源的类型层次㊀

企业中的信息可以是文本、图像、磁带、录像带或头脑里的知识等，按照信息的加工深度将企业的信息资源划分为数据、信息和知识三种类型。组织在实际操作中，经历以下三个阶段：从最初的关注数据发展到信息管理，再到现有的知识管理，人们对信息资源的认识也从最初的数据扩展到信息，最后定位到知识。事实上，数据、信息、知识三者之间存在着有机联系，数据是信息的来源，而知

㊀ 贾君枝等，企业战略信息资源管理层次构建，图书情报工作，2006 年第 11 期，第 83 ~ 85 页。

识来源于信息，组织在信息资源的实际管理中通常没有进行明确区分，组织无论从数据管理、信息管理哪一个角度入手，其最终目标都是实现知识管理，而知识管理若离开了数据管理、信息管理，则是空中楼阁，无从谈起。

数据层、信息层是知识层的基础，知识层是数据层、信息层的应用体现。在企业的战略信息资源管理中，由于这三种类型信息资源的特点不同，因此企业管理者在具体规划中，对每一层次内容管理的侧重点不同。数据层需重视数据流的畅通，信息层要重视信息需求分析与共享，知识层则侧重于知识的传递与应用，只有将这三方面的内容有机地结合起来，才能保证企业信息资源服务于企业总战略目标。

（1）数据层。数据层涉及数据收集、处理加工、输出等一系列数据流活动，数据流与业务流的匹配及数据流是否畅通都是信息资源规划者需要考虑的问题，值得注意的是，数据本身的质量、数据处理过程中的一致性问题也会影响数据流的性质。

1）数据流的重组。传统的分工理论将企业的完整流程分解为若干个任务，并将每个任务交给专门的人员去完成，在这种思想的影响下，企业业务流程被分割得支离破碎，从而使数据流处于分散、冗余重复、不一致的状态。因此，数据流的重组和畅通与业务流的顺畅息息相关。企业需根据大环境及其原有流程的具体情况，确定准备重组的关键业务和流程。并在此基础上分析数据流，寻找原有数据流中存在的问题以及需要改善的方面，例如，理清部门间哪些数据需要共建，哪些数据需要共享，哪些数据要上报企业领导，哪些部门需要获取外部的知识或信息，企业的哪些数据需要对外发布和宣传，哪些数据需要保密，子公司要与总公司交换哪些数据等。重新建构新数据流的起点和终点及其所经路径，考虑这些具有共享特点的数据的整合，以防止数据的重复输入和多口采集。围绕关键业务和流程确定关键数据流，制定一份企业数据流的分析规划图，并附有相应的说明报告，作为数据流实施建设的依据。

2）数据标准的建立。数据流的处理需要一系列软件工具进行分析和描述，而数据的采集、描述、组织与存储、检索过程都依赖于一定的规范和标准。企业所涉及的数据量非常庞大，因而数据标准涉及面较广，既有关于数据库建设的数据元素标准、信息分类编码标准、用户视图标准、概念数据库标准和逻辑数据库标准等，又有涉及行业领域的零件库标准、产品数据标准等行业数据标准，也有数据处理过程中的数据交换和信息共享标准。企业在实施数据管理过程中，一定要注重标准化、规范化管理。一方面加强对有关国家和国际标准的研究与应用，在专家分析的基础上，参照国外同类型机构的标准，或联合其他机构共同构建标准模型，及时修订各类数据工作标准，从而达到对标准化内容进行动态发布和更新的目的。维护现有标准，加强对标准的普及宣传。各机构在开展标准化活动时需要相应的人、法规制度及资源的支持，人即标准化专业人员，是开展标准化活动的关键要素；法规或制度是开展标准化活动的法定程序；资源是开展标准化活动所需的物质条件，如计算机、网络设施等。协调各种支持要素的分配，明确制定相应的执行细则，便于严格执行，发现问题时，应积极纠正。

3）全面数据质量管理方法的应用。数据生产与产品制造过程有相似之处，数据源与数据处理的准确性、及时性和可靠性是保证各业务环节数据准确的基础。全面数据质量管理方法同全面质量管理相似，需进行全过程、全员、全面质量管理，这三全管理需要企业首先形成数据质量文化，使企业全体员工认识到数据质量问题的重要性。企业需了解当前数据质量的现状，如数据错误类型、易发生问题的数据流、质量问题造成的成本损失、提高数据质量所需的投资以及其他同类型企业的数据质量标准。综合考虑数据提供者、数据生产者、数据消费者、数据管理者的质量需求，形成总的质量需求，并细化数据质量属性。质量属性包括正确率、客观性、可信度、安全性、相关性、客观性、及时性、完整性、数据量适当性、可解释性、可理解性、一致描述性、精确描述性、易于操作性和可获得性。数据管理者能够定期追踪数据质量的执行情况。根据评价结果分析当前数据质量存在的问题并进行分析，从而确定提高数据质量的对策。

（2）信息层。企业在日常工作中积累了上亿兆的数据量，包含产品数据、客户数据、员工数据等，但这些数据若无人问津，则没有存在的意义。据 IBM 研究人员统计：只有 7% 的数据在企业作战略决策时主动采用。企业中许多员工不知如何表达自己的信息需求，不知道企业内部有哪些信息，该从哪里获取信息，同时由于部门所限无法获取其他部门的信息。因此，挖掘企业信息需求，将数据转化为信息，实现信息的高度共享，成为信息层研究的重点。

1）企业信息需求的识别。企业信息需求主要是指内部员工的信息需求，按照用户需求相似性的特点，把企业信息需求划分为来自业务操作层的信息需求、来自管理控制层的信息需求和来自战略管理层的信息需求三种类型。

① 业务操作层的信息需求主要是各业务部门的员工在操作过程中需要掌握的或者遇到问题时所需的设备、原料、外购元器件和零部件、能源等物资的供应、生产计划、工序管理、工艺流程、在制品、库存、销售等信息。这一类型的信息主要是事务信息和状态信息，多来自于企业内部数据库，易于通过信息系统直接获取。

② 管理控制层的信息需求主要由中层管理者提出，以支持企业的经营管理活动。这一类型的信息能够集中反映企业资金流、人才流、工作流、物流与商流的状况，用于缩小事物处理的范围。信息综合性强，是多个部门信息的集成。

③ 战略管理层的信息需求主要由高层管理者在制定企业战略目标及其竞争战略时提出，多是针对比较特殊和非结构化的问题，因此对信息要求较高。这一

类型的信息一部分来自企业内部各层面信息，一部分来自外部信息，如国内外政治经济技术环境、竞争者、用户、供应商等竞争环境信息。这种信息类型多样，且信息收集较为困难。

信息资源规划者根据企业的发展重点，需确定这三种类型信息的需求具体收集者、应收集方式等。

2）“信息大陆”的构建。当前企业部门之间、信息系统之间形成了许多“信息孤岛”，造成信息的共享、反馈难，企业内部数据的交换、操作交互不畅。例如，销售部门不能及时掌握可用库存信息，仓储部门不能及时掌握市场销售情况，集团总部不能及时了解下属机构生产经营情况，不能实时监控集团资金流转状况等，无法形成科学决策。各信息系统之间彼此独立，兼容性和集成性差，造成信息大量的冗余及产生垃圾信息。明显地降低了企业使用信息资源的效率。信息层的主要任务便是打破原有信息“孤岛”，实现不同部门与系统的连接、信息的共享，构建企业信息大陆。企业管理者应从全局掌握信息资源建设的方向及目标，制定信息战略目标、战略重点和策略来协调各部门、各单位的活动，树立IT系统在企业应用的整体观念；从管理手段上加强部门之间的信息沟通，协调各部门的信息需求，采用接口交换、中间件等集成技术建立信息共享的通用平台，以满足不同操作平台、不同应用系统、不同数据库类型、不同网络结构之间信息共享的需求。通过整合信息资源，提供统一的信息获取途径，使员工、客户和供应商及处于企业生产链、供应链、价值链和增值链上的对象共享信息资源，最大限度地实现信息共享。

3）数据到信息的转换。信息是信号，有传递者与接受者，其通过改变接受者感知事物的能力，对它的判断与行为产生重要的影响，达到产生决策和解决问题的目标。因此，企业需要考虑采用多种方式将丰富的数据转换成信息，来实现信息的增值作用。当前数据仓库、在线分析过程、数据挖掘、决策支持等技术与工具利用上下关联、分类、计算、修正、压缩等加工方式，用来帮助企业完成这种转换过程。转换除数据和技术外，还与企业文化、战略及员工素质相关。发展面向数据的文化，让员工充分意识到信息的价值，为企业的数据转换成信息提供了良好的环境；战略的详细与高清晰度表述可以明确关键信息，确定数据分析的重点；信息接受者的经验、知识、判断能力影响着数据的解释效果，数据管理者的数据库操作能力、统计模型构建及分析能力、业务熟悉度、交流与合作能力等决定着数据分析的质量及其信息的利用效果。只有充分地将它们结合起来，才可对海量的数据进行遴选，发现其相关性，从而形成新信息。

（3）知识层。企业知识层建立在信息层的基础之上，更注重于创造一种显性知识与隐性知识互动的平台和机制，以把人力资源与信息资源整合起来，推动知识的创新和运用。因此，需将员工头脑中的隐性知识转化为显性知识，并将数据、信息有机地转化为知识。知识管理的相关内容将在后面的章节中提及。

4. 信息的特征

（1）普遍性和客观性。信息是事物运动的一种状态和状态改变的方式，只要物质客观存在，有事物运动，就会有相应运动的状态和方式，就存在着信息。

（2）依存性。信息本身是看不见、摸不着的，它必须依附于一定的物质形式（如声波、电磁波、纸张、化学材料、磁性材料等）之上，不可能脱离物质单独存在。人们把这些以承载信息为主要任务的物质称为信息的载体。

（3）转化性。转化性是指信息可以被加工处理、可以在载体间转换的特征。信息的转化性可以使人类按照自己的需要来加工信息，提高信息的使用价值。在转化过程中，因为对信息的感知、接受和使用决定于信息接受者。而由于各种原因导致了对源信息的感知、接受和使用产生错误，使信息接受者接受到的信息，其内容已经不是源信息所具有的那些内容了，即接受到的是“伪信息”。因此信息具有第四个特征，即真伪性。

（4）真伪性。信息有真信息和伪信息，即信息有真实信息和虚假信息之分。由于产生的原因不同，伪信息可分为三种：① 认知型伪信息。这是由于信息接受者自身的素质、修养、能力以及所处环境的不同，使他们对同一个信息有不同的理解，或者理解得不全面，或者没有能够与环境联系起来理解，从而造成信息差，形成伪信息。② 传播型伪信息。这是由于信息在传播过程中，因为主观的或客观的等各种各样的原因使信息量受到损失，或者掺入了冗余信息，使信息接受者接收到的信息已经不是源信息了。③ 恶意型伪信息。这是由信息发出者故意采取夸大、欺骗、捏造、篡改等手段制造的伪信息。

（5）共享性。信息区别于物质的一个重要特征是它可以被共同占有、共同享用，也就是说，信息在传递过程中不但可以被信息源和信宿共同拥有，而且还可以被众多的信宿同时接收利用。

（6）使用价值的相对性。信息具有潜在的使用价值，特定的信息能够满足人类特定的需要。但其使用价值因信息使用者的不同而异。同一个信息，不同的使用者由于其自身的素质、修养、能力以及所处环境的不同，会得到不同的使用效果。

（7）时效性。由于所有事物都在不断变化，但信息却总是反映特定时刻、特定地点事物的信息，即信息是动态的，一切“活”的信息都会随时间的流逝而老化，也就是说信息是有时效的、有寿命的。

（8）传递性。信息可以通过多种渠道、采用多种方式进行传递。信息可以从时间、空间上的某一点向其他点移动，信息传递需要借助于信息媒介。一个完整的信息传递过程必须具备信源、信宿、信道和信息四个基本要素。

5. 信息的类型

（1）按照信息的发生领域，可将信息划分为物理信息、生物信息和社会信息。

1）物理信息是指无生命世界的信息。如形形色色的天气变化、地壳运动、天体演化……无生命的世界每时每刻都在散发着大量的信息。只是由于条件的限制，我们对于这类信息现象的认识还远远不够。

2）生物信息是指生命世界的信息。有关实验研究表明，植物之间存在着信息交换现象，植物能够感知并传递信息。动物之间更是有着特定的信息联系方式，各类动物都有自己交换信息的“语言”。而遗传信息的作用则是生命进化的重要原因。没有信息，就没有丰富多彩的生物界，更不会出现人类社会。

3）社会信息是指社会上人与人之间交流的信息，包括一切人类社会运动变化状态的描述。按照其活动领域，社会信息又可分为科技信息、经济信息、政治信息、军事信息、文化信息等。社会信息是人类社会活动的重要资源，也是社会大系统的一类构成要素和演化动力。因此，社会信息是信息管理的主要对象。

（2）按照信息的表现形式，可将信息划分为消息、资料和知识。

1）消息是关于客观事物发展变化情况的最新报道。消息反映的是事物当前动态的信息，因此生存期短暂，有较强的时间性，主要用于了解情况，决策行止。

2）资料是客观事物的静态描述与社会现象的原始记录。资料反映的是客观现实的真实记载，因此生存期长久，有较强的累积性，主要用做论证的依据。

3）知识是人类社会实践经验的总结，是人类发现、发明与创造的成果。知识反映的是人类对客观事物的普遍认识和科学评价，因此对人类社会活动有重要的意义。人类通过学习掌握知识，可以增长创造才能，提高决策水平，从而更有效地开展各项社会活动。

（3）按照主体的认识层次，可将信息划分为语法信息、语义信息和语用信息。

1）语法信息只是客观事物形式上的单纯描述，只表现事物的现象而不深入揭示事物发展变化的内涵及其意义。这一层次涉及可能出现的符号的数目，信源的统计性质、编码系统、信道容量等，主要研究信道传递信息的能力，设计合适的编码系统，以高度的可靠性快速有效地传递数据，这些都是通信工程所关心的问题。

2）语义信息是信息认识过程的第二个层次。它是指认识主体所感知或所表述的事物的存在方式和运动状态的逻辑含义。换言之，语义信息不仅反映了事物运动变化的状态，而且还揭示了事物运动变化的意义。从信源发出的数则消息，如果只是从通信符号的统计数量上来看，其信息量可能相等，但信息量相等的消息其意义却可以是完全不同的。在信息检索中就要考虑到信息的语义问题。

3）语用信息是信息认识过程的最高层次。它是指认识主体所感知或所表述的事物存在方式和运动状态，相对于某种目的所具有的效用。换言之，语用信息就是指信源所发出的信息被信宿接收后将产生的效果和作用。同语义信息相比，它对信宿的依赖性更强，而且与信息传递时间、地点、环境条件等有着密切的关系。信息管理关注的主要是语用层次上的信息现象。

6. 信息的功能

（1）信息的中介功能。这是指信息是人类认识客观世界的中介物这一功能。信息作为中介，贯穿于人类认识世界和改造世界的全过程。在管理实践中，信息的中介功能主要表现为：管理者对管理客体的认识，是通过对管理客体所发出的信息的接受、加工之后而感知的；是依据对管理客体信息的分析和加工，形成新的更高层次的认识，然后通过实践反作用于管理客体，对组织进行管理、实现组织的目标。

（2）信息的诱导功能。这是指信息具有诱发信息接受者产生该信息所能导致的某种行为的功能。当信息被信息接受者接收后，该信息立即会在信息接受者的头脑中占据一定的位置，并使信息接受者将自己头脑里原有的需求信息与之相联系，从而使信息接受者产生某种动机或感受。当这种新的动机占据主导地位时，则信息接受者将产生该信息所能导致的行为。这就是信息诱导功能产生的机制。

（3）信息的资源功能。它又称经济功能，是指信息具有促进社会经济发展、产生和增强经济效益的功能。

首先，利用信息可以直接创造财富。使用信息可以使非资源转化为资源而创造财富；使用信息可以取代劳动力、资金和材料，替代传统资源而创造财富；许多信息本身就是商品，可以在市场进行流通而创造财富；使用信息可以加快决策速度和保证决策正确，从而降低时间成本和减少决策失误而创造财富。

其次，利用信息可以间接创造经济价值。将信息要素注入生产力系统，可以提高劳动者的素质，可以缩短劳动者对生产对象的认识及熟练过程，可以引发对生产过程、生产工具、操作方法、工艺技术和原材料使用的变革和创新，提高生产力系统的质量和效率，间接创造经济价值。

最后，利用信息可以使国民经济产业结构合理化，使产业结构与国民经济发展更加协调，使各产业部门之间更加协调。利用信息还有利于产业结构的高级化、劳动就业结构的高级化、产品结构的高级化，以及投资结构、消费结构和贸易结构的高级化。

1.1.2 信息系统的概念

1. 系统及信息系统的定义

系统是为了实现某种目的，由相互联系和相互制约的若干组成部分按照一定的法则组成的有机整体。

这个定义可以从以下三个方面来理解：

（1）系统是由若干要素（部分）组成的。这些要素可能是一些个体、元件、零件，也可能本身就是一个系统（称为子系统）。例如，鼻、咽、喉、气管、支气管、肺等器官构成人的呼吸系统，而呼吸系统又是人体（系统）的一个子系统。

（2）系统有一定的结构。一个系统是其构成要素的集合，这些要素相互联系、相互制约。系统内部各要素之间具有相对稳定的联系方式、组织秩序及时空关系的内在表现形式。例如，钟表是由齿轮、发条、指针等零部件按一定的方式装配而成的，但齿轮、发条、指针随意放在一起却不能构成钟表；人体由各种器官组成，但各个器官简单拼合在一起不是一个活人。

（3）系统有一定的功能，特别是人工系统总有一定的目的性。功能是指系统在与外部环境相互联系和相互作用中表现出来的性质、能力和功效。例如，呼吸系统的功能是进行体内外的气体交换；信息系统的功能是进行信息收集、传递、存储、加工、维护和使用，以辅助决策，帮助企业实现目标。

系统一般应该包括五个要素：输入、处理、输出、反馈和控制。

信息系统是以加工处理信息为主的系统，它由人、硬件、软件和数据资源组成，目的是及时、正确地收集、处理、存储、传输和提供信息。从广义上说，任何进行信息加工处理的系统都可以理解为信息系统，如生命信息系统、企业信息系统、文件信息系统、地理信息系统等。这里的信息系统是狭义的概念，是一种基于计算机、通信技术等现代化信息技术手段且服务于管理领域的信息系统，即计算机信息管理系统。

2. 信息系统的功能

信息系统的功能是对信息进行采集、处理、存储、输出、检索和传输，并且能向有关管理人员提供有用的信息。

（1）信息的采集。这是信息系统其他功能的基础。采集的作用是将分布在不同信息源的信息收集起来。在原始数据的收集过程中，应当坚持目的性、准确性、适用性、系统性、纪实性和经济性等原则。信息采集一般要经过明确采集目的，形成并且优化采集方案，制订采集计划，采集和分类汇总等环节。

（2）信息的处理。通过各种途径和方法收集的原始数据，需经过综合加工处理，才能成为对企业有用的信息。信息处理一般包括真伪鉴别、排错校验、分类整理与加工分析等四个环节。信息处理的方式包括排序、分类、归并、查询、统计、结算、预测、模拟，以及进行各种数学运算。现代化的信息处理系统都是以计算机为基础来完成信息处理工作的，其处理能力越来越强。

（3）信息的传输。从信息采集源采集的数据需要进行处理，经过加工处理后传送到使用者手中，这些都涉及信息的传输等问题。信息通过传输形成信息流。信息流具有双向流特征，也就是信息传输包括正向传递和反馈两个方面。企业信息传输既有不同管理层之间的信息垂直传输，也有同一管理层各部门之间的信息横向传输。为了提高传输速度和效率，企业应当合理设置组织机构，明确规定信息传输的级别、流程、时限，以及接收方和传递方的职责。还应尽量采用先进的工具，如电话、传真、计算机网络通信等，尽量减少人工传输。

（4）信息的存储。数据进入信息系统后，需经过加工处理才能形成对管理有用的信息。由于属性和时效不同，加工处理后的信息，有的立即要利用，有的暂时不用；有的只有一次性利用的价值，但大数信息具有多次、长期利用的价值。因此，必须将这些信息进行存储保管，以便随时调用。当组织规模相当庞大时，所需存储的信息量也非常大，这时就要依靠先进的信息存储技术。信息的存储包括物理存储和逻辑存储两个方面。物理存储是指将信息存储在适当的介质上；逻辑存储是指按信息的内在联系组织和存储数据，把大量的信息组织成合理的结构。

（5）信息的检索。信息存储的目的是为了信息的再利用。存储于各种介质上的庞大数据要便于使用者检索，应为用户提供方便的查询方式。信息检索和信息存储属于同一问题的两个方面，两者密切相关。迅速、准确的检索应以先进科学的存储为前提。为此，必须对信息进行科学的分类与编码，应采用先进的存储媒体和检索工具。信息检索是以数据库技术和方法为基础的。数据库的处理方式和检索决定着检索速度的快慢，这是数据结构理论研究的内容。

（6）信息的输出。信息管理的目的是按管理职能的要求，保质保量并及时地输出信息。衡量信息管理有效性的关键不在于信息收集、加工、存储、传输等环节，而在于信息输出的时效、精度与数量等能否充分满足管理的要求。信息输出还要根据信息的特点，选择合适的输出媒体、输出格式、输出方式，以确保信息传递便捷准确、使用方便以及保密的需要等。

1.2 信息管理

信息管理，在英语中是 Information Management，简称 IM，在日语中是“情报管理”。作为一个术语，它已在全世界被广泛使用。

1.2.1 信息管理的对象

社会信息现象是普遍存在着的，人类信息管理活动的范围也是十分广泛的。并且，随着信息管理活动的发展，信息管理的规模在不断扩大，信息管理的对象也日益复杂。所谓信息管理，就是对信息资源及其开发利用活动的管理。因此，信息管理的对象归纳起来主要包括信息资源和信息活动两大方面。

1. 信息资源

对于信息资源这个概念有两种不同的理解，即狭义的信息资源概念和广义的信息资源概念。

狭义的信息资源概念是把信息资源等同于知识、资料和消息，即只是指信息本身的集合，无论它是以声音、图形、图像等形式表达出来的，还是以文献、实物、数据库等载体记录下来的，其信息内容都是一样的，都是经过加工处理的、对决策者有用的数据。

信息当然是构成信息资源的根本要素。人们开发利用信息资源的目的，就是为了充分发挥信息的效用，实现信息的价值。但信息并不等同于信息资源，而只是其中的一个要素。这是因为，信息效用的发挥和信息价值的实现都是需要条件的。信息的收集、处理、存储、传递和应用等都必须采用特定的技术手段——信息技术才能得以实施，信息的有效运动过程必须有特定的专业人员——信息人员才能对其加以控制和协调。

因此，广义的信息资源概念，就是指信息、信息技术和信息人员的有机集合。它是一个涉及信息生产、处理、传播、利用等整个信息劳动过程的多要素的概念。其中包括信息劳动的对象——信息（数据），信息劳动的工具——计算机和通信技术等信息技术手段，信息劳动者——信息专业人员，如信息生产人员、信息管理人员、信息服务人员等。所谓信息资源的开发利用，就是由信息人员运用专门的信息技术手段对各种原始数据进行搜集选择、加工处理和分析研究，形成信息产品，然后传递给需要者使用。上述三个要素相互联系相互作用，共同构成了具有统一功能的有机整体——信息系统。

2. 信息活动

信息的生命表现在丰富多彩的信息运动过程之中。信息从产生、传播，到收集、加工，再到吸收、利用的过程，就是一个完整的“信息生命周期”。我们把与信息的产生、记录、传播、收集、加工、处理、存储、检索、传递、吸收、分析、选择、评价、利用以及系统开发、技术更新、运行维护、管理决策等与信息行为有关的全部社会活动统称为信息活动。换言之，信息活动就是信息资源的开发利用过程。

人类社会的信息活动包括三个基本的层次，即个人的、组织的和社会的信息活动。个人的信息活动表现为个人对信息资源的开发利用，其效率与个人的信息意识和信息能力有关，并且受个体信息环境的影响；组织的信息活动常以各类信息系统的形式出现，信息系统的发达程度能够反映出各级组织的信息资源开发利用水平；随着信息活动的发展规模不断扩大，信息资源的开发利用对人类社会进步的影响日益显著，在社会整体上体现为一种新兴产业——信息产业的形成和发展。在每一个层次上，信息资源的开发利用都是十分复杂且牵扯到许多因素的活动，因此，对信息活动的管理比起对信息资源的管理来说难度更大。

作为信息管理的静态方面，信息资源的管理关心的是信息资源被开发利用的程度，即信息活动在数量上和质量上的表现形式；而作为信息管理的动态方面，信息活动的管理更关注个人、组织及社会与信息资源相互作用的方式，即信息资源开发利用的效果，如信息资源对决策分析的支持作用以及信息资源开发利用的社会效益。

1.2.2 信息管理的内容

从管理层次上看，信息管理具有微观、中观和宏观三个层次。

1. 微观信息管理

微观层次上的信息管理是指狭义信息资源管理，即对信息进行搜集、加工、组织，形成信息产品，并引向预定的目标。显然，这个层次上的信息资源概念是狭义的信息资源概念。这一层次上的信息管理就是对信息本身的管理，主要是指信息产品管理，包括信息产品的开发，即信息采集、整序、分析方法；信息产品的流通，即信息服务方式与信息市场管理，以及走向网络化、数字化和全球一体化的信息环境对人类的信息资源开发利用活动有何影响等。

2. 中观信息管理

中观层次上的信息管理是指广义信息资源管理，即对涉及信息活动的各种要素（信息、技术、人员、机构等）进行合理的计划、集成、控制，以实现信息资源的充分开发和有效利用，从而有效地满足社会信息需求。这一层次上的信息管理就是在狭义信息资源管理的基础上增加了信息系统管理的内容，包括信息系统的设计、实施与评价；信息系统运行管理和安全管理；组织的信息资源配置和信息技术投资评估；信息系统管理的发展与组织竞争战略的关系等。

3. 宏观信息管理

宏观层次上的信息管理则是在广义信息资源管理的基础上再增加信息产业管理这一部分，就是指对社会信息事业及其环境因素进行综合性的规划、协调、指导，以推动信息产业和信息经济的发展，最终实现社会信息化的战略目标。宏观信息管理主要是指信息产业管理，包括信息产业的结构和测度；信息产业，特别是信息服务业的发展机制与管理模式；信息产业政策和信息立法问题；社会信息化的内涵与发展战略等。

1.2.3 信息管理的分类

信息管理常用的划分方法有三种：

一是根据管理的信息自身类型的不同，将信息管理划分为：信息系统管理、信息产业管理、信息市场管理、信息组织管理、信息生产管理、信息传播管理、信息服务管理和信息环境管理等。

二是根据管理的信息所归属领域的不同，将信息管理划分为：企业信息管理、行政信息管理、农业信息管理、学校信息管理、科技信息管理、市场信息管理、军事信息管理和文体信息管理等。

三是根据管理的信息载体类型的不同，将信息管理划分为：数据信息管理、网络信息管理、多媒体信息管理、文献信息管理和实物信息管理等。

1.2.4 从信息管理到知识管理㊀

传统意义上的企业管理注重于企业内部各类物质资源的配置和优化，随着全球信息化环境的形成和发展，知识和信息已成为企业生存和发展的关键要素。企业必须致力于信息资源的开发和管理，利用计算机技术将企业信息流、物流、资金流等各要素进行科学、合理的配置，并且将员工的隐性知识转化为显性知识，进行知识管理，才能找到企业可持续发展的原动力。

1. 信息管理与知识管理的内涵与联系

信息管理是为解决社会信息现象的复杂多样性，是基于社会信息的无序性与人类需求的特定性之间的矛盾而产生的。而知识管理则是基于知识与信息在当今社会经济发展中的特殊、重要地位而提出来的。二者在内涵上既有区别，又有一定的相关性。

（1）知识管理。知识管理的出现可归结为以下三个方面的原因：

1）知识成为社会经济发展的重要资本和动力，这是促使知识管理产生的外部因素。

2）经济的全球一体化是知识管理出现的直接动因。

3）信息技术的发展为知识管理提供了物质技术保障。

现代意义上的知识管理是建立在以当代信息技术为基础的信息化的基础之上的，如果没有信息化，知识管理就只能是一个概念。20世纪80年代中期彼得·德鲁克首次使用了“知识管理”（Knowledge Management，KM）一词。知识管理包括以下两方面的含义：

1）是对信息的管理，是信息管理的深化与发展，它充分利用信息技术，在信息系统中对知识加以识别、处理和传播，并有效地提供给用户使用。

2）是对人的管理，认为知识作为认知的过程存在于信息的使用者身上，知识不只来自于编码化的信息，而且很重要的一部分存在于人脑之中。

知识管理的重要任务在于发掘这部分非编码化的知识，通过促进知识的编码

㊀ 王广平，从信息管理到知识管理的途径与方法，工业技术经济，2009年第5期，第11~15页。

化和加强人际交流的互动，使非编码化的个人知识得以充分共享，从而提高组织的竞争力。

（2）知识管理与信息管理的相互关系。虽然知识管理与信息管理有着明显的区别，但就管理的内容而言二者还存在着密切的联系，在这些联系中最基础的是知识与信息之间的联系。

信息管理是为了满足特定的信息需求，并最终通过提供信息而实现个人、组织乃至社会的生存和发展；而知识管理，最终就是要形成一种“自足”的创新机制，依靠内部的不断创新去适应环境，而使主体得以生存和发展。尽管二者侧重的问题不同，但所产生的作用却基本一致。

信息管理的一切研究都是以信息为基元拓展到各个方面而形成的。信息技术既为信息管理提供了新的解决方案和思路，也是在知识创新过程中对信息加工处理的重要工具。因此，信息管理与知识管理对信息及信息技术的重视程度是相同的。知识管理需要以信息管理为基础，并对信息管理提出了更高的要求，做好信息管理是实现知识管理的基础。同时知识与信息的关系、知识管理中的信息保障等都对信息管理提出了新的研究课题，而知识管理研究的进步又必然会带动信息管理研究；信息管理研究理论和实践中的重大突破也必然为知识管理的研究提供新思路、新方法，因而二者是相互促进、共同发展的。

2. 企业信息管理向知识管理延伸

信息管理对加强企业管理起到了很好的作用，但却未能很好地处理企业所需要的决策知识问题和知识管理问题。知识管理是一种更高层次的管理，是对信息管理的拓展和深化，因而信息管理有待于向知识管理延伸。

（1）基于信息化的知识管理的重要作用。企业信息化是知识管理的基础和必要前提，而显性知识和隐性知识大多数来自于对信息的获取和加工，只有信息化，才能使知识管理更加有效。因此，信息化成为经济发展、社会进步和企业发展的主要推动力量。

1）提高劳动生产率不再取决于简单增加资本和劳动力的量的投入，而越来越依靠以高科技为基础的知识信息在生产中的运用，生产组织和管理模式的变化很大程度上依赖于信息化工具的应用。

2）随着现代经济全球化，跨国投资、生产、营销、劳动和技术交流已成为一种趋势，知识信息的创造、加工、处理、传播与应用将成为经济增长最重要的源泉。

3）企业信息化为企业增加收益、降低成本、提高产品和服务质量，在提高企业的竞争能力、获得更多的市场机会、改善企业文化等方面做出了重要贡献。企业的信息共享和知识管理，使得业绩的考核有据可依，会计信息能及时对内外披露，为企业领导者提供更多决策信息。以知识管理为核心的企业信息管理和发展战略的制定，已成为提高企业竞争力的一个重点。

（2）信息管理向知识管理延伸的必要性。由于信息是知识的原料，知识是信息深加工的产物。因此，与信息管理相比，知识管理是一种更高层次的管理。知识管理在管理对象、管理方式和技术以及管理目的等方面对信息管理予以拓展和深化，信息管理有待于向知识管理延伸。

知识管理的对象既包括编码化的信息，又包括对非编码化信息的载体——人的管理，通过建立良好的组织方式用以促进知识的传播。在信息向知识演进的处理、知识的存储和传播上，知识管理利用数据库和人工智能技术获取信息中隐含的知识，将信息技术的使用进一步深化，以保证知识的充分共享。知识管理要求把信息与信息、信息与活动、信息与人结合起来，在系统化的空间中发现信息与环境的普遍联系，以有利于知识的发掘、传播和利用。知识管理的重点在于提供直观的、可操作性强的系统化知识，在信息管理的基础上，通过知识挖掘和知识重组，实现知识共享和知识创新，提高组织的创新能力、反应能力及技术技能。

（3）企业隐性知识挖掘和管理的趋势。从知识管理的角度来看，知识作为信息时代最具战略意义的资源，至少可被具体化为两种性质的知识：显性知识和隐性知识。显性知识常指那些可以系统归纳、准确表述、易于交换，也即可格式化、规范化、系统化传播的客观知识。显性知识可以被方便地存储于各种媒体之中。因此，这类知识可游离于个体之外而独立存在。而隐性知识则指那些因高度个性化、无序化、分散化而难以表述、记录、存储、传播的主观知识，因而有必要进行编码化和显性化。

隐性知识的管理，涵盖了对知识的系统的获取、应用、评价和创造。日本学者野中郁次郎指出：在这一过程中，存在着“从隐性到隐性”、“从显性到显性”、“从隐性到显性”、“从显性到隐性”这四种知识转换模式。显然，这几种转化模式分别指隐性知识共享、显性知识以明示方法的传播、个性化知识显性化并在不同类型知识间的转化、个体对新知识的内化。企业信息化技术和信息工具的广泛应用，使得企业隐性知识可以在企业内部和外部流动，因而有必要对隐性知识进行管理和挖掘，进而转化为企业内外部的显性知识，服务于企业，提高企业产品和服务的质量水平。

3. 信息管理到知识管理的几种方法和途径

基于信息管理，企业获得了强大的数据管理能力。如何将信息管理拓展到知识管理，就成为当前企业信息管理的核心问题。

（1）基于企业信息化水平实现知识管理。我国企业知识管理水平的提高，离不开企业知识管理状况的改善，因此需要加强信息化建设。网络信息技术的发展为知识传播和共享，开创了一条简单快捷的通道，不仅扩大了知识共享的范围，而且极大地降低了知识传播的成本。企业通过建立自己的内部和外部网络，使信息和知识快速传播和流动，从而充分运用内外资源，提高企业面对环境变化的反应能力。信息数据库属于知识库的一部分，知识库将信息网织成各种关系的模式，是对信息和知识的有序化。信息管理工作中的基础性工作是知识编码化，通过一系列的加工和处理，使内部信息和知识便于共享、交流和传递。企业知识编码化工作包括显性知识和隐性知识的编码化，显性知识编码化通过电子化手段较容易建立企业知识库，而隐形知识则体现于企业的价值文化之中，虽然比重大和价值高，但是不易把握和编码。

（2）转变工作理念。转变工作理念包括：

1）深化管理目的。知识管理的目标就是力图能够将恰当的知识在最恰当的时间传递给最恰当的人，以便使其作出最好的决策。因此，信息管理要帮助营造良好的信息交流环境，一方面保证知识的快速传递；另一方面确保知识的精、准、全、新。

①传统的信息管理的目的是以提供一次、二次文献为主，知识管理的重点在于提供包括分析报告、综合研究成果在内的三次文献，直接向使用者提供直观的、可操作性强的系统化知识。知识管理的目的不再局限于向用户提供信息，而是对用户的需求进行系统分析，向用户提供全面、完善的解决方案。②知识管理加强对知识生产途径结构的研究，以促进知识的增长为主要目的。③知识管理通过对知识的管理，为组织带来了新型的现代化管理方式，提高了组织的创新能力、生产率、反应能力和技术技能。企业应将现代化管理与知识管理融为一体。④与信息管理相比，知识管理突出教育的作用。知识管理的发展有利于教育水平的全面提高。

2）拓展管理对象。首先，信息管理的管理对象是静态的，但在知识管理的环境下，面对的环境却是动态的。因此，知识管理的对象不能再局限于静态的信息，而更应该关注动态的信息。其次，知识管理的对象不只是编码化的信息，还包括对非编码化信息的载体——人的管理。最后，知识管理对知识流、知识的自组织更感兴趣，试图找出一个能理解知识如何积累、如何倍增的关系，将少数人的专长扩展为整个组织掌握的知识。

3）突出“以人为本”的理念。从信息管理到知识管理的转化是管理理论与实践中“以人为本”的进一步体现，人成为管理的主要对象。信息管理向知识管理延伸，就是管理者的管理重心发生了转移，从以物为中心的刚性管理转向以人为本的柔性管理，以发挥人力资源的创造性为目标，突出“以人为本”的理念。

（3）转变工作模式。转变工作模式包括以下三个方面：

1）体制方面 。要实现知识管理，必须调整传统的组织结构。传统的组织结构是一种纵向的、线性的等级结构，上下信息沟通沿等级链逐级传递，这种信息交流方式容易造成信息失真甚至阻塞，这种组织结构也缺乏应变的速度和效率。今天的信息流通已从线性传递发展到网状传递，要求实现“零距离”、“无摩擦”的快速无阻的信息传递，为此，应打破传统的组织结构，建立柔性、灵活的知识型组织体系，即扁平形网状组织结构，或者说，打破部门界限，只以知识服务为中心进行管理。

2）技术方面。知识管理与信息管理相比，深化了对先进的信息技术的要求。在以计算机和通信技术为基础的知识经济时代，知识管理在信息技术的使用上有进一步的深化，表现在信息向知识演进的处理上，利用数据仓库、数据挖掘、人工智能技术获取信息中隐含的知识；在知识的存储和传播上，利用大型数据库技术、新型检索技术、智能代理、搜索引擎及网络技术等，保证知识的充分共享。知识管理采用信息技术建立的有效的知识管理系统，帮助知识从知者向未知者传递。这就要求我们在技术方面转变工作模式，充分利用先进的信息技术对知识进行管理，实现由信息管理向知识管理的转变。

3）管理方式方面。与信息管理相比，知识管理引入了新的组织管理模式和经济学的研究方法，这就要求我们在将信息管理向知识管理转变时在管理方式上进行转变，摒弃以往的管理方法，把工作重点从技术和信息的利用转变为推动创新和培育集体创造力，以达到实现显性和隐性知识的共享。

（4）深化工作内涵。深化工作内涵包括：

1）实现知识创新。知识管理的核心是创新，创新是长久竞争优势的主要源泉，是知识经济的支撑，组织成员的知识交流、技术协作是创新的主要来源。知识管理要求利用经济学的方法合理配置知识资源，研究知识创新的内在机制，有目的地利用管理和技术手段促进知识创新。

2）优化研究方法。知识管理强调系统化的研究方法，要求把信息与信息、信息与活动、信息与人结合起来，在系统化的空间中发现信息与环境的普遍联系，以有利于知识的发掘、传播和利用。信息的系统化处理保证了知识的创造、共享和使用，转化成的集体智慧和创新能力保证了组织适应知识经济时代的要求。

3）营造内部环境。知识管理的实现离不开一个重视知识和知识共享的内部环境，让每一位成员都愿意贡献自己的知识，并运用集体智慧提高知识创新能力和知识应变能力对于知识管理的实现很重要。营造内部环境的措施包括：①知识管理者自身要拥有鼓励知识共享的理念，并积极为组织营造出共享信息与知识、共同学习的内部环境；②必须制定一套完善的、以知识共享和创新为导向的激励机制，对知识共享和创新的行为要有相应的客观评价标准与奖励措施；③每一个组织成员都摒弃传统的竞争观念，建立以合作促竞争，以竞争促合作的关系，从而达到双赢；④组织成员能够把个人创新与团队精神有机地结合起来，共享的团队精神并不排斥个人创新，真正的团队创新是以大规模的个人创新为前提的；⑤知识的共享与交流不仅应在具有相同知识结构的人员之间进行，更应提倡拥有不同知识结构的成员之间进行知识的共享与交流。

4）提高员工素质。与信息管理人员相比，知识管理人员需要具有更高的素质。这些素质包括：信息意识，即对信息活动的感觉、知觉、情感、意志等心理品质；信息知识，即对信息学基本知识的了解和对信息源以及信息工具方面的知识的掌握；信息能力，即在工作中从事信息活动所具备的能力；对信息的高敏感度和较强的洞察力。知识管理人员的工作推动了组织中知识的创造、发现和传播的最大化。研究表明，知识管理人员一般都很有活力、热情、感染力且灵活，愿意与任何人在任何地方共事，不仅对最新的 IT 信息感兴趣，而且对促进知识发展的“软的”组织机制感兴趣。最好的知识管理人员完成了四种角色的作用：企业家、咨询家、技术专家和环境专家。

（5）从客户知识获取到客户知识管理。客户知识管理是一种旨在改善企业与客户之间关系的管理理念，并实施在企业内部直接与客户接触的环节，如市场、销售、客户服务支持等部门。实施客户关系管理的目的有两个：①通过提供快速、个性化的服务来保持现有客户并吸引更多的客户；②通过优化内部工作流程以减少获取客户和保留客户的成本。

客户知识是基于客户的知识，是企业知识中的一个子集，有两种类型：客户拥有的知识与企业关于客户的知识。要得到对企业决策有帮助的关于客户的知识，就需要运用现代的信息技术：

1）通过运用 ETL（数据提取、转换和加载）工具，使得从不同渠道得来的数据有统一的格式，并且去除冗余的、错误的数据，存储在数据仓库（DW）中。

2）通过运用在线分析处理（OLAP）和数据挖掘（DM）技术对其进行知识的挖掘和发现，最终形成可用于决策的客户知识。

（6）采用知识博客策略实现企业知识管理。知识博客在传播隐性知识、知识共享和知识存储方面都有出色的表现，能够很好地解决知识管理面临的许多问题。Blog 是 Web Log（网络日志）的缩略语，写 Blog 的人称为 Blogger，写 Blog 的行为称为 Blogging，国内普遍将 Blog 翻译成“博客”。博客作为一种非正式知识生产方式的出现，标志着互联网从“信息共享”开始向“思想共享”和“知识共享”转变，用博客提炼企业的核心知识将成为热潮。用来支持知识管理的博客，称为 Knowledge Blogging，或者 K-Blogging，中文也可翻译为知识博客。它是现有大规模使用的知识管理解决方案的一种廉价高效的替代品。在基于互联网的知识博客环境中，任何一个知识博客个体都可以衍生出开放的“知识共同体”，并且一个知识共同体还能通过知识化合作用而不断形成新的知识共同体。

同时，知识博客环境、传统媒介和社会环境之间总是会不断发生交互作用。

（7）企业实现知识管理的运作流程。企业借助于信息管理的关键技术和各种信息工具，如技术平台和文化平台，将企业知识运作的几个过程有机地结合在一起，以知识应用为核心，使得知识运作流程形成一个循环，知识应用与这个循环形成互动关系，从而推动企业知识管理运作全过程的发展和提升企业文化。企业知识管理的全过程包括知识获取与整理、知识存储、知识传播与共享、知识应用等几个过程。企业通过信息门户和知识门户，借助于知识获取技术与工具而获取信息和知识，经过信息编码化和整理，将知识存储在知识仓库中。对于显性知识的存储来说很容易实现，对于隐性知识来说通常采用将其转换为显性知识的方法，而对于难以转换的直接将含有隐性知识的个案或情景存入知识仓库，以备知识使用者进行阅读和分析从而提取其中的隐性知识。企业借助信息化技术和有效的知识管理职能（如 ERP、MIS 或 SCM 系统），对企业知识进行传播和共享，并将获得的新的信息和知识再次放入知识获取和整理阶段。在每一轮知识运作周期中，知识应用始终是处于核心地位的，这也是企业知识运作的唯一目的。企业知识管理的运作结果是知识应用到两个领域：以显性知识为主的新产品、服务与科学决策领域和以隐性知识为主的用于提升企业文化的领域。企业在将信息管理向知识管理转变的过程中，必须注意信息的安全性，将知识管理的各个阶段形成互动的关系。

【拓展阅读】

从首席信息官（CIO）到首席知识官（CKO）㊀

1. 首席信息官

信息转化为知识是信息社会的难题，也是企业如何将信息技术和信息资源变成竞争优势的难题。面对这个难题的挑战以及日益复杂的信息资源管理环境，20 世纪 80 年代以来，发达国家的企业管理中逐渐出现面向企业信息系统和信息资源管理的新职位——CIO。CIO 是信息部门的负责人，是对企业的信息技术和信息系统的所有方面负责的高级执行官。他们拥有丰富的 IT 技术与商业经验，能掌握企业各部门的业务，从而能结合企业的经营策略合理地利用 IT 技术达到远景目标。CIO 的主要职能是信息系统的规划、信息设备的配置和维护、MIS 的管理、信息人员的管理、信息项目管理以及参与高层决策。从某种意义上说，CIO 就是一个企业信息管理系统的代言人、规划人和指挥协调人。

目前，中国企业中的 CIO 还是一个技术职位，而不是一个对企业信息技术

㊀ 王玮，从信息管理到知识管理，广东青年干部学院学报，2002 年第 2 期，第 59～62 页。

和信息资源管理拥有管理协调能力的高级综合管理职位。中国CIO的发展还需要走相当长的路程，才能真正发挥CIO角色的作用。中国企业技术管理阶层已经意识到了这一点，在对信息资源的需求方面，他们最迫切需要掌握的是信息技术及其在企业管理中全面应用的解决方案。这在相当程度上反映了当前中国企业信息化进程中的部分焦点所在，即如何在企业信息化中使信息技术（硬件）与信息资源管理（软件）有机结合起来，改变以往重“硬”轻“软”的倾向，使企业信息化真正成为注重投资效益的企业行为。

在知识经济环境下，人们逐步认识到CIO管理体制的种种缺陷，主要表现在：一是对隐性知识重视不够，对知识资本构成的全面认知不足；二是对知识资本的功能认识不足，知识创新功能还远未发挥应有的作用。

2. 首席知识官

不同的企业家对知识管理有着不同的理解。美国德尔福集团创始人之一Carl Frappaolo认为，知识管理就是通过知识共享，运用集体的智慧提高企业的应变和创新能力。Paul Quaintas认为，以知识为核心的管理简单地说就是知识管理，也就是指对各种知识连续管理的过程，利用获取的知识资产，满足现有和未来的发展需求，开拓新的发展机会。企业知识管理和生产管理的出发点都是把知识视为最重要的资源，把最大限度地掌握和利用知识作为企业竞争力得以提高的关键，其中，人力资源管理是知识管理的重要组成部分。Karl E. Sreiby则认为知识管理就是利用组织的无形资产创造价值的艺术，是为了帮助管理者借助知识创造价值。虽然他们对知识管理的表述不同，但他们都认识到知识管理是以知识为核心的管理。知识管理存在于个人、组织和社会中。企业管理包括只对知识本身进行管理的内核性知识管理和与知识有关的连带性知识管理。由于知识革命的深入发展，企业出现了一种新的趋势，那就是企业的管理开始设置CKO。

CKO的任务就是要创造、使用、保存和转让知识。这些知识不仅是数据，而且是深入人心的或已经发表在著作中的智力资本。通过CKO的知识管理活动获得企业的竞争力，是各大公司设置CKO这一职位的一个重要原因。CKO的基本功能就是开发企业的知识创新能力以及应用和发挥集体的创造力。其主要职责是：了解和熟悉本企业的生存与发展环境以及本企业自身的发展特点与要求，尤其是企业内部的信息要求；建立和创造促进知识学习、知识积累和知识共享的环境并激励员工进行知识创新、技术创新和信息交流；监督和保证知识库中知识内容的质量、深度、风格与本企业的发展相一致，其中包括知识与信息的更新；保证知识库设施的正常运行；组织知识管理的活动。

3. CIO与CKO的区别

CIO与CKO的主要区别就在于CIO把工作重点放在技术和信息的利用上，仅关注对表达知识的记录型信息的管理，即对显性知识的管理，无视对人类知识的主体——隐性知识的管理。实际上，企业管理者在进行决策时，最终起作用的是自身知识，也就是隐性知识。而 CKO 则以为实现显性和隐性知识共享提供有效途径为主要职责，把工作重点放在推动创新和培养集体创造力上。CKO 特别重视推动企业学习、创新和知识体系的建设，设计全体企业员工开展创新活动的激励机制，引导企业生产经营系统整体上由第一代企业再造过程转变为第二代企业再造过程，使企业最终完成由市场信息型企业向知识学习型企业的转变过程。

CKO 绝非是 CIO 的简单转换，而是 CIO 功能的进一步发展和延伸。一般来说，现代企业中 CKO 和 CIO 的设置有两种方式：一是在较大型企业中同时设置 CIO 和 CKO，他们各有分工。CKO 居于最高决策管理层，把 CIO 设为 CKO 的管理助理。CKO 侧重知识创新，不仅管理知识和信息，同时要把知识和信息转换为效益和效率。而 CIO 却注重信息技术和信息系统。二是在较小型企业中只设置二者之中的一个职位，承担起 CIO 与 CKO 的双重职能。

尽管知识经济的完全到来对我国来说还很遥远，但是我国的企业应该为它的到来做好充分的准备。首先必须促进企业的知识化，包括生产过程的知识化、劳动者的知识化、管理的知识化和生产产品的知识化。而企业的知识化离不开科学的管理，这就要求企业建立知识管理机制，设立 CKO，积极推进知识管理的实施。

1.3　物流信息基础

1.3.1　物流和物流信息

1. 物流的定义

物流定义至今仍在不断演变和完善中。世界上不同国家、不同学术团体、不同学派，出自不同角度和观点所给出的物流定义均有所不同。

2001 年，美国物流管理协会（The Couneil of Logistics Management，CLM）对物流的定义是："物流是供应链过程的一部分，是为了满足客户需求而对商品、服务及相关信息从原产地到消费地的高效率、高效益的正向和反向流动及储存进行的计划、实施与控制过程。"

日本日通综合研究所在 1981 年编写的《物流手册》中对物流的定义是："物流是物质资料从供给者向需要者的物理性移动，是创造时间性、场所性价值的经济活动。从物流范围上来看，包括包装、装卸、保管、库存管理、流通加工、运输、配送等诸种活动。"

欧洲物流协会（European Logistics Association，ELA）1994 年公布的物流术语中，给出的物流定义是："物流是在一个系统内对人员或商品的运输、安排及与此相关的支持活动的计划、执行与控制，以达到特定的目的。"

中华人民共和国国家标准 GB/T 18354—2006《物流术语》对物流的定义为：“物流是指物品从供应地向接收地的实体流动过程。根据实际需要，将运输、储存、装卸、搬运、包装、流通加工、配送、信息处理等基本功能实施有机结合。”

我国对物流的定义包括三个内涵：首先是物流概念的本质含义和从常识角度对“物流”这个名词的理解，即“物品的实体流动过程”。其次，物流应该具备功能，即“运输、储存、装卸、搬运、包装、流通加工、配送、信息处理等”。最后，强调了对这些基本功能的实施和管理。

与我国的定义相比较，美国的物流定义所涉及的范围较大，包括了物品、服务和信息三部分内容；美国、欧洲、日本的物流定义强调管理的系统性、效率性和效益性；美国则以供应链的思维，要求企业从更广背景上来考虑自身的物流运作。

2. 物流信息

中华人民共和国国家标准 GB/T 18354—2006《物流术语》对物流信息的定义为“反映物流各种活动内容的知识、资料、图像、文件的总称。”

物流信息包含的内容可以从狭义和广义两个方面来考察。从狭义范围来看，物流信息是指与物流活动有关的信息。在物流活动的管理与决策中，如运输工具的选择、运输路线的确定、每次运送批量的确定、在途货物的跟踪、仓库库存的有效利用、最佳库存数量的确定、订单管理、如何提高顾客服务水平等，都需要详细和准确的物流信息，因为物流信息对运输管理、库存管理、订单管理、仓库作业管理等活动具有支持保证的功能。

从广义范围来看，物流信息不仅包含与物流活动相关的信息，还包含与流通活动相关的信息，如商品交易信息和市场信息等。商品交易信息是指与买卖双方的交易过程有关的信息，如销售和购买信息、订货和接受订货信息、发出货款和收到货款信息等；市场信息是指与市场活动相关的信息，如消费者的需求信息、竞争者或竞争性商品的信息、促销活动信息、交通通信等基础设施信息等。所以，广义物流信息不仅能起到整合从供应商到最终消费者的整个供应链的作用，而且在应用现代信息技术的基础上还能实现整个供应链活动的效率化，也就是说利用物流信息对供应链中各企业的计划、协调、顾客服务和控制活动进行有效管理。

物流信息除具有一般信息的特性，还具有信息量大、更新快和来源多样化等特殊特征。

1.3.2　物流信息管理的内容

物流信息管理是应用现代信息技术和手段完成物流过程中信息的采集、处理、存储、传输和交换，实现物流信息电子化、数字化和网络化。

信息管理的内容按照层次的不同分为微观、中观和宏观层次的管理。因此，物流信息管理的内容也分为微观、中观和宏观三个层次。

（1）微观物流信息管理。微观物流信息管理主要是对物流信息本身的管理，包括物流信息处理过程的管理和针对物流各个功能的信息管理，如采购、销售、仓储、运输、配送信息管理等。

（2）中观物流信息管理。中观物流信息管理包括信息活动的要素管理（信息、技术、人员、机构等）；物流信息系统管理，包括信息系统的设计、实施与评价；物流信息系统管理的发展与组织竞争战略的关系等内容的管理。

（3）宏观物流信息管理。宏观物流信息管理主要是指物流行业信息的管理，物流信息标准化、信息立法等方面的管理。

【本章小结】

信息是事物本质、特征、运动规律的反映，是事物之间相互联系、相互作用的状况和规律的反映。从数据到信息，再到知识，最后到智慧，是一个从低级到高级的认识过程，层次从低到高，外延、内涵和价值不断增加。数据、信息、知识是智慧的基础与前提，而智慧对数据、信息和知识的获取具有一定的影响。

信息具有普遍性和客观性、依存性、转化性、真伪性、共享性、使用价值的相对性、时效性和传递性等普遍特征。物流信息在此基础上还具有信息量大、更新快和来源多样化等特殊特征。

信息系统是以加工处理信息为主的系统。信息系统具有对信息进行采集、处理、存储、输出、检索和传输等功能。物流信息系统是对物流信息进行管理的重要工具之一。

从管理层次上看，信息管理具有微观、中观和宏观三个层次。对物流信息本身的管理；对物流信息系统和物流活动要素的管理；对物流行业信息及物流信息标准化、信息立法等分别属于微观、中观和宏观层次的物流信息管理范畴。

【思考题】

1. 什么是信息？数据、信息、知识和智慧之间的关系是什么？
2. 什么是狭义和广义的信息资源？信息活动有哪几个层次？
3. 我国与国外关于物流的定义有哪些区别？
4. 举例说明物流信息管理包括哪些内容。

【案例分析】　信息管理与知识管理

案　例　一[㊀]

南孚电池有限公司（以下简称“南孚”）的主营产品电池属于快速消费品，

㊀ 用友ERP系统助力南孚电池实现企业信息化案例，现代商业，2010年第4期，第91～92页。

注定了其产品线长、周转周期短、渠道的链条短而覆盖面宽。如果不能对客户、销量、货款回笼等进行严密监控，账面就会出现一大堆问题。此外，在生产上从投料到成品出厂整个过程大概只要十几天，这十几天内的资金周转、库存等管理不当的话，就会在资金占用等方面出现问题。

针对上述问题，南孚从财务入手，企业资源计划（ERP）的触角慢慢深入到南孚的每个生产系统里面去，然后是与生产系统有关的技术部门、检验部门。之后系统又进行了几次升级，生产制造、产能管理、车间管理、需求规范等模块均已上线。从一环、二环，到三环、四环，最后把整个工厂的环节全部都放到系统里面。

在2002年之前，南孚的成本核算采用实际成本法，每次领库、出库都要用实际单号，才能算出每个产品的成本。而南孚的产品种类又多，因此工作量太大，在每次只有几天的月末结账时相关人员就会手忙脚乱。在ERP系统里，南孚选择了标准成本法。对于电池行业来说，原材料的价格变动不大，标准成本与实际成本差异小，只要月结时分配差异即可，因此标准成本法更适合电池行业。

生产运营部的陈经理原来号称"救火队长"，车间里哪种物料缺了他都得赶快想办法。因为一般都是在每周一有一个固定的下计划的时间，在那时进行订单分解，即把客户的订单分解成生产订单。在一周内如果出现变化，就需要调整和优化，但更多的是依靠人来判断。南孚生产所需的主要原、辅料大概有2 000多种，通过现场管理人员对每个工位的盘点、检查来掌握现场的物料情况。这些人为的判断就会存在一定的误差。现在的生产运营部经理轻松多了，借助于信息系统，可以把制订计划相关的数据采集起来。而且可以采用"物料倒冲法"，即通过入库的产品由系统自动算出用了哪些材料以及用量如何。当某种物料低于安全线时，系统就会报警，并告之进货时间的最后期限，在采购订单发出后的一定时间内还未到货的话，系统同样会报警。预防式的管理方式使计划的准确率大大提高了。

这样做的好处在于：对现场的物料把控，一方面涉及的面更宽，基本上与生产相关的物料都能够涵盖。另一方面使生产周期变短。在多数的情况下，企业都会通过更高的库存来满足库存需求的变化，现在由于能够准确地预知物料需求和使用状况，便可以以较低的库存来满足生产，实现了"拉式生产"（一种由下游向上游提出实际生产需求的生产控制方法，能实时响应实际需求或消耗，关注物料的流动）。这种生产方式的直接好处就是从上游拿料或是降低了在现场放料的偏差，目前车间现场的资金占用下降超过20%。几年来，在产量翻了一番的情况下，南孚库存只是由原来的1 600万~1 900万上升到约2 300万。

在物料管理之外，现在南孚的生产过程变为可记录的，例如，每个订单的下达时间、完成时间，以前只有生产完才知道。"其实通过这个系统，我们可以讨论逐步地推进精细化的管理，如果没有这个工具你去谈一些管理，那个就是无稽之谈。”在陈经理眼中，计划的准确性、物料的准确性、订单交期的准确性这些方面都在提高，最终表现为客户服务的满意度提高。

“这套系统实际上是工厂整个内部管理体系的汇总”，站在南孚掌舵者的高度，丁曦明看到的是南孚的电子化管理全部体现在ERP的整个流程当中。“比如，南孚原本有ISO和内审两套不同的流程，前者注重质量管理，后者按照萨班斯法案建立，注重财务角度，两套系统原本是各走各的。现在，当你领物料的时候，必须要有质量和工艺管理部门的审批，然后再经过财务系统，这样就等于把两套流程都走了。”

南孚在保持自己内部管理模式的同时，也将系统中一些好的部分移植到了自己的内部管理中，包括资金控制、审批程序等。南孚在系统建设的过程中，有些管理权限也发生了变化。

南孚的销售部门原来既卖电池，又开发票，还管信用，体制决定了难免会发生舞弊行为。借着系统上线，南孚将销售部门的信用管理跟开票都移到财务部门，财务部门变成了三个部分——财务会计部门（负责资金管理、存货管理、资产管理、需求管理）、商务会计部门（管应收账款、处理订单、对账等）、信用管理部门（针对客户的信用控制来进行管理）。

南孚现在的销售部门只管接订单，之后的客户信用的审查、下单、开发票都由独立的部门完成，这样形成了一环扣一环的监控。数量巨大的经销商，使得南孚的物流管理也必须改革。南孚原来的发货权掌握在全国三十几个办事处的经理手里，他们需要什么货，就会把订单传到总部。这样总部很难控制物流的结果和费用。借助新系统，南孚的配送变成了只由总部的一个人来管理。由原来的三十几个人变成一个人，这种人力资源上的减少只是表面上的优势，最重要的是，新系统将原来分散式的物流配送方式变成总部集中控制，总部拿回了配送权。

案　例　二㊀

1997年开始的ERP项目是联想集团（以下简称联想）历史发展进程中极重要的一步，它也是国内最全面、最复杂的ERP系统。通过实施ERP，业务信息得到了准确、实时、集成化的采集和记录，实现业务过程的实时、全程监控。通过该项目，平均交货时间从11天缩短到5.7天，订单日人均处理量从13件增加到314件，订单周期由75小时缩减到58小时，结账天数由20天降到1天，加班人次从70人削减为7人，财务报表从30天缩至0.5天。同时，企业内部加深了对企业管理流程的认识，使所有参与者了解每个流程环节的目的和价值，实现

㊀ 边文莉，浅谈现代企业的信息管理与知识管理——基于联想集团的案例分析，中国商贸，2010年第4期，第65页。

企业管理模式的转变。企业通过引入 SAP 的 ERP 企业管理系统，提高了企业的效率和盈利能力，增强了企业的核心竞争力，每年同比降低近 10 亿元成本。

随着企业的发展，信息管理遇到一些新问题，如 IT 业人员流动频繁，每个人在其岗位上都有很多知识和经验积累，如果没有相关岗位知识的传承，企业的能力和效率就会有所波动。为保持不断上升的能力，联想亟须建立完善的知识管理系统。

2003 年年底，在联想首席知识官（CKO）的主持下，联想引入了基于 IBM 系统架构开发的深圳蓝凌 LKSKM 系统——联想整个知识管理体系中的一个组成部分，同时在一个大框架下用不同的软件工具来实现其完整的知识管理系统，其中包括 e-Learning、PM（流程管理）、在线服务、支持销售、产品开发的知识管理系统。

联想一系列的知识管理活动对其服务流程发挥了极为有效的支持作用。以智能机器人为例：它拥有中文自然语言分析能力，客户只需登录联想网站按照自己的语言习惯描述出问题现象，系统会自动识别用户的语义，并通过独特的引导逻辑，帮助用户逐步缩小问题范围，从而为客户找到相应的解决方案和操作步骤。对于智能自助引导解决不了的问题，便转入人工服务，由联想在线工程师团队进行处理。此外，还和网上报修系统进行无缝连接，自动寻找相应的客户服务代表，调配离客户最近的工程师实施服务，让客户体验到最为便捷、高效的网上服务。

问题：

1. 信息管理分别给南孚公司和联想公司解决了哪些方面的问题？

2. 联想公司为何要引入知识管理系统？知识管理在南孚公司是否可行？如果可行，应该如何开展？

第2章 物流信息技术

本章教学要点

- **掌握**：RFID、EDI、EOS、POS、GIS 和 GPS 的工作原理。
- **熟悉**：条码的分类；常用条码的种类。
- **了解**：OSI 参考模型；数据库系统的基本知识。

【导入阅读】

信息技术在沃尔玛的应用[⊖]

世界零售巨头沃尔玛之所以领先于竞争对手，离不开其领先于世界的信息技术。信息技术对沃尔玛来说非常重要，它是沃尔玛强大的物流配送的基础，同时它也代表着零售业物流信息技术应用的成果。

沃尔玛先行对零售信息系统进行了非常积极的投资：最早使用计算机跟踪存货（1969 年），全面实现单品库存控制（1974 年），商店与总部之间以卫星网络相连接（1979 年），最早使用条形码（1980 年），最早使用品类管理软件（1984 年），最早采用 EDI（Electronic Data Interchange）（1985 年），最早使用无线扫描枪（1988 年），最早与宝洁公司等大供应商实现产销合作（1989 年），通过 Retail Link 系统与供应商共享预测方法（1991 年），启动 Wal-Mart.com 电子商务网（1996 年），在 Sam's Club 调试射频识别（RFID）系统，与供应商之间的数据交换采用因特网数据标准（2002 年），实施 RFID 计划（2005 年）。在信息技术的支持下，沃尔玛能够以最低的成本、最优质的服务、最快速的管理反应进行全球运作。尽管信息技术并不是沃尔玛取得成功的充分条件，但它却是沃尔玛成功的必要条件。这些投资都可以使得沃尔玛显著降低成本，大幅提高资本生产率和劳动生产率。沃尔玛的物流信息技术主要包括以下几部分：

（1）数据采集技术。由条形码向 RFID 过渡。RFID 作为一种物品的标识手段，比条形码拥有更多的优点：标签信息容量大、一次读取数量大、读取距离远、读取方便、环境适应性强等，而且更适合供应链管理。目前，沃尔玛已经开

⊖ 吴伟强等，信息技术在零售物流的应用研究，商品储运与养护，2007 年第 5 期，第 31～33 页。

始要求供应商使用 RFID，并已有成功的案例。

(2) 电子数据交换（EDI）技术。EDI 是企业与企业、企业与管理机构之间利用电子通信来传递商务信息。早在 1990 年，沃尔玛已经与 5 000 余家供应商中的 1 800 家实现了 EDI，成为全美国该项技术使用得最多的客户。

(3) 门店管理系统。沃尔玛门店管理系统包括前台 POS 系统和后台 MIS。POS 是指通过自动读取设备（如收银机）在销售商品时，直接读取商品的销售信息，并通过通信网络和计算机传送到有关部门（如公司总部、生产部门、采购部门、供应部门等），进行分析加工以提高经营效率的系统。在门店完善前台 POS 系统建立的同时，沃尔玛也建立起了门店的后台系统——SMART，这样，在商品销售过程中的任一时刻，商品的经营决策者都可以通过 SMART 了解和掌握 POS 系统的经营情况，实现门店库存商品的动态管理，使商品的存储量保持在一个合理的水平上，减少了不必要的库存。此外，电子自动订货系统（EOS）、预测和自动补货系统在沃尔玛都在应用，并取得了良好的效果。

沃尔玛的计算机每时每刻都在跟踪着物流业务的每一个环节，如供应商的存货数量、正在运往该公司的在途商品数量等。利用先进的电子信息手段，沃尔玛的物流经理可以精确地了解这些信息，从而知道如何使门店的销售与物流配送中心保持同步，也使物流配送中心与供应商保持同步。

2.1 物流信息技术概述

2.1.1 现代物流与信息技术的关系

现代物流是以满足消费者的需求为目标，把制造、运输、销售等市场情况统一起来考虑的一种战略措施。物流所要解决的基本问题，是物流活动的机械化、自动化和合理化，以实现物流系统的时间和空间效益。在国外，物流行业还包含在物流中心为货物封装、装潢等增值服务。为了解决这些复杂的问题，系统思想是必不可少的，而当今这种思想就体现在强大的信息技术的应用上。正是信息网络技术的飞速发展，才使物流得以向现代化方向大步迈进，完成了许多原来无法完成的事情，包括使客户企业实现原材料、物资服务等的实时无缝接转。因此可以说，信息系统是物流公司的灵魂。

众所周知，物流业是服务业，是为生产制造业和商贸业服务的，生产制造与商贸的经营策略又取决于市场，市场要什么就生产什么。由于经济的发展，人们的消费能力大大提高了，市场需求向多样化、个性化方向发展，因此生产必须满足这种多品种、小批量的需求，这就是人们常说的柔性化生产。

接下来的原材料供应商和生产成品的销售商都要适应这种变化，物流业也必须这样改变自己的传统业务方式：一方面要提高业务柔性化，另一方面要加大向客户企业生产流程的渗入。例如，生产厂商为了提高竞争力必须降低成本，他们发现降低库存是非常有效的方法，这里所指的库存不仅是生产厂自己的，还包括供应商和供应商的供应商与产品销售的批发商和零售商，这就是供应链管理的重要内容之一。要做到这一点必须有畅通的信息网络系统，这样才能使整个供应链以较低的库存量来保证、满足市场在品种、规格、样式、色彩、数量上不断变化的需求。面向供应链服务的物流企业作为供应链中的一员，同时也是信息网络中的一个重要节点，处于将信息转化为物资位移的关键位置。而要完成这样的任务，没有一个高效的、畅通的、安全的、可靠的、接口良好的信息管理系统是不可想象的。这一系统应贯穿于企业业务活动的全过程和所有场合，是企业管理理念和工作程序的具体体现，应在建立企业的组织结构时就一并设计和建立，并且随企业的发展而不断地发展更新，以适应不断变化的业务需要。例如，建在深圳福田保税区的“中海物流（深圳）有限公司”，是为 IBM、美能达、华为、联想、NEC、LG、三星等几十个电子企业作物流服务的，每个企业又有几十个甚至几百个供应商和几十、几百个客户和客户的客户，要保证接、送货物与资金结算都准确无误，就必须有一支高素质、能够严格进行操作的职工队伍。这样复杂的业务内容，如果靠人脑记忆和查账本是不可能做到的。因此，正是信息网络技术造就了物流业的今天。

现代物流体系的核心是信息技术的应用，信息技术也是现代物流技术的核心。信息技术将原来割裂的各个物流环节整合在一起，以体现现代物流体系的特征。信息技术在不断提高速度和能力的同时又在降低成本。因此，信息技术被视为提高生产率和竞争能力的主要原因。当企业都在识别新的核心竞争能力时，信息技术已经在物流系统中广泛应用了，信息技术在现代物流中发挥着重要的支撑作用，是整个物流体系运作的基础。首先，信息技术提高了物流信息共享的程度，消除了原先物流过程中的时滞和不增值的环节。其次，借助现代信息技术，企业整合了原来无法整合的物流的各个环节，即出现专门从事整合性业务的社会组织——第三方物流，进而出现“第四方物流”，即从事物流业务的社会组织借助于自己所拥有的信息技术来实现物流的充分需求和供给信息，开展物流运作。再次，信息技术促使物流与商流分离，使商流和物流按各自的规律和渠道独立运行。最后，信息技术提升了物流的服务质量。通过信息技术，将物流各环节联成一个整体，按照统一的供货计划准时地实现物资的流动，压缩物流过程中的原材料和成品的运输与存储时间，提高效率。在物流服务质量上则要体现 JIT 的思想，也就是要做到“在需要的时间，在需要的地点，以尽可能低的物流成本，提供所需要的物资”。

2.1.2 信息技术的分类

信息技术是在信息科学的基本原理和方法的指导下扩展人类信息处理能力的技术。人的信息器官及其功能主要包括四大类：一是感觉器官（视觉、听觉、嗅觉、味觉、触觉等器官）承担获取信息的功能；二是遍布全身的神经系统承担传递信息的功能；三是思维器官（记忆、分析、推理等器官）承担处理信息的功能；四是效应器官如行走器官（脚）、操作器官（手）、语言器官（口）等承担执行信息的功能。人的这些器官功能通过信息技术得到延伸。按扩展人的信息器官功能不同分类，信息技术可以分为以下四个方面的技术：

1. 传感技术

传感技术是信息的采集技术，对应于人的感觉器官，作用是扩展人类获取信息的感觉器官的功能。传感技术包括遥感、遥测及各种高性能的传感器，如卫星遥感技术、红外遥感技术、热敏、光敏传感器及各种智能传感系统等。传感技术的应用极大地增强了人类采集信息的能力。

2. 通信技术

通信技术是信息的传递技术，对应于人的神经系统，主要功能是实现信息迅速、准确、安全的传递。通信技术的出现，使人类社会信息传播发生巨大的变化。

3. 计算机技术

计算机技术是信息的处理和存储技术，对应于人的思维器官。计算机运行速度非常快，能自动处理大量的信息，并具有很高的精确度。计算机信息处理技术主要包括对信息的编码、压缩、加密和再生等技术；计算机存储技术主要包括内存储技术和外存储技术。

4. 控制技术

控制技术是信息的使用技术，对应于人的效应器官。控制技术是信息过程的最后环节，包括调控技术、显示技术等。

综上所述，信息技术是以计算机和现代通信为主要手段实现信息的获取、加工、传递和利用等功能的技术总和。

2.1.3 物流信息技术的分类

物流信息技术是指应用于物流各环节中的信息技术。物流信息技术主要包括四大类，即基础技术、信息识别技术、信息交换技术和地理分析与动态跟踪技术。

1. 基础技术

基础技术主要包括计算机技术、网络技术和数据库技术。

在物流信息技术中，计算机技术主要是指计算机的操作技术，数据库技术主要用于物流信息的存储、查询、提供信息支持和辅助决策，本书对基础技术的介绍主要着眼于网络技术。网络技术通过整合互联网分散的资源，实现资源的全面共享和有机协作，使人们能按需获取信息。在物流管理中，网络技术为物流供应链管理提供技术实现手段，实现信息在企业之间的交互与共享。

2. 信息识别技术

信息识别技术主要包括条形码技术和射频识别（RFID）技术。

（1）条形码技术又称条码技术，是在 20 世纪产生和发展起来的一种自动识别技术，是集条码理论、光电技术、计算机技术、通信技术、条码印刷技术于一体的综合性技术。由于具有制作简单、信息收集速度快、准确率高、信息量大、成本低等优点，成为物流信息管理工作的基础，被广泛应用于物流的数据采集领域。

（2）RFID 技术是一种基于电磁理论的通信技术，它通过射频信号自动识别目标对象来获取相关数据，是一种非接触式的自动识别技术，适用于要求非接触数据采集和交换的场合。

3. 信息交换技术

信息交换技术即电子数据交换技术，又称 EDI 技术，是指通过电子方式，采用标准化的格式，利用计算机网络进行结构化数据的传输和交换。EDI 技术的基础是信息，这些信息可以由人工输入计算机，也可以通过扫描条码获取。物流技术中的条码包含了物流过程所需的多种信息，与 EDI 技术相结合，确保了物流信息的及时可得性。

4. 地理分析与动态跟踪技术

地理分析与动态跟踪技术主要包括地理信息系统和全球卫星定位系统。

（1）地理信息系统是以地理空间数据为基础，采用地理模型分析方法，适时地提供多种空间的和动态的地理信息，是一种为地理研究和地理决策服务的计算机技术系统。其基本功能是将表格型数据（可来自数据库、电子表格文件或直接在程序中输入）转换为地理图形显示，然后对显示结果进行浏览、操作和分析。通过结合其他的软件，地理信息系统可以建立车辆路线模型、网络物流模型、设施定位模型等，辅助进行物流决策。

（2）全球卫星定位系统是利用空中卫星对地面目标进行精确导航与定位，以达到全天候、高准确度地跟踪地面目标移动轨迹的目的。该系统在物流领域主要应用于汽车自定位及跟踪调度、铁路车辆运输管理、船舶跟踪及最佳航线的确定、空中运输管理和军事物流配送等领域。

2.2 基础技术

2.2.1 计算机技术

1. 计算机技术概述

计算机是一种具有快速计算和逻辑运算能力，依据一定程序自动处理信息，存储并且输出处理结果的电子设备。从 1946 年第一台电子计算机 ENIAC 至今，计算机经历了电子管、晶体管、集成电路和大规模集成电路等阶段，并且以人工智能为主要特征的第五代计算机正在研制中。一个完整的计算机系统应当包括硬件、软件和使用它们的人三大部分。硬件是指构成计算机系统的物理设备的总称，通常是电子的、机械的、磁性的或光的元器件或装置；软件是程序及有关文档的总称。程序是由一系列指令组成的，指挥计算机按照指定顺序完成特定任务。程序执行的结果是按某种格式产生的输出。软件包括系统软件和应用软件。对 MIS 而言，系统软件的一个重要部分是数据库。它是数据组织与管理的基础，也是 MIS 的基础。软、硬件相辅相成，软件依赖硬件执行，没有应用软件，硬件不知道要做什么。计算机系统之间进行网络通信时，负责连接的通信设备和线路，以及管理、调度这些设备和线路的软件，也成了计算机信息系统的一部分。人是计算机系统的重要组成部分，也是 MIS 的重要组成部分。无论是系统建设还是系统维护（硬件维护、软件维护和数据维护）都离不开人，离不开稳定、高素质的开发与管理团队，人永远是计算机系统中最重要的部分。所以，一个计算机信息系统是硬件、软件和人的结合，所有这些要素有机组织起来对数据进行输入、处理和输出。MIS 就是对管理数据进行输入、加工处理和输出。

2. 计算机工作原理

计算机的结构，是由美籍数学家冯・诺依曼提出的（简称冯・诺依曼体系结构）。这一体系的基本思想可以归结为：

1）计算机应由运算器、控制器、存储器和 I/O 设备组成。

2）采用存储程序的方式。

3）以运算器为中心，输入、输出设备和存储器的传送都通过运算器。

4）计算机的执行指令在存储器中按顺序存放。指令所在的单元地址，一般按顺序递增。

冯・诺依曼体系结构的工作原理包括二进制原理、程序存储原理和顺序控制原理三部分。计算机每完成一个基本操作，都是执行一条相应指令的过程。指令是规定计算机操作类型和操作数地址的一组字符。计算机完成一项有实际意义的工作，一般需要执行一系列有序排列的指令，为解决某个问题而设计并且适合计算机处理的一系列有序排列的指令即是程序。根据程序存储和顺序控制原理，将程序存储在计算机内，在程序的控制下，计算机逐一执行程序中的指令，最终完成预定的任务。

【拓展阅读】

非诺依曼体系结构

非诺依曼体系结构是一种由数据而不是由指令来驱动程序执行的计算机体系结构。诺依曼体系结构是由诺依曼等人于 1946 年提出来的一种以存储程序为主要原理的体系结构。它的主要特点是集中控制、顺序执行、共享存储单元及单处理机等。具有诺依曼体系结构的计算机，在中央处理器（CPU）和主存之间只有一条每次只能交换一个字的数据通路，称为诺依曼瓶颈。这样，不论 CPU 和主存的吞吐率有多高，不论主存的容量有多大，都只能顺序处理和交换数据。另外，随着软件系统的复杂性和开发成本的不断提高，软件的可靠性、可维护性和整个系统的性能却都明显下降了，大量的系统资源消耗在必不可少的软件开销上，出现了软件危机，其根源是全部软件赖以建立的诺依曼体系结构的不适应性。随着计算机应用领域的扩大，这种矛盾越来越突出，迫使人们不断对这种体系结构进行改进。哈佛结构是一种非诺依曼体系结构。它使用两个独立的存储器模块，分别存储指令和数据，每个存储模块都不允许指令和数据并存，以便实现并行处理；具有一条独立的地址总线和一条独立的数据总线，利用公用地址总线访问两个存储模块（程序存储模块和数据存储模块），公用数据总线则被用来完成程序存储模块或数据存储模块与 CPU 之间的数据传输；两条总线由程序存储器和数据存储器分时共用。

3. 计算机硬件与软件

（1）计算机硬件。计算机硬件是由电子的、机械的、磁性的等实实在在的元器件组成的各种物理装置。一般由中央处理器、主存储器、辅助存储器、输入输出设备等组成。

1）中央处理器（Central Processing Unit，CPU）是计算机系统最主要的部件，它由运算器和控制器组成。

2）存储器（Memory）是计算机中用来存储程序和数据的部件，它主要用于在控制器的控制下按照指定的地址存入和取出信息。

3）输入输出设备。输入设备是把程序、数据、字符、图形、图像和声音等输入到计算机中去，因此输入设备是人与计算机的一个接口。输出设备将计算机产生的各类电子信息转换成终端用户可以观察理解的形式，如文字、图形或声音等。

（2）计算机软件。根据用途和性能，软件可以分为系统软件和应用软件两类。

1）系统软件。系统软件包括各种语言的汇编、解释或编译系统，如计算机监控、调试、诊断、故障检测程序，数据库管理程序，操作系统和网络通信管理程序等。系统软件根据所完成功能的不同，可以分为以下四类：

① 语言处理程序。这类程序主要是用于帮助用户开发信息系统的应用程序。

② 操作系统。它是用来对计算机软硬件资源进行统一管理、统一调度和统一分配的程序，如 CPU 管理、存储器管理、文件管理和外部设备管理等程序。

③ 通信管理软件。通信管理软件控制与支持通信网络上的数据通信活动。

④ 数据库管理系统。它既能将所有数据集成在数据库中，又允许不同用户运用程序方便地存、取相同的数据库。

2）应用软件。应用软件是计算机各种应用程序的总称。凡是用户利用计算机的硬件和系统软件所编制的解决各类实际问题的程序，都可称为应用软件，它可以分为公用应用软件和专用应用软件。

【拓展阅读】

未来 25 年 IT 发展预测节选[㊀]

在美国《网络世界》创办25 周年之际，编辑部采访了 IT 业界的很多专家和研究人员，请他们对未来 25 年的网络发展趋势作一番预测。这些来自主要研究实验室的预测有可能是今后 25 年中人们能够亲眼看到的现实：

1. 光学处理器将取代微电子处理器

摩尔定律，这条 1965 年由英特尔联合创始人戈登·摩尔作出的预测——每两年集成电路上的晶体管数量翻上一番——将达到它的物理极限。那么，为了推动处理器和内存的发展，就要涌现出新的技术，譬如光学计算。

光学或光子计算机将使用可见光或红外线光来取代电流执行计算任务。人们无疑会希望有价格更低、速度更快的计算机问世，而科学家的任务就是探索电子学之外的其他途径来成就此事。

光子计算机拥有现有计算机无法比拟的两大优点：其一，它比人们目前使用的处理器能耗要低；其二，它的计算效率和处理能力，将是目前主流计算机的 1 000倍。而人们将在未来 20 ~25 年内拥有一台梦幻的光子计算机。

2. 量子计算机之梦成真

另一项颇具前途的技术，就是量子计算，量子计算机将利用原子能量来处理任务，而在它之上能够出现速度更快、体积更小的处理器。常规电子计算机存储

㊀ 张梦然，是什么将在 25 年后改变世界?，科技日报，2011-7-12，第 8 版。

信息时只能存储0或者1，但量子计算机则能够同一时间存储0和1，能够同时处理更为大量的信息。在传统意义上的计算机科学中，二进制就相当于表示开或关、真或假。然而量子物理却不循此路，采用量子位能够同时表示开和关两种情形，用户就能够显著快速地传输大量数据。25年后，量子路由、量子加密、量子交换机，这三者都将成为现实之物。

3. 智能手机将拥有超级计算机的能力

与当前服务器性能相比，用户使用的iPhone或黑莓手机性能将呈几何倍数增长。届时，人们无需随身携带钱包或钥匙，所有有关信用卡、借记卡、身份和会员的信息都将存储在智能手机上。

手机将拥有万亿字节的存储容量，而人们所有的数字信息都将通过云计算备份。如果不小心遗失了手机，在换一部新手机并输入密码后，云计算中心会对用户进行重新识别，并将之前备份的所有信息转送至新手机上。未来派智能手机能够与高性能网络连接，几个手指的点拨就能获取更大量的信息。用户能够将全部人类知识存储在PDA中。借助下一代网络，手机可以迅速找到一个数据库，并将查找的问题和答案翻译成所需的语言。

4. 实现人机对话

人们对鼠标的熟悉程度已达到快成为自己手指的一部分了，但在25年后，人们必须得忘记这份触感，因为鼠标、键盘甚至是时下大热的触摸板都将成为历史，而未来用户通过与计算机对话就能够执行计算任务或找到答案。2011年名声大噪的IBM超级计算机沃森（Watson），可以说是人机对话现有技术水平的范例。它作为一种计算机系统，能在人机游戏大战时击败人类选手，为计算机自然语言交互指明了发展方向。沃森已经可以与人类进行互动，在判断出自己的错误后，还能够查询更多数据，具备自我提高的能力。按照IBM公司的预测，类似沃森的这类系统将极大地提高内科医生诊断疑难杂症的能力。今后人类与计算机进行交互应该更自由。但今天的人机交互仍要受到条条框框的束缚，不过，未来25年这些形式主义将消失，而对硬件和软件方面的进步提出了更高的要求。

5. 让技术更易为我所用

自从告别工场手工业转向机器大工业起，人便一直是机器的奴隶。大机器使人机关系发生了一定的变化，机器生产的高效率减少了人类对自然界产生的迷惘感，提高了人的主体地位，但同时人却成为了机器的一部分，对人的异化自此开始。这是科学技术对人类影响的两重性，直到今天，人一直是机器的奴隶。

当一项新技术来到身边时，人们需要先去学着适应它，有时这种困难程度要甚于新技术带来的便宜。在IT领域，技术人员也要学习如何编程、如何掌控每一个新界面，这对非专业人士来说很难上手。但在未来，这些技术将更易用。未来将是技术来适应人类。嵌入式技术触手可及，所有设备都将嵌入摄像头，所有设备也都在看着人们，以确保人们行为规范。这也将使人们从“你看电视”的世界迈向“电视看你”的世界。人们会喜欢这种生活，它只会更惬意。在一个技术与人类交互的时代，技术能为人们在正确的时间里提供正确的信息。

6. 网络变革之一：太比特网进入家庭

在未来20年内，90%的现有居民区将覆盖互联网；而在未来25年内，网络有效性将达到100%。IP网络将在那时进入太空。这也意味着人类将拥有更多带宽以及更高的有效性。宽带将覆盖地球上的每一寸土地。在这段时间里，高速网络随处可见，家庭用户的网络连接不输于国家级网络。其中备受关注的是，太比特网络将会进入到家庭中，与此同时，无线网络的使用也会大幅增长。而人们的手持设备将在未来25年内拥有10千兆位速度，作为参照，当前的速度为100兆位，可借此想象未来的网络速度。

7. 网络变革之二：智能网络愈行愈近

智能网络已能够根据用户发送的信息和地点，进行选择网络的识别动作。用户的手机能确定所处位置，并决定是采用广域连接还是采用本地连接进行通信。二者的区别则是，如果甲向乙发送一封电子邮件，那么在当前的网络环境里，即使他们并肩坐着，甲发出的电子邮件也需要先经过ISP（互联网服务提供商）到达邮件服务器，然后传到乙的ISP上。然而，从一台机器直接向另一台机器发送电子邮件，则更为高效。尽管目前还做不到，但专家称，用不了25年就能实现此类的网络智能化。

凭借人们掌握的大量无线技术，人类将有能力充分利用网络。目前人们已经在实验室证明了从蜂窝技术到Wi-Fi再到WiMax网络模式的转换。这种网络模式转换存在着不同的优化标准，而人们有能力实现无缝转换，这样就免于从一种网络模式切换至另一种网络模式。

8. 网络变革之三：未来网络将可编程

网络壮大到今日，已越来越需要新的网络服务或者为用户定制的网络服务来满足新的应用需求。可编程网络的处理器能依靠软件来定义其功能，还可以按需要来改变其功能，使网络自身支持服务产生和服务使用的过程。

网络服务的可编程性是通过在现有的路由器和交换机所提供的计算的能力基础上，引入新的计算实现的。目前，美国国家科学基金会正在全美14所大学发起一个名为GENI的网络研究平台，这被看成是可编程网络出现的信号。据GENI项目办公室主任艾略特介绍称，未来3~4年内，将在150所校园部署GENI网络，允许研究人员进行大规模试验并以新方式分配网络资源。

届时，人们可以对网络上的每个独立部分进行编程。而通过互联网，任何人的创新软件都可被公开。所有这一切将集成于一台巨型计算机——全球计算机中。它的应用包括预测极端天气、判断流感暴发的精确位置等，人们还能够根据需求进行本土天气预测。

9. 网络变革之四：真正的全球化网络及市场

25 年后，在全球各个地理位置，互联网的速度和接入质量将不再有差异；下一代互联网协议 IPv6（IP 协议的第 6 版本，大大增加了地址空间）将得以普及；而 IPv6 将提供几乎无限的地址空间给全球的企业和消费者。

人们将在任何地方都能够获得自己所希望的数十兆位的宽带接入。互联网数据统计机构——Internet World Stats 于 2009 年开展的调查结果显示，当年全球网民数量达 18.02 亿人，全球互联网平均渗透率（网民数量占人口总数的比例）为 26.6%，各地区互联网发展情况差异较大。而根据该机构发布的最新数据，目前拥有互联网接入的人口其实仍不足全球人口的 30%。非洲等落后地区的互联网渗透率只有 11%。但在未来 25 年内，这种状况将得以改变，全球所有区域的互联网接入率都将赶上北美地区水平——该地区互联网使用率近 80%。

真正的全球通信将有能力从经济上平衡各地区，而相对于发达地区，其对目前最不发达地区的影响反而会最大。财富不是在全球重新进行分配，而是有新的财富产生，其中大量财富将诞生在目前并不富裕的地区。这就是互联网技术的价值所在。互联网技术将增加所有人的财富。

10. 存储：便宜到想怎么用就怎么用

按照专家的预测，到 2029 年，100 美元能够购买 11 个拍字节，是当前存储容量的 1015 倍，存储已经便宜到想怎么用就怎么用的地步。人们将有能力记录下人生的分分秒秒，且存储质量同蓝光质量相当。

11. 给一切烙上数字化印记

25 年后，数字化将无处不在，一切皆可连接互联网。而到那时，每一篇能提供给人类有用信息的资料，都能够被扫描、数字化，并可通过互联网搜索。而无论人们身在何处，都能通过智能手机快速访问该信息。速度，将永不再是困扰人们的问题。

12. 个性化才是真正的客户价值属性

厌倦了电视节目中无休止插播的烦人广告？不愿每天被强迫着浏览并不感兴趣的户外、纸媒和直邮广告？在未来，这些都不再是问题。就像现在定制手机套餐一样，企业主和广告公司的宣传将在未来告别大众传播，而直接定位到每一名具体或潜在的消费者。他们会将自己所有的东西呈现在客户的面前，然后等待客户根据自己的爱好、兴趣进行定制。客户将得到内容极度个性化的产品和服务，不仅是广告，还包括文章、图书、各类应用和电影，乃至饭馆、酒店都将根据个人喜好提供极度个性化的产品和服务。大众媒体的时代将被终结。

13. 传感器到处渗透，物联网成为现实

各类型传感器无所不在是种什么滋味呢？有些人觉得备受监视如芒在背，但也会有些人先感觉到了惬意。

譬如，你购买的房子、家用电器、娱乐设备、汽车等都拥有强大的处理能力，可通过互联网检测、维修等；汽车与经销商随时保持联系，指导你何时换油；房子安装有动作检测传感器，可控制室内光线亮度、供暖、冷风，如果你滑倒、跌伤了，还能够报警；冰箱内的传感器能够检测食物是否已趋变质。换句话说，物联网将成为现实。

在今时今日，只有几十亿部设备与互联网连接。到2020年，与互联网连接的设备将达到500亿部。而除了机械电器外，从家畜到植物等所有生物也将能与网络相连接。

14. 无处不在的摄像头

带有部分计算功能和部分机械功能的新事物将在未来不断出现，典型的代表便是摄像头的广泛应用。与现在的监控作用相比，未来摄像头将与传感器相结合，在对周遭环境进行监管的同时，这些连接了互联网的传感器和摄像头，还是控制接入网络设备机械部分的制动器。而这些制动器能够作出如开门或关门等具体动作的决定。这意味着未来的监控系统不仅能够观察正在发生的事情，还能够随之发出指令，做出相应的行为。

15. 机器人是否将比人多

25年之后，发达国家拥有的机器人数量，将会超过其人口数量，而这些机器人都将会上网。因此，从社交网络的角度来看，不能排除机器社交网络或者说机器人社交网络会蚕食掉人类社交网络的可能。在技术领域里，很大程度上是军事应用在推动机器人的进步。但此后，商业领域也会大量涌现机器人的身影，人们将需要体积更为小巧并能够攀爬、翻墙的机器人。而像核事故这一类的事件，也将会更多出现机器人的身影而非相对脆弱的人类。

16. 绝大部分个人资产走向虚拟化

25年之后，如果你去亚马逊网站购买一套自己看中的设备，只需要下载该设备配置后，用本地3D打印机打印出即可，而无需像现在这样让供货商将货发到你家门口。之所以能够实现实物的虚拟化，在于云计算的真正实现。届时，媒体和数据的拥有权都将基于元数据。想收藏一部电影不再意味着买下一张DVD光盘，而是由服务器元数据来决定你有没有观看该电影的权利。

17. 增强现实技术（AR）成老生常谈

到2036年，由计算机产生的感官图像将整合至日常生活中，这就是增强现实技术。即把原本在现实世界一定时间空间范围内很难体验到的实体信息，如视觉信息、声音、味道、触觉等，通过科学技术模拟仿真后再叠加到现实世界被人类感官所感知，从而达到超越现实的感官体验。在以往诸多的影视作品中，对此有许多丰富的幻想和描述。

实际上，AR 技术在当前就已经广泛地应用在多个领域，如体育赛事的电视报道。在游泳比赛的画面中，会显示着一条世界纪录保持者行进速度的路线。而在未来，AR 这类虚拟现实技术与实物现实的结合会更加紧密，例如，隐形眼镜能够嵌入实时面部识别，飞行员能够佩戴内置导航设备的特殊眼镜等。

18. “3D 全息成像”浮出水面

全息技术的原理是利用干涉和衍射原理记录并再现物体真实 3D 图像的手段演化而来的。全息技术将可以提供真人大小的图像、超高清晰度的视效、具有立体感和特殊设计的环境，制造出一种让身处不同地方的人能“身临其境”的场所。而这是在 25 年内，我们就能够看到的。

19. 具有预测性和预防性的计算机系统

今天人们所用的计算机系统，可以说是消极被动型的；但明天的计算机将是主动出击型的——它们具有预测性和预防性，能够为相关的大型数据集建模，创建出最接近可能发生事件的现实环境模拟，以发出提前预警，阻止事故发生。

20. 信息安全：继续困扰人类

人类对信息的保护和对信息的破坏是一场持久战，而这场大战不会消失。总会有人试图窃取你的信息，总会有人意欲监督你，攻击者们的计算机功能也同样强大。因此，在未来 25 年内信息安全问题是不会得到彻底解决的。

2.2.2　计算机网络技术

计算机网络是用通信介质把分布在不同地理位置的计算机和其他网络设备连接起来，实现信息互通和资源共享的系统。计算机网络的重要概念有：

网络介质：数据传输的物理通道，有同轴电缆、双绞线、光纤、微波、卫星信道等。

节点：网络中某分支的端点或网络中若干条分支的公共汇交点。

链路：两个相邻节点之间的通信线路。

协议：网络设备间进行通信的一组约定。如 TCP/IP、IEEE802.3、802.4、FDDI 和 ATM 等。网络协议具体规定了设备间通信的电气性能和数据组织方式等。

1. 传输介质

传输介质是通信网络中发送方和接收方之间的物理通路。计算机网络采用的传输媒体可分为有线和无线两大类。双绞线、同轴电缆和光纤是常用的三种有线传输介质；卫星、红外线、激光以及微波通信的信息载体都是属于无线传输介质。

（1）有线传输介质。有线传输介质包括：

1）双绞线。双绞线是指按一定规则螺旋缠绕在一起的两根绝缘铜线，它是最传统、应用最普遍的传输介质，如电话线。两条线绞扭在一起的目的是为了减少导线之间的电磁干扰。双绞线的线路损失大，传输速率低，并且抗干扰能力较弱，但由于其价格便宜，易于安装实现结构化布线，传输数字信号的距离可达几百米，因此在局域网中应用得很普遍。

2）同轴电缆。同轴电缆由内外两条导线构成，内导线是单股粗铜线或多股细铜线，外导线是一条网状空心圆柱导体，内外导线之间隔有一层绝缘材料，最外层是保护性塑料外皮。同轴电缆可以在较宽的频率范围内工作，抗干扰能力强，传输距离可达几千米，

3）光纤（光导纤维）。光纤是由高折射率的细玻璃或塑料纤维外包低折射率的外壳构成的。其基本工作原理是：在发送端通过发光二极管，将电脉冲信号转换成光脉冲信号，在光纤中以全反射的方式传输，在接收端通过光电二极管将光脉冲信号转换还原成电脉冲信号。

（2）无线传输介质。无线传输介质包括：

1）微波。微波是利用高频无线电波在空气中的传播来进行通信的，发送站将数据信号载波到高频微波信号上定向发射，接收站将信号截下进行接收处理或转发。微波是直线传播的，具有高度的方向性，因此传输距离受到地球表面曲率所造成的视线距离的限制，如果传输超过一定距离（最长不能超过50km），就要通过中继站进行接力传输。

微波传输频带较宽，成本比同轴电缆和光纤低，但误码率高。微波传输安装迅速、见效快，易于实现，是在不能铺设线路条件下的远程传输、移动网络通信等场合中最经济、便利的通信手段。

2）卫星通信。卫星通信利用地球同步卫星作微波中继站进行远距离传输。地球同步卫星位于地面上方36 000km的高空，其发射角度可以覆盖地球的1/3地区，三颗同步卫星就可以覆盖整个地球表面。卫星通信是通过同步卫星上的转发设备，将来自地面的微波信号发送给所覆盖的区域并转发给其他同步卫星，因此传输距离不受视线距离的限制，可以发送给全球任何一个区域。卫星通信传输的突出特点是：具有一发多收的传输功能，覆盖面积大，传输距离远，并且传输成本不随传输距离的增加而提高，特别适合于广域网络的远程互联。但卫星通信成本高，传播延迟较长，并且存在安全保密等方面的问题。

2. 网络拓扑结构

拓扑是描述线和点及其之间关系特性的几何术语。在网络中用它来描述计算机之间的连接形式，称为网络的拓扑结构。最完美的连接应是每一个网络节点都直接与其他节点相连，称为全互连结构，那么它的通信效率、安全性等将处于最好的状态。但这在节点较多时不仅需要大量的电缆，更困难的是每个节点都要有插口连接这些电缆，这是不现实的。目前几种常用的拓扑结构有星形、总线型、

环形，每一种结构都各有利弊，在实际联网中要慎重考虑。

3. 计算机网络的分类

计算机网络根据网络应用范围和应用方式不同，可分为以下几类：

（1）局域网（LAN）。局域网是指传输距离在 0.1 ~ 10km，传送速率在 1 ~ 10Mb/s 的范围较小的一种网络。局域网是计算机网络发展最快的一个分支，经过 20 世纪 60 年代的技术准备、70 年代的技术开发和 80 年代的商品化阶段，现在已经在企、事业单位的计算机应用中发挥着重要作用，目前正朝着多平台、多协议、异机种方向发展，数据速率和带宽也在不断提高。

（2）广域网（WAN）。广域网是局域网的扩展。广域网一般由相距较远的局域网经由公共电信网络互连而成，数据传输速率一般在 1.2Kbit ~ 1.554Mbit，传输范围可遍及全球。

（3）综合业务数字网（ISDN）。综合业务数字网是一种能在一个网络内传送多种业务信息的网络，包括数据、图像、语音、文字等，能够满足一个单位日常业务中的网络应用需要。随着网络技术的发展、带宽和传输速率的不断提高，目前的网络技术已经能够满足 ISDN 的要求，ISDN 已经成为网络系统发展的重要方向。

（4）因特网。因特网是最大的国际互联网。该网起源于美国国防部的 ARPA，包含各种不同领域的应用系统，能够提供商务、政治、经济、娱乐、新闻、科技等各类信息，实现全球范围内的信息资源共享。互联网发展很快，目前，互联网已形成覆盖全球的网络，成为远程网的代名词。我国的 CHINANET、CERNET 等都是该网的一部分。

4. OSI 参考模型和 TCP/IP 协议

局域网技术在 20 世纪 80 年代获得了广泛的应用，为管理信息系统的普及应用提供了技术上的可行性。但随着管理信息系统的发展和信息技术应用水平的不断提高，一个企业或组织往往需要更为广泛的信息联系，这些应用超出了局域网的应用范围，同时由于局域网用户的信息交互主要集中在局域网内部，如果建设更大规模的网络，又会由于信息流量、传输距离等因素的制约而显得既不现实也无必要。因而，把不同的局域网通过主干网互联起来，既能满足信息技术应用日益发展的需要，又可以充分保护已有的投资，这成为了网络技术发展的重要方向。

网际互联即通过主干网络把不同标准、不同结构甚至不同协议类型的局域网在一定的网络协议的支持下联系起来，从而实现更大范围的信息资源共享。为了实现网络互联，国际标准化组织（ISO）提出了开放系统互连（Open System Interconnection，OSI）参考模型，按照该模型建立起来的网络就可以实现互联。现有的网络互联协议已或多或少地遵循 OSI 的模式。其中，TCP/IP 是目前最成功、使用最频繁的互联协议。虽然现在已有许多协议都适用于互联网，但只有 TCP/IP 最突出。

（1）OSI 模型简介。OSI 将整个网络的通信分为由低到高七个层次，规定了每层的功能以及不同层如何协作完成网络通信。以这个理论模型为基础，ISO 等机构联合制定了一系列协议标准，规定了各层协议以及对上一层所提供的服务。OSI 层次模型如图 2-1 所示。

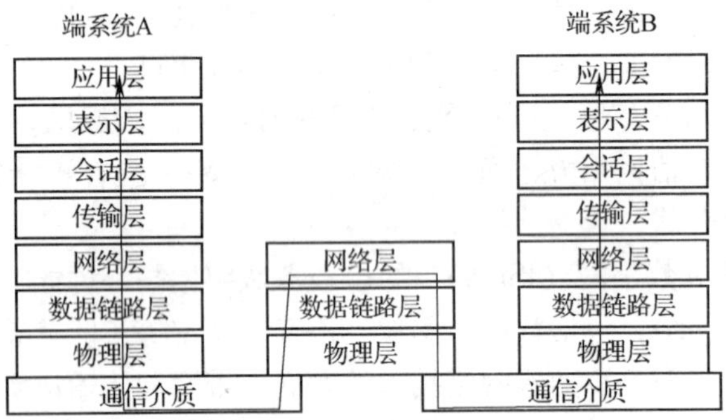

图 2-1　OSI 层次模型[㊀]

1）物理层。物理层是建立在通信介质的基础上实现系统和通信介质连接的物理接口。本层主要处理与电、机械、功能和过程有关的各种特性，以便建立、维持和拆除物理连接。

2）数据链路层。数据链路层是在物理层的基础上，用以建立相邻节点之间的数据链路，传送数据帧。本层将不可靠的物理传输信道变为可靠的信道，并将数据组织成适于正确传输的帧形式的数据块。帧中包含应答、流控制、差错控制等信息，以确保数据能够正确传输。

3）网络层。网络层用于控制通信子网的工作，解决路径选择、流控制问题以使不相邻节点之间的数据能够得到正确传送。

4）传输层。传输层提供两端点间可靠、透明的数据传输，管理多路复用。

5）会话层。会话层用于在两实体间建立通信伙伴关系，进行数据交换，完成一次对话连接。

6）表示层。表示层用以处理数据表示、进行转换、消除网内各实体间的语义差异，执行通用数据交换的功能，提供标准应用接口、公共通信服务。

7）应用层。应用层负责应用管理、执行应用程序，为用户提供 OSI 环境的各种服务，管理和分配网络资源以及建立应用程序包等。

OSI 的七个层次按功能分可分为三组，1、2 层解决网络信道问题，3、4 层

㊀ 来源于 CISCO 培训教程。

解决传输服务问题，5、6、7 层处理对应用进程的访问。从控制的角度来看，1、2、3 层为传输控制层，解决网络通信问题，5、6、7 层为应用控制层，解决应用进程通信问题，第 4 层则是传输与应用之间的接口。

（2）TCP/IP 协议简介。如图 2-2所示，TCP/IP 参考模型是四层结构，这四层的功能如下：

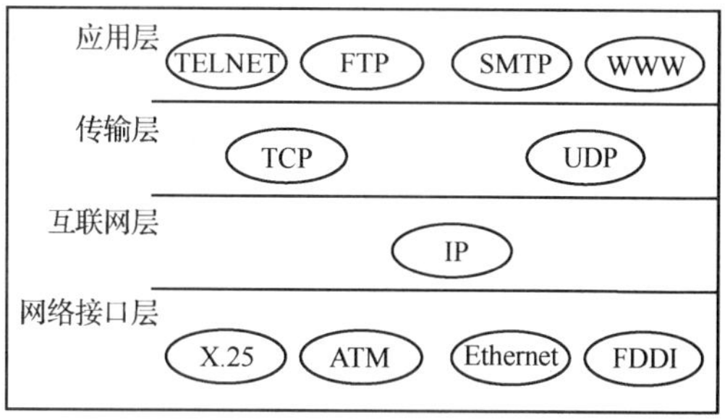

图 2-2　TCP/IP 参考模型及各层使用协议

1）网络接口层。这是 TCP/IP 模型的最低层，负责接收从 IP 层交来的 IP 数据报并将 IP 数据报通过低层物理网络发送出去，或者从低层物理网络上接收物理帧，抽出 IP 数据报，交给 IP 层。

2）互联网层（IP 层）。IP 层的主要功能是负责相邻节点之间的数据传送。IP 层是 TCP/IP 实现互连最关键的一层，通过 IP 将各种底层网络技术统一起来，达到屏蔽底层细节、提供统一界面的目的，即统一的虚拟网。IP 向上层（主要是 TCP 层）提供统一的 IP 报文，使得各种网络帧域报文格式的差异性对高层协议不复存在。这种统一的意义很重要，因为这是 TCP/IP 互联网希望实现的目标。

3）传输层。TCP/IP 参考模型中传输层的作用与 OSI 参考模型中传输层的作用是一样的，即在源节点和目的节点的两个进程实体之间提供可靠的端到端的数据传输。为保证数据传输的可靠性，传输层协议规定接收端必须发回确认，并且假定分组丢失，必须重新发送。传输层还要解决不同应用程序的标识问题，因为在一般的通用计算机中，常常是多个应用程序同时访问互联网。为区别各个应用程序，传输层在每一个分组中增加识别信源和信宿应用程序的标记。另外，传输层的每一个分组均附带校验和，以便接收节点检查接收到的分组的正确性。

TCP/IP 模型提供了以下两个传输层协议：

① 传输控制协议（TCP）。TCP 是一个可靠的面向连接的传输层协议，它将某节点的数据以字节流形式无差错投递到互联网上的任何一台机器上。发送方的 TCP 将用户交来的字节流划分成独立的报文并交给互联网层进行发送，而接收方的 TCP 将接收的报文重新装配交给接收用户。TCP 同时处理有关流量控制的问题，以防止快速的发送方淹没慢速的接收方。

② 用户数据报协议（UDP）。UDP 是一个不可靠的、无连接的传输层协议，UDP 将可靠性问题交给应用程序解决。UDP 主要面向请求/应答式的交易型应用，一次交易往往只有一来一回两次报文交换，假如为此而建立连接和撤销连接，开销是相当大的。这种情况下使用 UDP 就非常有效。另外，UDP 也应用于

那些对可靠性要求不高，但要求网络的延迟较小的场合，如话音和视频数据的传送。

4）应用层。传输层的上一层是应用层，应用层包括所有的高层协议。如用于将网络中的主机名字地址映射成网络地址的域名服务（DNS）和用于从WWW网上读取页面信息的超文本传输协议（HTTP）。

下面以使用TCP协议传送文件（如FTP应用程序）为例说明了TCP/IP的工作原理：

1）在源主机上应用层将一串字节流传给TCP层。

2）TCP层将字节流分成TCP段，加上TCP包头交给IP层。

3）IP层生成一个包，将TCP段放入其数据域，并加上源和目的主机的IP包交给数据链路层。

4）数据链路层在其帧的数据部分装IP包，发往目的主机或IP路由器。

5）在目的主机，数据链路层将数据链路层帧头去掉，将IP包交给IP层。

6）IP层检查IP包头，如果包头中的校验和与计算出来的不一致，则丢弃该包。

7）如果校验和一致，IP层去掉IP头，将TCP段交给TCP层，TCP层检查顺序号以判断是否为正确的TCP段。

8）TCP层为TCP包头计算TCP头和数据。如果不对，TCP层丢弃这个包，若对，则向源主机发送确认。

9）在目的主机，TCP层去掉TCP头，将字节流传给应用程序。

10）于是目的主机收到了源主机发来的字节流，就像直接从源主机发来的一样。

实际上每往下一层，便多加了一个报头，而这个头对上层来说是透明的，上层根本感觉不到下面报头的存在。

【拓展阅读】

美国的《网络空间行动战略》㊀

2011年7月14日，美国国防部发布首份《网络空间行动战略》。

在这份报告中，美国将网络空间上升到同陆、海、空、太空并列的行动领域，将网络攻击视同战争行为，宣称要用传统军事力量对等报复。世界各国积极响应，包括英国、法国、俄罗斯、以色列、韩国等国纷纷表达加强网络部队建设的立场。在此之前，中国国防部新闻事务局局长耿雁生大校透露，中国已组建网

㊀ 杨春等，美国战略启动全球网络军备竞赛，南方日报，2011-7-28，A8版。

络蓝军，目的是提高部队网络安全防护水平，捍卫军队网络安全。《网络空间行动战略》是美国政府针对全球互联网推出的首份国际战略与政策报告。奥巴马在序言中称，它是“美国第一次针对网络空间制订的全盘计划”，目的是“使网络空间有一个开放、可共同使用、安全和可靠的未来”。

据该报告称，五角大楼的网络每天遭遇数以百万计的试探，而成功的侵入已导致数以千计的文档泄密。对手们继续开发日趋复杂且能够广泛获得的工具，以侵入保密网络。此类威胁不仅来自恶意黑客，也来自致力于突破保密网络的外国人士以及从事间谍活动的恶意内部人士。该报告还表示，美国的潜在对手可能寻求利用、破坏、拒绝和削弱美国国防部赖以运行的网络和系统。为针对此类攻击，五角大楼将在演习和训练中全面融入一整套想定的网络战情形。尽管美国国防部强调新战略重在防御，即加强美军及重要基础设施的网络安全保护，但美国媒体认为，美军在网络空间的扩张可能导致网络空间军事化，并引发网络军备竞赛。

5. 互联网的网络地址和域名

在互联网中为了定位每一台计算机，需要给每台计算机分配或指定一个确定的“地址”，这个地址称为互联网的网络地址。

互联网的网络地址是指连入互联网的节点计算机的网络互联地址（称为IP地址）。IP地址是包含4个字节，共32位的二进制数，它逻辑上分成两个部分，一部分标识主机所属的网络（网络标识），另一部分标识主机本身（主机标识）。常见的IP地址分为A、B、C三类，与它对应的网络有时被称为A类、B类、C类网络。

A类网络用第一组数字（即第一个字节）标识网络本身，后面三组数字作为连接于网络上的主机的地址，并且规定第一个字节的第一位必须为0，A类IP地址一般分配给国家级网络。

B类网络用第一、第二组数字表示网络的地址，后面两组数字代表网络上的主机地址，且第一个字节的前两位为10。B类地址一般分配给大型网络，如跨国公司的大型网络。

C类网络用前三组数字表示网络的地址，最后一组数字作为网络上的主机地址，且第一个字节的前三位为110。C类地址分配给小型网络，如大量的局域网和校园网。

为了方便，IP地址一般用由圆点隔开的4个十进制数表示，如某个C类IP地址为：192.168.0.81，其中每个十进制数都是0~255间的整数。

与IP地址有关的另一个术语为子网掩码，其结构与IP地址一样，也由4个字节的32位二进制数组成，一般也用由圆点隔开的4个十进制数表示。在同一个子网中子网掩码相同，它的作用是能够帮助人们方便地获得某台计算机所处的网络标识和主机标识。

设 b 为某一子网的子网掩码，a 为该子网的某台计算机的 IP 地址（这里 a、b 分别为 32 位的二进制数）。a 与 b 的关系为：$a \wedge b$ 为该子网的网络标识，$a \wedge \overline{b}$ 为该台计算机的主机标识。

实际上，对于 A、B、C 类网络来讲，它们最简单的子网掩码分别为：255.0.0.0，255.255.0.0 和 255.255.255.0。

为了使 IP 地址便于用户使用，同时也易于维护和管理，通过所谓的域名管理系统（Domain Name System，DNS）为每一个 IP 地址指定一个（或几个）容易识别的名称，该名称就是域名。通过这个域名与 IP 地址的对照表可比较直观、容易记忆地识别网络上的计算机。

DNS 用分层的命名方法，为网络上的每台计算机赋予一个直观的唯一性域名，其结构为“计算机名．组织机构名．网络名．最高层域名”。

最高层域名代表建立网络的部门、机构或网络所隶属的国家、地区。例如，常见的网络名或最高层域名有 EDU（教育机构）、GOV（政府部门）、MIL（军队）、COM（商业系统）、NET（网络信息中心和网络操作中心）、ORG（非营利组织）、INT（国际上的组织）、AU（澳大利亚）、CN（中国）、UK（英国）等。

【拓展阅读】

物联网需要 IPv6 支持㊀

IPv6 是下一代的互联网协议。它的提出最初是因为采用 32 位地址长度的 IPv4 协议，只有大约 43 亿个地址。为了扩大地址空间，拟通过 IPv6 重新定义地址空间。IPv6 采用 128 位地址长度，通常写做 8 组，每组为 4 个十六进制数的形式（如 2001：0db8：85a3：08d3：1319：8a2e：0370：7344 是一个合法的 IPv6 地址）。IPv6 几乎可以不受限制地提供地址。按保守方法估算 IPv6 实际可分配的地址为：在整个地球的每平方米面积上仍可分配 1 000 多个地址。在 IPv6 的设计过程中除了一劳永逸地解决了地址短缺的问题以外，还考虑了在 IPv4 中解决其他问题，主要有端到端 IP 连接、服务质量（QoS）、安全性、多播、移动性、即插即用等。

IPv6 具有庞大的地址资源，对物联网的需求和发展，能起到重要的支持作用。自 1965 年英特尔创始人之一戈登·摩尔（Gordon Moore）首次提出摩尔定律以来，计算机、互联网以及各种应用的快速发展令人目不暇接。但随着晶体管电路的性能逐渐接近极限，人们开始担心摩尔定律会走到尽头。

㊀ 刘丽丽，物联网需要 IPv6 支持，计算机世界，2011 年第 19 期。

如今，随着智能手机、平板电脑、微博等新的移动互联设备与应用层出不穷，很多人已经深刻地感受到传统互联网正向物联网演进。在这个演进的过程中，人们将面临很多困难。例如，数以亿计的设备不仅会产生海量的数据，对IP地址的需求也将远远超过现有的存量。

一个数据显示：中国移动2009年地址整体使用量比2008年翻了一倍，而2009~2010年，即便是在大量使用私有地址的情况下，IPv4地址使用量仍增长了一倍。中国移动还预测，未来对于地址的需求量将过亿。中国联通和中国电信迅猛增长的3G终端用户，更增加了地址的需求量。加上物联网等应用对于IP地址的需求也在激增，电信运营业自身的IP地址压力也很大。

然而，2011年4月15日，APNIC（亚太互联网络信息中心）总监Paul Wilson表示，亚太地区（包括中国）即将面临IPv4地址枯竭，如今，地址库中仅存一小部分。Paul Wilson告知：在IPv4地址耗尽时，互联网并不会停止运行，但如果没有IPv6，互联网将来的增长和创新将大打折扣。在最糟糕的情况下，运营商将无法容纳任何新的互联网用户。如果是这样的话，那人们今天大谈特谈的物联网将无法顺利实现。物联网的实现需要更多、更庞大的IP地址来支持。显然，IPv4已经不能完成这一使命。

Paul Wilson声称，IPv6是解决IPv4枯竭问题的唯一解决方案。但若要利用IPv6，电信运营商的网络必须能够支持新的地址。这通常需要它们投资于新的、价格昂贵的设备，而所有的网络运营商都得花钱购买新设备，以支持IPv6这个新的互联网协议。但如今，许多公司仍以当前客户对IPv6需求不足为借口推迟这项投资，这似乎是一个全球普遍的现象。

事实上，中国早在1992年就启动了下一代互联网研究，并于2003年启动了下一代互联网示范工程，但如今，IPv6的部署除了缺少标准、清晰的过渡方案外，还面临安全、终端支持等诸多现实问题。十年来，IPv6产品很少，进展相当缓慢，有人说是因为支持IPv6的产品太少，但产品提供商也叫苦连天，说没有网络支持，他们生产那么多产品是自寻死路。这实际上是一个“先有鸡还是先有蛋”的问题。所以，要解决这些问题，仅靠市场的自然运作还远远不够，政府必须主导推动。因为物联网的发展已经是大势所趋，既然这一态势已经确定，那么迁移到IPv6，亦是必然。就像Paul Wilson说的那样，越早意识到IPv6的重要性，越早动手，由IPv4向IPv6迁移也就越平滑。

2.2.3 数据库管理技术

1. 概述

数据库技术是信息系统的一个核心技术，是一种计算机辅助管理数据的方法，它研究如何组织和存储数据，如何高效地获取和处理数据，是通过研究数据库的结构、存储、设计、管理以及应用的基本理论和实现方法，并利用这些理论来实现对数据库中的数据进行处理、分析和理解的技术。

数据管理技术的发展大致经过了以下三个阶段：

（1）人工管理阶段。人工管理阶段是数据管理的初期阶段，该阶段存在很多问题，例如，没有直接存取的硬件设备，没用相应的软件支持，所管理的数据无结构等。

（2）文件系统阶段。在该阶段，数据被组织成相对独立的数据文件，系统的管理都是针对文件进行的。文件系统实现了记录内的结构化，即给出了记录内各种数据间的关系。但是，文件从整体上来看却是无结构的。其数据面向特定的应用程序，因此数据共享性、独立性差，且冗余度大，管理和维护需付出的代价也很大。

（3）数据库系统阶段。数据库的特点是数据不再只针对某一特定的应用，而是面向全组织，具有整体的结构性，共享性好，冗余度小，具有一定的程序与数据间的独立性，并且实现了对数据进行统一的控制。

2. 数据库系统的构成

数据库系统是由计算机系统、数据库、数据库管理系统和有关人员组成的具有高度组织的总体。数据库系统的主要组成部分有：

（1）计算机系统。

（2）数据库。数据库既有存放实际数据的物理数据库，也有存放数据逻辑结构的描述数据库。

（3）数据库管理系统（DBMS）。数据库管理系统是一组对数据库进行管理的软件，通常包括数据定义语言及其编译程序、数据操纵语言及其编译程序和数据管理例行程序。其功能主要有数据查询、更新、插入和删除。

（4）人员。人员包括数据库管理员、系统程序员和用户。

3. 实体联系模型

数据库设计要经过用户要求分析、概念设计、逻辑设计和物理设计四个步骤。概念设计是根据用户需求设计的数据库模型，概念模型可用实体联系模型（E-R 模型）表示，也可以用 3NF（第三范式）关系群表示。逻辑设计是将概念模型转换成某种数据库管理系统（DBMS）支持的数据模型。物理设计是为数据模型在设备上选定合适的存储结构和存取方法。

在数据库设计中有两个重要的概念，即实体联系模型和数据模型。

（1）实体联系模型。信息模型最常用的表示方法是实体—联系方法，即由 P. P. Chen 于 1976 年提出的 E-R（Entity-Relation）方法，其主要思想是用 E-R 图来描述组织的信息模型。E-R 模型反映的是现实世界中的事物及其相互联系，是对现实世界的一种抽象描述。它抽取了客观事物中人们所关心的信息，而忽略了非本质的细节，并对这些信息进行精确的描述。与 E-R 模型有关的概念有：

1）实体（Entity）。“实体”是观念世界中描述客观事物的概念。实体可以是具体的人、事、物，也可以是抽象的概念或联系，如一名职工、一名学生、一个部门、一门课、学生的一次选课、部门的一次订货、老师与院系的工作关系（即某位老师在某院系工作）等都可以是实体。实体在 E-R 模型图中用长方形表示。

2）属性（Attribute）。“属性”是指实体具有的某种特性。一个实体可以由若干属性来描述。例如，学生实体可由学号、姓名、性别、出生年月、院系、入学时间等属性来刻画（如 09206101，周丰，男，1984，物流）。这些属性组合起来表述了一个学生。属性在 E-R 模型图中用椭圆形表示。

3）联系（Relationship）。在现实世界中，事物内部以及事物之间总是存在着这样或那样的联系，这种联系必然要在信息世界中得到反映。在信息世界中，事物之间的联系可分为两类：一是实体内部的联系，通常是指组成实体的各属性之间的联系；二是实体之间的联系，这里主要说明实体之间的联系。

实体有个体和总体之分。个体如“张三”、“李四”等。总体泛指由个体组成的集合。总体又有同质总体（如职工）和异质总体之分。异质总体是由不同性质的个体组成的集合，如一个企业的所有事物的集合。一个异质总体可以分解为多个同质总体，数据文件描述的是同质总体，而数据库描述的是异质总体。

设 A、B 为两个包含若干个体的总体，其间建立了某种联系，其联系方式可分为以下三类：

① 一对一联系（1∶1）。如果对于 A 中的一个实体，B 中至多有一个实体与其发生联系，反之，B 中的每一实体至多对应 A 中一个实体，则称 A 与 B 是一对一联系。

例如，在学校里面，一个班级只有一个班长，而一个班长只在一个班中任职，则班级与班长之间具有一对一联系。

② 一对多联系（1∶N）。如果对于 A 中的每一实体，实体 B 中都有一个以上的实体与之发生联系，反之，B 中的每一实体至多只能对应于 A 中的一个实体，则称 A 与 B 是一对多联系，记为 1∶N。把 1∶N 联系倒转过来便成为 N∶1 联系。

例如，一个班级中有若干名学生，而每个学生只在一个班级中学习，则班级与学生之间具有一对多联系。而学生实体集与宿舍房间实体集之间具有多对一的联系。

③ 多对多联系（M∶N）。如果 A 中至少有一实体对应于 B 中一个以上的实体，反之，B 中也至少有一个实体对应于 A 中一个以上的实体，则称 A 与 B 为多对多联系。

例如，一门课程同时有若干名学生选修，而一个学生可以同时选修多门课程，则课程与学生之间具有多对多联系。

【拓展阅读】

IDC：数据库技术面临革命[⊖]

数据库管理系统（DBMS）技术传统上是基于行模式、基于磁盘并以线性方式查询的。然而，新一代DBMS技术正在对数据库管理员以及选择和管理上述技术的人员发出一个简单而明确的信号：您所知道的一切都是错的。

市场咨询机构IDC最近研究显示，从目前的发展和接受速度来看，五年内可能会发生以下变化：大多数数据仓库将以列模式存储；大多数OLTP数据库将可能是内存数据库（IMDB），或完全驻留在内存里；大多数大型数据库服务器将通过集群方式进行横向扩展；很多数据收集和报告问题将由没有任何形式图式的数据库来解决。

“很多这样的新系统会让您忘掉磁盘型的分区模式、索引策略以及缓冲管理，而进入一个由大内存模型、大量多核处理器、集群服务器以及高度压缩的列存储所组成的世界。”IDC软件研究部门负责数据库管理和数据整合的研究副总裁卡尔·罗夫森这样说，“这些技术不再被边缘化，如仅用于解决数据仓库或其他大量的数字运算问题。它们正在成为主流，并成为各类供应商用于解决常见的实际数据管理问题的手段。”

为了迎接这些新技术，并对其适用性进行准确评估，IDC建议数据库用户要做好以下几件事：

考虑目前的数据库管理技术如何满足其要求，以及如何符合数据增长和性能的需求；研究新的数据库技术，并考虑如何用它们来解决数据管理问题；向数据库技术提供商了解未来的计划，提出需求和问题，制定技术路线图，其中兼顾预期的技术优化以及采用新技术能更好地应对的各项问题。

为了确保能顺利过渡到下一代DBMS，供应商应当采取以下几个步骤：考虑自己的产品目前所能解决但运用这些新技术能更有效解决的问题；制订方案增强或发展自己的DBMS产品，将所需要的技术和功能结合进来，以满足那些与数据库工作负荷相关的需求；确定是否有其他目前所不能满足但有了DBMS技术就能迎刃而解的工作负荷以及随之出现的机遇。

（2）数据模型。数据模型是对客观事物及其联系的数据化描述。在数据库系统中，对现实世界中数据的抽象、描述以及处理等都是通过数据模型来实现

⊖ IDC：数据库技术面临革命，人民邮电，2010-3-4，第005版。

的。数据模型是数据库系统设计中用于提供信息表示和操作手段的形式构架，是数据库系统实现的基础。它更多地强调数据库的框架、数据结构格式，而不关心具体对象的数据。如何建立宏观的数据模型是数据库设计者的任务。目前，数据模型主要有三种：层次模型（Hierarchical Model）、网状模型（Network Model）和关系模型（Relational Model）。20 世纪 80 年代以来，计算机系统商推出的数据库管理系统几乎全部都是支持关系模型的。下面仅介绍关系模型。

关系模型是建立在数学概念的基础上，应用关系代数和关系演算等数学理论处理数据库系统的方法。从用户的观点来看，在关系模型下，数据的逻辑结构是一张二维表。每一个关系为一张二维表，相当于一个文件。关系数据模型是指用表描述对象之间联系的模型。目前，所有的 DBMS 都是基于关系数据模型的，所以即使 E-R 模型也有必要向关系数据模型转化。

在 E-R 模型中，每个实体都相应地转换为一个关系。该关系应包括对应实体的全部属性，并根据该关系表达的语义确定出关键字。对于 E-R 模型中的联系，要根据联系的不同，采取不同手段以使被它联系的实体所对应的关系彼此有某种联系。E-R 模型向关系数据模型转化如图 2-3 所示。

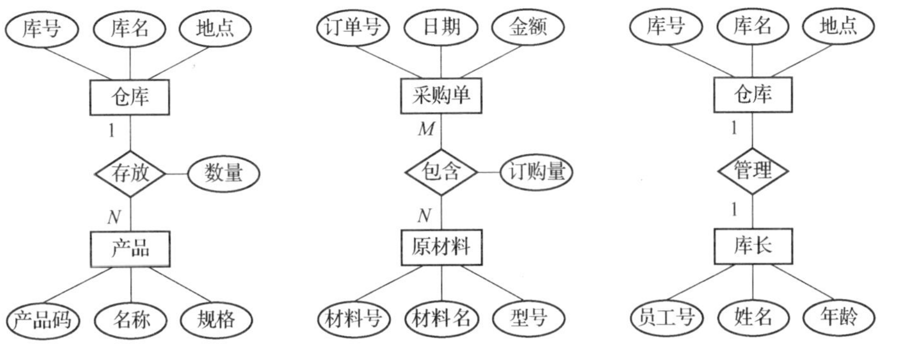

图 2-3　E-R 模型向关系数据模型转化

a）向 1：N 模型转化　b）向 M：N 模型转化　c）向 1：1 模型转化

1）如果两个实体间是 1：N 联系，就将“1”方的关键字纳入“N”方实体对应的关系中作为外部关键字，同时把联系的属性也一并纳入“N”方的关系中。

图 2-3a 对应的关系数据模型为（其中下划线表示该属性是关键字，双下划线表示该属性是外键）：

仓库（库号，库名，地点）

产品（产品码，名称，规格，库号，数量）

2）如果两实体间是 M：N 联系，则需对联系单独建立一个关系用来联系双方实体，该关系的属性中至少要包括被它所联系的双方实体的关系字，若联系有属性，也要归入该关系中。图 2-3b 中对应的关系数据模型为：

采购单（订单号，日期，金额）

原材料（材料号，材料名，型号）

包含（订单号，材料号，订购量）

3）如果两个实体间是 1∶1 联系，转换时只需在任何实体对应的关系中纳入另一实体的关键字即可，如果联系有属性，则同时纳入此方的关系中。图 2-3c 对应的关系数据模型为：

库长（员工号，姓名，年龄，库号）

仓库（库号，库名，地点）

或者

库长（员工号，姓名，年龄）

仓库（库号，库名，地点，员工号）

4. 关系的规范化

规范化理论主要用于判别设计好的关系模式的优劣，为数据库设计工作提供严格的理论依据。规范化理论是 E. F. Codd 在 1971 年提出的。他和后来的研究者为数据结构定义了五种规范化模式（Normal Form，简称范式）。关系必须是规范化的关系，应满足一定的约束条件。范式表示的是关系模式的规范化程度，也即满足某种约束条件的关系模式，根据满足的约束条件的不同来确定范式。如满足最低要求，则为第一范式（First Normal Form，简称 1NF）。符合第一范式而又进一步满足一些约束条件的称为第二范式（2NF），等等。

（1）第一范式（1NF）。属于第一范式的关系应满足的基本条件是元组中的每两个分量都必须是不可分割的数据项。如图 2-4a 所示关系不符合第一范式，而图 2-4b 则是经过规范化处理，去掉了重复项而符合第一范式的关系。

教师代码	姓名	工　资	
		基本工资	附加工资

a)

教师代码	姓名	基本工资	附加工资

b)

图 2-4　属于及不属于第一范式关系的两种情况

a）不符合第一范式的关系　b）符合第一范式的关系

（2）第二范式（2NF）。所谓第二范式，是指这种关系不仅满足第一范式，而且所有非主属性完全依赖于主码。例如，教师研究课题表（教师代码、姓名、职称、研究课题号、研究课题名）虽满足第一范式，但不满足第二范式，因为它的非主属性不完全依赖于由教师代码和研究课题号组成的主关键字，其中，姓名和职称只依赖于主关键字的一个分量——教师代码，研究课题名只依赖于主关键字的另一个分量——研究课题号。解决的方法是将一个非第二范式的关系模式分解为多个第二范式的关系模式，即：

教师（教师代码、姓名、职称）

课题（研究课题号、研究课题名）

教师与课题（教师代码、研究课题号、研究课题名）

（3）第三范式（3NF）。所谓第三范式，是指这种关系不仅满足第二范式，而且它的任何一个非主属性都不传递依赖于任何主关键字。例如，产品关系（产品代码、产品名、生产厂名、生产厂地址）属第二范式，但不是第三范式。这里，由于生产厂名依赖于产品代码（产品代码唯一确定该产品的生产厂家），生产厂地址又依赖于厂名，因而，生产厂地址传递依赖于产品代码。

消除传递依赖关系的办法，是将原关系分解，即：

产品（产品代码、产品名、生产厂名）

生产厂（生产厂名、生产厂地址）

第三范式消除了插入、删除异常及数据冗余、修改复杂等问题，已经是比较规范的关系。

（4）关系规范化实例。现在要设计一个学生成绩管理系统。通过系统分析等得到一个如下的关系模式（称为关系 R），包括属性如下：R（学生号，姓名，性别，出生日期，家庭地址，科目名，成绩，成绩级别，科目描述及学分），其中学生号与科目名组成关键字。

1）第一范式。按照第一范式的要求，结合实际情况要对关系 R 进行规范。R 中“科目描述及学分”属性并不是“不可再分的”，还可分为“科目描述”、“学分”。因此，满足第一范式的新关系模式为：R（学生号，姓名，性别，出生日期，家庭地址，科目名，成绩，科目描述，学分）。满足了第一范式，还没有从根本上解决上述四个问题，还要用下面的范式进行规范化，且必须满足第一范式的条件才能进行下面的规范化。

2）第二范式。关系 R 中有下面几个函数依赖：

（学生号）→（姓名，性别，出生日期等）

（科目名）→（科目描述，学分）

（学生号，科目名）→（成绩）

从上面三个依赖中可以看到关系 R 还不满足第二范式的要求，因为存在部分函数依赖。要消除部分函数依赖就要对关系 R 进行投影分解，分解为三个关系模式 R1、R2、R3：

R1（学生号，姓名，性别，出生日期，家庭地址）

R2（科目号，科目描述，学分）

R3（学生号，科目号，成绩，成绩级别）

说明：R1、R3 两关系模式，通过学生号进行连接；R2、R3 两关系模式，通过科目号进行连接。

关系模式 R1、R2 和 R3 满足第二范式的要求。

3）第三范式。要达到第三范式的要求，必须消除关系模式中的传递依赖。

关系模式 R3 中存在如下两个依赖：

（学生号，科目号）→（成绩）

（成绩）→（成绩级别）

从以上两个函数依赖得到另一个函数依赖：

（学生号，科目号 ）→（成绩级别）

要消除关系模式 R3 中的传递依赖，只要去掉“成绩级别”这一可以通过简单计算得到的属性。如下关系满足第三范式的要求：

R1（学生号，姓名，性别，出生日期，家庭地址）

R2（科目号，科目描述，学分）

R3（学生号，科目号，成绩）

4）BC 范式。如果关系模式 R(U，F）的所有属性都不传递依赖于关系 R 的任何候选关键字，那么称关系 R 是属于 BC 范式的。记为 $R \in BCNF$。BC 范式也可解释为如果关系模式 R 中每个决定因素都包含关键字（而不是被关键字所包含），则 R 是 BC 范式的关系模式。关系模式 R1、R2、R3 已经是 BC 范式了。

在建立关系数据库时，满足第一范式是最低要求，规范化的目的是使数据库结构合理，数据冗余尽量少。应注意的是，规范化后的关系模式应与原关系模式等价，并保持属性间合理的联系，并且关系模式的规范不是唯一的，通过规范可以得到不同的关系模式。

2.3 物流信息实用技术

2.3.1 物流条码技术

条码是一种信息代码，是由一组宽度不同、反射率不同的条和空按规定的编码规则组合起来，用以表示一定的字符、数字及符号组成的信息，它是一种用光电扫描阅读设备识读并使数据输入计算机的特殊代码。

1. 条码的特点

1）可靠及准确。键盘输入平均每 300 个字符出现一个错误，而条码输入平均每 15 000 个字符才出现一个错误。如果加上校验出错率是千万分之一。

2）数据输入速度快。键盘输入，一个每分钟打 90 个字的打字员 1.6s 可输入 12 个字符或字符串，而使用条码，做同样的工作只需 0.3s，速度提高了 5 倍。

3）经济便宜。与其他自动化识别技术相比较，推广应用条码技术，所需费用较低。

4）灵活、实用。条码符号作为一种识别手段可以单独使用，也可以和有关设备组成识别系统实现自动化识别，还可和其他控制设备联系起来实现整个系统的自动化管理。同时，在没有自动识别设备时，也可实现手工键盘输入。

5）自由度大。识别装置与条码标签相对位置的自由度要比光学字符识别（OCR）大得多。条码通常只在一维方向上表达信息，而同一条码上所表示的信息完全相同并且连续，这样即使标签有部分缺失，仍可以从正常部分输入正确的信息。

6）设备简单。条码符号识别设备的结构简单，操作容易，无需进行专门训练。

7）易于制作。条码可印刷，称为“可印刷的计算机语言”。条码标签易于制作，对印刷技术设备和材料无特殊要求。

2. 条码的类别

（1）按维数不同分类。按维数不同，条码通常可以分为一维条码和二维条码。

1）一维条码。一维条码只在一个方向（一般是水平方向）上表达信息，而在垂直方向上不表达任何信息，其具有一定的高度通常是为了便于阅读器的对准。一维条码（如图 2-5 所示）由宽度不同、反射率不同的“条”和“空”按照一定的编码规则（码制）编制而成。条码信息靠“条”和“空”的不同宽度和位置来传递。信息量的大小由条码的宽度和印刷的精度来决定，条码越宽，包容的“条”和“空”就越多，信息量就越大；条码的印刷精度越高，单位长度内可容纳的“条”和“空”就越多，传递的信息量也就越大。世界上约有 200 种以上的一维条码，每种一维条码都有自己的一套编码规格，一般较流行的一维条码有 39 码、EAN 码、UPC 码、128 码，以及专门用于书刊管理的 ISBN、ISSN 等。

图 2-5　一维条码

一维条码也有其不足之处，例如，只有能容纳 30 个字符左右的容量空间；只能用来表示字母和数字；保密性不高；受损后不能识别等。一维条码充当的是数据库中主键（Key）的角色：作为一种信息标识，不能用其对产品进行描述，要想获取更多的信息只能通过网络到数据库中寻找，依赖性较强。

2）二维条码。在水平和垂直方向上的二维空间存储信息的条码，称为二维条码。二维条码可以直接显示英文、中文、数字、符号、图形；存储数据容量大，可存放1KB字符；可用扫描仪直接读取内容，无需另接数据库；数据可加密，保密性高；安全级别最高时，损污50%仍可读取完整信息。

二维条码可以分为堆叠式/行排式二维条码和矩阵式二维条码。

① 堆叠式/行排式二维条码在形态上是由多行短截的一维条码堆叠而成的，它在编码设计、校验原理、识读方式等方面继承了一维条码的一些特点，识读设备和条码印刷与一维条码技术兼容。但由于行数的增加，需要对行进行判定，其译码算法与软件也不同于一维条码。有代表性的行排式二维条码有：16K码、49码、PDF417码等。

② 矩阵式二维条码以矩阵的形式组成，在矩阵相应元素位置上用“点”表示二进制“1”，用“空”表示二进制“0”，由“点”和“空”的排列组成代码，其中点可以是方点、圆点或其他形状的点。矩阵式二维条码是建立在计算机图像处理技术、组合编码原理等基础上的一种新型图形符号自动识读处理码制。具有代表性的矩阵式二维条码有：Code one码、Maxicode码、Data Matrix码等。

目前二维条码主要的码制有PDF417码、49码、16K码、Data Matrix码和Maxicode码等，其中以PDF417码应用范围最广，从生产、运货、行销到存货管理都很适合，故PDF417码特别适用于流通业者；Maxicode通常用于邮包的自动分类和追踪；Data Matrix码则特别适用于小零件的标识。

【拓展阅读】

采用PDF417技术有效打击涉牌违法㊀

在机动车号牌上采用二维条码PDF417技术，可以将机动车发动机号、车架VIN号、对应行驶证编号、登记证书编号及车主信息等基本信息存入二维条码内，供以后检查和年检时使用。同时，可有效打击伪造车号牌等涉牌涉证交通违法行为。采用PDF417码的优势包括：

首先，可以提高车辆号牌的机读能力，通过激光条码读码器读取二维条码内存储的全部信息，读取的时间非常短，只需1～3s的时间。

其次，提高了车牌的防伪能力。在车号牌上采用PDF417码技术后，车号牌的防伪就在过去简单的肉眼判别基础上，增加了机器判别的功能，从而给号牌的防伪增加了一个安全的保障。PDF417码的防伪包括三个方面：由于在号牌上增加了二维条码及流水编号，使该号牌具有使用的唯一性，因此，伪造、变造的车

㊀ 仇丰刚，采用PDF417技术有效打击涉牌违法，人民公安报（交通安全周刊），2011-7-15，第003版。

辆号牌可被立即识别出；可采用数据加密来提高防伪能力；在 PDF417 的国际标准以及国家标准中，都有一部分预留码字，供用户自行定义，如采用了这部分预留码字，非专业的扫描器就无法识读。

最后，节省投资经费。PDF417 码技术较其他技术突出的优点之一就是成本低，只需在现有 92 式号牌的基础上进行改进即可，不需要重新设计研发新式号牌，因此人们把 PDF417 称为“零成本”技术。同时，因为 PDF417 码中包含有数据信息，只要通过二维条码读码器扫描就可以了解其中的数据信息，不需要数据库的支持，因此，还可节省网络建设的费用。

（2）条码按码制不同分类。目前常用的一维条码的码制有 UPC 码、EAN 码、交叉 25 码、39 码、库德巴码和 128 码等。二维条码的码制有 16K 码、49 码、PDF417 码、Code one 码、Maxicode 码和 Data Matrix 码等。

1）UPC 码。UPC（Universal Product Code）是美国统一代码委员会制定的一种商品用条码，主要用于美国和加拿大地区，它是一种长度固定、具有连续性的条码，由于其应用范围广泛，故又被称为万用条码。

UPC 码仅可用来表示数字，其字码集为数字 0～9。UPC 码共有 A（通用版）、B（医疗卫生版）、C（产业部门版）、D（仓库批发版）、E（商品短码版）五种版本，常用的商品条码版本为 UPC-A 码（如图 2-6a 所示）和 UPC-E 码（如图 2-6b 所示）。UPC-A 是标准的 UPC 通用商品条码版本，UPC-E 码为 UPC-A 的压缩版。

UPC-A 码共有 12 位，前 6 位代表厂商识别代码，接下来的 5 位为商品项目代码，最后 1 位为校验码（以图 2-6a 为例，厂商代码为 089600，商品项目代码为 12456，9 为校验码）。

a)　　b)

图 2-6　UPC 码

a）UPC-A 码　b）UPC-E 码

2）EAN 码。1977 年欧洲经济共同体各国按照 UPC 码的标准制定了欧洲物品编码 EAN（European Article Numbering）码，与 UPC 码兼容，而且两者具有相同的符号体系。EAN 目前已成为一种国际性的条码系统。EAN 条码系统的管理是由国际商品条码总会负责各会员的国家（或地区）代表号码的分配与授权，再由各会员的商品条码专责机构，对其国（或地区）内的制造商、批发商、零售商等授予厂商代表号码。

EAN 码的字符编号结构与 UPC 码相同，也是长度固定的、连续型的数字式码制，其字符集是数字 0～9。EAN 码有两种类型，即标准版 EAN-13 码（如图 2-7a 所示）和缩短版 EAN-8 码（如图 2-7b 所示），标准版 EAN-13 码由 13 位数字组成，由国家（或地区）代码（3 位）、厂商代码（4 位）、产品代码（5 位）以及校验码（1 位）组成。EAN 分配给我国物品编码中心的国家代码为 690～695，厂商代码由我国物品编码中心负责分配和管理，我国物品编码中心负责确保每个厂商识别代码在全球范围内的唯一性。产品代码代表单项产品的号码，由厂商根据规定自己编制，但必须遵循产品编码的唯一性原则。校验码按一定的规则计算得出，用于校验厂商识别代码和产品代码的正确性。校验码不是任意分配的，是以前12位数字为基础，通过规定的算法计算而来：将条码从右往左依次编序号为1、2、3、4……从序号2开始把所有偶数序号位上的数相加求和，用求出的和乘3，再从序号3开始把所有奇数序号上的数相加求和，用求出的和加上偶数序号上的数的和乘3的积，然后得出和。再用大于这个和的最小的10的倍数减去这个和，就得出校验码。

以图2-7a为例，国家代码为690，厂商代码为1234，商品项目代码为56789，2为校验码。校验码的计算过程如下：

第一步：$3\times(9+7+5+3+1+9)=102$

第二步：$8+6+4+2+0+6=26$

第三步：$130-(102+26)=2$

6 901234 567892 a)　6901 2341 b)

图2-7　EAN码

a）EAN-13码　b）EAN-8码

缩短版EAN-8码由8位数字组成，包括国家（或地区）代码（2位），产品代码（5位），以及校验码（1位）。其中，每一项产品的产品代码均需逐一申请个别号码，其校验码的计算方式与标准版类似。在我国，凡需使用EAN-8码的产品生产厂家，需将本企业欲使用EAN-8码的商品目录及其外包装报至中国物品编码中心或其分支机构，由中国物品编码中心统一赋码。

3）交叉25码。25码是根据宽度调节法进行编码，并且只有条表示信息的非连续型条码。25码的每一个条码字符由规则的5个条组成，其中有2个宽和3个窄单元。它只能表达数字0~9。由于25条码不能有效地利用空间，美国Intermec公司于1972年在25码的基础上发明了交叉25码（Interleaved 2 of 5 Bar Code）。交叉25码如图2-8所示。

交叉25码是一种条、空均表示信息的连续型、非定长、具有自动校验功能的双向条码。1997年，我国制定了交叉25码的标准，主要应用于运输、仓储、工业生产线、图书信息等领域的自动识别管理。

1234567890120

图2-8　交叉25码

4）39码。39码（Code 39）是1975年由美国Intermec公司研制的一种条码，它能够对数字、英文字母及其他字符进行编码。字符集为0~9的10个数字，大写A~Z的26个英文字母，以及“-”、“.”、“/”、“+”、“%”、“$”、“*”共44个符号，其中“*”只代表起始符和终止符。39码（如图2-9所示）的每个条码字符均由9个单元组成，其中3个是宽单元，其余是窄单元，故称为39码。我国于1991年制定了39码的标准，推荐在运输、仓储、工业生产线、图书信息、医疗卫生等领域应用。

图 2-9 39 码

5）库德巴码。库德巴码（如图 2-10 所示）是于 1972 年被研制出来的，是一种长度可变、连续型的自校验数字式码制。字符集为数字 0 ~ 9，a、b、c、d 共 4 个字符和“ $ ”、“ - ”、“ : ”、“/”、“ + ”、“。” 6 个特殊字符。其中 a、b、c、d 这 4 个字符仅作为起始符和终止符，可以任意组合。现在广泛用于医疗、图书等领域。

库德巴码每个字符由 7 个单元构成，为 4 个条单元和 3 个空单元，其中 2 个或 3 个是宽单元（表示二进制的“1”），其余为窄单元（表示二进制的“0”）。库德巴码双向可读，阅读时扫描方向的判定是通过终止符和起始符来实现的。

a000800a

图 2-10 库德巴码

6）128 码。相对于其他一维条码来说，128 码比较复杂，它的字符集范围为 ASCII 中 128 个字符，可应用于货运标签、便携式数据库、流通配送标签等。

在我国的大部分机场，值机柜台上为旅客打印的登机牌中，所包含的条码一般都为 128 码。为了能够唯一定位旅客，登机牌条码中至少包含的信息为：航班号、起飞日期、起飞城市、登机号。除了上述信息外，在实际的条码信息中，还包含了旅客的座位号。如果发现座位号不一致，可以及早为旅客更换登机牌，避免因座位错误而造成的冲突。造成座位号不一致的原因可能是在旅客要求更换座位后，值班员忘记更换登机牌或因临时更换飞机造成座位布局变化等。如图 2-11 所示，128 码包含数据为定长 18 位。其含义为：航班号（CA1358）、日期（21 号）、座位（15A）、出发城市（PEK，北京）、登机号（042）。

CA1358 2115APEK042

图 2-11 128 码

7）16K 码。16K 码是一种多层、连续型、可变长度的条码符号，可以表示全 ASCⅡ字符集的 128 个字符及扩展 ASCⅡ字符。它采用 UPC 及 128 码字符，如图 2-12 所示。一个 16 层的 16K 码符号，可以表示 77 个 ASCⅡ字符或 154 个数字字符。每个符号字符单元总数为 6，即每个字符由 3 个条和 3 个空组成，符号高度为 2～16 行（层），每层均具有自校验功能。16K 码的其他特性包括工业特定标志、区域分隔符字符、信息追加、序列符号连接和扩展数量长度选择等。

8）49 码。49 码是一种多层、连续型、可变长度的条码符号，它可以表示全部的 128 个 ASCⅡ字符，每个 49 码符号由 2～8 层组成，每层有 18 个条和 17 个空，如图 2-13 所示，层与层之间由一个层分隔条分开。每层有一个起始字符和一个终止字符，每层具有自校验功能。最后一层包含表示符号层数的信息。

图 2-12　16K 码

图 2-13　49 码

9）PDF417 码。PDF（Portable Data File）意为便携数据文件，由于组成条码的每个符号的字符均由 4 个条和 4 个空共 17 个模块组成，故称为 PDF417 码，如图 2-14 所示。PDF417 码是一种多层、非定长、具有高容量和纠错能力的二维条码。每个 PDF417 码符号可表示 1 100 字节，或 1 800 个 ASCⅡ字符，或 2 700 个数字的信息。PDF417 码最大的优势在于其庞大的数据容量和极强的纠错能力。

图 2-14　PDF417 码

由于 PDF417 码的容量较大，除了可将人的姓名、单位、地址、电话等基本资料进行编码外，还可将人体的特征如指纹、视网膜及照片等个人记录存储在条码中，这样不但可以实现证件资料的自动输入，而且可以防止证件的伪造，减少犯罪。我国目前已制定了 PDF417 码的国家标准（GB/T 17172—1997）。

10）Code one 码。Code one 码是一种用成像设备识别的矩阵式二维条码，如图 2-15 所示。Code one 码符号中包含可由快速线性探测器识别的识别图案。

Code one 码符号共有 10 种版本及 14 种尺寸，最大的符号即版本 B，可以表示 2 218个数字字母型字符或 3 550 个数字，以及 560 个纠错字符。Code one 码可以表示全部 256 个 ASCⅡ字符，另加 4 个功能字符及 1 个填充字符。

11）Maxicode 码。Maxicode 码是一种中等容量、尺寸固定的矩阵式二维条码，它由紧密相连的六边形模块和位于符号中央位置的定位图形所组成，如图 2-16 所示。Maxicode 码的每个符号由 884 个六边形模块组成，分为 33 层环绕着中央寻像图形，每层最多包含 30 个模块。Maxicode 码具有一个大小固定且唯一的中央定位图形，为 3 个黑色的同心圆，用于扫描定位。此定位图形在数据模组所围成的虚拟六边形的正中央，在此虚拟六边形的六个顶点上各有由 3 个黑白色的不同组合式所构成的模组，称为“方位丛”（Orientation Cluster），其提供扫描器重要的方位信息。Maxicode 码特别为高速扫描而设计，主要应用于包裹搜寻和追踪上。

图 2-15　Code one 码

12）Data Matrix 码。Data Matrix 码是一种矩阵式二维条码，其发展的构想是希望在较小的条码标签上存入更多的资料。Data Matrix 码的最小尺寸是目前所有条码中最小的，尤其适用于小零件的标识，以及直接印刷在实体上。

Data Matrix 码的外观是一个由许多小方格所组成的正方形或长方形符号，其信息的存储是以浅色与深色方格的排列组合，并以二位元码（Binary-code）方式来编码，故计算机可直接读取其资料内容，而不需要借助如传统一维条码的符号对应表，Data Matrix 码如图 2-17 所示。深色代表“1”，浅色代表“0”，再利用成串（String）的浅色与深色方格来描述特殊的字元信息。这些字串再列成一个矩阵式码，形成 Data Matrix 码，再以不同的印表机印在不同材质表面上。由于 Data Matrix 码只需要读取资料的 20% 即可精确辨读，因此适用于条码容易受损的场合，如印在暴露于高热、化学清洁剂、机械剥蚀等特殊环境的零件上。

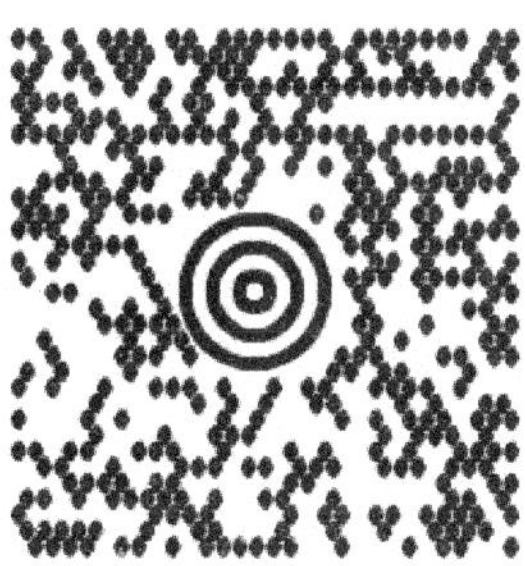

图 2-16　Maxicode 码

图 2-17　Data Matrix 码

Data Matrix 码的尺寸可任意调整，最大可到 9 032mm^2，最小可到 0. 13mm^2，这个尺寸也是目前一维与二维条码中最小的，因此特别适合印在电路板的零组件上。另外，大多数条码的大小与编入的信息量有绝对的关系；但是 Data Matrix 码的尺寸与其编入的信息量却是相互独立的，因此它的尺寸比较有弹性。此外，Data Matrix 码的最大存储量为 2 000 字节，自动纠正错误的能力较差，只能用特别的 CCD 扫描器来解读。

【拓展阅读】

三维条码方兴未艾[⊖]

三维条码（如图 2-18 所示）是在二维条码的基础上，增加了色彩维度或灰度（亦称黑密度）维度来表示信息，因此它具有更大的信息容量和更强的视觉表现力。和同样信息容量的二维条码相比，三维条码的尺寸更小、条码密度更低。随着近年来彩色印刷设备和采集设备日趋成熟并日益低成本化，三维条码必将取代二维条码，成为更理想的条码样式。

三维条码的主要特征在于其利用色彩或灰度表示不同的数据并进行编码。日本“Content Idea of Asia”公司研发出一种能够承载 0.6～1.8MB 信息的三维条码，并于 2006 年投入使用。我国目前也拥有该项技术的完全自主知识产权，深圳大学光电子学研究所已经开发出了信息容量更大、编码方式更灵活的任意进制三维条码技术。

图 2-18　三维条码

条码的信息空间从线性的一维扩展到平面的二维，继而扩展到立体的三维。编码空间的量变必然带来编码内容的质变，编码对象从数字、字母发展到汉字、声音乃至图像。三维条码将传统文献的稳定性与数字信息的全面可解析性结合起来，使纸张携带大量数字信息成为可能，数字信息的存储已不再依赖磁介质和光介质，充分发挥了纸制印刷型文献的优点：价格低廉，管理方便，不怕磁场、挤压、高温、灰尘和划伤等，为数字资源的长期保存提供了一条新路。三维条码作为“纸面上的比特流”，在某些多媒体信息检索上具有独特优势。例如，读者在阅读关于音乐欣赏的书籍时可以借助书内所附的三维条码，利用手持设备解码后试听音乐，并在数据流的层面进行查询。多媒体信息从色彩、纹理、灰度、频谱等特征入手，检索算法较复杂。如果通过三维条码将该多媒体信息与数据库中相同格式的数据相比对，即将两段格式、大小都相同的文件对应比特流进行异或运算，结果若是全零的字符串，则可以确定两段多媒体信息完全吻合，实现精确匹配。同理，还可通过某个声音片断寻找到包含它的整段音频资料。

⊖ 陈燕，新条码技术在现代图书馆中的应用与发展，图书馆论坛，2008 年第 5 期，第 163～165 页。

3. 条码识别原理

条码技术的核心内容是利用光点扫描设备识读条码符号，从而实现机器的自动识别，并快速准确地将信息录入到计算机进行数据处理，以达到自动化管理的目的。

（1）条码识读系统的组成。从系统结构和功能上讲，条码识读系统由扫描系统、信号整形、译码等部分组成。扫描系统由光学系统及探测器即光电转换器件组成，它完成对条码符号的光学扫描，并通过光电探测器将条码图案的光信号转换成电信号。扫描系统可采取不同光源、扫描形式、光路设计实现其功能。

信号整形部分由信号放大、滤波、波形整形组成，它的功能在于将条码的光电扫描信号处理成为标准电位的矩形波信号，其高低电平的宽度和条码符号的条空尺寸相对应。各种条码识读设备都有自己的条码信号处理方法，随着条码识读设备的发展，判断条码符号条空边界的信号整形方法会日趋科学、合理和准确。

译码部分由计算机方面的软硬件组成，它的功能是对得到的条码矩形波信号进行译码，并将结果输出到条码应用系统中的数据采集终端。各种条码符号的标准译码算法来自于各个条码符号的标准，不同的扫描方式对译码器的性能要求也不同。

（2）条码识读系统工作过程。条码是由宽度不同、反射率不同的条（黑条）和空（白条）按照一定的编码规则（码制）编制而成的。由于白色物体能反射各种波长的可见光，黑色物体则吸收各种波长的可见光，所以当条码扫描器光源发出的光经凸透镜照射到黑白相间的条码上时，反射光经凸透镜聚焦后，照射到光电转换器上，于是光电转换器接收到与白条和黑条相应的强弱不同的反射光信号，并转换成相应的电信号输出到放人整形电路中。由于白条、黑条的宽度不同，因而相应的电信号持续时间的长短也不同。

但是，由光电转换器输出的与条码的条和空相应的电信号一般仅 10mV 左右，不能直接使用，因而先要将光电转换器输出的电信号送放大器放大，放大后的电信号仍然是一个模拟电信号，为了避免因条码中的疵点和污点而导致错误信号，在放大电路后需加一整形电路，把模拟信号转换成数字信号，数字信号经译码器译成数字、字符信息。条码扫描系统通过识别起始、终止字符来判别出条码符号的码制及扫描方向，通过测量脉冲数字电信号 0、1 的数目来判别出条和空的数目，通过测量 0、1 信号持续的时间来判别条和空的宽度。这样便得到了被辨读的条码符号的条和空的数目及相应的宽度和所用的码制，根据码制所对应的编码规则，便可将条码符号转换成相应的数字、字符信息，通过译码接口电路送给计算机系统进行数据处理与管理，便完成了条码识别的全过程，如图 2-19 所示。

应注意的是，由于条码扫描系统一般发出的是红色光源，红色光源照射在红

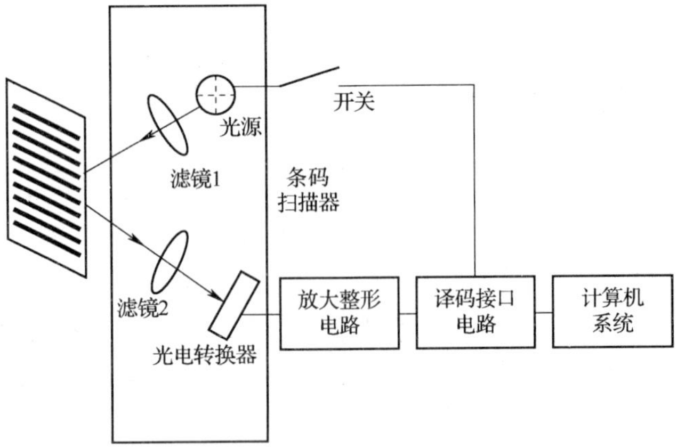

图 2-19　条码识别过程

色上时反射率最高，因此红色绝对不能作为条色，只能作为空色；条码符号应表面整洁，无明显污垢、皱褶、残缺、穿孔或弯曲变形，条边缘整齐，墨色均匀，数字及特殊符号印刷完整清楚等。

【拓展阅读】

商品条码印刷疏忽　药品“身份”错变衣衫㊀

2006 年 9 月 13 日，太原市质量技术监督检验测试所产品防伪室在对市场药店的执法检查中发现，海南某制药集团所生产的某种药品商品条码“实际注册单位”竟是山东省某羊毛衫厂。质监人员并未急于给该药品的商品条码（EAN 码）下“假冒”的结论，而是随即展开了详细的调查核实。经查，原是由于海南某印刷厂的疏忽，将条码中的“6”与“0”混淆所致。质监人员查清事实后帮助企业更换了正确的条码，从而避免了因印刷问题给企业带来的严重损失。

商品条码是一种商品标识，是商品的“身份证”，也是商品进入国内外市场的“通行证”。条码技术可以让商家或消费者对商品进行跟踪，以便查找造成质量问题的原因，及确定产品的原产地和特征。据了解，该企业生产的某药品错用条码已一年有余，产品市场销量很大，太原市质监局的这次检查纠错不仅保护了消费者的利益，同时也维护了企业的合法权益。

2.3.2　RFID 技术

1. RFID 系统的组成

RFID 系统通常由标签、读写器、计算机通信网络组成。射频标签是 RFID

㊀ 赵桂芬，商品条码印刷疏忽 药品“身份”错变衣衫，山西日报，2006-9-26，第 B02 版。

系统中存储可识别数据的电子装置，读写器是将标签中的信息读出或将标签所需要存储的信息写入标签的装置，计算机网络系统是对数据进行管理和通信的设备。

（1）标签。标签（tag）也叫射频卡、电子标签等，用来储存、发射要传输识别的信息，是数据的载体，它相当于条码技术中的条码符号，用来存储需要识别传输的信息。与条码不同的是，标签必须能够自动或者在外力的作用下，把存储的信息主动发射出去。RFID 标签一般由调制器、控制器、编码发生器、时钟、存储器及天线组成，RFID 标签如图 2-20所示。

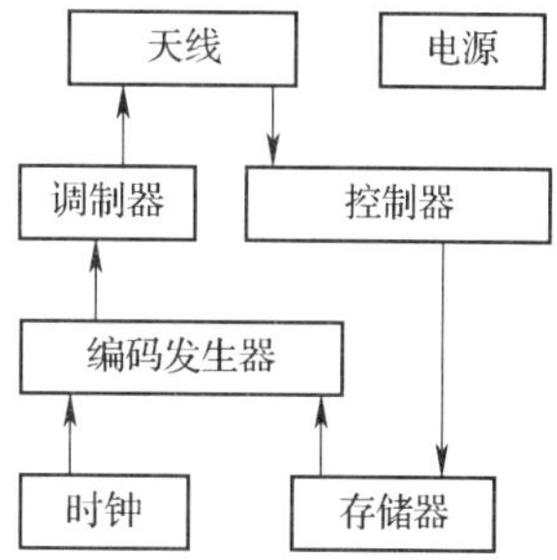

图 2-20　RFID 标签

时钟把所有电路功能时序化，以使存储器中的数据能在精确的时间内传输至读写器，存储器中的数据是应用系统规定的唯一性编码，在标签被安装在识别对象（如集装箱、车辆、动物等）前就已写入。数据读出时，编码发生器将存储器中存储的数据进行编码，调制器接收由编码发生器编码后的信息，并通过天线电路将此信息发射或反射至读写器。数据写入时，由控制器控制，将天线接收到的信号解码后写入存储器。

标签的分类有多种形式，例如，根据标签的工作方式可分为主动式标签和被动式标签；根据标签的读写方式可分为只读标签和读写标签；根据标签的工作频率又可分为低频标签、高频标签和微波标签等。

1）主动式标签和被动式标签。根据标签内是否有电池为其供电，标签分为主动式标签和被动式标签。一般标签的电能消耗很低，为百万分之一毫瓦级别。主动式标签内部自带电池，电能充足，工作质量高，信号传输距离远，也称有源标签。主动式标签可以通过设计电池的不同寿命对标签的使用时间或使用次数进行限制。

被动式标签内部不需要电池，需要依靠外界提供能量，也称无源标签。被动式标签内部典型的用于产生电能的装置是天线与线圈，当标签进入系统的工作区域时，天线接收到特定的电磁波，线圈就会产生感应电流，再经过整流电路为标签供电。被动式标签可以永久使用，常用于标签信息频繁读写的场合，并且支持长时间的数据传输和永久的数据存储，且对工作环境要求不高。

2）只读标签和读写标签。根据标签内部使用存储器类型的不同，标签可分为只读标签和读写标签。只读标签内部只有只读存储器 ROM 和随机存储器 RAM。ROM 用于存储发射器操作系统说明和安全性要求较高的数据，RAM 用于存储标签反应和数据传输过程中临时产生的数据。读写标签内部还有非活动可编程记忆存储器，这种存储器除了具有存储数据的功能外，还有在适当的条件下允许多次写入数据的功能。非活动可编程记忆存储器有很多种，电可擦除可编程只读存储器是较常见的一种，它可以在加电的时候，实现对原有数据的擦除及数据的重新写入。

3）低频标签、高频标签和微波标签。工作频率在500kHz以下的标签称为低频标签，如动物识别标签、行李识别标签等。工作频率在500kHz～1GHz范围内的标签称为高频标签，如电子门票标签、门禁控制标签等。工作频率在1GHz以上的标签称为微波标签，如集装箱自动识别用标签、高速公路不停车收费标签等。

（2）读写器。读写器也称阅读器或信号接收机，通过天线和标签进行无线通信，可以实现对标签识别和内存数据的读入或写入操作。读写器根据支持的标签类型与完成的功能不同，具有不同的复杂性，但一般都由天线、射频模块、读写模块组成，读写器的构造如图2-21所示。读写器还具有相当复杂的信号状态控制、奇偶错误校验与更正功能等。

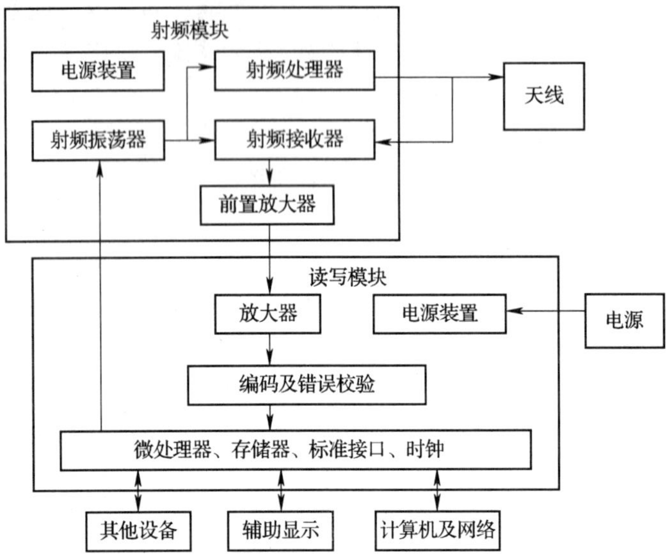

图2-21　读写器的构造

1）天线是标签与读写器之间传输数据的发射和接收装置。在实际应用中，除了系统功率外，天线的形状和相对位置也会影响数据的发射和接收，因此需要专业人员对系统的天线进行设计、安装。

2）射频模块由射频振荡器、射频处理器、射频接收器及前置放大器组成。射频模块可发射与接收射频载波信号。射频载波信号由射频振荡器产生并被射频处理器放大，经过天线发射。射频模块将天线接收的从标签发射或反射回来的载波信号解调后传给读写模块。

3）读写模块一般由放大器、编码及错误校验电路、微处理器、存储器、时钟、标准接口及电源装置组成，可以接收射频模块传输的信号，解码后获得标签内容和信息，或将要写入标签的信息编码后传给射频模块，完成标签操作，还可以通过标准接口将标签内容和其他信息传给计算机。

2. RFID 系统的工作过程

（1）读写模块预先通过射频模块将数据信息写入标签中。

（2）读写模块经过发射天线向外发射无线电载波信号。

（3）当标签进入发射天线的工作区内时，标签被激活后立即将自身信息通过天线发射出去。

（4）系统的接收天线收到标签发出的载波信号，经天线的调节器传给读写模块，读写模块对接收的信号进行解调解码，送到后台计算机。

（5）计算机控制器根据逻辑运算判断标签的合法性，针对不同的设定作出相应的处理和控制，发出指令信号控制执行机构的动作。

（6）执行机构按计算机的指令工作。

（7）通过计算机通信网络将各个监控点连接起来，构成总控制信息平台。

2.3.3 EDI 技术

【导入阅读】

1. 交通电子口岸连云港分中心成立㊀

近日，连云港港口 EDI 中心正式更名为交通电子口岸连云港分中心。连云港成为大连、重庆、厦门之后全国第四个设立交通电子口岸分中心的城市。

据了解，近年来，交通运输部积极推进交通电子口岸建设，并取得了十分显著的成效。一是建立了信息服务网络。交通电子口岸在全国已设立了 4 个分中心和 16 个港航 EDI 中心，基本覆盖了沿海主要港口。交通电子口岸分中心或 EDI 中心基本建成了数据交换平台和信息共享平台，有的还逐步发展成为地方电子口岸的重要基础性平台。二是推进国际海运集装箱运输基本实现了无纸化管理。三是有力地提升了港口、运输场站的信息化水平。四是有力地推进了数字化港口建设，目前，我国包括连云港在内的沿海港口信息化已达到了国际先进水平。

交通电子口岸连云港分中心的设立，有利于推进港口物流公共信息平台的建设，促进水路交通运输发展方式的转变；有利于保障连云港正在抓紧推进的铁水联运、多式联运战略的顺利实施，进一步缩短港口物流运作流程，提高口岸通关效率，从而发挥连云港的龙头作用，加快苏北沿海开发进度。

㊀ 黄玲，交通电子口岸连云港分中心成立，中国水运报，2011-7-20，第 001 版。

2. 构建信息大平台，促进物流大发展[⊖]

2011 年 8 月 25 日，交通运输部水运局在上海召开推进交通电子口岸建设座谈会，与有关单位共同深入研究讨论交通运输部水运科学研究院起草的全国交通电子口岸物流信息平台建设方案。交通运输部水运局领导表示，要加大交通电子口岸建设力度，用大平台来积极推动大港口、大物流深入发展，用信息化来带动水运业转型升级和战略性结构调整。

与会代表认为，现代物流快速发展，迫切需要充分发挥港口作为运输枢纽以及货物流、信息流和资金流中心的作用，在更大层面、更广范围、更深程度上推进构建全国性的交通电子口岸物流信息平台，进一步强化标准的统一协调、信息的集成整合、服务的全面高效，从而带动和引领水运信息化的发展。在全国交通电子口岸物流信息平台建设策略方面，要以市场需求为导向，以强化监管和物流公共服务为目标，依托各地交通电子口岸分中心（港航 EDI 中心），建立健全长期合作、定期联系机制，深化需求调研，进一步明确平台职责和定位，完善流程、标准和管理规则，务实推进相关工作。

EDI 即电子数据交换。它是一种利用计算机进行商务处理的新方法。EDI 是将贸易、运输、保险、银行和海关等行业的信息，用一种国际公认的标准格式，通过计算机通信网络，使各有关部门、公司与企业之间进行数据交换与处理，并完成以贸易为中心的全部业务过程。EDI 技术是 20 世纪 80 年代发展起来的一种电子化贸易工具，是计算机、通信和现代管理技术相结合的产物。

1. EDI 的定义

国际标准化组织（ISO）将 EDI 描述成“将贸易（商业）或行政事务处理按照一个公认的标准变成结构化的事务处理或信息数据格式，从计算机到计算机的电子传输”。

ITU-T（原 CCITT）将 EDI 定义为“从计算机到计算机之间的结构化的事务数据互换”。又由于使用 EDI 可以减少甚至消除贸易过程中的纸面文件，因此 EDI 又被人们通俗地称为“无纸贸易”。

国际数据交换协会的 EDI 手册中，对 EDI 的解释是：“EDI 是使用认可的标准化的和结构化的计算机处理的数据，从一个计算机到另一个计算机之间进行的电子传输。”

从以上的定义中可以从五个方面来理解 EDI：

（1）EDI 是计算机系统之间进行的电子信息传输。

（2）EDI 是标准格式和结构化的电子数据的交换。

（3）EDI 是由发送者和接收者达成一致的标准和结构所进行的电子数据

⊖ 柳鹏，构建信息大平台 促进物流大发展，中国交通报，2011-8-26，第 001 版。

交换。

（4）EDI 是由计算机自动读取而无需人工干预的电子数据交换。

（5）EDI 是为了满足商业用途的电子数据交换。

2. EDI 的构成要素

EDI 的三个基本要素为：标准、通信、软件与硬件。

（1）标准。EDI 标准是由各企业、各地区代表共同讨论、制定的电子数据交换标准，可使企业之间不同文件的格式通过共同的标准，实现相互文件交换的目的。目前，EDI 存在两种标准，分别是由联合国欧洲经济委员会第四工作组于 1986 年制定的 UN/EDIFACT 和 1985 年由美国国家标准化协会（ANSI）与 X. 12 鉴定委员会制定的北美 ANSI X. 12。这两种标准流行于欧美两大区域。ANSI X. 12 于 1992 年决定在第四版的标准制定后，不再继续发展维护，而全力与 UN/EDIFACT 结合，使 EDI 标准逐渐走向统一。

UN/EDIFACT 标准的三要素为数据元、数据段和标准报文格式。该标准主要涉及六个方面的标准化工作，包括 EDI 语法规则、数据元目录和复合数据元目录、段目录、代码表、报文目录、指南和规则。

【拓展阅读】

UN/EDIFACT 标准内容

由联合国欧洲经济委员会贸易程序简化工作组（UN/ECE/WP. 4）负责制定的 UN/EDIFACT 标准（以下简称 EDIFACT），是以《联合国贸易数据交换手册》（UNTDID）形式发行的。它由一系列涉及 EDI 的国际间公认的标准、指南和规则组成，具体包括如下内容：

1. 目录类

（1）EDIFACT 数据元目录。数据元是 EDI 报文结构的最小信息单位，如同语言一样，先有字词，再组成句子。数据元就是 EDI 中的字词（如发票号码、进货日期、设备名称等）。

数据元目录是联合国贸易数据元目录的子集。该目录对每个数据元的名称、定义、数据类型和长度作了规定。

（2）EDIFACT 复合数据元目录。复合数据元由成分数据元及成分数据元分隔符组成，是段的组成部分。成分数据元的类型分为必备型（M）和条件型（C）。必备型即表示该数据元在此复合数据元中是必写的，条件型表示该数据元在此复合数据元中标注与否是根据具体情况而定的。

复合数据元目录给出复合数据元号、名称和说明，以及成分数据元代码、名称、说明、数据类型和长度等。

（3）EDIFACT 代码表目录。代码表目录是将所有代码型的数据元通过标准形式编出。该代码表目录中规定了各种各样的代码表，如国家与货币代码表、运输工具代码表、国际贸易术语解释通则代码表、计量单位代码表、地区代码表等。

（4）EDIFACT 段目录。段是 EDI 报文中记录数据的组成部分，它由一个预先定义的功能上相关的数据元组成。段目录是所有标准段的集合，它给出段标识符（由三个大写字母组成的代码）和名称、段功能描述、组成该段的简单数据元名及代号、组成复合数据元名及代号。

（5）标准报文目录

报文是由段组成的，它将交换的内容在 EDI 贸易伙伴之间进行传递与交易。标准报文是用于不同行业内、行业间、国内、国际间的数据交换。

2. 规则和指南类

（1）《EDIFACT 应用级语法规则》《EDIFACT 应用级语法规则》（ISO 9735）是规范 EDI 信息传输格式的统一准则，该规则使得采用 EDI 方式传输的数据不受地域、语言环境、应用领域的限制。为此，该规则是所有 EDIFACT 标准中最为重要的一项基础标准。它规定了用户数据结构的应用层语法规则及报文的交换结构。

1）语法规则。《EDIFACT 应用级语法规则》规定了 A 级和 B 级语法。A 级语法使用 A 级字符集，B 级语法使用 B 级字符集。B 级字符集在图形字符集上比 A 级字符集增加了 26 个小写字母。它们的差别主要体现在终止符和分离符的表示上。

2）报文的交换结构。报文是由数据段组成的，它包含报文头与报文尾。报文中的每个数据段按段序排列，功能上相关的报文组成功能组，功能组有组头和组尾标识。EDI 报文一次交换的格式如图 2-22 所示。在 EDIFACT 标准中制定报文，一开始为 UNA 或 UNB。UNA 为条件型，如选用，必须位于起始位置，其后紧跟 UNB；如不选用，则 UNB 必须位于起始位置，UNZ 位于最后。UNG/UNE 也为条件型，如选用，必须排序在 UNB/UNZ 之间，而 UNH/UNT 则排序在 UNG/UNE 之间；如不选用，UNH/UNT 则必须排序在 UNB/UNZ 之间。在一次交换中可能有若干个功能组或报文，在一个功能组中可能有若干个报文，一个报文是由若干个段组成的。EDI 报文一次交换的层次结构如图 2-23 所示。

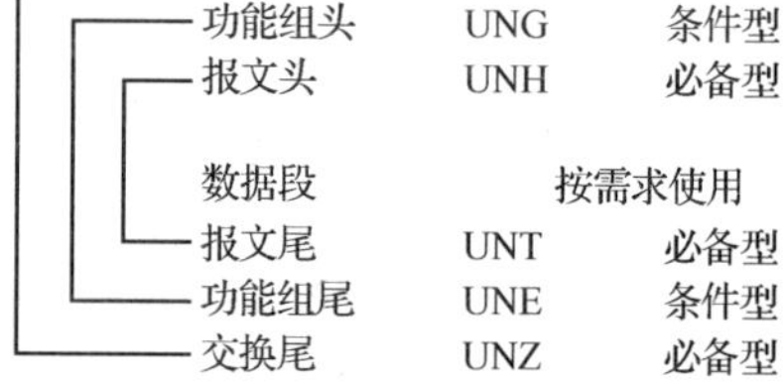

图 2-22　EDI 报文一次交换的格式

（2）《EDIFACT 语法实施指南》。《EDIFACT 语法实施指南》为 EDI 用户实施《EDIFACT 应用级语法规则》提供帮助。它包括 EDI 应用的基本要求、交换协定、传输成分、报文的标识与段结构规则等。

（3）《EDIFACT 报文设计指南和规

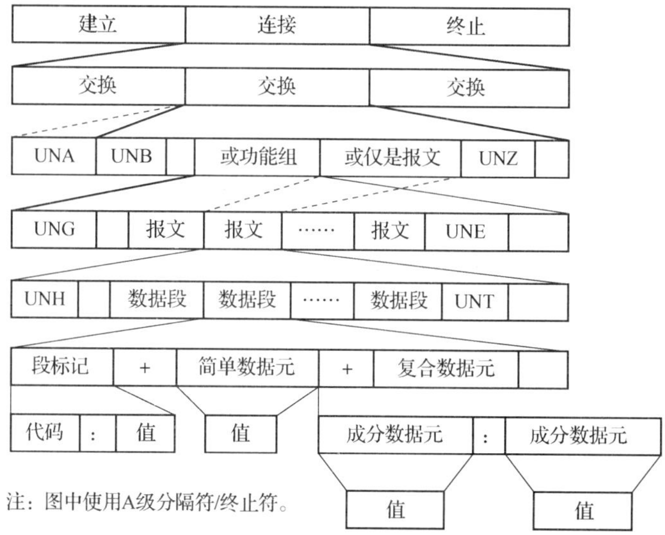

图 2-23　EDI 报文一次交换的层次结构

则》。《EDIFACT 报文设计指南和规则》是设计 EDI 报文必须遵守的标准。规则是报文设计技术评估阶段的依据。指南为报文设计者提供了如何使用报文设计概念设计报文。它包括了代码集的设计、数据元的设计、复合数据元的设计、数据段的设计以及报文结构的设计等。

（2）通信。通信网络是实现 EDI 的手段，EDI 的通信方式分为直接方式和间接方式两种。

1）直接方式。直接方式也称点到点方式，它是指 EDI 的双方直接通过电话线路或数据专线连接，只有在贸易伙伴数量较少的情况下使用。随着贸易伙伴的增多，当多家企业直接进行计算机通信时，会出现由于计算机厂家不同、通信协议相异以及工作时间不易配合等问题，从而造成相当大的困难。

2）间接方式。基于增值网的间接方式是指 EDI 通过增值网（Value Added Network，VAN）的电子邮箱、电子公告板或远程登录系统等来建立连接，其中最常用的方式是通过电子邮箱来建立连接。增值网方式类似于邮局，为发送者与接收者维护邮箱，并提供存储转送、记忆保管、通信协议转换、格式转换和安全管制等功能。因此，通过增值网络传送 EDI 文件，可以大幅度降低相互传送资料的复杂程度和困难度，大大提高 EDI 的效率。

（3）软件与硬件。EDI 软件由转换软件、翻译软件和通信软件组成，其中转换软件又称为“映射”软件，它的作用是将计算机系统文件转换成平面文件，使之符合翻译软件的输入格式，或是将平面文件转换成计算机系统文件。翻译软件的作用是将平面文件转换成 EDI 标准格式文件，或是将接收的 EDI 标准格式文件转换成平面文件。通信软件是将经过翻译软件翻译后的 EDI 标准格式的文件外层上加上通信信封，再传到 EDI 系统交换中心的邮箱中，或将 EDI 交换中心接收到的 EDI 格式文件从邮箱中取出。

【拓展阅读】

EDI 报文举例

下面以一张进货通知单为例，说明 EDIFACT 标准报文结构，此单证是按照 95A 版本设计的，选取的报文是 ORDERS。一般一个单证分为三节：头部、细部和概要部分。头部包括了单证上面的一些内容（如发单方、收单方、日期、编号、运输说明等）；细部是各项货物的描述（如货物名称、规格、数量、价格等）；概要是细部一些汇总的内容（如货物总数量、总价格等）。如下是进货通知单报文的模板结构：

头部节……

交换头：UNB + UNOA：1 + 发送方标识（35）：00 + 接收方标识（35）：00 + 日期（6）：时间（4）+ 注释（14）'

报文头：UNH + 注释（14）+ ORDERS：2：95A：UN'

BGM + 220::：JHTZD + 单证号（35）'

DTM + 182：到货日期（35）：101'

FTX + COI + + + 内容描述（70）'

NAD + SE + + 销售商（35）'

细部节……

LIN + 行号（6）'

IMD + + + :::设备名称（35）'

QTY + 142：数量（15）'

MOA + 79：合计（18）'

FTX + AAA + + + 货物描述（70）'

PRI + CAL：单价（15）'

NAD + SE + + 销售商（35）'

节控制段：UNS + S'

概要部节……

MOA + 128：总价（18）'

CNT + 8：总数（18）'

报文尾：UNT + 段数（6）+ 注释（14）'

交换尾：UNZ + 1 + 注释（14）'

下面是符合上述单证模板结构的一个具体的 EDI 电子报文，该报文可经过

EDI 中心系统在用户系统间交换数据。该报文意为省数据局于2011年9月10日通知省邮电器材公司，因用于分组网扩容工程，向 Sprint 公司订购10块 PAD H-S卡，单价22 000元；20台 CODEX 调制解调器，单价5 300元。到货日期为2012年2月10日。

UNB + UNOA：1 + JSDCB ：00 + JSYDQC ：00 + 110910：1025 + 1' UNH + 1 + ORDERS：2：95A：UN' BGM + 220 ：：：JHTZD + 11966988' DTM + 182：120210：101' FTX + COI + + + JSPAC PROJECT' NAD + SE + + + SPRINT' LIN + 1' IMD + + + ：：：PAD H – S CARD' QTY + 142：10' MOA + 79：220000. 00' PRI + CAL ：22000. 00' LIN + 2' IMD + + + ：：：CODEX MODEM' QTY + 142. 20' MOA + 79：106000. 00' PRI + CAL：5300. 00' UNS + S' MOA + 128：326000. 00' UNT + 18 + 1' UNZ + 1 + 1'

每段报文开头的三个大写字母为段标记，段中“+”为段标记和段内数据元（复合）分隔符，“:”为复合数据元中成分数据元分隔符，“'”为段终止符。

2.3.4 POS 技术

1. POS 系统概述

在物流信息的采集和传输活动中，随着商品交易活动的展开和大量发生，多品种少批量生产和多频度小数量配送，使信息采集、库存、运输等物流活动的信息大量增加。此时，零售商广泛应用销售时点信息（Point of Sale，POS）系统，通过该系统读取销售时点的商品价格、品种、数量等即时销售信息，并对这些信息及时进行加工处理。POS 系统具有直接、及时入账的实时处理能力，也就是说，在销售时，商品的各种信息数据处理是在交易的瞬间完成的。因此，POS 系统是一种全新的商业销售管理系统。

现代 POS 系统已不局限于电子收款技术，它还要考虑将计算机网络、EDI 技术、条码技术、电子监控技术、电子收款技术、电子信息处理技术、远程通信、电子广告、自动仓储配送技术及自动售货、备货技术等一系列科技手段融为一体，从而形成一个综合性的信息资源管理系统。同时，它必须符合和服从商场管理模式，按照对商品流通管理及资金管理的各种规定进行设计和运行。

2. POS 系统的组成

一般而言，商业 POS 系统由前台 POS 系统和后台 MIS 两部分组成。前台 POS 系统通过自动读取设备，在销售商品时直接读取商品销售信息，以实现前台销售业务的自动化，对商品交易进行实时服务和管理，并通过通信网络和计算机系统传送至后台，通过 MIS 的计算、分析与汇总等掌握商品销售的各项信息。后台 MIS 主要负责整个商场进、销、调、存系统的管理及财务管理、库存管理和考勤管理等。

POS 系统的硬件结构主要依赖于计算机处理信息的体系结构，商业 POS 系统的硬件结构可分为单个收款机、收款机与微机相连构成 POS 系统，以及收款机、微机与网络构成的 OS 系统（这也是目前广泛采用的结构）。

（1）前台收款机。前台收款机即 POS 机，主要包括显示器、票据打印机、键盘、电控钱箱、条码扫描器、读卡器、顾客显示屏等。前台收款机保证了对商品库存的实时处理，便于后台随时查询销售情况和进行商品的销售管理，可根据商品的特点选用手持式或台式条码扫描器以提高数据录入的速度和可靠性。

（2）网络。可采用以高速局域网为主、电信系统提供的广域网为辅的整体网络系统。考虑到系统的开放性及标准化的要求，应多选择 TCP/IP 协议及相应的操作系统。

（3）硬件平台。大型商业企业的商品进、存、销的管理复杂，账目数据量大，且需频繁地进行管理和检索，选择客户机/服务器（C/S）结构，可大大提高工作效率，保证数据的安全性、实时性及准确性。

（4）软件结构。前台 POS 系统应具有的功能如下：

1）日常销售。完成日常的售货收款工作，记录每笔交易的时间、数量、金额，进行销售输入操作。如果遇到条码不识读等情况，系统应允许采用价格或人工输入条码号进行查询。

2）交班结算。进行收款员交班时的收款小结、大结等管理工作，计算并显示出本班交班时的现金及销售情况，统计并打印收款机全天的销售金额及售货员的销售额。

3）退货。退货功能是日常销售的逆操作。为了提高商场的商业信誉，更好地为顾客服务，在顾客发现商品出现问题时，应允许顾客退货。此功能记录退货时的商品种类、数量、金额等，便于结算管理。

4）付款。可支持现金、支票、信用卡等不同的付款方式，以方便顾客。

5）即时纠错。对在销售过程中出现的错误能够立即修改更正，以保证销售数据和记录的准确性。

后台 MIS 应具有的功能如下：

1）商品入库管理。对入库的商品进行信息输入，建立商品数据库，以实现对库存的查询、修改，报表及商品入库验收单的打印等功能。

2）商品调价管理。由于有些商品的价格会随季节和市场等情况而变动，系统应能提供对这些商品进行调价管理功能。

3）商品销售管理。根据商品的销售记录，实现商品的销售、查询、统计、报表等管理，并能对各收款机、收银员、售货员等进行分类统计管理。

4）单据票证管理。实现商品的内部调拨、残损报告、变价调动、仓库验收盘点报表等各类单据票证的管理。

5）报表打印管理。打印内容包括：时段销售信息表、售货员销售信息报表、部门销售统计表、退货信息表、进货单信息报表、商品结存信息报表等，实现商品销售过程中各类报表的分类管理功能。

6）完善的分析功能。后台 MIS 应能提供完善的分析功能，分析内容涵盖进、销、调、存过程中的所有主要指标，同时以图形和表格方式提供给管理者。

7）数据维护管理。完成对商品资料、营业人员资料等数据的编辑工作，如商品资料的编号、名称、进价、进货数量、核定售价等内容的增加、删除、修改；营业人员资料的编号、姓名、部门班组等内容的编辑；还有商品进货处理、商品批发管理、商品退货处理。实现收款机、收银员的编码、口令管理，支持各类权限控制，具有对系统所涉及的各类数据进行备份、交易断点的恢复功能。

8）销售预测。销售预测包括畅销商品分析、滞销商品分析、某种商品销售预测及分析、某类商品销售预测分析等。

3. POS 机的功能[⊖]

（1）进货管理。通过 POS 机的运用，可以对销售数据进行采集，包括商品类型、名称、价格、销售量或销售额等。因此，商业经营者可以及时了解到各种商品的销售情况，在适当的时候对特定种类的商品进行进货采购，从而避免出现热卖商品长期缺货的情况。

（2）销售管理。收银员可以运用 POS 机进行商品销售、退货换货、价格查询、折扣、取消交易等操作。与此同时，计算机会对商品销售额、毛利率、来客人数等进行自动统计分析，从而能够得出商品的畅滞销情况、商品陈列位置被购买的概率、不同时段顾客人数多少等，还能够对促销活动的效果进行分析。这使得销售过程有条不紊，实现了销售的高效率。

（3）快捷收款。收款员可以利用 POS 机来适应现金、信用卡、支票、购物券、会员卡等多种支付方式。当收银员用条码扫描器读入该商品的条码信息时，屏幕上就会显示出商品的名称、数量和价格，同时顾客显示屏也会向顾客显示商品价格。最终销售结算时，则可以按下合计键进行收款结算。整个过程迅速准确，大大减少了人为误差，缩短了顾客的等候时间。

（4）存货管理。存货管理是与进货管理密切相关的 POS 机的另一功能。通过查询销售数据，可以了解到一段时间内某一卖场中商品的销售情况以及库存状况，或者通过设定安全库存，以便获得及时提示信息。但很可能出现的情况是，某种商品在一个卖场销售很好以致缺货，而在另一卖场却无人问津。此时，商业经营者尤其是连锁店就可以在卖场之间进行存货的调运，从而解决前一卖场供不应求以及后一卖场商品滞销的情况，同时提高了货架存货的可视性。

⊖ 李晨曦，浅析 POS 机的功能，理论研究，2010 年第 8 期（上），第 75 ~ 76 页。

（5）分析功能。POS 机是零售商与顾客交换信息最集中的服务点。POS 机可以对顾客信息包括个人信息、购物历史等进行收集，从而以此来分析顾客的购物偏好和习惯，并为一线管理者制定销售策略提供事实依据，实现了由数据到决策的转换。据调查，有 40% 的 POS 机可提供顾客联系信息，15% 可提供个人信息，15% 可提供购物历史，50% 可提供每次交易平均金额，50% 提供建议性的商品。这些功能为商场对顾客进行个性化服务提供了有力的支持。

（6）管理功能。商业经营者通过对 POS 机的使用，还能够实现对收银员的管理，包括绩效考核、薪酬管理、培训管理等。原因是收银员在开始工作时，必须先将自己的密码正确输入，才能够使 POS 机进入正常销售状态。因此，在该收银员工作时间段内所有的财务都会自动记录到其账号下。人力资源管理者就可以对这些信息加以分析运用，综合考虑各收银员在考核期内接待顾客人数、总销售额、出错率等，并据此对其绩效进行评分等，最终确定其薪酬水平。当然，管理者也可以据此作出人员培训、调动与晋升方面的决策。

2.3.5 电子订货系统

【导入阅读】

发达国家电子订货系统的应用现状及启示㊀

电子订货系统（EOS）是由日本 7-11 公司于 1979 年研制并投入使用的。7-11 公司是世界便利店的巨头，截止到 2011 年 1 月已在全世界拥有了 4 万多家店铺。通过实施 EOS，公司大大加快了订单的流动速率，提高了公司供应链循环周转的效率。一份订单可在 7 分钟内处理完毕；一个订货、送货周期不会超过 6 个小时。这一系列高效运作过程，都得益于 EOS 的应用。

另外，美国连锁超市巨头企业沃尔玛，它的每一家门店都备有 8 万种以上的商品。通过 EOS 及其他的电子通信手段如 POS 系统等的联合使用，沃尔玛可以保证货品从仓库运送到任何一家门店的时间不会超过 48 小时，相对于其他同业商店平均两周补货一次，沃尔玛可保证分店货架平均一周补两次。门店销售与配送中心、配送中心与供应商均可保持同步。沃尔玛与生产商、供应商之间建立起的实时订货系统，使其赢得了比竞争对手管理费用低 7%，物流费用低 30%，存货期由 6 周降至 6 小时的优异成绩。

EOS 是物流信息化的产物，现以现代物流发展较为完善的日本零售业为例，进一步说明发达国家 EOS 的应用现状，以及连锁超市企业开发利用 EOS 的必然

㊀ 毕康，我国连锁超市企业电子订货系统模型构建，山东科技大学学报（社会科学版），2005 年第 9 期，第 98～100 页。

趋势。就订货形式而言，在零售业中，有将近一半的日本企业选择了采用 EOS 作为主要的订货方式，但由于 EOS 对系统硬件和软件的实施要求较高，即使在现代物流高度发达的日本，目前仍然有相当一部分企业选择传统的订货方式，如传真、电话或者展会订货等。随着网络技术和计算机技术的不断完善和发展，使用 EOS 订货的零售企业数量会不断增加。

在采用电子订货的商业企业中，依据不同的商品分类，采用电子订货的比例也有所不同，在目前已经较为广泛地应用 EOS 的行业中，除了汽车用品外，绝大多数商品都可以在连锁超市中经营。这也就说明，只需在这些产业（如食品业）的产业价值链中稍作纵向延伸，即将价值链扩展到产品的经营销售领域，连锁超市就可以方便地将供应商已备建好的 EOS 纳入到自己的体系中来，这也为连锁企业实施 EOS 奠定了基础。由以上分析可以得出，EOS 在发达国家的实施已经是必然之势，但就国内的连锁企业来说，目前 EOS 的实施还处于一个起步阶段，但由于已有许多先进的跨国零售业企业如家乐福、7-11 等都在国内开设了店面，他们拥有一流的管理理念和丰厚的 EOS 实施经验，因此，这也为我国连锁企业的发展树立了榜样。

1. 电子订货系统的定义及分类

电子订货系统（Electronic Ordering System，EOS）是指采购方和供货方利用通信网络（LAN 或互联网）和终端设备以在线联机（On-Line）的方式进行订货信息交换的系统。EOS 按应用范围可以分为三类：企业内的 EOS，如连锁店经营中各个连锁分店与总部之间建立的 EOS，零售商与批发商之间的 EOS，以及零售商、批发商和生产商之间的 EOS。

2. 电子订货系统的流程

以连锁企业为例，图 2-24 给出了连锁企业 EOS 的运作流程。

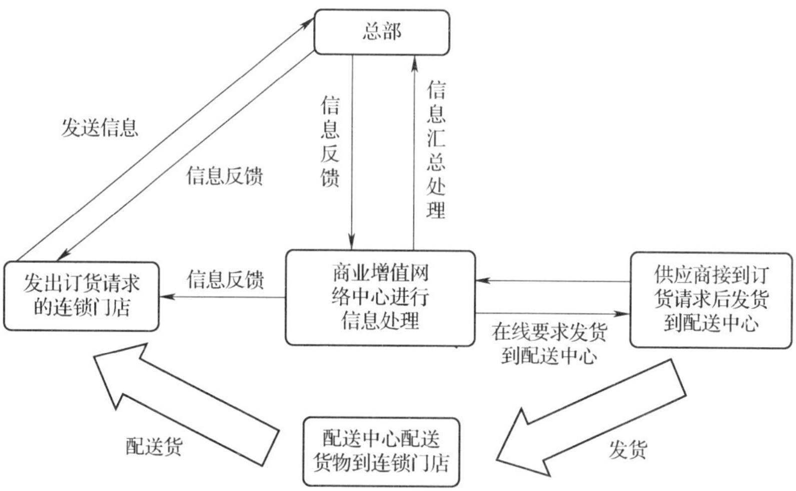

图 2-24 连锁企业 EOS 的运作流程

从整个系统的构建上来看，一个完整的连锁超市 EOS 是由从属于不同领域的各个行业综合构成的。它包括：连锁门店、总部、配送中心、供应商、商业增值网络（或者互联网）中心等。

连锁企业 EOS 的运作流程包括以下几个阶段：

（1）订货信息收集阶段。连锁门店中负责订货的人员，在卖场查看各商品的销售状况，收集并汇总订货商品的名称、订货数量等信息输入到掌上型终端机中，并一同将选择哪家供应商进行订货交易的信息通过在线网络系统发送至总部，由总部进行信息处理后，发送至商业增值网络中心。

（2）信息处理阶段。商业增值网络中心将获得的信息进行处理，核查交易双方的交易有效性，再进行企业与供应商、企业与配送中心之间的 EDI 单证格式的检查和传递工作。

（3）信息传递阶段。商业增值网络中心将订货信息发送给供应商，供应商与相应的配送中心取得联系，如果配送中心有所需货物，则要求配送中心直接配送货至所需货物的连锁门店；如果配送中心库存不足，则要求供应商在接到订货请求后，先发货至配送中心，再由配送中心配送货至连锁门店。

（4）实物配送阶段。配送中心在得到来自商业增值网络中心的订货信息后，根据发货清单向连锁门店进行配送货。如果配送中心库存不足，供应商需要先向配送中心发货。

通过 EOS，连锁企业总部可以实时地获得每天进出货的具体情况，可以掌握连锁门店的销售和库存情况，以合理安排库存；供应商也可以通过 EOS 及时地了解到其下游企业的订货需求，通过长期积累的数据，可以对其配送中心的库存进行有效的管理和预测。

2.3.6 GIS 技术

1. GIS 概述

地理信息系统（Geographic Information System，GIS）产生于 20 世 60 年代，它反映了人们赖以生存的现实世界（资源与环境）的现状和变迁，包括各类空间数据及描述这些空间和 GPS 技术数据特征的属性。GIS 通过计算机软件和硬件联合工作，是以一定的格式进行输入、存储、检索、显示和综合分析应用的系统。它是集计算机科学、信息科学、测绘科学、地理科学、空间科学、环境科学和管理科学等为一体的新兴边缘学科，对国民经济的发展起着重要的作用。

2. GIS 的应用⊖

GIS 的应用范围十分广泛，它已成为国家宏观决策和区域多目标开发的重要

⊖ 江彬等，地理信息系统的应用及发展趋势，中国高新技术企业，2010 年第 15 期，第 61 ~ 62 页。

技术工具，在资源环境管理、道路交通管理、城市规划、灾害监测、医疗卫生、军事和国防中都有应用。

（1）GIS 在资源环境管理中的应用。资源清查是 GIS 最基本的职能。利用 GIS 的分析和统计功能，提供资源环境管理的各种基本信息，并通过建立应用模型，为政府的决策提供依据和帮助。例如，美国资源部和威斯康星州合作建立了以治理土壤侵蚀为主要目的的多用途、专用的土地 GIS。该系统通过收集耕地面积、湿地分布面积、季节洪水覆盖面积、土壤类型、专题图件信息、卫星遥感数据信息，建立了潜在的威斯康星地区的土壤侵蚀模型，据此，探讨了土壤恶化的机理，提出了合理的改良方案，达到对土壤资源保护的目的。

（2）GIS 在道路交通管理中的应用。近年来，GIS 在交通方面的应用得到了广泛的重视，并形成了专门的交通地理信息系统 GIS-T，以满足道路交通管理方面的要求。GIS 在交通管理方面的应用主要有路廊设计（通过分析土地利用图、地形图以及现有道路网等多种空间数据，定出公路最终线路）、流量和路径分析（包括道路网络分析和最短路径寻找等）。

（3）GIS 在城市规划中的应用。通过 GIS 将城市数据信息归并到一个统一的系统中，然后进行城市与区域的开发和规划，包括城镇总体规划、城市建设用地适宜性评价、环境质量评价、道路交通规划、公共设施配置以及城市环境的动态检测等。这些功能的实现通过 GIS 的空间搜索方法、多种信息的叠加处理和一系列分析软件（回归分析、模糊加权评价、各种规划模型、系统动力学模型等）加以保证。例如，北京某测绘部门以北京市大比例尺地形图为基础图形数据，综合叠加地下及地面的八大类管线（包括上水、污水、通信、燃气等管线）以及测量控制网、规划道路等基础测绘信息，形成一个基于测绘数据的城市地下管线信息系统。

（4）GIS 在灾害监测中的应用。利用 GIS，借助遥感遥测数据，可以有效地进行森林火灾的预测预报、洪水灾情监测和洪水淹没损失的估算，为抢险和防洪决策提供及时准确的信息。例如，若发生地震，人们可以利用遥感遥测数据和实地统计数据，通过 GIS 技术建立灾情发布系统，在疾病监测、重点基础设施保护、应急指挥与管理、移动和车载制图、资源跟踪和管理、灾害损失估计以及相关信息的发布等方面，为抗震救灾做出相应的贡献。

（5）GIS 在医疗卫生中的应用。GIS 在医疗卫生中的应用主要包括两个方面：一方面是 GIS 与流行病研究；另一方面是 GIS 与医疗设施分布。其中，GIS 与流行病研究主要是应用于对流行病的数据可视化、空间数据分析以及流行病模型的建立上。GIS 与医疗设施分布主要应用于医疗设施规划，通过分析由调查统计获得的数据，并对其进行社会经济分类，然后建造合理的小社区诊所。GIS 在医疗卫生中的另一个重要应用就是将上述两个方面结合起来，建立空间决策支持系统。该系统包括对流行病分布情况、医疗设施的分布情况进行可视化表达，以及对感染人群的流向等方面的控制，为流行病的防控提供决策支持。

（6）GIS在军事和国防中的应用。现代战争的一个基本特点就是与“3S”技术的紧密结合，在从战略构思到战术安排的各个环节中，通过遥感遥测等手段获得数据，然后利用GIS对获得的数据进行分析和处理，再结合全球定位系统对目标攻击点进行定位。

3. GIS的组成及功能

（1）GIS的组成。GIS的应用系统由五个主要部分组成，即硬件、软件、数据、人员和方法。

1）硬件。硬件是指操作GIS所需的一切计算机资源。目前的GIS软件可以在很多类型的硬件上运行，如从中央计算机服务器到桌面计算机，从单机到网络环境。一个典型的GIS硬件系统除包括计算机外，还包括数字化仪、扫描仪、绘图仪、磁带机等外部设备。

2）软件。软件是指GIS运行所必需的各种程序，主要包括计算机系统软件和GIS软件两部分。GIS软件提供存储、分析和显示地理信息的功能和工具。GIS主要的软件部件有：输入和处理地理信息的工具；数据库管理系统工具；支持地理查询、分析和可视化显示的工具；容易使用这些工具的图形用户界面。

3）数据。数据是GIS应用系统的最基础的组成部分。空间数据是GIS的操作对象，是现实世界经过模型抽象的实质性内容，展示了GIS对现实世界的信息表达与分层。一个GIS应用系统必须建立在准确合理的地理数据基础上。数据来源包括室内数字化和野外采集，以及其他数据的转换。数据包括空间数据和属性数据，空间数据的表达可以采用栅格和矢量两种形式。空间数据表现了地理空间实体的位置、大小、形状、方向以及几何拓扑关系。

4）人员。人是GIS中重要的构成要素，GIS不同于一幅地图，它是一个动态的地理模型。仅有系统软硬件和数据还不能构成完整的GIS，还需要人进行系统组织、管理、维护和数据更新、系统扩充完善以及应用程序开发，并采用空间分析模型提取多种信息。因此，GIS应用的关键是掌握实施GIS来解决现实问题的人员的素质。

5）方法。这里的方法主要是指空间信息的综合分析方法，即人们常说的应用模型。它是在对专业领域的具体对象与过程进行大量研究的基础上总结出的规律的表示。

（2）GIS空间数据表示。GIS中的数据具有空间、时间和专题三个属性：空间属性是指空间地物的位置、形状和大小等几何特征，以及与相邻地物的空间关系，包括定位数据和拓扑数据；时间属性是指现象或物体随时间的变化；专题属性是非定位数据值的空间现象或空间目标的属性特征。这些数据可以派专人采集，或是从其他信息系统中获取。

栅格和矢量结构是计算机描述空间实体的两种最基本的方式。在栅格数据结构中，整个地理空间被规则地分为一个个小块（通常为正方形），地理实体的位置由占据小块的横排与竖列的位置决定，小块的位置则由其横排与竖列的数码决定，每个地理实体的形态由栅格或网格中的一组点来构成。在矢量数据结构中，地理实体的形状和位置由一组坐标来确定，矢量数据结构对地理实体的描述类似于地图对地理信息的描述，一般也把地理实体分为点、线、面三种，每种实体有不同的编码方法。空间实体的栅格、矢量数据结构表示如图 2-25 所示。

（3）GIS 的功能。GIS 作为一个空间信息系统具有三项基本功能，即数据基础管理、数据查询与分析和数据输出。

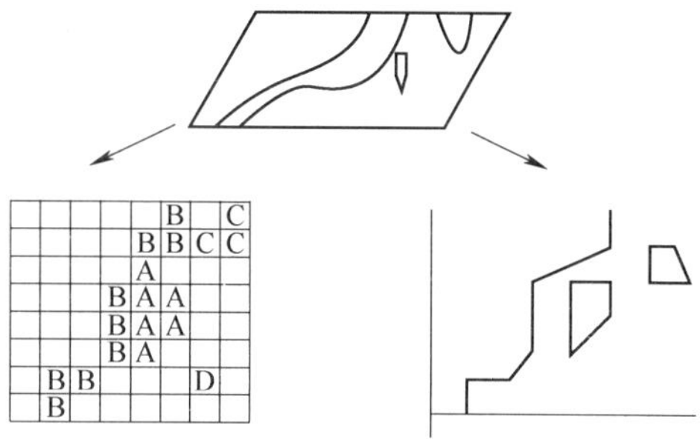

图 2-25　空间实体的栅格、矢量数据结构表示

1）数据基础管理。数据基础管理包括数据采集与输入、数据编辑与更新和数据存储与管理。在地理数据用于 GIS 之前，数据必须转换成适当的数字格式。数据输入是建立地理数据库必需的过程；输入的数据需经过编辑过程以消除引入的错误，并经转换或处理形成某种形式以适应系统的要求；数据存储方式的选择以及查询、检索、修改和更新等管理能力是 GIS 应具备的最基本的分析功能。

2）数据查询与分析。GIS 的空间分析可分为三个层次的内容：① 空间检索，包括从空间位置检索空间物体及其属性，从属性条件检索空间物体；② 空间拓扑叠加分析，实现空间特征（点、线、面或图像）的相交、相减和合并等，以及特征属性在空间上的连接；③ 空间模型分析，是在 GIS 支持下分析和解决问题的方法体现。

3）数据输出。中间处理过程和最终结果的可视化表达是 GIS 的重要功能之一。GIS 为用户提供了许多用于显示地理数据的工具，其表达形式既可以是人机交互方式的计算机屏幕显示，也可以是如报告、表格、图表和地图等。

【拓展阅读】

GIS 发展的突破点[⊖]

随着社会和科技的进步，用户必然会对 GIS 提出更高的要求，GIS 要满足时

⊖ 魏翔，浅谈 GIS 的应用与发展，北京测绘，2011 年第 2 期，第 33 ~ 35 页。

代的要求，就必须与时俱进，大胆尝试新理论、新技术，这样才能争取更大的成就。可以从以下几个方面寻求突破：

（1）移动 GIS。移动 GIS 主要由移动通信、定位系统、移动终端和 GIS 四个部分组成。移动终端是指在户外使用的可移动终端设备，包括便携计算机、PDA 手机和专用的 GIS 嵌入设备等。移动 GIS 受限制小，使用灵活、方便，拓展了地理信息服务的范围。移动 GIS 的出现大大拓宽了电子地图的应用领域，使得电子地图在人们生产生活中无处不在。目前全球热销的 iPhone，它不仅仅是一部移动电话，更是集电子邮件、网页浏览以及地图服务等众多功能于一身，正如其广告中宣称有超过 8 万个应用程序，几乎能做任何事情。由此可见，GIS 在其中发挥的作用也不应仅限于地图服务，或许它能够做得更多。

（2）动态 GIS。当今世界瞬息万变，因此人们对信息动态实时获取的要求越来越高。例如天气预报，人们不仅会关注 24 小时和 48 小时后的天气情况，而且更希望得到 1 小时后，甚至是半小时后的天气情况，因此，实时天气预报将更有意义。再如交通路况信息，人们不希望在发生交通拥堵后才得到消息，人们更希望能及时获得路况信息，从而避免拥堵，因此，动态交通信息就更有价值。随着各种传感器技术的不断提高，互联网尤其是无线网络的不断发展，使动态实时数据获取成为可能。GIS 应该利用好这些数据，为人们提供更及时、准确的信息服务。

（3）多维 GIS。GIS 中的地理空间数据首先应该具备完善的三维信息，以描述事物的空间位置形状和空间相互关系。目前，大多数 GIS 都是在二维和 2.5 维数据上进行操作，与真正的三维表示和分析还有很大差距。真正的三维 GIS 必须能够支持真三维数据模型，能够实现虚拟场景的三维可视化，还能够进行准确的三维分析。其次，GIS 中的地理空间数据还应该具备时间信息，以描述事物随时间的变化特征。时间、空间和属性是地理实体和地理现象本身固有的三个特征，是反映地理实体的状态和演变过程的重要组成部分。例如，在地壳运动、环境监测和土地调查等应用领域中，事物会随时间发生变化，如果忽略时间因素，必然会影响分析结果的可靠性和准确性。多维 GIS 具备了空间和时间特征信息，能够分析时空因素对事物变换的影响，从而将 GIS 分析能力提升到更高的水平。

（4）智能 GIS。目前大多数 GIS 应用还停留在数据管理和统计分析的阶段，缺乏多因素分析和启发式推理的能力，这也造成了 GIS 对事物判断分析和决策的支持力不足。智能 GIS 利用了人工智能、专家系统、神经网络等理论和技术，模拟人类的学习过程和推理思维，从而对地理信息作出分析判断和决策。例如，用智能 GIS 来管理城市交通，可以预测道路通行状况，分析最优路线，判断车辆违章，以及提供交通事故处理的辅助决策。如果用智能 GIS 进行环境灾害的预警预报，那么就能够预测暴雨可能造成的山体滑坡、泥石流等灾害，洪水对堤防大坝的影响，以及污染源泄漏的扩散范围和速度等。智能 GIS 更贴近实际生活，可为人们提供更准确、更丰富的分析结果，可以说，智能化将为 GIS 插上腾飞的翅膀。

（5）云 GIS。GIS 操作的是地理空间数据，随着时间的推移，数据量也会变得越来越庞大，数据之间的关系也会越来越复杂，处理这些数据就需要强大的计算机处理能力。云计算是分布式计算、并行处理和网格计算的进一步发展，它是基于互联网的计算，是能够向各种互联网应用提供硬件服务、基础架构服务、平台服务、软件服务、存储服务的系统。利用云 GIS，用户只需要一台笔记本电脑或者一部手机，就可以通过网络来使用 GIS 功能，这就使得 GIS 应用能够得到快速部署，且容易扩展。2010 年，ESRI 公司推出了支持云架构的 GIS 平台产品 ArcGIS 10。作为全球第一款真正支持云架构的 GIS 平台产品，ArcGIS 10 可直接部署在云计算平台上，把对空间数据的管理分析和处理功能送上云端，实现了 GIS 平台在云中的部署和服务模式。

2.3.7 GPS 技术[㊀]

1. GPS 介绍

GPS 是 Global Positioning System 的简称。它的含义是，利用导航卫星进行测时和测距，以构成全球定位系统。现在国际上已经公认：将这一全球定位系统简称为 GPS。

1957 年 10 月，世界上第一颗卫星成功发射后，利用卫星进行定位和导航的研究工作便提到了议事日程。1958 年年底，美国海军武器实验室委托霍布金斯大学应用物理实验室研制 NNSS 系统。在这一系统中，卫星的轨道通过地极，所以该系统又称为子午仪卫星导航系统（Transit）。1964 年 1 月，该系统研制成功，用于北极星核潜艇的导航定位，并逐步用于各种军舰的导航定位。1967 年 7 月，经美国政府批准，对其广播星历进行解密，并提供民用，为远洋船舶导航和海上定位服务。但是，由于子午仪卫星导航系统观测时间较长，不能对高动态用户提供实时定位和导航服务；由于卫星轨道较低，受大气影响严重，定位精度的提高受到限制。这极大地限制了高动态用户和高精度用户的使用。鉴于子午仪卫星导航系统对潜艇和水面船舶导航的可靠服务以及该系统存在的缺陷，美国于 20 世纪 60 年代末着手研制新的卫星导航系统，以满足海陆空三军和民用部门对导航越来越高的要求。

为此，1973 年，美国正式开始了 GPS 的研究和讨论工作，并于 1993 年正式完成。它由 21 颗卫星和 3 颗在轨备用卫星组成，平均分布在互呈 60°的 6 个轨道

㊀ 杨福新，GPS 在物流配送管理系统中的应用，吉林大学硕士论文，2008-10。

面上，轨道倾角为55°。在地球上的任意一个地方，至少同时可观察到5颗卫星，其中至少有4颗在地平线7.5°以上。GPS卫星如图2-26所示。GPS从根本上解决了人类在地球上的导航和定位问题，可满足各种不同用户的需求，应用价值极高，得到美国政府和军队的高度重视，不惜投资300亿美元来建设这一工程，称为继阿波罗登月计划和航天飞机计划之后的第三项庞大空间计划。

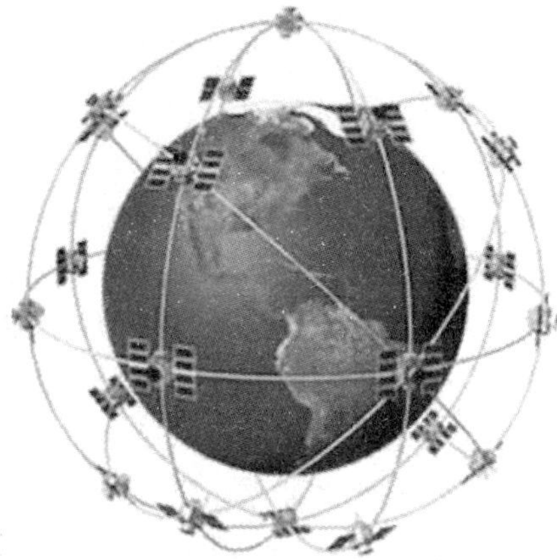

图2-26　GPS卫星

2. GPS的组成

GPS包含三大部分：GPS卫星（空间部分）、地面支撑系统（地面监控部分）以及GPS接收机（用户部分）。其中前两部分是由专门机构投资建立、维护和运行的。一旦工作，它将昼夜不停地发送导航定位信息，这是一种可供无数用户共享的信息资源。

地面监控部分包括四个监控站、一个上行注入站和一个主控站。出于军事目的，美国政府将所有地面监控部分均设在美国国内。监控站设在夏威夷、阿拉斯加的空军基地等。每个监控站设有一台四通道的用户接收机、一台原子钟、收集当地气象数据的传感器和进行数据初步处理的计算机。

监控站的主要任务是取得卫星观测数据并将这些数据传至主控站。这样的监控站在边远地区可以是无人值守的，并可适当增加其数量。

主控站设在范登堡空军基地，它对地面监控部分实施全面控制。主控站的主要任务是收集各监控站对GPS卫星的观测数据，以此推算出一天以上的卫星星历并按一定格式转化为导航电文以便由上行注入站注入卫星的存储器中。

上行注入站也设在范登堡空军基地，它的主要任务是在每颗卫星运行至上空时把导航电文及主控站的指令注入卫星。这种注入对每颗卫星每天都进行一次，并在卫星离开注入站作用范围之前进行最后的注入。

用户接收机主要是接收GPS卫星发播的信号和导航电文，根据导航电文提供的卫星位置和钟差改正信息计算接收机的位置。用户接收机可以有很多种类，按使用环境来分可以分为低动态用户接收机、高动态用户接收机；按所要求的精度可以分为单频粗捕获码（C/A码）接收机和双频精码（P码）接收机。

3. 美国的SA政策

美国政府在GPS设计中，计划提供两种服务：一种为标准定位服务——SPS，利用粗码（C/A码）定位，精度为100m，提供给民间用户使用；另一种为精密定位服务——PPS，利用精码（P码）定位，精度达到10m，提供给军方和得到特许的民间用户使用。实践表明，GPS实际定位精度远高于此值。利用简单的C/A码定位，精度可达到14m，利用P码定位，精度可达到3m。这一现实与原计划相矛盾，于是美国政府采取了SA（Selective Availability）政策，称为有选择可用性，人为地将误差引入卫星时钟和卫星数据中，故意降低GPS的定位精度。其目的是使非特许用户不能获得高精度实时定位的方法，以防止未经许可的用户把GPS用于军事目的。采用SA政策，规定水平定位精度为100m，垂直测量精度为157m。美国国防部常年对SA政策进行检测，并根据形式和要求对部分或全部卫星取消SA政策。

进入21世纪，GPS面向国际民间应用将有如下步伐：

（1）10年免费服务的承诺将于2003年期满，DOT助理部长在伦敦时已宣布，将在可以预见的未来延长免费服务。

（2）撤除SA政策的承诺将于2006年到期。

（3）2005年后上天的2F卫星增发L3c民用CA码信号，2010~2012年间逐步充实轨道，届时民用GPS将有一个安全服务信号，在无增强支持的条件下可以达到接近Ⅰ类精度。

（4）民用信号和军用信号分离是必然的。但隔离到何等程度，尚不清楚；DOD/DOT双用途GPS的联合管理已经开始，今后在分工上达到何等程度，有待于在进一步演进中得知。

【拓展阅读】

北斗卫星导航应用市场潜力巨大㊀

目前，市场上的卫星导航系统以美国GPS为主。2012年起，中国的汽车用户将可以使用国产的“北斗”卫星提供的导航、定位服务，并且导航芯片价格要低于现在的GPS。专家指出，北斗卫星导航系统应用未来市场潜力巨大，产业带动能力将不断提升，中国的卫星导航产业也将进入快速发展阶段。到2015年，“北斗”系统相关产值将达到2 000亿元，2020年有望达到4 000亿元。

北斗卫星导航系统工程总设计师孙家栋院士介绍，目前，我国正在实施的北斗卫星导航系统建设，已成功发射8颗导航卫星。根据系统建设总体规划，2012年左右，系统将首先具备覆盖亚太地区的定位、导航以及通信服务能力。同时，北斗卫星导航系统将投入民用。而在10年后，北斗卫星导航系统将是一个由30余颗卫星、地面段和各类用户终端构成的大型航天系统，其建设应用将

㊀ 吴佳佳．北斗卫星导航应用市场潜力巨大，经济日报，2011-4-20，第15版。

实现我国航天从单星研制向组批生产、从保单星向保组网成功、从以卫星为核心向以系统为核心、从面向行业用户向面向大众用户的历史性转型。

卫星导航系统可连续实时地发送高精度、全时空、全天候的导航、定位和授时信息，是一种可供海陆空领域使用的、军民用户共享的信息资源。目前全球上空已有32颗美国的GPS卫星、22颗俄罗斯的GLONASS卫星、8颗北斗卫星，还有2颗欧洲的伽利略实验卫星。北斗卫星导航系统是中国自行研发的区域性有源三维卫星定位与通信系统，是继美国GPS和欧洲GLONASS之后第三个成熟的卫星导航系统。从1994年立项至今，中国北斗已经走过17年。

“当区域系统和全球系统建成以后，北斗的威力将成倍增加，将具备和GPS完全一样的功能！”中国科学院院士、中国卫星导航学术年会科学委员会执行主席杨元喜介绍说，同时，北斗卫星导航系统将具备更丰富的功能。与目前市场上民用比较普遍的GPS相比，它不但有定位导航功能，还具备通信的功能。此外，中国的北斗卫星导航系统，还将是一个与GPS等国际上其他导航定位卫星系统兼容共享的系统”。北斗卫星导航系统工程副总设计师李祖洪介绍，北斗全球定位系统具备与GPS、GALILEO广泛的互操作性，北斗多模用户机可以接收北斗、GPS、GALILEO信号，并且实现多种原理的位置报告，稳定性更高。

卫星导航产业的发展得到了国家的高度重视。卫星导航已经作为新兴产业被纳入“十二五”规划，卫星导航技术的研究推广应用将被放在重要位置上，同时，国家将从政策层面推动卫星导航产业进入个人家庭消费领域的进程。目前，“北斗”系统在我国主要用于军事导航以及农业、渔业和大型工程监控，其主要用户还是一些相关的国家机关和大型企业。未来，随着卫星导航能力的提高，其用户的范围也将拓展到国家的电力、金融、通信等各个领域，与普通百姓的生活将密切相关。

不过，在与国外导航系统竞争的情况下，特别在目前GPS已占据我国卫星导航应用大部分市场的情况下，“北斗”系统产业化将面临着巨大的挑战。孙家栋院士指出，我国拥有全球卫星导航应用的最大市场，紧紧抓住应用的基础市场，充分发挥北斗服务特色，创造性地提出应用解决方案和规模化推广策略，是“北斗”系统应用推广和产业化的关键。

4. 定位原理

GPS定位的基本原理是根据高速运动的卫星瞬间位置作为已知的起算数据，采用空间距离后方交会的方法，确定待测点的位置。GPS定位计算如图2-27所示，假设t时刻在地面待测点上安置GPS接收机，可以测定GPS信号到达接收机的时间Δt，再加上接收机所接收到的卫星星历等其他数据可以确定以下四个方程式：

其中，x、y、z（接收机的空间坐标）和V_{t0}（接收机的钟差）是方程的未

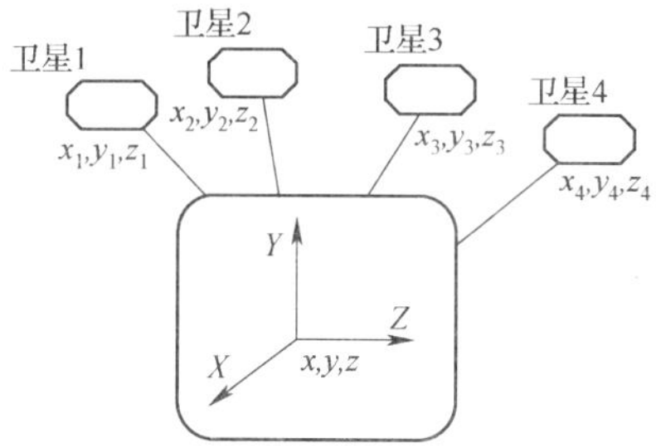

$$[(x_1-x)^2+(y_1-y)^2+(z_1-z)^2]^{1/2}+c(V_{t1}-V_{r0})=d_1$$
$$[(x_2-x)^2+(y_2-y)^2+(z_2-z)^2]^{1/2}+c(V_{t2}-V_{r0})=d_2$$
$$[(x_3-x)^2+(y_3-y)^2+(z_3-z)^2]^{1/2}+c(V_{t3}-V_{r0})=d_3$$
$$[(x_4-x)^2+(y_4-y)^2+(z_4-z)^2]^{1/2}+c(V_{t4}-V_{r0})=d_4$$

图 2-27　GPS 定位计算

知数部分；d_1、d_2、d_3和 d_4分别为卫星 1、卫星 2、卫星 3、卫星 4 到接收机之间的距离；c 为光速；，V_{t1}、V_{t2}、V_{t3}和 V_{t4}分别为卫星 1、卫星 2、卫星 3、卫星 4 的卫星钟的钟差，由卫星星历提供。$x_1 \cdots x_4$、$y_1 \cdots y_4$、$z_1 \cdots z_4$分别为卫星 1、卫星 2、卫星 3、卫星 4 在 t 时刻的空间直角坐标，可由卫星导航电文得到。

【本章小结】

信息技术是在信息科学的基本原理和方法的指导下扩展人类信息处理能力的技术。物流信息技术主要包括四大类，即基础技术、信息识别技术、信息交换技术和地理分析与动态跟踪技术。基础技术主要包括计算机技术、网络技术和数据库技术。在物流业中应用最广的信息识别技术是条码技术，主要分为一维条码和二维条码，现在还出现了三维条码。条码具有可靠及准确、数据输入速度快、经济便宜、设备简单、易于制作等特点。RFID 技术是物流识别技术的发展方向，它通过远距离非接触方式进行识别。EDI、EOS 和 POS 是目前物流行业应用最为广泛的信息交换技术，信息交换技术为供应链管理提供必要的保障。以 GIS、GPS 为代表的地理分析与动态跟踪技术为物流过程监控和管理提供了技术支持。

【思考题】

1. 试述 TCP/IP 协议的工作原理。
2. 条码有哪些种类？试述 RFID 系统的工作过程。
3. 试述 EDI、EOS、POS、GIS 和 GPS 物流信息技术的工作原理。

【案例分析】

案例一　武汉开建首个物流信息平台㊀

2011 年 3 月 30 日，武汉东西湖区政府、中国电信武汉分公司、武汉汇通公

㊀ 王云鹤，打造创新型行业信息化枢纽典范，人民邮电，2011-4-6，第 1 版。

路港管理有限公司联合签约，协议共同建设武汉（东西湖）综合物流枢纽公共信息平台，用三年时间将东西湖区打造成为创新型行业信息化枢纽典范。

据介绍，以前，湖北孝感等外地货车开到东西湖区，要到指定停车场等候货物信息及调货指令，再安排装货。综合物流枢纽公共信息平台建成以后，驾驶员在路上就可以利用手机等终端进行查询，第一时间获取货物信息，并可通过平台实现货物车辆自动匹配，使工作效率提高一倍以上。这种基于物联网及定位技术的应用，实现了对货物运送、存储全过程的调度和管控，可以降低物流成本，减少流通费用，增加利润。今后，物流企业还能随时将货物收取、配送等任务信息通过 CDMA 网络传递至驾驶员手机等终端，并由驾驶员实时将货物信息回传至综合物流枢纽公共信息平台，实现及时的运营管理与信息分析，随时掌握货物状态，提高业务管理水平。

作为平台合作方，中国电信武汉分公司将应用云计算、物联网、GPS 定位、固移融合通信、供应链管理等现代信息应用技术，对物流信息进行全程处理和控制，从而降低成本、提高效率，为武汉及中西部区域物流产业的高速发展提供有力的信息化保障。据悉，武汉（东西湖）综合物流枢纽公共信息平台将首先推出开放式的公路货运和仓储信息服务，并在未来三年内逐步完成公共物流信息平台建设和业务模式的创新，内容涵盖对主制造商供应链信息化提升、重点领域的物流信息化提升、电子商务与物流服务集成、集装箱多式联运信息化和物流信息技术创新等。

案例二　中远物流信息技术的应用㊀

1. FOCUS 系统的全面部署

为了更好地支持原有货运体系的改革和转型，中远网络科技从 2005 年就开始了 FOCUS 系统的集中开发。2008 年，在中远物流总部的统一开发推广下，公司开始全面推进货运 FOCUS 系统。FOCUS 系统在设计开发中充分考虑了与客户的互动功能，加强了信息反馈，如客户预配信息网上查询、网上对账、网上提单确认、提单签发状态网上查询等功能，为客户提供了便捷可靠的信息服务。FOCUS 系统包括销售模块，业务管理模块，商务管理模块和客户服务模块，总部、区域管理模块，系统管理模块。FOCUS 系统按分层、组件的设计理念进行架构设计，有利于标准化开发。其业务系统应用架构包括支持 Rich Client、Browser 及移动设备渠道访问；容器事务管理方式进行 EJB 部署；对业务变化的快速反应及部署；预警机制；外挂 WPG 处理及 EDI 报文。

FOCUS 核心技术包括① 系统管理特性，统一的组织机构管理、统一的合作

㊀ 文浩，中远物流信息技术新观察，专家论坛，2009 年第 6 期，第 46 ~ 50 页。

伙伴信息管理、合作伙伴基础信息管理、统一的基础代码维护；② EDI 平台，系统为外部合作伙伴的 EDI 数据提供了交流平台，包括生成和发送 EDI、接收和解码 EDI、解码报错三部分；③ 报表系统，报表分为固定式报表和自定义格式报表。报表有掘取功能，可以进行数据分析；④ 预警平台，预警平台是将关键、警报、通知等信息通知给用户和客户的信息警示平台。当客户执行系统某个功能点或发生某个事件时，系统发送短信或电子邮件给客户；当 WAS 启动后，启动定时器，根据数据库相关记录的时间定时对满足某些业务条件的客户发送短信或电子邮件；⑤ 网上客户，客服系统是独立运行的客户端子系统。此系统可以与 FOCUS 交互访问，将一部分功能如委托录入、更正、订舱等操作从 FOCUS 系统转移到网页上。客服系统还支持系统内部审核委托、网上 EDI 订舱、网上投诉、系统内部处理投诉、网上对账、网上海外代理操作、船期查询和运价查询等。

随着 FOCUS 系统电子订舱的推广，原先需要由两个人完成的纸面接单、审单、输单的传统出口操作流程，变为现在对电子委托的审核、确认、配船、发送订舱的新的操作流程，新流程不但增加了服务功能而且只需一个人在 5min 内就能完成，并向客户作出了在电子委托提交后 30min 内立即响应的服务承诺；FOCUS 系统客服平台界面提供了委托状态的动态查询功能，客户可以在网上随时查询每一票委托当前所处的状态，有效改变了以往靠打电话来询问的单一渠道，提升了公司的对外服务形象，畅通了和客户的信息沟通；FOCUS 系统在货运账单补收补支时，要求对更正原因进行确认并生成“补收补支统计表”和“账单差错率统计表”，通过量化分析，便于设定差错率的 KPI，进行有针对性的改进，杜绝了差错，提高了服务质量。可以说，随着货运 FOCUS 系统的使用和电子订舱的推广，公司进一步推动了货运业务由原来偏重单证操作向偏重客户服务的方向转变，大大提高了客户满意度。

2. 中远 RFID 技术的应用

（1）在北京欧尚仓库的应用。中远物流为欧尚提供仓储服务，中远 RFID 的实验仓库就选在欧尚仓库，采用 900Hz 的解决方案。中远分析了欧尚仓库的操作流程，发现了两个大的问题，第一个是差错大，第二个是盘点时间太长，这是不能容忍的，所以中远将标识放在货位和标签上面。使用的标准是 ISO180000-6C，读写器部署在门禁、叉车和手持终端上。中远物流采用的手持终端是一个无线的 PDA，再套上去一个 RFID 读写器，其本身就具有条码扫描器的功能。中远有自己的 WMS 服务器和前端设备控制服务器，此外又建立了无线网，使用叉车的车载终端、天线读写器和终端。另外还包括手持终端，标签放在托盘的货位上面。主要的仓库流程基本上全部采用 RFID 技术，主要流程有以下四个：

1）验收。现场操作人员根据到货单在手持终端上选取验收任务。操作人员扫描托盘上的 RFID 标签及货品上的条码，键入货品数量，系统后台对验收结果进行审核。

2）上架。叉车天线读取托盘 RFID 标签，后台系统提示建议货架和货位号。操作人员将托盘上的货品上架并读取货位 RFID 托盘，但是也允许货位员进行更改。

3）拣货。传统意义上的拣货是由拣货人员来驱使整个拣货流程的进行的，然而本物流中心的电子标签拣货系统则是由输送来负责驱动的。这是凭借拣货物流箱的外箱辨识码与输送带间，进行信息的沟通与数据的交换，以自动判断哪些拣货副线该进入，哪些拣货副线可直接略过。

4）盘点。RFID 技术使得盘点货物变得更加容易，不需要由管理人员逐个清点，只需要持终端设备绕仓库走一圈就能清楚货物的存库情况。RFID 技术改变了仓库管理的一贯流程，较好地解决了差错大和盘点难的问题。

（2）在集装箱上的应用。中远集运采用 Savi Networks 提供的新有源标签和 SaviTrak 软件平台，追踪货物集装箱从中国运往全球各地时的位置和状态。当客户要求提供服务时，标签将贴在装载货物的集装箱上，然后中远的员工将标签的唯一标识和集装箱号码、装载货物的说明、订单数量、目的地以及预计抵达的时间连在一起。这些信息存储在中远公司中，客户可以使用密码在 SaviTrak 的网站上获取相关信息。

有两种形式的标签：一种是夹在集装箱门的边缘，另外一种则是安在箱门的螺栓上。每个标签包含一个 GPS 接收器和几个感应器，与标签相连的传感器放在集装箱内，而 GPRS 和 GPS 天线则放置于箱子外面，分别用于追踪标签的位置和集装箱内部的温湿度，以及箱门开启的时间。当标签位于 GPRS/GSM 蜂巢基站的信号范围内时，标签发送其位置和感应器数据到一个后端系统，中远集装箱的客户（贴标货物集装箱的运输商）可登录该系统获取信息。每个标签的 GPRS 发送器包含一个全球漫游的 SIM 卡及四个 RF 频段选项（850、900、1 800 和 1 900MHz）。Savi Networks 也提供另一种标签，除了四个 GSM 频段外，还有 1 个 2 100MHz 的选项，专用于韩国和日本。

标签内的 SIM 卡以客户设定的频率可被全球任何 GPRS/GSM 基站读取。当标签不在基站信号范围内时，标签会一直存储感应器数据及 GPS 位置坐标，当集装箱进入一个蜂巢基站的信号范围内时，所有信息将全部被上传。如果集装箱出现过安全违规问题（如集装箱的门在不该被打开时被打开），或温度问题（如温度高于预设阈值），进入信号范围内的标签会立即发送警报，告知公司和客户事件发生的时间和地点。然而，如果集装箱堆在船只甲板的下面，GPS 通常无法获取位置信息——尽管当集装箱在 GPRS/GSM 基点范围之内的时候，标签继续存储传感器数据，并和事件发生的时间一起被传送。

3. WMS

物流配送 RF 作业系统是 WMS 系统的一个子系统，运行于整个系统的最前端，为作业人员提供高效、准确、实时的数据访问和录入，用于替代传统的纸张作业的管理模式。RF 系统包括 RF 服务器、RF 终端以及 RF 网络。RF 终端通过 RF 网络与 RF 服务器之间进行实时数据交换，然后由 RF 服务器完成与 WMS 系统的最终数据交换。在数据交换的过程中，RF 服务器会记录下所有终端的操作信息、数据交换信息以及对 WMS 的数据操作信息，以便于以后的系统管理。

作为 WMS 的一个子系统，RF 系统主要在以下流程中负责操作人员作业权限管理、数据录入和数据认证、传送作业指令和相关数据，以及通过 RF 终端以作业向导的方式帮作业人员快速准确地完成作业：

（1）进货暂收、暂收转验入、验收作业、验收复检。

（2）叉车作业、VNA 叉车。

（3）滑道口装并板、整理区装并板。

（4）装车作业。

（5）盘点作业、复盘作业、储位检查作业。

问题：

1. 论述企业和区域物流信息平台构建的重要意义。
2. 物流信息平台是如何与物流信息技术相结合的？

第 3 章　物流管理业务流程

本章教学要点

- **掌握**：业务流程的定义；业务流程优化的方法及过程。
- **熟悉**：本章提及的主要物流业务流程。
- **了解**：业务流程的经济内涵；业务流程再造的含义。

【导入阅读】

泉州烟草以“三化”科学优化物流业务流程⊖

2007 年，福建泉州烟草从优化仓储管理、优化分拣管理和优化配送管理三方面着手优化物流业务流程，提高了卷烟销售网络的覆盖率。

1. 仓储管理数字化

泉州烟草重新划分配送中心的功能区域，对其相互关系的密切程度进行等级划分，以搬运距离最短的原则进行功能布局调整，最大限度地减少总物流量。在此基础上，泉州烟草还推行库位分区，按品牌规格及销量情况对卷烟实行 ABC 分类管理，确定卷烟存放位置，实现库存管理的高效率运作。这一措施使全市仓储量增加了 7 944 件，存储能力提高了 12%；卷烟年搬运距离减少了 4 366km；人员年行走时间节约了 5 122h。此外，泉州烟草还实施动态监控，以 RF 技术为支撑，实现卷烟的远程查询及图形化管理，对卷烟出入量、库存、库位等关键指标进行可视化监控，加强了对卷烟入库、存放、调拨、出库、盘点、移位、拣选、发货等各个环节的规范化管理，使定位、决策只在“点击之间”。

2. 分拣管理精细化

泉州烟草对各品种卷烟进行 EIQ 分析，即运用客户订单、品项、数量等数据进行出货特性分析，以抓取次数作为工作负荷量的度量标准，合理安排各卷烟品种及货格的顺序，使每条分拣线上拣货员之间的月拣选次数差额不超过 5%，从而有效平衡分拣作业人员的劳动强度，提高工作效率。

⊖ 陈功，泉州烟草以“三化”科学优化物流业务流程，经理日报，2008-1-23，第 C02 版。

3. 配送管理智能化

（1）优化配送区域。优化配送区域即对现行配送周期和“一级配、二级送、三级代、四级取”的配送模式进行优化，泉州烟草坚持“打破行政区划，按照经济区域进行卷烟配送”的原则，综合考虑客户在物流点间的最短配送距离以及配送中心之间资源的匹配能力，以GIS为基础，利用蚁群算法模型，精确计算全局近似最优路径。例如，南安市诗山镇距离南安配送中心31.9km，距离永春中转站18.5km，根据这一特点，该镇客户的货物改由永春中转站送货，从全局的角度实现资源的合理匹配、配送路径最优及按经济区域配送。

（2）优化配送线路。优化配送线路以“车辆装载经济化”和“送货线路最优化”为目标，综合考虑车辆、车载能力、送货时间、道路状况等信息，以静态优化为基础，结合实时优化、动态优化、紧急优化以及人工调整优化等方式做好线路优化工作，均衡车辆配送任务，提高车辆装载率。线路优化后，全市减少了15条送货线路，送货车辆由原来的102辆减少至87辆；平均单车送货量由原来的55件提高至65件；月行车总里程数下降54 000km。

（3）优化调度管理。泉州烟草将优化后的配送线路数据对接到DPS系统，并通过GIS建立配送线路与零售客户地理信息的联系，最后再与GPS监控系统集成，实现了调度的高效、便捷，也为决策提供了科学依据。

3.1　业务流程概述

在传统的公司中，业务流程分布在各个部门中，并以部门为界限被分割开来，而流程管理理论则认为业务流程的这种分散正是企业绩效产生问题的根源，只有把全部流程当做整体对待并进行全程的管理，才能大幅度提高业绩。因此，流程管理强调以业务流程为目标，以业务流程为导向来设计组织框架，同时进行业务流程的不断再造和创新，以保持企业的活力。

3.1.1　业务流程的定义

对于企业业务流程的定义，至今尚未形成统一的认识。最早系统地将业务流程作为一个重要的分析对象来看待的是波特。在1980年左右，他把这个概念运用在“企业竞争优势”的研究中。紧随其后的研究者是麦肯锡的两位管理咨询师Peters和Waterman，他们在研究探讨了质量管理、组织结构、企业家精神以及授权等一系列决定员工是否表现卓越或致力于一流服务的因素。

Davenport和Short将流程定义为“为特定顾客或市场提供特定产品或服务而实施的一系列精心设计的活动”。他们认为，流程强调的是工作任务如何在组织中得以完成。相应地，流程有两个重要特征：一是面向顾客，包括组织外部的和组织内部的顾客；二是跨越职能部门、分支机构或子单位的既有边界。根据上述思想，他们把业务流程定义为“以达成特殊业务成果目标的一系列有逻辑相关性的任务”。

作为规范的和独立的管理理论科学体系的一部分，业务流程的概念是以EPSRC（英国工程和自然科学研究委员会）革新制造活动的重要组成部分的姿态出现的。同时，它在技术前沿透视组织的年终报告中以主题词的形式出现。在IMI研究报告中，业务流程被界定为“一系列将组织运作和顾客需求连接起来的活动”。米勒则把业务流程分析解释为“理解组织业务如何开展的一种方式”。

综合上述定义，可以将“业务流程”定义为：完成企业某一目标（或任务）而进行的一系列逻辑相关的活动或作业的集合。业务流程应具有如下关键属性：它包含有目的的活动；往往需要由一组人协作进行；总是由顾客或外部需求驱动。企业是一个复杂的系统，用流程的观点来看待企业，即企业的组成基本单元就是业务流程。不过要强调一下，这里“业务流程”一词，不是指狭义的销售、买卖过程，而是指企业运行的所有流程，即设计、制造等也属于这个广义的“业务流程”的范畴。再深一步，流程又是由基本活动组成的，活动与活动之间的相互作用与相互联系构成了企业的业务流程。

3.1.2 业务流程的经济内涵[⊖]

经济学家看问题的出发点通常基于三项基本假设：经济人的偏好、生产技术和制度约束、可供使用的资源禀赋。基于这一视角，可以将业务流程定义为“一组局部有序的人为活动”，这些活动需要使用一种或多种输入，操作一定设备，应用某类知识、技能，遵照特定的程序规则，并生成某种对顾客有价值的产出。在这一定义中，是否采用同类设备，是否需要同类知识、技能，以及是否遵照相同的程序规则，成为区分不同业务流程活动的标准。一个企业往往提供多种产品，具有多个业务流程的产品生产通常涉及多个业务流程的协作，同样，一个流程也可以为多项产品的生产服务，业务流程与企业产品之间是多对多的关系。

新兴古典经济学家认为，迂回生产中存在机器种类经济效应，即在最终消费品的生产过程中，所采用机器设备（中间产品）种类数的增加会提高生产效率。在一项产品的生产中，业务流程种类数的增加意味着在生产过程中使用了更多的专门化机器设备、知识技能和程序规则，生产效率相应也会提高。因此，在生产过程中同样也存在着流程种类经济效应。在这一效应的作用下，如果业务流程之间的替代性不高，相对于采用通用的一种流程而言，采用多个流程协作的方式会

⊖ 孙林岩，业务流程外包的概念化分析，管理学报，2004年第1卷第2期，第217~221页。

带来更高的劳动生产效率和资源使用效率。这就是在现代生产过程中，经济组织更倾向于采用多个专门化业务流程，而非单一的通用业务流程的原因。

值得注意的是，业务流程数目的增加并不意味着更高水平的劳动分工专业化，相反，在交易效率很低的情况下，它往往使得一个劳动者必须参与更多数目的业务流程，掌握更多的知识技能，操作更多的机器设备或者遵从更多的程序规则，从而损害劳动分工专业化经济的效果。因此，在交易成本一定的条件下，业务流程种类数的多少除了受技术因素的制约外，还取决于流程种类经济同专业化经济之间的权衡。

3.1.3 业务流程再造

1. 流程管理[⊖]

任何策略远景的实现、信息系统的导入、企业文化价值观的具体呈现，终将落实到流程，所有流程再造的核心均是以流程为改善企业经营业绩的对象，以流程导向式的扁平化组织取代金字塔形的阶层组织。

流程管理的特点主要有以下几点：

（1）流程管理最重要的特点是突出流程，强调以流程为导向的组织模式重组，以追求企业组织的简单化和高效化。

（2）流程管理的另一个重要特点是反向，即从结果入手，倒推其过程，这样其所关注的重点首先就是结果和产生这个结果的过程，就意味着企业管理的重点转变为突出顾客服务、突出企业的产出效果、突出企业的运营效率，即以外部顾客的观点取代内部作业的观点来设计任务。

（3）流程管理注重过程效率，流程是以时间为尺度来运行的，因此这种管理模式在对每一个事件、过程的分解过程中，时间都是其关注的重要对象。

（4）流程管理将所有的业务、管理活动都视为一个流程，注重连续性，以全流程的观点来取代个别部门或个别活动的观点，强调全流程的绩效表现取代个别部门或个别活动的绩效表现，打破职能部门本位主义的思考方式，将流程中涉及的下一个部门视为顾客，因此鼓励各职能部门的成员互相合作，共同追求流程的绩效，也就是重视顾客需求的价值。

（5）强调重新思考流程，使各流程的方向和经营策略方向更密切配合，不致流于“依法行事”。

（6）强调运用信息工具的重要性，以自动化、电子化来提高信息流速。

2. 业务流程再造的概念

迄今为止，已经有非常多的学者对业务流程再造做了不同的定义。

⊖ 黄平，康佳公司业务流程再造研究，2009年兰州大学MBA论文，第7页。

1990年，哈默博士首先提出了“业务流程再造”（Business Process Reengineering，BPR），并将它引入到西方企业管理领域。他认为：“企业再造就是从根本上考虑和彻底地设计企业的流程，使其在成本、质量、服务和速度等关键指标上取得显著的提高。这个定义有四个关键点：

（1）从根本上重新思考。例如，企业在准备进行再造时，必须自问：“我们为什么要这样做?”“我们为什么要做现在的事?”“它与组织的整体目标有什么关系?”而不能在既定的框架上实施再造。

（2）彻底的变革。企业再造不是对组织进行肤浅的调整修补，而是要抛弃现有的业务流程、组织结构和陈规陋习。

（3）显著的进步。哈默和钱皮为“显著改善”制定了一个目标，即“周转期缩短70%，成本降低40%，顾客满意度和企业收益提高40%，市场份额增长25%”。

（4）从重新设计业务流程着手。在企业中，业务流程决定着组织的运行效率。在传统的企业组织中，分工理论决定着业务流程的构造方式，但同时也带来了一系列弊端。由于分工过细，因此组织机构庞大，组织效率低下，管理费用增多，已背离了“分工出效率”的初衷。企业再造之所以从重新设计业务流程着手，就是因为原有的业务流程是低效率的根源所在。

Davenport提出了企业流程创新（Business Process Innovation，BPI）的概念。他认为流程创新是一种革命的新方法，这种方法通过使用信息技术和人力资源管理技术对企业的流程进行创新，可以极大地提高企业的成本、实践、质量等指标。

此外，Marrow、Kaplan、Loewenthal、Grover等人都提出过相关概念。总结各种表述，可以从以下四个方面来理解业务流程再造：

（1）以过程为导向。企业再造工程要打破传统的思考方式，以作业流程为中心来实施改造。

（2）目标远大。企业再造工程改进的目标不是5%或10%，而是70%、80%或90%。这是再造工程与全面质量管理（TQM）等其他现代管理技术的一个最大的不同。宏伟的目标大大增加了再造工程的难度和风险。

（3）打破常规。打破常规是再造工程的一个本质特征。打破常规要从企业的过程入手，对企业必须进行伤筋动骨的“大手术”。常规与人们的价值观和企业的文化紧密相关。打破常规，需要破除人们旧的文化习俗，树立新的价值观念，建立新的企业文化。

（4）创造性地应用信息技术。许多实施企业再造的公司应用现代信息技术打破了陈旧的制度并创建了新型的过程模式，信息技术就好像一副能动剂，使组织能够以完全不同的方式进行工作。尽管信息技术在企业再造过程中扮演了重要的角色，但是应该指出，再造工程不等于自动化，单纯的自动化只是为错误工作提供了更有效的方法。除此之外，也不应把企业再造工程同所谓的软件工程混为一谈。软件再造工程只是用现代信息技术重新构造过时的信息系统。公司若不改变信息技术的形式则不能实现企业再造工程。事实上，错误地使用技术，力图强化旧的思想方式和旧的行为模式，只会对企业再造设置障碍。

3.1.4 业务流程优化

1. 流程优化简介

业务流程优化（Business Process Improvement，BPI）包括业务流程再造与业务流程改进两个方面的含义，而业务流程再造是业务流程优化最初的表现形式。对业务流程的优化，应该是建立在对业务流程分析的基础上，综合运用流程再造与流程改进，以达到对整个业务流程的优化。

2. 业务流程优化的方法

业务流程优化的基本方法有以下两种：

（1）系统化改造法（Systematic Redesign）。辨析、理解现有流程，系统地通过在现有流程的基础上创建提供所需产出的新流程，即实施渐进的流程改进。

（2）全新设计方法（Clean Sheet Approach）。从根本上重新考虑产品或服务的提供方式，零起点设计新流程，即彻底的流程重组。

业务流程优化工具主要包括以下几种：

（1）流程可视化。

（2）流程图运筹学方法（Integrated Definition Method）、DFD（Data Flow Diagrams）、OOA（Object-Oriented Analysis）和Prince2等工具。

（3）变革管理，充分考虑重组中人的因素。

（4）标杆瞄准，有助于流程的可视化和流程开发。

（5）价值链分析法。价值链分析法认为企业活动分为增加价值的基本活动和支持目前和未来的基本活动的辅助活动。基本活动为顾客增加价值，包括原材料储运、生产制造、产成品储运、市场销售和售后服务；辅助活动支持目前和未来的基本增值活动，包括采购、技术开发、人力资源管理和基础设施管理。价值链分析法将企业活动细分，找到与顾客增值无关的活动，取消这些活动以降低成本，同时向顾客提供更快捷的服务，提高企业业务流程的运行质量。

（6）关键成功因素法。找到能够影响企业业绩的主要因素，有效识别企业自身竞争力资源，分析流程的作用和重要性，确定企业流程优化的关键流程。

（7）约束理论。要提高一个系统的效能，必须要打破系统的约束。在企业流程运行中，流程的效率取决于其中最慢的一环，而不是最快的一环。要提高流程质量必须首先改善最慢的一环，才可使整个流程得以优化。

（8）基于活动的成本分析法（ABC 法）。ABC（Activity Based Costing）是一种以活动为单位进行成本计算的方法。企业的经营过程是一系列活动的集合，要完成一定的活动，就要消耗一定的成本和时间，也能产生出一定的价值。并非所有的活动都能产生价值，不能产生价值的这些活动称为“非增值活动”。企业在进行业务流程优化时，应用由 ABC 法提供的信息，对所有的业务活动进行分析，这样可以尽可能地消除非增值活动。

（9）因果图分析法。在对现有流程中存在的问题及原因进行分析时，将影响因果关系的失效及故障原因以大、中、小不同的图标进行层层展示。将引发不同层次影响的因素借助图形化的方式，对其进行层级细分。大图标表示主要影响因素，中图标表示更深一个层次的因素，再次为小图标，直观地对问题要素进行表述，深化问题分析。

3. 业务流程优化的过程

首先是现状调研。业务流程优化小组的主要工作是深入了解企业的盈利模式和管理体系、企业战略目标、国内外先进企业的成功经验、企业现存问题以及信息技术应用现状。企业现状与企业要达成目标之间的差距形成了管理再造需求。将以上内容形成调研报告。

其次是管理诊断。业务流程优化小组与企业各级员工针对调研报告内容进行协商并修正，针对管理再造需求进行深入分析和研究，并提出对各问题的解决方案。将以上内容形成诊断报告。

最后是业务流程优化。业务流程优化小组与企业相关人员对诊断报告内容进行协商、修正，并将各解决方案细化。

具体的业务流程优化的思路是：总结企业的功能体系，对每个功能进行描述，即形成业务流程现状图。再指出各业务流程现状中存在的问题或结合信息技术应用可以改变的内容。之后结合各个问题的解决方案即信息技术应用，提出业务流程优化思路。最后将业务流程优化思路具体化，形成优化后的业务流程图。

【拓展阅读】

Software AG 分享卓越业务流程管理[㊀]

2011 年 6 月 10 日，业务流程管理厂商 Software AG 发布新版 webMethods8.2，并在中国区召开 2011 业务流程管理年会。

Software AG 的 webMethods 8.2 和 ARIS 7.2 是集成了 webMethods（业务流程

㊀ 吴玮，Software AG 分享卓越业务流程管理，中国计算机报，2011-6-20，第 39 版。

管理）和ARIS（业务流程分析）平台的重要产品，该产品能够使用户更好地根据业务目标涵盖更多BPM相关者、简化实施和升级，以及利用软件开发的最新先进技术来协调IT运营。

IT和业务相关者必须协作确保建模的流程是要执行的流程。这包括ARIS和webMethods之间的“往返”流程模型交换，即同一流程可以在整个业务流程管理生命周期中使用，从设计到实施和自动化，再到监控，最后再返回设计。它还具有监管功能，以确保任何阶段所做的更改都能在整个流程中得到反映。webMethods 8.2版本还具有事件启动能力，包括事件规则和模式匹配、事件发现、预测和关联。通过将业务事件融入日常运营，企业能够提高自身的灵活性。无数的内部和外部系统都会生成非结构化事件，而企业需要一个框架来确定大多数最值得注意的事件，从而能够在业务运营受到影响之前就过滤掉干扰并作出反应。

此次年会汇集了300位国内企业的信息化建设者及业务流程管理行业的专家，大家在会上共同探讨如何系统性地做好业务流程管理，从而让企业从信息化投入中获取更大的价值。会上，富士康、广东中外运等企业代表与参会来宾共同分享了自己在流程管理方面的经验和心得，利顿人通、软通博信和Yisquare等国内外IT公司的知名专家也带来了自己在各个行业从事流程管理的实战经验。

一个完整的业务流程管理平台是贯通管理和IT的桥梁。而运用业务流程管理方法和手段将管理与IT融合，同时进行管理创新，才是企业提升竞争力的基础，是流程管理的核心。流程不仅是一个技术层面的术语，更是一个分析和组织企业核心行为的简单方式。与IDS Scheer公司合并后的Software AG拥有业务流程管理行业领先的品牌，包括ARIS、webMethods及IDS Scheer咨询，已经真正成为全球领先的业务流程管理专家。

多年来，知名市场研究公司Forrester和Gartner均将其核心技术放在行业领导者的地位上，这些技术应用于包括业务流程管理、企业应用集成、SOA等七个不同的领域。Software AG所提供的端到端的业务流程管理解决方案可以使业务更具战略性，让企业的业务部门和IT部门紧密有序地为可实现的业务目标而努力。

3.2 物流业务流程[⊖]

物流企业是从事物流基本功能范围内的物流业务设计及系统运作，具有与自

⊖ 徐静，我国物流企业业务流程模式研究，2003年四川大学硕士学位论文，第35~58页。

身业务相适应的信息管理系统，实行独立核算、独立承担民事责任的经济组织。物流企业的业务按照物流功能可以划分为运输、存货、配送、采购和客户关系业务管理等。由于物流企业提供物流服务所涉及的范围非常广泛，因此，这里以物流企业所涉及的物流业务为例介绍物流业务流程。

3.2.1 业务流程整体架构

从信息网络的角度来看，物流企业主要由订单信息处理中心、内部网络和外部网络三部分构成。

1. 订单信息处理中心

“订单信息处理中心”的输入是“客户的物流服务需求”，它输出“需求满足情况”。该中心是企业内外信息沟通的桥梁，因为输出的结论必须在整合内外部资源的基础上得到，即必须得到“内部网络”和“外部网络”的支持。

2. 内部网络

从物流企业可利用的内部资源而言，客户关系管理子系统是内部网络运作的基础和前提。业务作业子系统（仓储、运输、装卸、流通加工和质量管理等）和业务支持子系统（财务）的良好运转是提高客户满意度的保障。

业务作业子系统主要包括采购管理模块、存货管理模块和运输与调度模块等；业务支持子系统主要包括客户关系管理模块和财务管理模块。业务作业子系统和业务支持子系统的子模块对经营管理子模块提供决策支持。经营管理子模块的功能是对业务作业子系统和业务支持子系统提供的基本信息进行进一步的处理，然后根据处理后的结果来进行决策和预测。作为各大子模块核心的经营管理子模块要生成以下的计划、分析与报告：①仓库设置地点规划、多仓库的存货控制、多仓库的机器设备规划控制、多仓库的人力资源规划、多仓库的商品配送计划、车辆设备租用和采购计划和销售策略计划等；②运费制定分析、配送成本分析、外车管理成本分析、业务人员的管理情况分析和客户关系管理情况分析等；③订单处理绩效报告、存货周转率评估报告、缺货金额损失管理报告、拣货绩效管理报表、包装绩效管理报表、入仓作业绩效管理报表、装车作业绩效管理报表、车辆使用率评估、月台使用率评估、人力使用绩效报表、机器设备使用率绩效报表和仓库使用率评估等。物流企业内部管理模块之间的关系如图 3-1 所示。

3. 外部网络

外部网络主要从外部资源的角度而言，涉及供应链中的各大厂商，物流企业的行业联盟和同物流行业管理机构的信息沟通。所以，基于时间变化并且建立在供应链物流管理、客户关系管理和联盟管理之上的物流信息系统成为支撑现代综合一体化物流全过程管理最重要的基础。图 3-2 为物流企业整体的业务流程。

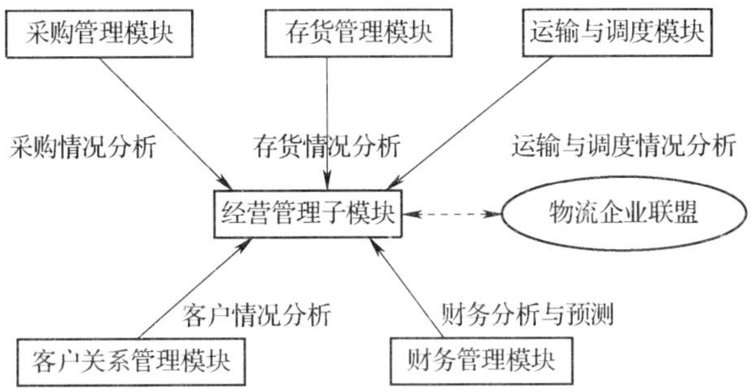

图3-1　物流企业内部管理模块之间的关系

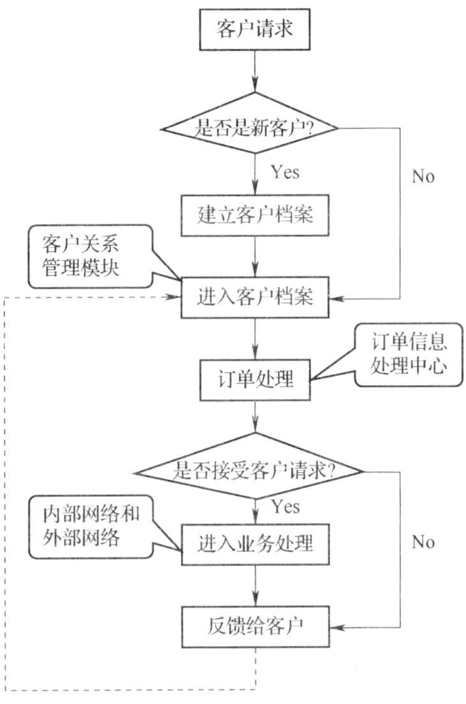

图3-2　物流企业整体的业务流程

3.2.2　订单信息处理业务流程

1. 订单接受

当客户有订货需求（包括新的订货需求和补货需求）的时候，他会登录“订货需求”界面（在目前这个发展过渡阶段，物流企业为提高工作的灵活性和方便可行性，可以同时采用人工录入订单和网上订货的方式，这时系统就必须考虑二者之间的数据转换程序），输入客户代码（或者客户名称）、所查询服务的类型和服务等级等对所需的物流服务进行询价。订单信息处理中心首先会调用客户所需服务类型的明细资料，根据此客户以往报价的历史资料、供应商的采购报价历史资料等来明确此项服务的报价历史资料、折扣系数和客户折扣评价等，然后根据业务作业子系统的净利水平加上运营总成本来推算出销售价格，最后由系统制成报价单递送给客户，如果客户签回报价单，则这份订单就成为正式的合同。这时，客户会告诉订单信息处理中心希望的到货时间、地点、商品属性、包装形态和结算方式等相关业务内容，进入订单处理流程。

2. 订单处理

订单信息处理中心一旦收到客户签回的订单，便迅速进入订单处理阶段，即进入业务作业系统检查企业内资源的可得性情况，从业务部门查询库存主档、拣货产能调用档、包装产能调用档、运送设备产能调用档、人力资源调用档等查核其资源能力。如果企业内资源可以满足客户的需求，则将客户订单转入业务作业子系统的排队数据库中等待处理，并相应减少各子系统的资源容纳能力。如企业内资源无法满足客户的需求，则根据订单情况（一般是订单金额）由业务支持系统或者决策管理系统与企业外资源（其他物流企业）进行协调，在保证双方利益的前提下获得资源的使用权。最后，业务支持系统和决策管理系统将资源情况反馈给订单信息处理中心，如果满足，则进入订单确认流程；如果不满足，则同客户再次协商，看是否能够寻求到双方都可接受的解决方式。

3. 订单确认

当客户与物流企业都对彼此感到满意的时候，就可以以契约的形式进入订单确认（正式合同的签订）流程，同时订单信息处理中心根据客户的服务需求自动生成所有的单证，如提单、送费清单和货运清单等，并通过 EDI 的方式分别传输给客户和业务部门。

4. 订单管理

订单管理是对所有客户的订单进行有序整理。订单管理的内容分成三部分：第一部分是已经处理过的订单，即已经完成了所有约定的订单；第二部分是正在处理的订单，即还有部分工作没有完成的订单；第三部分是有订单需求但尚未处理的订单。订单管理工作都是通过系统的自动优先排序来完成的。订单管理的优点是可以测算出服务的可得性，其中，服务的可得性 = 能够完成的订单数/重要客户的订单数（“重要客户”的级别根据物流企业标准的不同而不同）。服务的可得性越高，证明系统的协调性和灵活性越强。

订单信息处理业务流程图如图 3-3 所示。

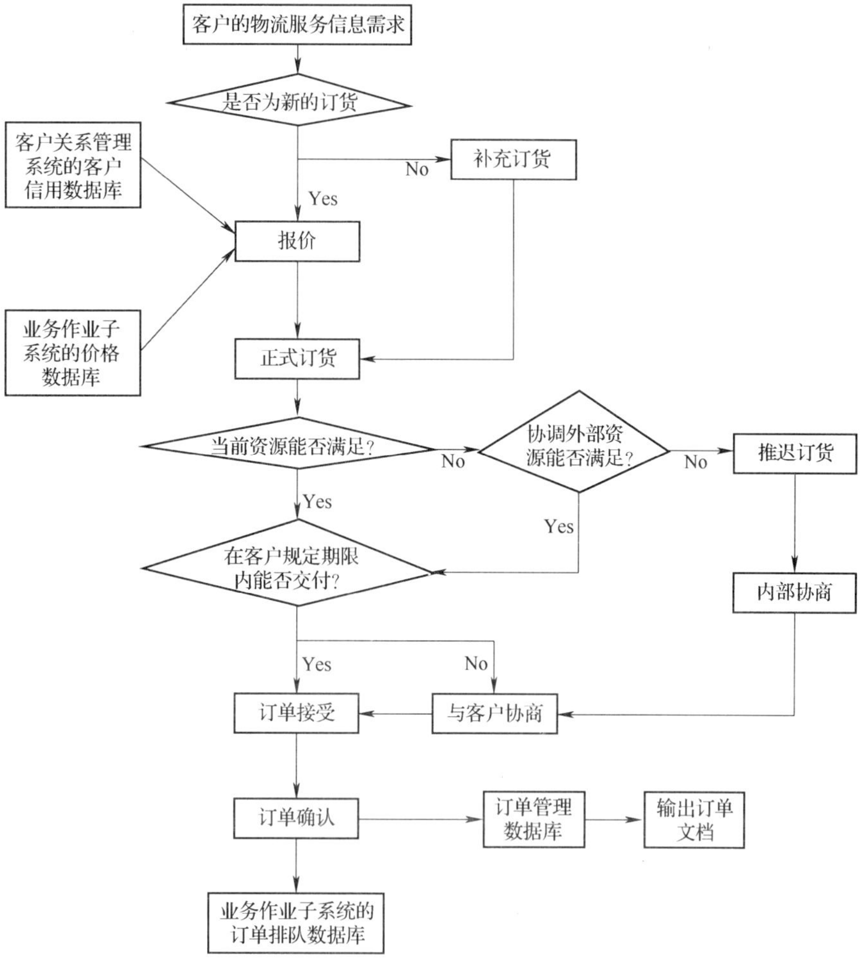

图 3-3　订单信息处理业务流程

3.2.3　运输与调度业务流程

1. 运输任务的产生

当订单信息处理中心对有运输需求的客户信息进行处理的时候，运输与调度模块会根据企业的运输资源进行分析，分析时主要考虑以下因素：

（1）距离。起运点到目的地的距离直接影响对成本的分摊，一般而言，距离越短，成本越高，即使距离为 0 时仍然存在上下装卸的固定成本，对距离的考虑成为是否接单的主要考虑因素。

（2）装载量。如果客户的装载量太少，就必须寻找合适的其他货物进行混载运输，否则接单就是不经济的。

（3）产品密度。它是指单位空间所能容纳的货物数量，产品密度越高，则每一单位产品的运输成本就越低。

（4）运输能力。

（5）搬运。搬运所耗费的费用越多，则进入运输成本的费用就越大。

（6）责任。这是对不同产品而言的，价值大的产品，物流企业的责任就要重一些，对这些货物的运输费用应该收得高一些，如古董与水泥，二者的价值就不是一个概念。

（7）市场因素。这主要是指市场行情，既然按照市场经济进行运作，就应该随行就市。

其次，考虑是否接单，如果接单则返回订单信息处理中心，进入运输作业管理流程。

2. 运输作业的管理

运输作业的管理包括如下内容：

（1）承运人的选择，即选择由谁来承担运输作业任务。

（2）时间的指定，即指定在什么时间进行运输。

（3）车辆的调度，即派出多少辆车来完成运输任务，其主要内容是出货订单装车计划，单车装车排序包含人力、车辆、机器设备及出货月台规划，批次装车排程，装车资料及建档维护。

（4）运输路线的选择。首先规划送达区域的划分或运输路线的安排，然后根据运输路径的先后次序决定货物装车的先后顺序，并在货物运输途中作货物的追踪、控制和运输途中意外状况的处理。

（5）接收与放置，即运输的起点和终点的指定。

3. 服务结算

服务结算是当运输服务完结之后对客户应收账款的结算方式、是否结算等资料的管理。其主要内容是应收账单、发票的开立，收支登录及档案维护，应收账款收款统计表和收支情况一览表的制作。以发展的眼光来看，当物流企业与银行进行联网之后，客户完全可以通过网上支付的方式来结算运费，而客户是否能够及时结算可以通过客户的信用程度反映出来，并反馈到客户关系管理系统，对客户信息情况进行登记。

4. 运输跟踪与查询

通过该功能，企业能够准确地知道被运输货物的实时情况，而且当客户需要了解货物情况时，只需在客户界面输入登录代码和货物代码就能够清楚、及时地知晓。

运输与调度业务流程图如图 3-4 所示。

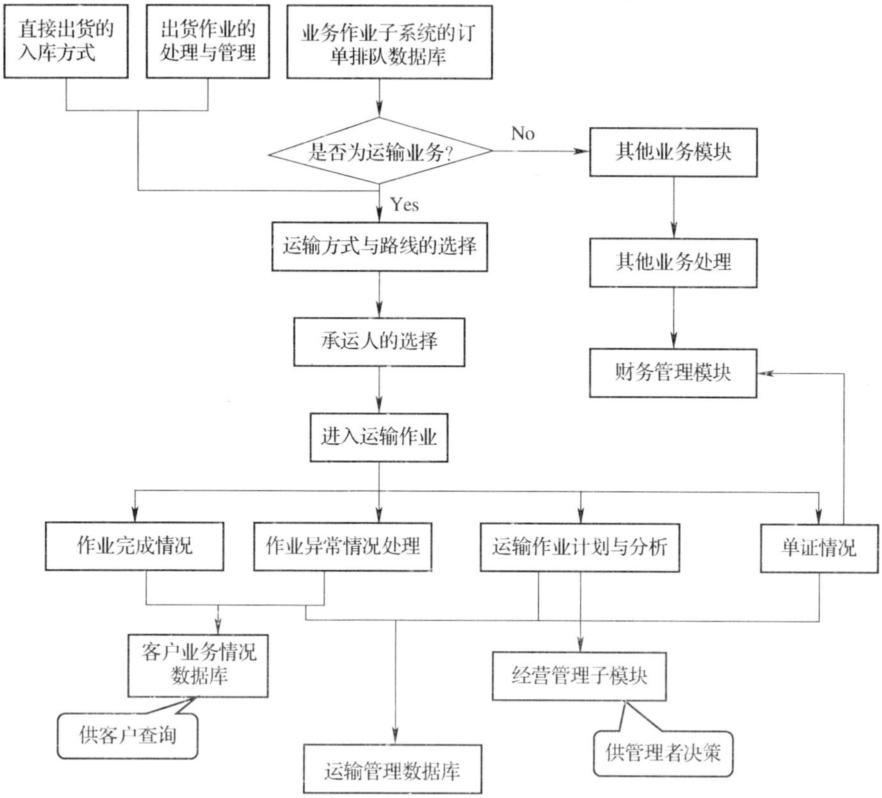

图 3-4　运输与调度业务流程

3.2.4　存货管理业务流程

当客户向物流企业提出仓储需求的时候，多数都是因为货主企业的存货周期过长，存货数量过多，影响了企业流动资金的周转和增加了企业的成本。所以，为了避免企业本身自建仓库的不经济投资和存货的不经济存放，实现 JIT 制造支持或者 JIT 配送支持，故产生了存货任务。由此可知，当客户登录订单信息处理中心之后，中心如果检测到客户的需求是有关存货信息的，就会直接访问存货管理模块，然后自动预测仓库的情况并进行存货仿真模拟，根据客户希望存放的产品品种、数量、时间、特性等来作出是否接单的决定。如果有能力接单，则返回订单信息处理中心，订单管理模块自动将订单需求放入订单序列中等候处理，并进入入库作业的处理和管理流程。

1. 入库作业的处理与管理

首先，根据采购单上的预定入库日期作入库作业排程、入库月台排程。其次，在商品入库当日，当商品进入时作入库资料查核、入库品检，查核入库商品是否与采购单上的内容一致，当品项或数量不符时应及时进行修正与处理。最后，将入库资料登录建档。入库商品分为两类：一类是新品入库，另一类是退货入库，两类商品在入库之前都要经过商品检验和分类处理。商品的存放方式也有两种：一种是先入库存放再出库，这时需要依照仓库区域规划管理原则或商品生命周期等因素来指定储放位置，并登录其储放位置，以便于日后的存货管理或出货查询。另一种是直接出库，这时只需和运输与调度模块相连接，在告知出货码头或暂时存放地点的前提下，在入库搬运的过程中同运输与调度模块进行信息共享，选用搬运工具，调派工作人员，并作工具、人员的工作时程安排。

2. 库存作业的处理与管理

库存作业的处理与管理包含两个方面：一是对各仓库区的管理，二是对库存数量的控制。仓库区的管理包括对仓库区域内商品的摆放方式、区域大小和区域分布等的规划；对货品进出仓库的控制——是先进先出，还是后进先出，或者是随机出货；对进出货方式的制定——货品所需的搬运工具、搬运方式；对仓库区储位的调整及变动；对仓库区容器的使用与保管维修。库存数量的控制则是依照一般货品出库数量、入库所需时间等来决定采购数量及采购时点，报送采购管理模块并做采购时点预估系统；制定库存盘点方法，在会计期间内印制盘点报表，并依据盘点报表内容清查库存数量、修正库存账册并制作盘盈盘亏报表，在留存后报送财务管理模块。

3. 补货与拣货作业的处理与管理

客户在将仓储作业外包给物流企业时，会将其一段时间内的需求量告知物流企业，物流企业会在商品出库日编制出库拣货单及各项拣货指示，作拣货区域的规划布置、工具的选用及人员调派。出货拣取不仅包含拣取作业，而且更注重拣货架上商品的补充，使拣货作业在满足客户需求的前提下不至于缺货，这中间包含了补货水准及补货时点的制定、补货作业排程和补货作业人员调派。

4. 流通加工作业的处理与管理

在商品出库之前，物流企业可以为客户提供具有特色的流通加工增值服务，如商品的分类、过磅、拆箱重包装和贴标签及商品的组合包装等业务。通过这种形式的服务，客户可以根据需要各取所需。它不仅在传统的业务基础之上增加了个性特色，而且方便了客户和增加了物流企业的价值，而物流企业要想使流通加工作业日趋完善，就应做好包装材料及容器的管理、组合包装规则的制定、流通加工包装工具的选用、流通加工作业的排程和作业人员的调派等工作。

5. 出货作业的处理与管理

随着商品拣货作业及流通加工作业的完成，下一步就是商品的出货。出货作业主要内容包含依据客户订单资料印制出货单据给予客户，制定出货排程，印制出货批次报表、出货商品所需要的地址标签及出货检核表。由排程人员决定集货方式、选用集货工具、调派集货作业人员，并决定所需运送车辆的大小与数量，将信息传递给运输与调度模块。最后由仓库管理人员或出货管理人员决定出货区域的规划布置及出货商品的摆放方式。

6. 存货信息查询

通过对存货信息的查询，物流企业可以实时做到对存货信息的管理控制与修正，客户可以实时做到对自身存货业务的查询。在这种透明、简洁而高效的运作模式中，物流企业与客户二者都受益。

存货管理业务流程图如图 3-5 所示。

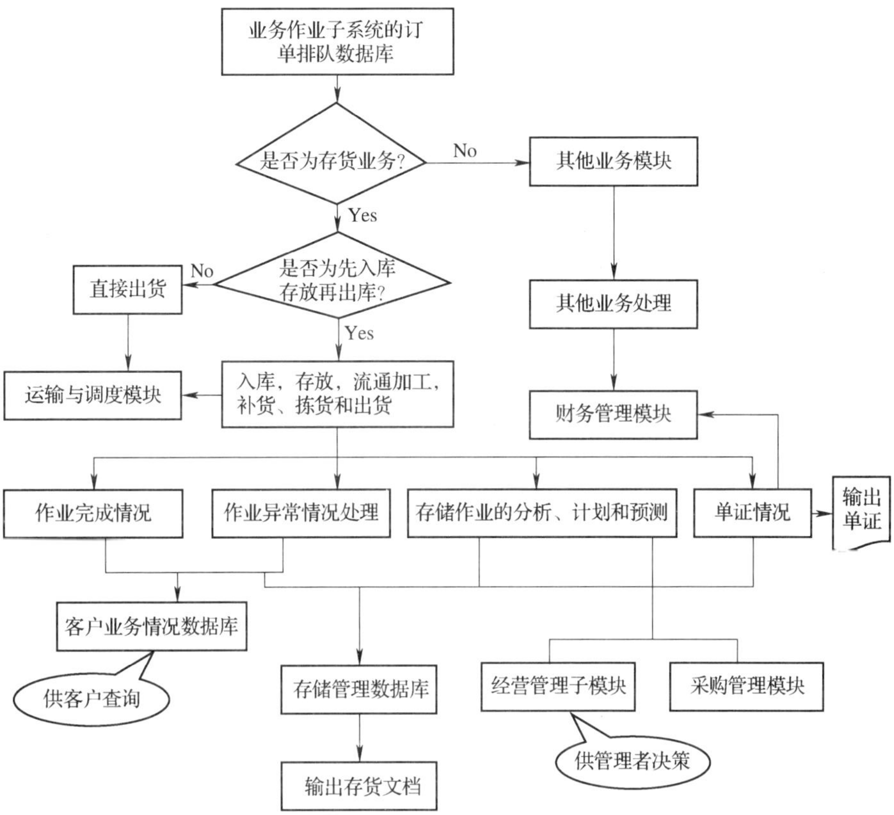

图 3-5　存货管理业务流程

3.2.5　采购管理业务流程

1. 采购任务的产生

采购任务一般同存货信息相关联。通过信息技术的应用，存货管理能够利用被经常维护和更新的数据来预测分析什么是产品的经济订货批量，即当存货的数量下降到某一个临界点的时候就必须进行订货，这时希望达到的目标是总成本最小

[总成本 = 采购成本 + 仓储成本(订货成本 + 购买成本) + (存储成本 + 缺货成本)]。

2. 采购作业的管理

当存货管理模块有订货需求的时候，会将需求统计告知采购管理模块，采购管理模块会根据供应商提供的交易条件和经济订货批量来权衡采购数量，产生采购任务、生成采购单证，这时进入采购作业的管理流程。采购作业的管理内容包括以下几点：

(1) 采购内容登记。采购内容登记是指对所采购产品进行详细记录，如数量、类型、供应商的选择和采购状态等。

(2) 采购账单管理。采购账单管理是指对采购产生的采购单、资金账单、报表和报价申请单等单证进行管理。

(3) 供应厂商报价资料管理。

3. 采购结算

采购结算的主要内容是应付账款的核定，收支登录及档案维护，应付账款统计表和收支状况一览表的制定。

4. 采购信息查询

采购信息查询包括查询采购的状态，查询供应商的情况和查询需求信息等。

采购管理业务流程图如图 3-6 所示。

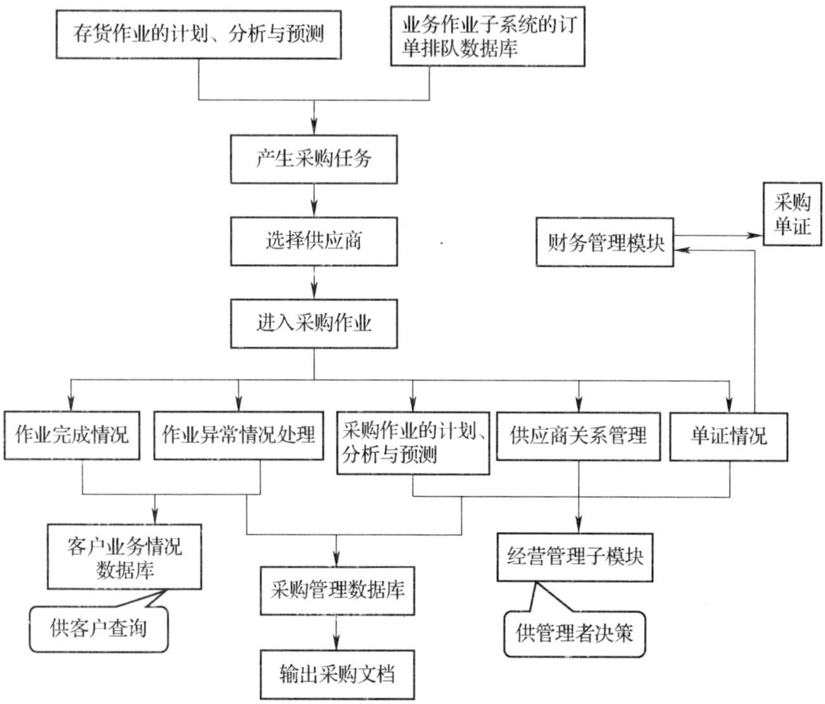

图 3-6 采购管理业务流程图

3.2.6　客户关系管理业务流程

客户关系管理模块的职能是在现有客户信息的基础上，运用信息技术手段对客户信息进行电子化的整理、优化、分析和保存，既要运用二八法则使物流企业的关键客户满意，也要运用差别服务的方法使非关键客户满意，还要通过在现有客户信息中进行需求挖掘，提高客户的满意度、留存率、增加率以及服务的知名度、美誉度。

1. 客户档案录入

(1) 客户基本情况。通过对每一位客户基本资料的记录来掌握客户的基本情况。当客户是新客户，有订单需求进入订单信息处理中心时，系统会提醒客户系统会自动将客户的基本信息传送给客户关系管理子系统的“客户档案”。当进入的客户是老客户时，系统会提醒老客户用已注册的用户名登录。当客户提交“新客户注册”之后，系统将自动分配给客户一个具有唯一性的代码，并告知注册成功，这时客户可选择“退出”，也可选择“继续”。如果选择“继续”则意味着立即订货，进入“订货需求”；如果选择“退出”，当客户再次用“用户名”和“密码”登录的时候，就进入“订单信息处理中心”。

(2) 客户需求信息。客户关系管理子系统最大的特点就是能够实现客户同系统之间的信息互换，其中客户界面具有的功能有订货功能、查询功能、修改功能、反馈功能和结账功能。与其相连接的子系统包括订货需求→订单信息处理中心；查询需求→业务作业子系统；修改需求→订单信息处理中心 + 内部网络；反馈需求→业务支持子系统（市场部、客服部）；支付需求→业务支持子系统（财务部）。

(3) 评价信息。当物流企业完成了物流服务的时候，客户可以对此次服务作出评价，以反映存在的问题。评价信息可以从两方面来设计：一种是客观的评价指标，如递送及时性、交付一致性、存货可得性和订货快捷性等；另一种是主观的评判标准，如是否喜欢这种服务方式、是否肯定这种服务程序以及是否需要完善服务的内容等。

(4) 消费行为结构。根据前面的客户需求信息通过对比分析、交叉分析和回归分析等分析方法得出客户的消费行为特征和结构，确定客户级别、资信情况和消费趋势等，划分出关键客户和利润客户，为物流企业制订服务方案、进行市场定位提供充分的依据。

2. 客户沟通

客户沟通是有效保持客户留存率的手段之一，它以定期拜访、电话、网络，会议和活动等直接沟通方式或者以广告等间接沟通方式，在明确沟通目的的前提下，能够更好地了解和分析客户需求。按照二八法则，企业80%的利润由20%

的关键客户所带来，因此应将客户分为关键客户和非关键客户。在强调经济成本的原则下，对这两类客户的沟通是不尽相同的。

为了详细记录沟通情况，有必要填写沟通记录表，内容包括沟通的人、沟通的时间、沟通的方式、沟通的内容、是否达到沟通的效果以及存在的问题是什么。这不仅是沟通人员工作绩效考核的主要依据，而且其规范的文本保存格式有助于企业对客户情况进行全面掌握和分析。

3. 客户保持

客户保持即对客户留存率的保持。其内容包括以下几方面：

（1）产品保持，如及时推出新产品。

（2）客户修复保持。客户修复保持即对客户抱怨度的管理，首先应了解客户抱怨的原因，先表示理解并进行道歉。然后分析原因，提出补偿方案，并进行修复行动。最后反馈结果以防止类似情况再发生。

（3）障碍保持。通过提供比竞争对手更好的技术、服务或者更优惠的价格为竞争对手设置障碍，提高客户的转换成本以保持客户，或者通过追加服务保持，提供更能满足客户的增值服务来保持客户。

4. 客户支持

通过向客户提供辅助性质的企业资源帮助客户更方便、更有效地开展物流业务，同时形成客户对企业的锁定效应，即客户一旦对企业给予的各种支持满意将会对企业产生依赖心理，成为长期客户。这种支持只有在客户需要的情况下“雪中送炭”才会彰显企业的优势。企业对客户的支持有技术支持、知识支持、管理支持、人力资源支持、财力资源支持和品牌支持。

5. 客户激励

通过向客户从精神和物质两个方面提供激励来让客户感觉到企业对其的重视。精神上的激励有企业对客户价值贡献的感激，让客户感觉到企业是客户的“内部人”，企业在实实在在地为客户着想，为客户解决实际问题，企业力求与客户的需求同步升级，并以客户联盟伙伴的身份出现等；物质上的激励有折扣销售、延长应收账款的时间、分期付款和返点销售等，根据客户的实际情况来决定采取何种激励措施是最重要的。

客户关系管理业务流程图如图 3-7 所示。

3.2.7 配送中心业务流程[㊀]

配送中心是指专门从事配送业务的物流节点，是物流系统中作业最为复杂的集疏中心之一，其主要功能是配送，从属业务功能包括采购进货、装卸搬运、存

㊀ 张连富，配送中心物流系统规划方法研究，2007 年吉林大学博士论文。

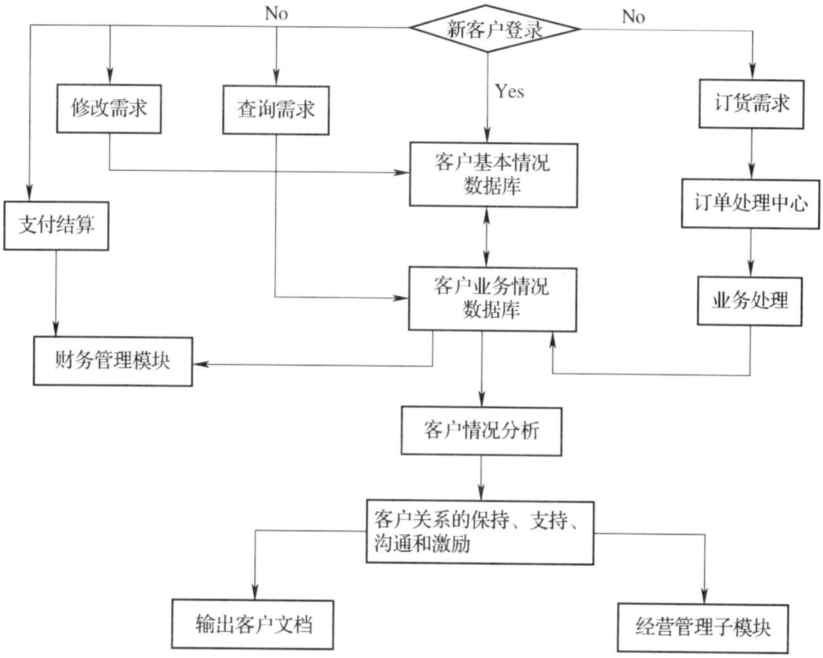

图 3-7　客户关系管理业务流程图

储保管、订单处理、拣选、流通加工、包装、分拣、组配货、送达和信息处理等。这些作业是配送中心内部为实现配送服务而进行的详细作业。配送中心强调对客户的配送功能，辐射范围相对较小，主要为多品种、小批量。根据配送中心的业务特点，配送中心的业务流程可以按信息功能和实体功能分类。配送中心就是在实体功能（即配送中心的实体操作）和信息处理功能（即配送中心的信息处理）交错过程中完成其职能的。

其中，实体功能包括以下几方面：

（1）入库。入库的主要功能是完成配送中心货物的入库作业，包括从上游客户送货抵达直到货物入库为止所实施的一系列实体作业。

1）进货确认。从系统中取得进货信息，确认货物品种、数量、车辆类型及到达时间等信息。

2）卸货。卸货即将货物由车辆搬运至站台的作业。

3）验收计量。验收计量包括质量检验和数量点收两部分内容。

4）进货记录。将相关进货单据信息存入系统，为后续存储等作业提供货物信息。

（2）存储。存储的主要功能是对货物进行存储作业，并辅助其他作业顺利进行存取作业。

1）存储分析。货物入库之前，应按库存信息取得货位资料，以便安排人员和搬运设备适时将货物搬运入库。

2）入库到位。将验收的货物入库存放在预先安排的货位上，注意品名和数量的正确性。

3）库存管理。库存管理包括货位管理、货物保管和库存盘查，即对仓库货位进行规划管理，提高入出库作业效率，使货物保存完好，及时掌握库存情况。

4）货物出库。按照出库指令将货物搬运至拣选区、流通加工区。

5）存储设备管理。存储设备为配送中心的重要设备之一，应随时注意其使用状况，及时进行保养维护。

6）存储信息记录。存储信息必须传入系统，以确认库存信息。

（3）流通加工。流通加工的主要功能是对货物进行流通加工作业，使货物达到客户的要求。此功能为配送中心职能的核心之一。物流企业经过流通加工作业满足客户对所订购商品的要求。

（4）拣选。拣选的主要功能是根据客户订单信息生成拣选单和分拣单，将货物从存储区和流通加工区取出，搬运至拣选区。

（5）组配货。客户订单分拣后，按客户订货量及客户地理位置形成组配货信息，依据此信息进行组合配货装车，以提高车辆利用率。

（6）送货。按送货信息模块安排的路线将货物及时送达客户。

（7）退货。配送中心的退货主要是下游客户的退货。因送货运输所发生的货物损坏和数量差错等，需将货物返回配送中心进行处理，把供应商提供的不合格的货物退给供应商。

与配送中心相关的信息处理功能包括以下几方面：

（1）订单信息处理。订单信息处理的主要功能是接收订单，经过审核确认，将订单信息和客户信息传送给信息中心。

（2）集货信息处理。集货信息处理的主要功能是为配送中心采购进货，处理供应商的相关资料信息、产品信息、询价和交易条件等，形成采购订单并发出订单。集货信息处理为入库实体功能和库存信息处理提供采购信息，集货信息处理的目的在于充分掌握产品的信息，准确地处理货物，并能有效地追踪货物的数量与状态。

（3）库存信息处理。库存信息处理的主要功能是记录存储货物的信息资料，对入库货物进行有效管理，配合存储实体功能的实施。库存信息处理与存储实体功能和信息中心传递并更新信息。存储实体功能及时将出入库信息录入。库存信息处理功能管理库存货物信息，对货位进行编码，以利于仓储管理；依据货位、储区的规划及商品的特征，将入库货物指派至适当的货位，查询当前配送中心的货位使用情况；当库存货物数量不足时，产生订购信息，以便配送中心采购；盘点库存，打印库存清单。

（4）流通加工信息模块。依据客户订单要求形成货物加工信息，为流通加工实体功能提供加工技术要求。具体作业内容包括分割、分选、分装和包装等。

（5）拣选信息处理。拣选信息处理与拣选实体功能和信息中心传递信息。根据客户订单信息生成拣选单和分拣单，并提供给拣选实体功能。

（6）组配货信息处理。组配货信息处理与组配货实体功能和信息中心传递信息。其主要功能是按客户订货量及客户地理位置形成组配货信息，安排送货车辆。

（7）送货信息处理。送货信息处理根据客户地理位置及订货量制定送货路线，跟踪送货情况以及进行司机资料管理。

（8）退货信息处理。退货信息处理的主要功能是收集退货信息及跟踪处理退货情况。退货分为上游退货和下游退货，上游退货是配送中心对供应商的退货，下游退货是客户对配送中心的退货。

（9）财务会计信息处理。财务会计信息处理的主要功能是进行财务会计处理，将配送中心每日的交易逐笔记录统计，实施实时统计，提供准确的账目资料，为结算提供依据。

3.3 物流企业业务流程优化的实例㊀

3.3.1 A公司介绍

A物流有限公司前身为A市建材有限公司，创建于1998年，主要从事装饰板材的生产、运输和销售。2000年受市人民政府委托，经铁道部批准，开通A市至成都、重庆的铁路行包专列运输，并更名为A物流有限公司（成立快运公司），承办铁路行包快运业务。公司业务辐射范围包括A市周边各市县等区域，有固定的供货网络渠道，增加了铁路运输收入，促进了当地经济发展。

短短几年的时间A物流有限公司已发展为以铁路行包快运、铁路整车、汽车运输、仓储等以铁路运输为主的物流产业，是A市第一家民营铁路运输企业。它的成立使A市成为全国中等城市首家开通行包特快专列的城市。

A物流有限公司有专用线、货台、仓库、叉车并安装了80t电子秤，增加了运输车辆，并逐步实现了装、卸、运和称重机械电器化。公司派遣经过专业培训的装卸队为客户服务，并可上门接货，提供送货到家的门到门服务。公司主营业务是凡发往四川成都、重庆的货物快运，除铁路禁运物资外都可发运，小到几公

㊀ 高婷，A物流公司业务流程优化研究，2010年北京交通大学硕士学位论文。

斤、大到几吨及整车货物均可承运。同时还可通过铁路和汽车进行运输，还开通了A市至石家庄、保定、乌鲁木齐、广州、福建、沈阳、长春、哈尔滨等方向的专线，承揽代储、代运、信息咨询等服务，节假日也照常营运。所托运货物如有损坏、灭失、污染等，参加保价运输的，按声明价如数赔偿，未参保的按灭失货物运费的三倍赔偿。

3.3.2 A公司的组织结构

A公司的组织结构图如图3-8所示。

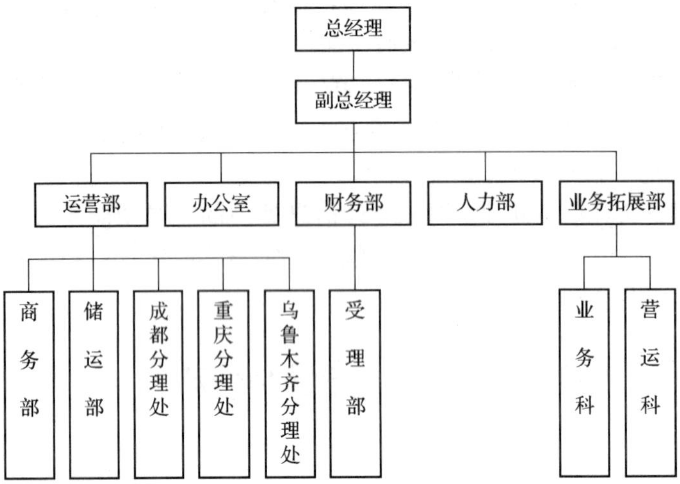

图3-8　A公司组织结构图

A公司组织结构说明如下：

总经理：对公司全权负责，对董事会、股东负责。

副总经理：在总经理的领导下分管公司某一或多个职能部门。

办公室：检查、督促各部门落实、执行公司全年各项经济指标完成情况；协调处理公司上下纵横方方面面的关系；解决公司出现的各种矛盾。

运营部：正确使用仓库有效面积，合理码放、堆放，使仓库整洁有序，及时将整车、零担货物配载发送，确保进出货物准确畅通，负责仓库、作业区、生活区及办公场所的保卫工作。

人力部：根据业务发展情况，提出可行的用工制度建议、管好人才资源，做到合理安排、正确使用，进行公开招聘或人才市场招聘，择优录用。

财务部：负责公司财务制度的贯彻执行，加强财务审计、审查，做好对外结算、对内报销报账、成本核算，收集整理统计数据，提出提高经济效益的可行性建议，对各项指标进行综合分析及修正。

业务拓展部：把握物流货物源头，不断调整经营策略，在做好原有大企业、大客户的服务工作基础上，组织市场调查、市场开发、点面布置，力争扩大公司经营份额和市场占有率。

3.3.3　A 公司快运业务流程现状

当前 A 公司物流体系在业务流程上主要包括以下三部分：

1. 承运区作业流程

（1）上门取货。上门取货流程包括：

1）取货人员按客户要求上门取货，现场进行验货，记录货物数量、重量，按照相关收费规定收费，并签订“托运单”。取货人员在收款时，应向客户出具收款凭据，双方签字后客户留存一份，同时将“托运单”乙联交给客户，持甲联回营业部。

2）取货人员完成费用结算后，应与营业部专人进行票据及货款的交接工作，并负责货物包装。

（2）营业厅承运。营业厅承运流程包括：

1）营业厅引导员向客户发放“托运单”（一式两联），并验货收款、包装。

2）客户要求办理货物业务时，营业厅引导员应提示客户在“托运单”“托运人记事”栏标明“快递”或“时限快递”字样。

（3）包装。包装流程包括：

1）超重货物需单独过磅，单件货物重量超过 50kg（不包括 50kg）时，按有关规定办理。

2）装卸人员在“托运单”上填写货物的实际件数和重量信息及进行行李、包裹确认，并将“托运单”（甲联）附在货物上，搬运货物至拴签区。装卸人员将“托运单”（乙联）交予客户，提示客户到制票收款处交款。

（4）制票收款。制票收款流程包括：

1）制票人员根据“托运单”分配票号，打印“行李票”和“包裹票”或“小件货物快运运单”（以下简称“运单”）及“行包货签”。制票人员将票据（乙联）交给客户，作为提货及报销的凭证。

2）使用运单时，制票人员应要求客户在票据相应位置签字确认后，交给发货人，作为报销凭证。

3）制票人员将“行包货签”和“托运单”（甲联）放在一起，待拴签入库人员领取。

2. 运作区作业流程

（1）接货入库。库管人员根据拴签入库人员提供的货物、票据和“装卸交接证”核对货票，清点件数，确认无误后，在“装卸交接证”上盖章签认，将

“装卸交接证”交拴签入库人员妥善保存，指挥装卸人员将货物依次按照产品类别、到站、线别、方向的顺序将货物码放到相应货位。入库完毕后，库管人员将运输报单交给装车计划员。

（2）装车。储运部依据客户签单，组织装车。

1）编制装车计划。装车计划员以运输方案为依据，按照货物的装运优先级编制装车计划，打印“装卸交接证”一式三份。

2）装车及站车交接。送车行李员将货物、“装卸交接证”交给列车行李员，并负责装车作业。

（3）卸车。接车行李员根据列车行李员提供的“装卸交接证”，核对货物和运输报单，组织装卸人员进行卸车作业并接收运输报单，签章确认。

3. 到达区作业流程

（1）货物入库。接车行李员将终到本站的货物、运输报单及“装卸交接证”交予到达库管人员，双方在内部交接账簿上签章确认。到达库管人员指挥装卸人员搬运货物放入指定库位。

（2）票据录入与确认。到达库管人员在所有卸车信息采集完成后需进行“卸车确认”，将运输报单和“装卸交接证”送至到达通知处。配送中心调度员负责制订送货计划，并安排送货车辆。

（3）送货。送货人员在上门送货时应遵守与客户约定的时间，提前或超过约定的时间范围时，应主动向客户说明原因，取得客户的谅解。对符合免费送货条件的货物，必须为客户提供免费的送货服务，不得以车辆紧张等理由推脱，或诱导客户自提；不得另向客户收取过桥（隧）费、停车费等费用。在送货过程中发生交通事故时应及时报告，并主动与客户联系，说明情况，商定变更送货的时间。客户要求更改送货地址时，应尽量满足客户的要求。在节假日期间，公司必须安排人员做好通知、送货和交付工作，严禁停止营业。

3.3.4 A公司的问题分析

1. A公司组织结构中存在的问题

该公司总经理负责全面工作，副总经理主管下属部门，职能部门为办公室、财务部、人力部，经营业务部门为运营部、业务拓展部两个部门，承担基本完整的创造价值职能。运营部下设商务部、储运部及各地分公司。

（1）机构设置分工不明，部门职能交叉严重。部门划分不合理，特别是业务拓展部包括了业务科，其与运营部下设的商务部分工不明，地方公司业务部门上下级别设置混乱，而业务拓展部下设的营运科与运营部两个部门职能交叉严重，这导致在具体运作的过程中，业务拓展部和运营部的工作不能责任到人，造成工作效率低下，使得本来应有的业务协作关系被割裂开来，没能充分发挥两个部门业务相互衔接及资源共享的整合优势，相互协作不够。

（2）组织机构中缺少专门的信息技术支持部门。A物流公司作为第三方物流公司要实现功能整合、实时跟踪、快速反应及企业间的协调与合作，必须依靠现代电子信息技术的支撑，信息化是现代物流的基础。该公司内部缺少信息技术部门的支持，共享信息平台不够完善，信息传递速度缓慢，容易失真。而企业若缺少信息技术支持部门，则不利于企业物流信息化建设的实现，也不利于企业各流程高效运作的实现。

（3）组织机构中缺少专门的客户服务部门。客户不能通过客户服务部门进行投诉，客户需求发生时不能得到及时的反馈，难以保证客户服务的有效性和及时性。公司很难做到一对一的专业客户服务，在如何保持老客户的忠诚度上遇到了一些难题，致使部分业务流失。

（4）决策反应慢，市场反应迟缓，缺乏柔性管理。由于部门职能和岗位职责不清，公司业务流程中的重大问题需要多名负责人确认给出决策，导致了决策反应慢，市场反应迟缓。随着我国物流的高速发展，物流市场竞争越来越激烈，公司需要以灵活的方式适应多变的市场环境，以求得业务发展与市场变化保持一致，获得更大的利润和长久的发展。公司物流系统在强调对外部环境变化有极强的响应能力的同时，还要快速响应企业物流系统内部各环节的变化，及时有效地协调各环节的关系。

2. A公司快运业务流程中存在的问题

这里针对A公司业务流程类问题分为承运区作业流程、运作区作业流程和到达区作业流程三方面进行表述。

（1）承运区作业流程。承运区作业流程中存在的问题包括以下几方面：

1）取货收款不够透明化。取货人员上门取货，现场检查只是简单检查，不能做到专业有效的检验，对货物的数量、重量等不能做到透明化、标准化，因此收款额度波动范围大，容易引起相同货物，因取货人员不同，导致收款金额不同的现象。

2）货物安检称重、包装负责人分工不够细化，责任不明。对所有货物，应设专门负责人员进行安检称重，并进行包装。公司营业人员、取货人员分别对各自相应货物进行安检称重、包装，缺乏统一标准，作业不够灵活，不利于提高作业效率。

3）制票凭证欠规范。制票人员制票时，将乙联交给客户，但收货人员无票据依据，无法确认货物是否与票单原记录相符，客户缺乏报销凭证。

4）对于合同客户、大客户，其作业流程过于冗繁，不利于业务受理效率的提高。

（2）运作区作业流程。运作区作业流程中存在的问题包括以下几方面：

1）作业流程不够灵活，如缺乏站外营业部货物的流程控制。

2）装车流程简化，如缺乏统一汇总清单，站车交接程序混乱，缺乏统一、合理的作业流程，容易出现货物记录丢失等情况。

3）在列车运输环节没有相应的负责人进行货物清点、记录，无法避免货物出现破损、丢失等情况。

4）作业流程中缺乏对需要中转入库或转往公路的运输环节的规范设计。

（3）到达区作业流程。到达区作业流程中存在的问题包括以下几方面：

1）作业流程中忽视了对到达转场货物的处理流程设计。

2）送货作业流程细节尚待完善，如送货时需先对收货人进行到货通知，并进行信息确认。

3）交付作业流程尚待完善，如对无法交付货物的处理没有明确的说明，缺乏窗口交付的流程设计。

3. A公司客户服务中存在的问题

A物流公司目前还没有独立的客户服务部门，将客户服务交给业务部门负责，公司只能提供被动的、低效的客户服务，缺乏现代化的客户服务体系，服务水平不高，不能满足客户业务查询、业务咨询、投诉建议等需求。公司客户服务中存在的主要问题包括以下几方面：

（1）没有树立明确的物流服务观念。第三方物流企业是服务企业，物流服务于整个从生产到消费的全过程。A物流公司目前工作理念陈旧，片面地认为客户服务仅是接电话、回答客户的咨询和受理投诉等，仅从自己业务的视角看待自己的服务，对物流服务是物流企业核心竞争力的重要组成因素没有引起足够的重视，缺乏整体服务理念和建立稳定的合作关系的意识。

（2）还没有形成一套明确的业务查询、业务咨询、发货受理、投诉建议等客户服务作业流程。公司无法做到对客户需求的快速响应，不能够根据客户的要求提供即时的信息反馈，保证客户能够实时掌握物流作业状态，准确及时地进行数据处理。公司内部信息处理滞后，处理一个服务项目往往涉及多个部门，由于部门之间缺乏沟通协调，经常会导致推诿等情况的发生，客户服务的工作效率大打折扣，导致了客户的不满。同时，管理人员不能时刻掌握服务质量的动态过程，不能及时处理相关问题。

（3）主动服务意识缺乏。作为企业与客户直接交流的窗口，客户服务的好坏直接影响着企业的形象。在实际工作中，坐等客户上门、对客户缺乏热心和耐心的情况时有发生，由此经常会引起一些不必要的纠纷和投诉。A物流公司还在用同一水平的物流服务来对待不同的客户或不同的商品，根本无法满足不同客户的需求。

（4）缺乏高素质的物流服务人才。高质量的物流企业服务水平需要有高素质的物流人才。而以A物流公司目前的发展状况来看，物流人才较为缺乏，整体素质较低。

（5）信息系统落后。A公司缺乏一套反应快速、高效、准确的信息管理系统和能与客户企业对接的信息处理平台。大部分物流企业仅记录了时间、摘要和简单的处理意见等信息，不能和客户档案、合同等重要的客户信息相链接，不能有效地反映客户状况，导致服务滞后，进而影响整个企业形象。

4. A公司管理信息系统中存在的问题

（1）管理信息系统简单计算机化，与业务流程需求匹配度偏低。

公司管理信息系统相对简单，基本上是对现有业务流程的简单计算机化，没有考虑在新技术条件下，原有的业务流程是否还具有合理性和存在的必然性。

（2）信息系统缺乏总体规划。由于企业本身不成熟，对自己的信息化需求并不了解，使得公司在进行信息化建设时有了一定的盲目性，缺乏对系统的规划，缺乏适用性。公司的信息管理系统已经不能符合现有物流业务发展的要求，信息处理能力缺乏、信息管理手段落后，而且公司对信息管理系统的建设严重滞后，应用水平不高。

（3）信息基础建设薄弱，缺少规范系统的信息结构，功能模块分工不明显。公司在信息基础建设方面做得不够理想，为后期的信息化建设制造了巨大的困难。公司尚未建立规范系统的信息结构，信息系统主要功能模块不够清晰、明确，功能分工不合理。

3.3.5　A公司业务流程优化方案

1. A公司业务优化思路

现代化物流体系的基本特点是以流程为核心，以客户需求为中心，准时、准确、快速、低成本、高效率、系统集成和信息化等。A公司发展现代化物流，优化物流业务流程总体策略集中表现在以下四个方面：

（1）企业组织结构优化。组织结构是流程优化的根本保证。应强调以客户需求为中心，以流程为导向重组组织模式，压缩管理层级，降低生产成本，提高运营效率。

（2）快运业务流程优化。从客户出发，顺应物流企业业务受理与订单处理流程的特征，加强业务受理、签单、配送、仓储和送货一体化建设，顺畅连接业务受理、配送、运输、仓储、送货等一系列作业，形成一体联动的流程。

（3）客户服务优化。充分把握市场需求状况，变被动服务为主动服务，了解客户的需求特点和运作规律，提供能够满足客户要求的产品和服务类型，提高服务能力和水平。

（4）信息化。依托信息技术改造原有物流流程，提高公司总体运营效率。

2. A公司组织结构优化

针对A公司组织结构问题的诊断结果，对当前A公司组织结构进行优化，组织结构优化图如图3-9所示。

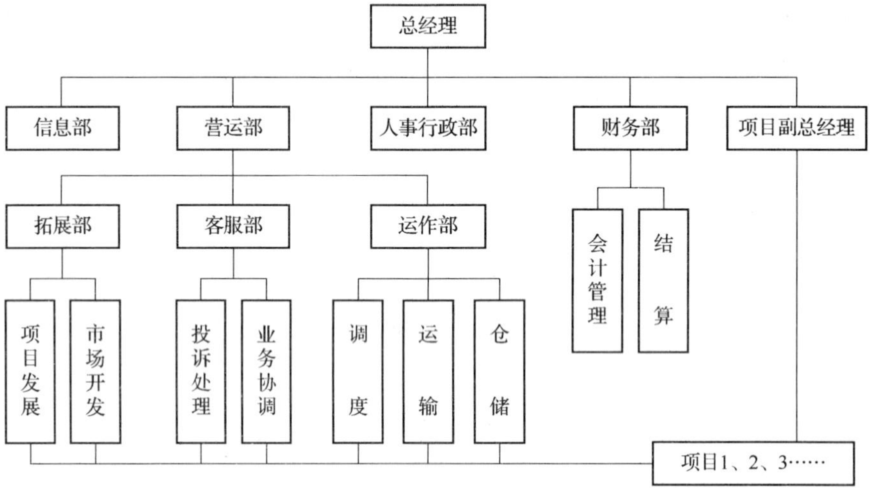

图3-9　A公司组织结构优化图

优化后的组织结构将项目管理的思想引入到物流活动运作中。在优化后的组织结构中，公司分为信息部、营运部、人事行政部、财务部四个部门。其中营运部又划分为拓展部、客服部和运作部。各部门以公司业务流程为主导，分工明确，各司其职，从而提高了公司的运营效率。

优化后的组织结构具有以下特点：

（1）灵活，应变能力强，因为横向的项目单位可以根据需要随时设立、改编或撤销。

（2）有利于资源的充分利用。

（3）有利于加强部门间的横向联系。

（4）有利于统一行政管理和财务管理，并将注意力集中于重大的战略性问题。

（5）有利于提高客户满意度。公司调整机构，将运营部和业务拓展部合并为营运部，下设拓展部、客服部和运作部。部门整合后减少了企业管理中存在的部门分割、分工不明、职能交叉等弊端，进而减少由于原来职能交叉、职能不明带来的相互推脱、延迟执行、执行不力等现象的发生，增加了部门工作的一致性和协调性。从整体上看，组织结构优化减少了企业的物流成本，提高了整体的运营水平，带来了企业工作效率的提高和效益的明显增加。

设立信息部可以为公司提供可靠的现代电子信息技术支撑，为公司建立共享信息平台提供了保障，为公司实现物流信息化提供了保障。设立客户服务中心，提供一站式物流集中服务。服务中心一般保持节假日不休，保证专人专线以及提供 24h 的联网服务，提供业务咨询、业务受理和业务查询服务。当接到客户问询时，客服专员能在线立即查询客户资料及历史服务记录，并及时和企业内分属各职能部门沟通，落实解决方案，提高服务效率。同时可以通过回访，及时发现和解决问题，随时掌握客户情况，降低客户投诉率，提高客户满意度，为客户提供周到的服务。

3. 承运区作业流程优化

（1）一般客户承运流程优化。一般客户承运流程优化具体内容包括：

1）上门取货。以下步骤适用于货物产品。

① 客户要求提供上门取货服务时，客服人员应主动向客户介绍快递产品和价格，并认真记录客户的地址、电话、姓名（或单位名称）和运输要求，商定取货的时间，说明收费标准，及时通知取货人员按约定的时间取货，并在“上门取货登记簿”上登记。

② 取货人员接到取货指令后，应按指定时间到达客户处，请客户阅读“托运单”各栏内容和说明，指导客户如实填写有关内容并签字确认。取货人员根据“托运单”的内容验证货物是否和“托运单”上的描述相符、是否符合运输办理限制并进行安全检查。取货人员验证后在货件上注明到站、件数（或粘贴辅助标签），并在“托运单”上签字，将乙联交给客户，持甲联回营运部。需收取预付款时，应向客户出具收款凭据，双方签字后客户留存一份。

③ 货物送至营运部后，取货人员应与安检司磅员按“托运单”内容进行货物检验和交接。

④ 安检司磅员在“托运单”上填写实际件数和重量，确认信息并签字。

⑤ 取货人员将安检司磅员签认后的“托运单”交给制票人员制票，相关人员凭制好的票据上门与客户结算费用。

⑥ 使用车载制票机时，取货人员应在取货现场办理称重、制票及收款手续。

⑦ 取货人员完成费用结算后，应与营运部专人进行票据及货款的交接工作。

⑧ 全部手续办理完毕后，取货人员应将取货情况反馈至客服人员，并由客服人员在“上门取货登记簿”上相应位置作“已取货”确认。

2）营业厅承运。营业厅承运步骤包括：

① 营业厅引导员负责向客户介绍公司各类运输产品，为客户提供行包运输相关内容的咨询服务，向客户发放“托运单”及辅助标签。

② 营业厅引导员协助客户填写“托运单”（一式两联）。

③ 营业厅引导员可根据需要协助客户填写“辅助标签”，并将“辅助标签”粘贴在货物上。

④ 营业厅引导员应对客户填写的“托运单”进行运输办理限制的初步核对。

⑤ 客户要求办理货物业务时，营业厅引导员应提示客户在“托运单”的“托运人记事”栏标明“快递”或“时限快递”字样。

3）包装。包装步骤包括：

① 营业厅引导员协助检查货物包装。

② 对于不符合运输规定的包装，营业厅引导员应提示客户进行包装改善。

③ 对于客户提出的货物包装要求，包装人员为客户提供包装服务。使用专用箱或集装袋时，包装人员应将箱号、施封锁号记录在“托运单”上。

4）安检称重。安检称重步骤包括：

① 安检司磅员核对行包到站办理限制。

② 安检司磅员负责确认货物包装，检查“辅助标签”。

③ 安检司磅员对货物进行安检、称重。同一品名的货物必须一起过磅，安检司磅员记录同一品名的货物总重和件数，并填写在“托运单”相应位置上。超重货物需单独过磅，单件货物重量超过50kg（不包括50kg）时，按有关规定办理。

④ 安检司磅员在“托运单”上填写货物的实际件数和重量信息以及行李、包裹确认信息，并将“托运单”（甲联）附在货物上，指挥装卸人员搬运货物至拴签区。

⑤ 安检司磅员将“托运单”（乙联）交予客户，提示客户到制票收款处交款。

5）制票收款。制票收款步骤包括：

① 制票人员根据客户所持的“托运单”分配票号，并在“托运单”上加盖票号戳记。

② 制票人员根据“托运单”内容打印“行李票”和“包裹票”或“小件货物快运运单”（以下简称“运单”）及“行包货签”。一张“托运单”上既填写行李又填写包裹时，需分别制票。客户要求凭传真提货时，需在包裹票面“记事栏”内打印“凭传真件及身份证复印件提取”字样。制行李票时，还应正确录入客票相关信息。使用专用箱或集装袋时，应在运单“体积”栏内注明箱号、施封锁号。客户选择时限快递、运费到收或签单返回等特殊服务时，制票人员应在运单乙联上加盖相应戳记。

③ 制票人员向客户唱票收款。

④ 使用“行李票”或“包裹票”时，制票人员应将票据丙联、丁联交给客户，作为提货及报销凭证。

⑤ 使用运单时，制票人员应要求客户在票据相应位置签字确认后，将丁联交给发货人，作为报销凭证。

使用运单时有以下几种情况：

a. 到站是公司直管站、非直管站营业部以外的行包办理站时，制票人员将运单丙联交发货人，作为到站领取凭证；到站是公司直管站、非直管站营业部时，客户凭身份证件提货，丙联不交发货人，与运单乙联（运输报单）装订在一起，随货物发出，运至到达营业部，由到达营业部在办理交付完毕手续后交给收货人。制票人员同时在丙联正面左上角加盖“凭身份证件提货，此联不作领取凭证”戳记。

b. 对于协议单位采用记账方式定期结款的，每次办理承运手续时，制票人员不将丁联交给客户，应妥善保管，定期结算。

c. 对于客户选择运费到收服务的，制票人员不将丁联交给客户。票据传送按公司制定的相关办法执行。

⑥ 制票人员将“行包货签”和票据乙联（含随附的丙联、丁联）和“托运单”（甲联）放在一起，待拴签入库人员领取。

6）拴签入库。拴签入库步骤包括：

① 拴签入库人员到制票收款窗口领取“行包货签”、“托运单”（甲联）和票据乙联（含随附的丙联、丁联）。

② 拴签入库人员核对托运单两联，拴贴货签，根据产品类型和运输要求，粘贴相应的专用标志及安全标志。

③ 栓签完毕后，拴签入库人员根据票据乙联在“装卸交接证”上登记货物信息，搬运货物入库，并与库管员办理交接。

④ 拴签入库人员将“托运单”两联返还制票室。

⑤ 对于非直管站营业部，工作人员拴签完毕后，根据票据乙联在“装卸交接证”上登记货物信息，并与车站行李员办理交接手续。

（2）合同客户承运流程优化。以下步骤适用于合同客户、项目物流客户和大客户。合同客户承运流程优化具体内容包括：

1）合同客户在发货时应在“托运单”发货人栏内填写合同客户编号，双方在托运单上签字确认，并作为承运货物的依据。

2）制票人员依据“托运单”上合同客户编号，在制票系统中选用“合同客户”制票功能，制票时在运单的托运人栏内填写该合同客户编号，运单的其他内容按托运单上的内容填写。

3）合同客户承运作业的其他环节比照一般客户承运流程办理。

（3）包租行李车客户承运流程优化。包租行李车客户承运流程优化具体内容包括：

1）包租行李车客户填写托运单，如实填写货物的实际件数、重量等信息，并在“托运单”托运人记事栏内填写“包租××次列车”字样。

2）安检司磅员根据客户提供的清单进行安全抽查和重量复核。

3）制票人员在制票系统中选用“包租客户”功能，在“品名”栏内输入“包租货物”，在“件数”栏内输入实际件数，在“重量”栏内输入实际重量，其他栏按托运单内容及包租合同约定的标准制票。

4）包租车客户承运作业的其他环节比照一般客户承运流程办理。

（4）贵密件承运流程优化。贵密件承运流程优化具体内容包括：

1）贵密件物品附件数量较多，需分别包装时，每包重量不得超过5kg，体积长、宽、高均不超过30mm，同一发送单位发往同一收受单位的附件不得超过4包。超过4包时，应在车站营业部办理托运手续，按包裹免费运送（包裹每件重量的限制执行现行客运规章）办理。

2）利用车递传送的客票票据，每包不得超过20kg，同一发送单位发往同一收受单位的不得超过20包。

（5）网点集货发车作业流程优化。网点集货发车作业流程优化具体内容包括：

1）发送机构业务人员按照运输方式区分始发节点理货，打印“装卸交接证”一式三份，与运输报单一并交给集货司机。

2）集货司机监装，并在“装卸交接证”上签字确认，留给发送机构一份，其余两份随货运输。

3）业务人员作集货发车确认。

【本章小结】

业务流程是指为了完成企业某一目标（或任务）而进行的一系列逻辑相关的活动或作业的集合。物流企业的业务按照物流功能可以划分为运输、存货、配送、采购和客户关系业务管理等。业务流程优化包括业务流程再造与业务流程改进两个方面的含义，而业务流程再造是业务流程优化最初的表现形式。对业务流程的优化，应该是建立在对业务流程分析的基础上，综合运用流程再造与流程改进，以达到对整个业务流程的优化。从信息网络的角度来看，物流企业主要由订单信息处理中心、内部网络和外部网络三部分构成，主要包括订单信息处理、运输与调度、存货管理、采购管理、客户关系管理等关键业务流程。

【思考题】

1. 什么是业务流程？流程管理有哪些特点？

2. 如何进行业务流程优化？其主要方法有哪些？

3. 除本书介绍的物流企业的业务流程外，你认为还有哪些业务流程对于物流企业非常重要？请详细说明。

【案例分析】

案例一 山东速递物流流程优化管理创新力度大㊀

2011 年以来，山东省邮政速递物流公司按照“速递提速、物流增效、方式转变、质量提升、成本削减”的总方针，不断转变观念、转变方式，加快推进流程优化与管理创新，邮件时限不断缩短，生产成本不断降低，运行质量不断提高。

山东速递物流创新采用区域代码分拣法，全面实施收寄环节分拣前置，打破传统的采用邮编及地址分拣的固有模式。各揽投部收寄邮件时，根据邮件寄达区域用红色记号笔在邮件详情单指定位置标注区域代码，分拣封发人员按照区域代码进行分拣封发。采用区域代码分拣法比采用邮编或地址分拣更易于识别，分拣封发速度提高 20% 以上，差错率较以往降低 30% 以上，特别是随着交叉带分拣机的推广，区域代码分拣法的应用前景更加广阔。

各市揽投部（县营业部）按照区域代码并根据邮件种类（标准、经济）、邮件发运路向（如全夜航、民航、省内互寄、同城、陆路等）对邮件进行粗分。信函类采用信盒封装，小件物品类邮件利用周转箱封装，大件物品采用散件交接。信盒、周转箱分别拴挂全夜航、民航、省内互寄、同城、陆运标准、经济快递等标志袋牌（可重复利用）；转趟车与处理中心交接时，处理中心人员直接根据袋牌标志送至相应分拣台席。据统计，全面实施收寄环节分拣前置后，取消处理中心粗分环节，整体工作效率提高约 25%，平均缩短邮件内部处理时长 20% 以上。

山东速递物流还全面加快推进容器改革，不断简化作业流程。区内互寄（大同城）、市——县间邮件运输、传递，全面取消了邮袋封装，信函类、小件物品类分别使用信盒、周转箱交接，大件物品一律外走；各市赶发快速网、全夜航、省际直达快速邮路特快邮件，部分单件超过 10kg（含）或 54 号（含）以下特快邮件袋及 5 号标准箱的，全部实行散件外走（交发普网邮路、民航的邮件、贵重物品类邮件按原封发规定执行）。对于散件外走的物品类邮件全面取消纸质封发清单。外走邮件总包袋牌粘贴在详情单同面的左上角处，使条码便于识读。转趟邮路、区内邮路带运回处理中心的邮件直接交分拣台席。山东速递物流取消封袋与清单打印，信盒、周转箱及标志袋牌实现循环利用，有效减少了袋绳、铅志、袋牌、清单等材料的耗费，全省年节省费用在 160 万元以上。

为加快进口邮件传递速度，确保投递质量，山东速递物流推行了大总包邮件

㊀ 崔鹏森等，山东速递物流流程优化管理创新力度大，中国邮政报，2011-8-16，第 008 版。

交接、进口邮件全面推行直封到段作业法，即发往各营业部及揽投部的所有物品类邮件全部外走（文件和小件物品采用信盒或周转箱），按照一个总包进行封发，简化邮件交接手续，缩短了邮件交接时间。各市公司对市区进口投递邮件由分拣中心直接分拣到段，实现投递邮件分拣前置，取消揽投部分拣操作环节，将更多的时间让给揽收、投递环节，有效提升了进口邮件投递服务质量。

山东速递物流通过加快推进流程优化与管理创新，不但简化了作业流程，提高了生产效率，降低了运行成本，而且全省速递物流运行质量也得到有效提升。截至2011年6月，山东速递物流主要质量指标15项达标并位居全国速递物流前列，其中一次性妥投率达90.79%，位居全国速递物流第二位；及时妥投率为80.55%，位居全国速递物流第四位，均超出全国平均水平12个百分点。

案例二　物流再造降低成本三千万㊀

润滑油分公司把降低物流成本作为提高经济效益的一项战略措施，再造物流流程，实行专业化集中管理，使润滑油物流畅通无阻、有效运行，大幅降低了运营成本。2009年以来，该公司可以直接计算的物流成本就节约了3 200多万元，相当于全年物流费用预算的10%。

(1) 改革体制，变分散管理为集中管理。润滑油分公司是2002年由10多家隶属于不同地区的石化大企业润滑油生产单位组成的，后又陆续并购几家润滑油企业，分布在全国15个省区市。公司组建之初，实行各分公司自家布点销售，物流成本过高，特别是在产品销售的仓储和运输环节，往往同一省内设有几家分公司的库房，增加了资金占用和仓储、运输成本。2007年，润滑油分公司决定改革营销体制，实行润滑油产品集中统一销售，成立公司调度运营中心。根据“一省一库”的原则，经过两年多的调整优化，公司基本形成了西安、哈尔滨、乌鲁木齐等地6个中转库，长春、成都等地8个OEM（机械制造商）中转库，大连、宁波等19个港口城市船用油中转库的库存网络。公司把计算机网络信息技术引入物流管理，实现了ERP系统与中转库连接，出入库同步运行。

(2) 缩短运距，对OEM等重点大客户所需油品实行属地化生产供货。广州东风日产是中国二汽集团主要大型汽车生产厂家，润滑油分公司从2008年开始为东风日产提供填装油和售后用油。但过去的供油是由北京分公司提供的，运输成本很高。经与东风日产商议，润滑油分公司将生产和供货地点改在广东茂名，在茂名分公司新建一条生产线，产品运输距离由2 300km减少到360km。到2009年9月底，累计提供装填油900t，售后包装油1 200t，仅运距缩短一项就节约运费119万元。目前，润滑油分公司已经对广州东风日产、湖北神龙、北京福田、

㊀ 宋维平等，润滑油物流再造降本三千万，中国石化报，2009-11-23，第001版。

济南中国重汽和时风汽车等 5 家汽车制造厂商的直供产品实行属地化生产和供货，2009 年 1 ~9 月节约物流费用 1 226 万元。两年来，润滑油分公司根据资源和市场范围，合理确定生产基地，使 5 万 t 重点 OEM 和大型工业用户直供产品实现了属地化生产。

（3）强化管理，提高“第三方物流”流通速度和安全质量。润滑油分公司在全国 8 个省市设有 12 家生产工厂，在新加坡还有两个代加工厂，生产 21 大类 2 000 多个产品，产品辐射全国并出口国外，物流量十分庞大。公司把物流外包作为提高物流流通速度、节省仓储费用的重要手段。2008 年 10 月，通过统一招标的方式，公司淘汰了一批小型物流企业，引入了中远、中外运、招商局、宝供、上海公交等 5 家大型综合性物流企业，留用了一批中型物流企业。统一招标降低了运输成本，其中公路运输价格下降了 3%，2009 年运输费用支出预算减少 770 万元。针对近两年国际原油价格大幅波动的情况，公司在 2008 年年底实施了运输价格与燃油价格联动机制，降低了经营风险。

（4）精心谋划，多种运输方式优化组合。一是优先采用经济运输方式。最大限度采用船舶和铁路这样的经济运输方式，2009 年由此节省运费 400 万元。二是减少产品调拨后的二次发运。公司明确规定，客户需求在 10t 以上时，必须采用调拨直发的形式，减少二次装卸和运输周转。2009 年二次转储调拨比例下降了 10%，节约运输费用 200 万元。三是在特殊时期提前备货，提前发运。

2008 年 7 ~9 月，华北地区因北京召开奥运会而采取货车限行措施。润滑油分公司提前租用北京周边仓库备足货源，租用不受限行影响的“绿色通道”车辆，增加了运力。奥运会期间，北京到天津的运费上涨一倍，北京发往其他地区的运费上涨了 30%，而润滑油分公司却节省运费 494 万元。四是在西部和东北地区设立中转库，减少产地直接配送。公司将常规产品批量运输到设在乌鲁木齐、西安、哈尔滨等地的中转库，然后根据客户需求，从中转库二次配送到客户，为区域外客户及时进行配送，同时降低整体物流费用。

问题：

1. 这两个公司如何进行业务流程优化？
2. 这两个公司在业务流程优化过程中有什么相似之处？

第4章 物流信息系统

本章教学要点

- **掌握**：物流信息系统、物流管理信息系统和物流信息平台的概念及相互关系。
- **熟悉**：物流信息功能子系统包含的内容；物流信息平台的逻辑模型。
- **了解**：物流信息平台建设的意义和必要性。

【导入阅读】

物流信息系统——精细管理新平台㊀

近日，中国石化化工销售有限公司召开物流信息系统（以下简称 LIS）二期开发总结表彰会，这标志着中国石化自主开发的化工物流信息系统趋于成熟与完善，推动化工销售物流业务实现跨越式发展，成为管理信息化和自主创新的典范。

1. 畅其流，IT 先行

当今世界贸易竞争日趋激烈，打造全球竞争力势在必行。以某知名日本石化贸易公司为例，近年来其经营战略呈现加强“两端业务”的特点：一是获取全球自然资源，二是掌控全球物流体系，并将核心功能定位在信息、服务等非价格竞争领域，通过运用 IT 技术构筑电子商务平台，形成遍布全球的原材料采购及商品销售体系，并提供与之配套的物流、信息、金融等服务。

为适应竞争及发展要求，结合国际石化贸易商的战略目标，中国石化化工销售一直致力于信息化建设，目前上线使用的各类信息系统有十多个，其中物流信息系统与 ERP、CRM（客户关系管理）系统共同构成了化工销售的三大核心系统，基本实现业务全覆盖、流程全打通，具备了物流业务日结功能。

化工销售是中国石化信息化程度最高的企业之一，即便与国外石化贸易商相比，化工销售的信息化管理水平也有一定的领先优势。

㊀ 孙友，物流信息系统：精细管理新平台，中国石化报，2010-3-9，第7版。

2. 把物流控制点转化为信息系统需求点

化工销售产品多、发货点多、物流业务类型多、数据采集点多、运作流程长，物流方式和用户需求多样化。在没有任何先例可循和特定模式可以借鉴的情况下，化工销售之所以能够成功地将这些复杂因素固化于物流信息系统，充分体现“集中、统一、标准、规范”的管理思路，实现物流管理信息化建设的重大突破，关键在于其按照集团公司“加快推进管理创新，下工夫推进管理信息化改造”的要求，把物流控制点转化成为信息系统需求点。

2008 年，化工销售用半年的时间开展物流调研，深入分析营销业务需求和物流业务现状，确定了系统开发必须解决的三大问题：一是管理问题，要对尚未规范的物流业务进行统一与固化；二是技术问题，系统开发技术方案既要体现物流业务自身特点，又要实现化工销售物流、资金流、信息流的统一；三是操作问题，要能够实现各业务部门、驻厂办、网点、物流经理和物流服务商在同一平台上的实时操作。

基于这样的思考和认识，化工销售物流部门着重对物流业务类型划分进行了规范统一，梳理并制定了物流计划管理、仓储租赁、物流服务商管理、HSE 管理、发货流程等方面的管理办法，结合营销和物流业务需要以及与关联系统高效集成的要求，提出了基础资料库、订单实时查询、费用线上结算、运行报表和 BI 智能报表等开发需求，并提出可视化分析、订单运行异常预警等开发新思路。

这些高质量的物流需求，成为 2009 年 1 月 1 日 LIS 成功升级上线的关键因素，也成为国内物流信息系统建设的创新点。

3. 发挥 LIS 精细化分析功能

为提升客户服务，为客户创造更高价值，化工销售不断加大配送力度。随着配送比例的提高和物流运作量的增加，如何有效统筹优化物流方式、降低物流成本，成为化工销售必须解决的问题，而物流信息系统所具备的可视化分析功能和 BI 智能报表，为这一问题提供了解决方案。

所谓可视化分析，就是在物流信息系统中能够以柱状图或饼状图，对运输、仓储、配送和库存等进行直观反映，借此进行分析。例如，其中的运输分析部分，能够分生产企业、分区域公司、分产品类型、分业务类型、分运输方式，对运量比例和运费比例进行分析比较。

BI 智能报表与可视化分析功能相似。目前，无论是生产企业还是化工销售各区域分公司，无论是物流服务商还是客户，化工销售都能够借助 BI 智能报表对其某一产品在某一阶段各运输方式的数量、运费和运距进行分析，并能够在同行之间、各运输方式之间进行横向比较，以确定资源流向和物流方式是否合理、经济。

可视化分析和智能报表的精细化分析功能，为化工销售细化物流管理、优化物流运作、降低物流成本、提升物流的均一化和个性化服务提供了科学依据，极大地提高了化工销售的物流管理水平。2009 年，化工销售通过优化物流方式节约成本 1 500 多万元。

4. 实时监控防范风险

化工销售日物流运作量接近 3 万 t，2009 年物流运作总量超过 900 万 t，入中间库量 180 多万 t，各类物流承运商 110 多家，中转库 50 多个。为提高效率、防范风险、加强控制，化工销售在物流信息系统中开发了“实时查询”和“物流运行异常报警”模块，实现了对物流运行状态的实时监控。

实时查询功能通过记录物流订单每一个环节的运行状态，清晰反映产品发运、在途、卸货信息。化工销售可以实时查询每一笔物流订单的产品、数量、提货方式、承运商、客户、运输方式和运费信息，以及仓储收发货和库存信息等。

物流运行异常报警功能通过对物流运行过程中物流订单生成、物流订单下达、运输委托单审核、发运、到达等“五个节点”的实时监控，实现对过程异常状态和全部到货状态“两个状态”的控制，并且用红、黄、绿三种颜色的灯，直观反映各节点和状态的异常情况，从而保证物流订单的及时性、可控性和安全性。

应用 GPS 技术是化工销售监控物流运行的又一创举。该技术通过物流订单将 GPS 信息与物流信息系统进行集成，实现了订单——承运单位——运输工具——货物的监控模式。在物流信息系统的全国电子地图上，可以清楚地看到在途车辆的相关信息，如车牌号、路线、速度、位置、行驶方向、定位时间以及历史轨迹等，监控人员可以通过选择十分钟、半小时或一小时的采样间隔，结合对应的行驶距离，分析该车辆中途是否有过停靠，避免出现物流服务商不按指定目的地送货、送货路线异常和虚报运费等现象。

目前，化工销售已在物流承运商 2 000 辆车船上安装使用了 GPS，既能够防范物流风险，降低物流成本，又有利于帮助服务商提高物流运作管理水平，同时也为客户经理和客户提供准确的物流订单状态。

物流信息系统还实现了物流费用的实时计费和线上结算功能，公司财务部门通过对系统中费用结算状态进行标记，方便了物流服务商查询付款状态，实现了物流、资金流和信息流的统一。2009 年，化工销售物流费用基本实现了线上运行与结算，物流费用线上结算比例超过 98.4%。

目前，物流信息系统与 ERP、CRM、BW、IC 卡、TBM、GPS 等实现了高效集成，成为化工销售物流业务操作、管理、考核的大平台，为化工销售的营销业务提供了有力的支撑。

4.1　物流信息系统概述

4.1.1　物流信息系统相关概念

1. 物流信息系统

物流信息系统与物流作业系统一样都是物流系统的子系统，是指由人员、设备和程序组成的，为后勤管理者执行计划、实施、控制等职能提供相关信息的交互系统。

物流信息系统是随着计算机技术和物流思想的发展而发展的，计算机信息处理方式从功能上经历了电子数据处理系统、管理信息系统和决策支持系统三个阶段。在第一阶段，物流信息管理主要限于产品的销售以及库存的管理。在第二阶段，管理信息系统不仅用于企业内部的各组织及部门，还可以通过计算机网络把分散在不同地区的计算机进行互连，如通过互联网与企业的供应商、客户建立数据联系，将供应商和客户也作为企业的一种资源进行管理，形成企业资源规划（Enterprise Resource Planning，ERP）系统。第三阶段是在管理信息系统的基础上发展起来的，是以管理信息系统所产生的信息为基础，应用模型或其他方法和手段（如数据仓库技术、知识发现）实现辅助决策和预测功能。

2. 物流管理信息系统

物流管理信息系统是计算机管理信息系统在物流领域的应用。广义的物流管理信息系统应包括物流过程各个领域的信息系统，包括运输、仓储、海关和物流信息平台等，是一个由计算机、应用软件及其他高科技的设备通过全球通信网络连接起来的纵横交错的立体的、动态互动的系统。

狭义的物流管理信息系统只是管理信息系统在某一涉及物流的企业中的应用，即某一企业用于管理物流的系统。综合有关物流、物流管理、信息和管理信息系统的定义，可以对物流管理信息系统作一个基本的定义：以采集、处理和提供物流信息服务为目标的系统，即可以采集、输入、处理数据，可以存储、管理、控制物流信息，可以向使用者报告物流信息，辅助决策，使其达到预定的目标。物流管理信息系统的概念图如图 4-1 所示。

从企业内部来看，物流信息系统通常由物流管理信息系统、决策支持系统、专家系统、企业内部网、办公自动化系统等一系列的信息系统所组成。物流管理信息系统是物流信息系统中与企业业务层联系最为密切的一个基础组成部分，这是物流信息系统的基础。

3. 物流信息平台

物流信息平台是指在一定经济区域范围内，联结物流客户（生产制造、商

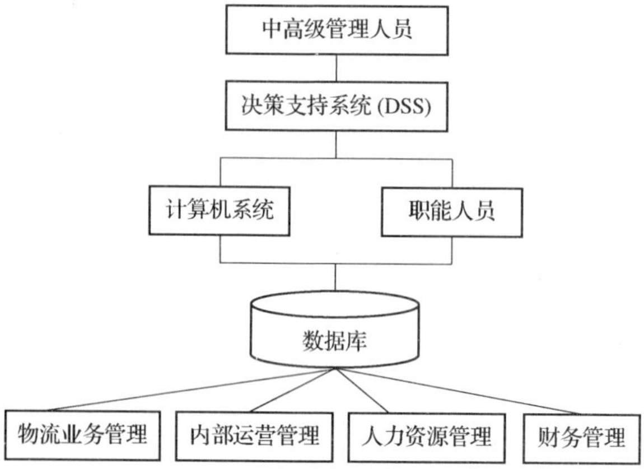

图 4-1　物流管理信息系统的概念图

业批发企业等）、物流企业（3PL、运输、仓储等）和物流相关部门（交通、质检、海关、税务、工商、海事、银行等）的社会化、开放式、基于互联网的公共信息系统。

物流信息平台是一个面向整个物流系统的、集成化的、智能化的物流信息管理中心。物流信息平台的内涵可以理解为：是充分利用信息技术、计算机处理技术、网络技术、数据通信技术等先进技术并将其应用于物流信息系统中，按照既定的规则从不同的子系统提取信息，在平台内部对共用物流数据进行融合、处理和挖掘，为平台不同的使用者提供不同层次的基于全系统范围的信息服务和辅助决策，以及相关业务服务等，满足平台用户对共用物流信息的需求，实现物流信息的采集、处理、组织、存储、发布和共享，以达到整合整体物流信息资源、降低整体物流成本和提高整体物流效率的目的。物流信息平台可以理解为广义的物流管理信息系统。

4.1.2　物流信息系统的结构

从系统观点来看，构成物流信息系统的主要组成要素有硬件、软件、信息资源、企业管理制度与规范和相关人员等，物流信息系统构成要素如图 4-2 所示。

1. 硬件

硬件包括计算机和必要的通信设施等，如计算机主机、外存储器、打印机、服务器和通信设施，它是物流信息系统的物理设备、硬件资源，是实现物流信息系统的基础，它构成系统运行的硬件平台。

2. 软件

在物流信息系统中，软件一般包括系统软件和应用软件。

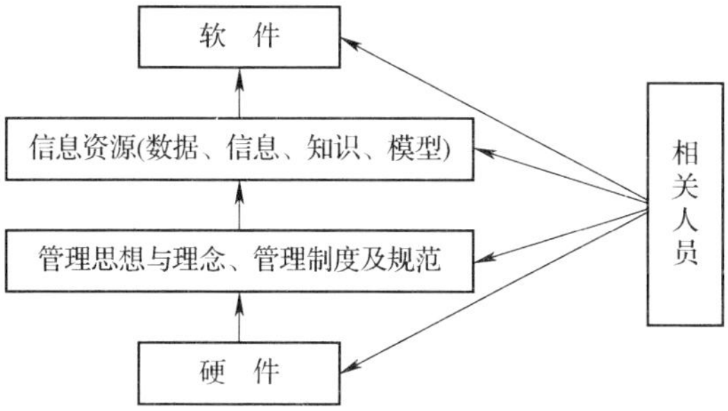

图 4-2　物流信息系统构成要素

3. 信息资源

信息资源主要是指数据库与数据仓库，用来存放与应用相关的数据，是实现辅助企业管理和支持决策的数据基础，目前大量的数据存放在数据库中。

4. 相关人员

系统的开发涉及多方面的人员，有专业人员、领导，还有终端用户。

5. 管理思想和理念、管理制度及规范

在物流行业中，新的管理思想和理念不断产生和赋予实践。

4.2　物流信息系统的功能

物流信息系统所涉及的各职能部门都有着自己特殊的信息需求，需要专门设计相应的功能子系统，以支持其管理决策活动，同时，各职能部门之间存在着各种信息联系，从而使各个功能子系统构成一个有机结合的整体。按照功能划分，物流信息系统可分为订单管理信息子系统、运输管理信息子系统、仓储管理信息子系统、配送管理信息子系统，以及采购、报关、货代、结算、设备、客户服务等管理信息子系统。

4.2.1　订单管理信息子系统

订单管理信息系统的业务功能需求分析主要包括订单生成、订单处理以及按订单送货。具体的业务处理是订单的接收和录入，检查客户的信息和存货的可得性，根据客户信息和存货情况，处理延迟订单，实现订单的确认、修改和中止操作，同时检查定价，确认运输工具和装运地点，生成装运单据和拣货单，将订单传至存货或送货部门，查询订货状态、处理退货。在这些业务过程的运作过程中，中层需求实现对客户订单完成率、发货单审核确认情况、存货配送完成情况、缺货延迟订单和退货订单汇总情况等运作状态信息进行分析与控制。高层决策者关心的是客户订单需求的统计分布、客户信息审查方法及其合同管理、订单调度排序和调整安排等需求。订单管理信息系统需要保持和客户的沟通，随时掌握客户需求信息；需要和运输部门、仓储部门协同运作，实现高效的运输能力检查、存货情况检查及其发运调度的功能。

从对订单管理各个层次信息需求的分析可以看出，订单处理的速度很重要，一般在订单处理周期中为送货而进行的订单准备时间是整个订货周期的“瓶颈”环节，因此订单处理过程中信息的实时共享可以有效压缩订单实现的周期。同时，通过对客户订单和客户信用进行分析，制定合理的订单安排调度也是很重要的，这可以满足客户需求，大大提高客户服务水平。

4.2.2 仓储管理信息子系统

仓储管理信息系统是要掌握组织仓库的库存及库存量变化情况、仓储作业记录与库存管理、分类物资仓储情况、用户库存控制服务等。仓储业务管理涉及的物流信息包括入库单、出库单、入库流水账、出库流水账、库存台账和库存统计报表等，信息处理功能有入库单审核、入库单录入、出库单录入、入库流水账和出库流水账的汇总、库存台账的更新与统计，若是新物料还需更新库存物料表等。值得注意的是，因为在同一周期内，同一种物料可能发生多笔入库和出库业务，手工处理时，按照管理规章制度的要求，在每天下班之前，统计分析人员要根据入库流水账和出库流水账，按物料编码分别累计汇总出各种物料当期累计入库量、累计出库量和实际库存结余量等数据，并把这些累计汇总后的数据正确填入库存台账中。但在采用计算机进行处理时，因为计算机的实时处理特性，它可以做到在进行物料的入库处理或出库处理的同时，统计该处理时段的所有累计数据并更新库存台账。

状态控制需求分析中常涉及的问题有库存管理，包括决策订货策略、补货的方式、最低库存量和最高库存量、安全库存量及其库存盘点控制；仓储调度管理，即在一定仓储面积下，仓容的利用率决策问题，有很多存储方式，如分类存储、按照 COI（Cube-per-Order Index）原则存储。选择正确的存储方式和存储定位方式，可以有效节约存取、查找和存放时间，提高运作的生产率。采用计算机管理信息系统实时控制系统可以实现只要库存中发生了货物的进出和存放活动，就能在线计算出库存成本的变动情况。

在高层决策支持信息需求分析中首先是仓储模式的设计，包括仓库是用企业自己的还是外包的决策、仓库的定位和布局决策、仓储的经营模式是集中还是分散存储等。库存周转率分析是库存内部管理人员衡量其管理水平的一种标准，库存周转率越高，说明资金周转越快，管理水平越高。同时，库存周转率也常用来比较同行业不同企业之间的库存客户服务水平，高库存周转率往往意味着高库存回报。另外一个衡量标准是库存客户服务水平，它是面向外部衡量其管理水平的一个标准，包括产品服务水平、订单服务水平和周期服务水平。它能够评价库存系统在满足客户需求方面的性能。这些指标的测量都是在对下层作业系统和中层状态控制的数据进行汇总分析、预测后得出的。尤其是销售仓库，因为市场波动，需求常常是不确定的，库存量的预测、订货点的确定及在一定客户服务水平基础上安全库存量的确定都需要进行分析和预测，以便指导管理者的决策过程。

4.2.3 运输管理信息子系统

运输是物流系统中的流动环节，受到运输距离、运输工具、运输时间、运输费用和运输环节这五个要素的影响。运输管理的业务处理部分主要是指运输需求信息处理、运输信息查询、运输调度安排、货物跟踪、运输费用结算等功能。具体地，运输需求信息处理包括订货通知单、提单、运费清单和货运清单等的录入处理；运输信息查询包括对运输工具状况、各个地区交通信息及规则、地理信息、运输货物信息、费用信息、运载能力信息等的检索分析；运输调度安排通过对货物信息的源地、目的地和其他需求的查询，选择合适运载能力（如匹配能力、容积和载重等）的交通运输工具来满足货物运输需求，调度的安排还包括时间的分配，如运输开始时间和到达时间；货物跟踪对在途货物状态进行监督和控制，以应对紧急情况，避免发生损失；运输费用结算功能对运输需求处理直至运输任务完成所发生的费用进行自动核算和汇总。

运输管理信息系统中的状态控制需求分析主要有承运商服务能力分析、运输费率分析、运输成本分析、运输调度计划和运输路径优化等方面。在组织中，对于运输功能、运输模式选择决策中首先要确定的就是企业自己运输还是外包，或者部分自己运输部分外包时，份额如何确定。如果选择了外包，对于承运商的选择评价就是另一个重要决策。大的企业和承运商常常会形成企业联盟或企业合作伙伴关系；而承运商服务能力分析是指在承运商日常运营过程中对其运作情况、服务水平的反馈和总结。货运配载计划主要针对货物流向进行分析，考虑货物的路线选择和各种运输工具的实载率情况进行货物合并和配载决策，以便进行货运配载计划的制订和相应运输效率的测定。运输报警分析对运输中出现的问题、突发事件和不合理运输等进行分析，平衡成本和服务质量，并通过运输统计分析、运输成本效益分析实时配备合适的运输能力，来不断提高运输管理的效率。运输管理系统需要和外部的承运商、企业内的采购部门或市场部门、仓储部门、财务部门进行信息共享，同时用户也可以实时查询货物在运输途中的情况。

4.2.4 配送管理信息子系统

配送管理信息系统常常需要具有仓储管理信息系统的功能，且随着其功能的进一步扩展，在配送中心还能实现一些简单加工等功能。配送管理信息系统业务需求主要是根据用户的需求信息来提供关于订货处理、货物进出处理、货物分拣配送和货物加工处理的功能。

这里的订货处理类似于订单管理系统的功能，是配送中心和其供应商及销售商的关键功能；货物进出处理类似于仓储管理系统的相应功能，只不过是进出配送中心的货物存储时间一般较短。进入配送中心的货物一般都需要通过分拣设备，按照产品流向或产品类别进入配货区或加工区；进入加工区的货物要根据加工要求、加工时间限制，通过一系列的加工流程，然后再进入配货区。进入配货区的货物根据配送目的地和承运工具、送达时间等条件来进行配载派车。

状态控制需求分析中的订货管理是指在决策支持需求中的订货预测分析的基础上，根据实际约束实施配送中心的补货控制决策，即什么时候订货、订多少货物。配送作业调度管理针对配送中心已经设计的作业流程，根据实际货物到达量，进行调度分配资源。因为配送中心的作业量大，时间要求严格，因此灵活地进行作业调度是必须的，这可大大提高配送中心的资源利用率。配送是供需链上的一个周转的环节，目标就是降低货物运输销售的成本。因此，配送管理信息系统中的中层控制是很重要的，高层作业流程设计、成本战略分析等都是一个长期的决策，为了实现这些战略目标，需要实时监控配送中心每一时间周期内货物的进出、存储、加工、配送等各个环节的成本，以实现资源配置的最优化。

4.2.5 其他职能管理系统

物流系统要实现成本最低、服务水平不断提高的目标，就要对其运营的成本进行监控和预测，同时还要根据其服务的质量不断地进行考评。因此，物流管理信息系统中还应包括质量管理信息系统和财务管理信息系统。由于物流系统中的工作人员几乎都要和客户直接面对面交流，如配送的司机需要把货物送到客户面前进行交接，仓库管理人员需要和前来送货或出货的客户、承运商直接会面，而客户的感觉是物流服务水平的直接反馈，因此人力资源管理系统也是物流信息系统不可缺少的组成部分。

另外，物流信息系统的功能与其业务有着直接的关系，不同种类的企业即使是对同一种物流活动的处理也可能相差甚远。下面列出了几种常见的物流处理功能系统。

1. 货代管理信息系统

满足国内一级货运代理的要求，满足代理货物托运、接取送达、订舱配载、多式联运等多项业务需求，支持航空、铁路、公路和船务运输代理业务。配合物流的其他环节，实现物流的全程化管理，实现门对门、一票到底的物流服务。

2. 结算管理信息系统

对企业所有的物流服务项目实现合同价格一条龙管理，包括多种模式的仓储费用、运输费用、装卸费用、配送费用、货代费用、报关费用、三检费用、行政费用、办公费用等的计算，根据规范的合同文本、货币标准、收费标准自动产生结算凭证，为客户以及物流企业的自动结算提供完整的结算方案。

3. 客户服务管理信息系统

通过对客户资料的收集、分类、存档、检索和管理，全面掌握不同客户群体、客户性质、客户需求、客户信用等客户信息，以提供最佳客户服务为宗旨，为客户提供方案、价格、市场、信息等各种服务内容，及时处理客户在合作中遇到的各类问题，妥善解决在与客户合作中发生的问题，培养长期的、忠诚的客户群体，为企业供应链的形成和整合提供支持。

4. 报关管理信息系统

集报关、商检、卫检、动植物检疫等功能的自动信息管理于一体，满足客户跨境运作的需求。系统支持联机自动生成报关单、报检单，自动产生联机上报的标准格式，自动发送到相关的职能机构，并自动收取回执，使跨境物流信息实现无缝物流信息传递，使报关、报检业务迅速、及时、准确，为物流客户提供高效的跨境物流服务。

企业信息系统集成实际上是以整体性和最优化为基本原则，集成企业内外各子系统使得整个系统功能最优。由信息系统发展的阶段论可知，系统集成和数据管理是信息系统建设的必由之路和关键环节，当信息系统发展到一定阶段时必然会产生集成化需要而建立集成化信息系统。

4.3 物流信息平台㊀

计算机技术、通信技术的不断发展正改变着现代企业的传统经营模式，以往独立、封闭的经营、管理模式已经不适应现代商业社会激烈的竞争。随着企业（或其他组织）之间越来越紧密的合作和联系，合作的企业（或组织）不知不觉地从独立、封闭的实体变成合作的团体，形成一个有着共同远景的战略网络。物流业已成世界各国公认的新的经济增长点，现代物流涉及工商企业、物流企业、银行、保险、税务、海关、检验检疫、外贸、交通、信息产业、政府等众多单位与部门，其显著特点是信息集成与先进信息技术的应用，其有效运作离不开物流信息平台的支撑。

㊀ 李力，物流信息平台构建与应用研究，2006 年武汉理工大学博士论文，第 46 ~ 56 页。

4.3.1 物流信息平台建设的意义

物流信息平台的引入和建设必将给目前处于封闭状态的各个企业或政府部门所拥有的为自身服务的各信息系统带来巨大影响。我国现阶段物流的特点是各地区、各行业、各部门条块分割、各自为政，导致了物流信息系统建设功能重复、数据不规范、无法互联互通。通过公共信息平台的建设，政府将获得管理和调控物流业发展的宏观信息，物流企业将可以获得物流需求信息和货物跟踪信息，工商企业将可以及时获得物流供给信息等。物流公共信息平台的规划建设已成为现代物流系统建设的重要内容。

物流信息平台涉及多个政府管理部门、物流枢纽、物流园区、物流企业、工商企业等，在系统建设中如何保证信息流正确、及时、高效、通畅是构建信息平台的关键因素，同时，如何将大量的共用信息进行组织处理，对相关部门提供共享信息以实现协调工作机制的建立，对各物流企业提供相应共享信息以支持各类功能的实现，都是信息平台发展规划中必须解决的问题。

4.3.2 各方对物流信息平台的需求

物流信息平台参与的主体为政府、企业和用户等，构建物流公共信息平台的目的在于为企业提供信息支撑，为相关行业部门进行物流管理与市场规范化管理提供必要的信息支撑条件；整合全社会微观物流资源，提供不同内容的信息服务，使物流信息成为物流体系的桥梁纽带；通过建立城市物流信息平台使市内相关行业管理部门与企业群体能进行有效沟通，实现快捷、便利、实时的物流信息交流。

因此，可以从物流企业、工商企业、政府部门三方面调研分析信息需求情况：

（1）物流企业对物流信息服务的要求。它包括公共物流基础设施资源信息、物流市场需求信息资源、物流业务运作信息资源和其他物流咨询服务等信息资源。

（2）工商企业对物流信息服务的要求。它包括物流供应商的资料、物流业务交易管理和其他增值服务等。

（3）政府部门对物流信息服务的要求。它包括区域物流运行基本数据处理、区域物流资源整合支持功能和区域物流分析及其规划支持等。

不同参与单位对物流公共信息平台的信息需求又有以下几方面的特点：

（1）物流系统内外信息的依赖性。物流企业对公共物流基础设施、交通运输网络等外部信息具有很大的依赖性，要求公共信息平台的存在，以提高物流信息获得性和减少信息成本。

（2）物流信息需求的差异性。物流企业、使用外购物流的客户和政府主管部门对物流信息的需求是不同的，其差别主要体现在时间差异性、内容差异性和程度差异性上。

（3）物流信息交换的复杂性。集成物流服务涉及客户在内的多个经营主体，各主体经济关系、技术应用、企业文化及信息系统模块的差异性，导致了物流信息交流的复杂性。数据交换是在不同企业、不同隶属关系管理体制下，采用不同运行模式运行的各部门系统间进行的，各系统的数据结构、存储形式和接口协议不一样，缺乏标准化给物流数据共享、物流资源整合带来困难。

（4）物流数据共享的有限性。部分物流企业对其特定用户是按封闭系统运行的，物流内部信息与外部共享范畴非常有限。

4.3.3　物流信息平台构建的必要性

1. 构建物流信息平台是区域经济发展的客观需要

宏观物流活动整体优化并不是微观物流企业运作优化的简单叠加。物流业因其基础产业地位和复合产业特点，衡量物流业发展水平的标准是其运作是否能提高国民经济整体运行质量和降低社会流通总成本，而不是对物流业的利润、资产收益率等指标的考核评价，因此，政府有义务为实现这样的物流产业定位而促进地区经济的健康运行，必须把物流信息化作为社会信息化的工作重点，搭建一个公共信息平台，使物流产业能够和其他经济产业有机地结合起来协调发展，通过优化信息流来改进物流业的表现。同时，以电子商务发展为契机，建立基于电子商务的物流业务交易平台，逐步将物流市场供给与需求的互动纳入电子商务的市场轨道。通过运用价值规律和市场机制，取得制造业、商业和流通业的“三赢”局面。

2. 物流信息平台构成物流业运行基础信息环境

物流信息平台以其跨行业、跨地域、技术密集、多方参与、扩展性强、开放性好的特点，对现代物流的发展构成了有利支撑。公共物流信息网络包含多种开放式信息系统、接口，企业利用平台的硬件设施、数据信息库和安全可靠的商务功能实现企业自身的信息交流、数据交换、业务交易、决策支持等的信息化管理。物流企业信息系统通过与公共物流信息网络的连接，可以提高货物运送的准时性、货物与车辆跟踪实时性，提高交货的可靠性和对用户需求的响应性。

3. 物流信息平台是政府宏观物流调控的重要手段

物流业点多面广，内容丰富，政府相关部门的传统宏观调控由于难以掌握物流运行的真实情况而难以发挥应有的管理作用和实现政策层面的有效支持、引导、规范，这是我国物流业长期在低层次徘徊不前的重要原因。引入公共物流信息平台机制以后，通过对物流业运行基本数据的实时和准确掌握、统计、分析，通过对电子物流交易市场的规范、引导和监督，改进信息平台功能而直接支持现代物流业发展和体现政策导向，建立健全的物流相关法律法规，使物流市场竞争建立在完善的运行规则基础上，宏观物流管理的效果可以大大改观，真正落实了市场经济条件下的政府职能。

4.3.4 物流信息平台的特点

物流信息平台系统是利用系统的观念、思想和方法建立起来，以计算机系统为基本信息处理手段，以现代通信设备为基本传输工具，并能够为决策信息服务的联机系统。作为辅助物流企业进行事务处理并为管理决策提供信息支持的物流信息系统，具有以下基本特征：

1. 人机系统

充分利用计算机强大的信息处理能力和存储能力，充分利用信息技术，在保障物质基本条件的基础上，发挥物流技术的优势，同时也要有人的管理和操作。

2. 综合系统

（1）跨行业、跨地域甚至是跨国建设的特点。物流信息在不同参与者之间进行流动，因而其具有跨行业、跨地域建设的特点，特别是国际物流信息，如海关间的通关管理、跨国公司的全球信息网络建设等。

（2）多学科交叉的特点。物流系统涉及多个部门、多个学科的知识，物流信息的建设首先要用多学科知识进行功能与需求分析，确定总体体系结构。同时，在建设中必须用到通信技术、智能技术和信息技术等多学科知识。

（3）多方参与建设的特点。政府、企业、科研单位及软件开发商参与物流信息系统整个开发、维护及使用过程中，任何一方的单独建设都不可能取得成功，只有参与各方统一规划、通力合作、积极参与，才会取得最好的效益。

3. 动态系统

物流过程是一个动态的过程，随着时间、空间的变化，条件、环境也在变化，这就要求物流信息系统具有实时动态的处理能力。物流信息系统的建设是高新技术集中应用的结果，具有很强的创新性。

4. 可扩展的开放系统

（1）系统扩充性。系统扩充性是指对原有系统的兼容性及对未来发展的适应性。由于物流信息系统的建设不是在一个完全空白的基础上进行建设的，存在着如何与已开发系统进行“无缝连接”的问题。既要充分利用已有的信息资源，同时也要适应新的应用功能要求，要在原有的基础上进行改造，甚至是重新开发。再者，由于信息技术发展速度极快，在对现有技术进行分析评价、选择时，应当充分考虑到技术进步影响的因素。

（2）系统的开放性。由于物流信息系统自身不是一个封闭的系统，必须与其他系统进行信息的交流，因此在系统建设中应充分考虑信息交换的需求分析，既满足基本功能的需求，又具有与外界系统进行信息交换与处理的能力。

4.3.5 物流信息平台的逻辑模型

物流信息平台的功能分层逻辑模型如图 4-3 所示，整个逻辑结构按照功能自下向上划分为网络基础设施层、平台层、应用层和管理层。这种分层的体系结构能够很好地实现建设任务的分解，以便整个统一物流信息平台的建设任务能够在明确接口定义的基础上并发开发，同时能保证系统对各层基础技术的发展具有良好的适应性。

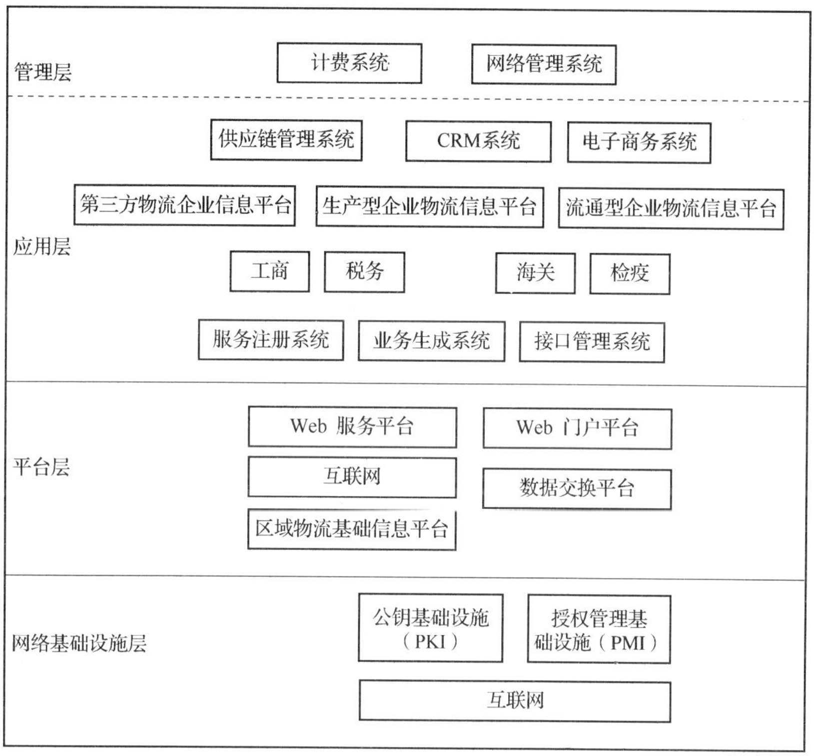

图 4-3 物流信息平台的功能分层逻辑模型

1. 网络基础设施层

网络基础设施层是为统一物流信息平台提供物流信息以及其他运行管理信息的传输和交换平台。其中包括的网络信任域基础设施和信息安全基础设施（如 PKI——Public key Infrastructure，PMI——Privilege Management Infrastructure）在网络基础设施提供的信息传输服务平台的基础上增加了通用安全服务，为统一物流信息平台提供了一个通用的、高性能的、可信和授权的计算平台，即所谓的智能化信任和授权平台。它与国家电子政务在网络安全上的建设措施是完全一致的，有利于与国家电子政务的无缝对接。本层位于整个体系结构的底层，提供最基础的传输和数据交换服务。

2. 平台层

平台层从下往上包括区域物流基础信息平台、数据交换平台、统一的物流 Web 服务平台和统一的物流 Web 门户平台。区域物流基础信息平台是为各类物流企业提供物流资讯信息源服务的系统和统一的物流信息技术标准和规范的总和，为物流产业链的各类参与者提供一个可视化的网络工具环境和一个区域物流交通信息平台。利用地理信息技术、全球卫星定位技术和遥感技术构筑区域空间信息平台。将区域空间信息平台与 Web 技术相结合，构建统一的物流资讯基础服务系统。例如依托城市智能的交通系统（ITS），它将先进的信息技术、数据通信传输技术、电子控制技术以及计算机处理技术等有效地运用于整个物流管理体系，使人、车、路密切配合，和谐统一，从而建立起一个大范围，全方位发挥作用的实时、准确、高效的物流管理系统。

区域物流基础信息平台提供如下类别的基础信息：

(1) 资源信息类。它包括公路、铁路、水路、海域、航空等交通信息。具体又分为节点（城镇、火车站、港口、码头、机场）信息、参数信息（线路名称、里程、等级、能力、运输成本）和设施（桥梁、涵洞、隧道、大坝等）信息。

(2) 储运资源信息类。它包括运力资源（汽车、轮船等）、仓储资源（仓库、堆场等）和工具资源（拖车、叉车、集装箱）等物流设施信息。

(3) 服务资源信息类。它包括物流营运网点与加盟企业网点的基本信息、分布信息与服务信息等。

(4) 后勤资源信息类。它包括加油站、修理厂、停车场和包装厂等信息。

物流 Web 门户平台提供了整个统一物流信息平台的门户，主要包括 Web 门户服务平台、门户应用平台、系统运行维护平台和安全保密服务平台等。Web 门户平台的服务性能是一个非常重要的方面，为此需要提供访问流量的负载均衡功能，此外还必须提供对有关发布功能的支持，它为介入用户提供了一个统一的物流应用服务的访问入口界面，并提供到各类具体物流服务的业务服务系统的连接；统一的物流 Web 服务平台则提供各类具体的物流业务系统，是整个系统具体服务的提供者；统一的数据交换平台则提供电子政务以及其他物流公司的业务系统的数据转化服务。

3. 应用层

应用层包括应用支撑层、业务应用层。由于我国物流业的发展很不平衡，物流信息技术水平也参差不齐，而且也为了能有更多的有用的信息系统能纳入到本系统，因此在应用支撑层中添加了应用服务注册系统即 Web Service 的服务。典型的 Web Service 的服务流程大致可以分为以下几个阶段，如图 4-4 所示。

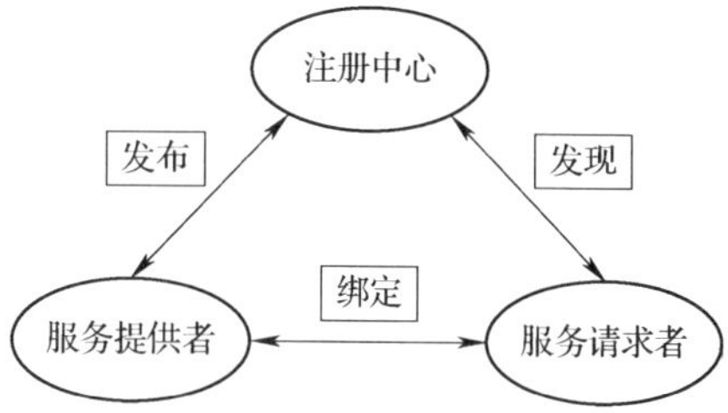

图 4-4　Web Service 的服务流程图

（1）服务注册。服务注册即服务提供者发布所提供的服务描述。服务描述是一个标准的或者经过扩展的 WSDL 文档。服务提供者通过服务代理（如 UDDI）的客户端接口将服务注册到服务代理（如 UDDI 注册表）。

（2）服务发现。服务发现即服务请求者根据自己的需要访问 UDDI 的查询服务。

（3）服务定位。服务定位即服务请求者得到要访问的 Web Service 的服务描述。

（4）服务绑定和调用。服务绑定和调用即服务请求者根据 WSDL 的描述（如服务接口信息、服务绑定类型、服务地址以及安全性、服务等级和服务质量等特性）以相应的方式调用服务。在这个调用模式中有三个角色：服务请求者、服务代理和服务提供者。服务请求者可以是 Java 程序、浏览器或者其他的 Web Service；服务代理则是一些特定功能的服务中介（最典型的如提供服务注册和发现的 UDDI）；服务提供者是通过网络发布数据或者功能的实体。

业务应用层包括供应链管理系统、客户关系管理（CRM）系统、电子商务系统、第三方物流企业信息平台、生产型企业物流信息平台、流通型企业物流信息平台、虚拟物流联盟构建支持系统以及其他通过 UDDI 在本系统中注册的信息平台，如工商、税务、海关等平台。

4. 管理层

管理层包括计费、网络管理系统。其主要管理内容有平台的安全管理、日常维护管理、网站统计管理和商务会员管理等。

4.3.6　物流信息平台的功能模块

基于数据挖掘的物流信息平台功能示意图如图 4-5 所示。

根据实际情况的不同可把功能模块分为两大类，即满足物流企业、工商企业、政府职能部门基本需要的功能模块和将来可扩展的功能模块。

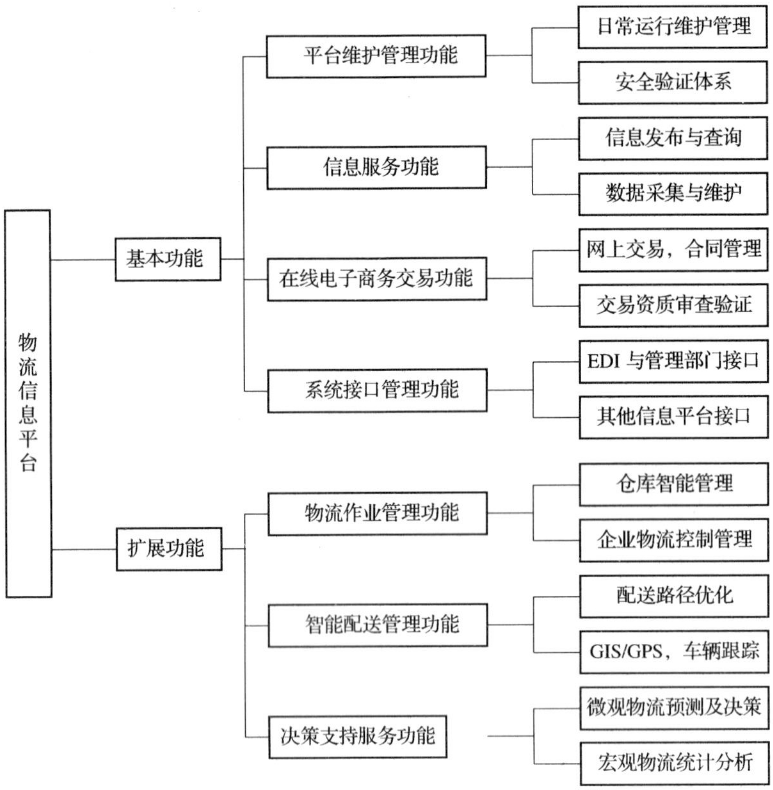

图 4-5　基于数据挖掘的物流信息平台功能示意图

基本功能模块如下。

（1）系统接口管理功能模块。这一功能模块是构建区域物流信息平台的基本模块，依据数据交换标准的规定，解决新建信息平台以及已有信息平台中存在的异构系统和异构格式之间的数据共享问题，从而实现各信息平台的交互共享和有效使用。

（2）信息服务功能模块。物流信息平台首先是一个综合服务的信息平台。综合服务功能要能够满足连接区域物流园区、园区内外物流企业、物流动作设施、政府管理部门、相关职能部门的信息系统的服务要求。该模块通常应具有区域内外政策法规、物流需要与供给等信息的发布、查询等功能。

（3）在线电子商务交易功能模块。电子商务物流是现代物流发展的一个重要领域，其中交易双方电子支付的安全性是电子商务物流发展所必须考虑的内容之一。通过专门构建网上支付的功能模块，保障交易安全，会大大加速物流交易由传统向电子交易的转变。该模块一般包括安全认证、电子支付与银行结算等功能。

（4）平台维护管理功能模块。平台维护管理功能模块主要是对物流信息平台进行日常管理与维护，包括网络软、硬件系统，防火墙等的检查、维护等，以及信息平台用户管理等。

搭建物流信息平台时还可根据不同的实际能力和需要来进行物流信息平台扩展服务功能的建设。扩展功能模块包含的模块如下：

1）智能配送管理功能模块。行业管理功能主要包括交通运输（车辆、船舶、火车、飞机）管理与控制，配送路径的设计与优化，以及 GPS 和 GIS 等实现物流运作可视化管理的功能模块。

2）物流作业管理功能模块。此模块包含道路货运场站管理模块、港口综合管理模块、火车货运综合管理模块、机场货运综合管理模块和综合性物流园区管理模块等。这一模块主要由不同节点的管理部门组织建设，内部功能主要是满足物流节点内部企业的物流作业管理，以及部分信息查询和公共服务等的需要，目的是共享数据，整合资源，提供物流节点层次的一体化服务。

3）决策支持服务功能模块。目前对物流历史数据的分析与统计、物流发展的趋势和预测、物流成本控制与管理、物流质量分析等增值服务功能要求日益突出。这一模块是物流公共信息平台服务功能的重要模块，也是数据挖掘技术与物流信息平台的重要结合点之一。通过在此模块中运用数据挖掘技术，可以极大地提升物流预测与决策的准确性，应用前景良好。

【本章小结】

物流信息系统与物流作业系统一样都是物流系统的子系统，是指由人员、设备和程序组成的，为后勤管理者执行计划、实施、控制等职能提供相关信息的交互系统。物流信息系统通常由物流管理信息系统、决策支持系统、专家系统、企业内部网、办公自动化系统等一系列的信息系统所组成。物流管理信息系统是物流信息系统中与企业业务层联系最为密切的一个基础组成部分，这是物流信息系统的基础。广义的物流管理信息系统应包括物流过程各个领域的信息系统，包括运输、仓储、海关和物流信息平台等。物流信息平台是一个面向整个物流系统的、集成化的、智能化的物流信息管理中心。

按照功能划分，物流信息系统可分为订单管理信息子系统、运输管理信息子系统、仓储管理信息子系统、配送管理信息子系统，以及采购、报关、货代、结算、设备、客户服务等管理信息子系统。

物流信息平台按照功能自下向上划分为网络基础设施层、平台层、应用层和管理层。物流信息平台的功能模块由满足物流企业、工商企业、政府职能部门需要的基本功能模块和将来可扩展的功能模块组成。

【思考题】

1. 什么是物流信息系统？什么是物流管理信息系统？二者有什么关系？

2. 物流信息系统包括哪些功能子系统？各子系统的管理内容有哪些？

3. 什么是物流信息平台？物流信息平台的逻辑模型有哪几个层次？各层次的内容有哪些？

4. 试论述物流信息平台应具备哪些功能。

【案例分析】

案　例　一㊀

2011年8月4日，交通运输部部长李盛霖在浙江省副省长等的陪同下，调研了试点示范项目——国家交通运输物流公共信息共享平台（以下简称物流信息平台）。李盛霖强调，要加快推进物流信息平台建设和应用，在推进以市场化为主的现代物流业发展过程中，充分体现政府的公共服务职能。

李盛霖指出，我国交通运输发展已经进入新的历史时期，经济越发达的地区，越需要加快转变交通运输发展方式，越需要加快推进现代交通运输业发展。现代物流业和综合运输体系是现代交通运输业的重要组成部分，发展现代物流业依托于综合运输体系建设，综合运输体系建设又促进现代物流业发展。近年来，浙江省交通运输取得了长足发展，完全有条件率先推进现代物流业发展。

李盛霖强调，推进现代物流业发展要坚持以市场化为主，也要积极探索如何更好地发挥政府的公共服务职能。物流信息平台建设就是在新形势下体现政府公共服务的实际举措。同时，信息化是现代物流业的核心，物流信息平台要在充分利用互联网技术的基础上，深入研究和运用物联网技术，不断提升物流信息化服务能力和水平。

据了解，物流信息平台建设基础网络已建成一个主服务器、7个交换服务器，16个省份参加共建，链接用户超过6万个，企业通过平台进行数据交换的信息量日均达到15万条，15套通用软件可供全国物流企业免费使用，浙江省3 900多家免费软件使用企业节省信息化投入2亿~4亿元。下一步，物流信息平台将进一步完善信息基础交换网络，加快推广物流通用软件，扩大信息系统联网范围，推进物流信息国际合作。

案　例　二㊁

目前，山东省公共物流信息平台在济南正式开通。这是全国第一个由政府牵

㊀ 刘兴增等，在现代物流业发展中充分体现政府公共服务，中国交通报，2011-8-5，第1版。

㊁ 创文，山东开通公共物流信息平台，中国电子报，2010-10-15，第2版。

头、多个省级政府部门联合共建的省级公共物流信息服务平台，是全国第一个按照“IT + 运营”模式建设的物流信息综合服务平台，是全国第一个由示范园区带动全省物流园区联盟体系的支撑平台。

山东省公共物流信息平台是基于国家“核高基”（核心电子器件、高端通用芯片及基础软件产品的简称）科技重大专项成果 Infors 中创中间件产品构建的。平台将着力于物流信息应用工具的开发和改进，并积极引入第三方支付平台，为全省物流企业提供网上配货、网上交易、电子支付、在线保险等物流电子商务服务，致力于打造全国网上交易量第一的公共物流信息平台，争取成为物流行业的“淘宝”。据了解，山东省已确定首批 14 家试点示范园区实现园区信息平台与省平台的信息交换共享，并带动全省 17 地市物流园区与物流企业接入平台，推进“数字物流园区”信息化建设。

案　例　三[⊖]

国际上，物流业被喻为刺激经济发展的“加速器”；在国内，农业、工业、商贸流通业等都需要现代物流业的支撑，物流业被列为国家十大振兴产业之一。在“迎接党代会，共谋新发展”建言献策活动中，长沙金霞经济开发区管理委员会提出，在产业升级过程中，发展大产业、打造大基地是关键，现代物流业的快速发展将促进大产业、大基地的建立。

1. 现代物流是推动产业转型升级的基础

现代物流业是将运输、仓储、装卸、加工、包装、配送、信息等方面有机结合并形成完整的供应链，为用户提供多功能一体化的综合性服务，与传统物流业相比能极大地降低物流成本，提高物流效率。

现代物流是推动产业转型升级的基础，专业化、现代化的物流业可降低交易成本，增强产业竞争力。同时，现代物流是承接沿海产业转移的关键。“交通是否便捷、信息是否畅通、成本是否合理，也就是物流产业是否完善和配套是构成一个地区投资环境是否优良最主要的因素。”

对于一个地区而言，无论是产业转移，还是国际国内市场的开拓，一进一出都与物流业的发展息息相关，没有现代物流产业的发展就不会有产业转移和市场开拓。同时，物流产业的发展将从整体上改善经济运行的效率，并直接提高社会的经济效益，所以，物流业成为了区域经济快速发展的出路。

2. 全国 84 家 5A 级物流企业长沙有 3 家

截至目前，长沙已成为中国流通领域物流示范城市，长沙市共有物流企业 182 家，拥有中国物流示范基地 1 家，5A 级物流企业 3 家。经调查，2010 年，长沙全社会运输周转量为 281.2 亿 t · km，同比增长 16.1%，其中货物周转量为

⊖ 岳冠文，建信息平台提速物流产业，长沙晚报，2011-9-7，第 A05 版。

219.25 亿 t · km，同比增长 17.5%。

但是，长沙物流产业却不够强。目前，全国 5A 级物流企业有 84 家，长沙仅 3 家。在 2010 年物流公司中国 50 强的名单中，仅一力物流上榜，居第 45 位，而全国物流企业前 50 强平均收入 90.12 亿元，长沙市龙头企业的年营业收入还达不到全国物流企业前 50 强的 15%。

与此同时，长沙市大多数物流企业仍然局限于从事着运输、仓储等传统作业。另外，长沙小的物流园区遍地开花，重复建设、资源浪费的情况较为普遍，园区配套设施不到位，或已有的设施不能得到充分利用，难以发挥物流园区集聚效应。物流信息平台的完善是发展现代物流业亟须解决的关键问题。

3. 建议尽快出台扶持政策

建议提出，希望长沙市规划部门以湖南省确定的物流园区为基准，明确重点物流园区，尽快出台长沙市对现代物流业的扶持政策，并由市政府牵头重点建设大实物平台，主要包括长沙铁路货运新北站已基本完成站场和配套道路建设，尽快投入运营；长沙新港已完成一、二期工程建设，加快启动三期工程建设；长沙金霞海关保税物流中心已基本完成一期建设，促推启动二期拆迁和项目招商；长沙黄花国际机场新航站楼已投入使用，尽快完善周边配套，促进长沙空港物流园区发展。

同时，还建议由市商务部门牵头建设虚拟平台，即"长沙物流信息公共服务平台"，从信息资源整合入手，加快推广运用物联网技术，主要建设以电子服务系统、物流服务系统、电子交易系统等为基础的物流信息系统，从而构筑物流企业、物流园区、职能服务部门之间的无缝对接。

问题：

1. 物流信息平台能够给物流业带来哪些益处？
2. 物流信息平台发展的未来方向是什么？

第5章　物流信息系统的开发

本章教学要点

- **掌握**：系统分析与系统设计的基本内容，理解业务流程图、结构图，并能够结合数据库系统分析与设计简单的物流软件系统。
- **熟悉**：常用的系统开发方法，UML的建模方法。
- **了解**：结构化系统开发的基本过程。

【导入阅读】

我国物流信息化发展规划的思考[㊀]

信息化是发展现代物流的核心技术，物流信息化的战略发展规划是从科技角度发展现代物流的战略规划。现代物流就是传统物流的信息化，是采用信息技术对传统物流业务进行整合、优化，从而达到降低成本、提高服务水平的目的。从长远来看，还要解决如物流与生态环境、物流与国家安全等战略问题。因此，物流信息系统应满足这些战略目标的需求。

1. 物流信息化的发展现状

近年来，我国物流信息化建设伴随着物流市场的发展取得了显著成效，并已经成为我国信息化最受关注的领域之一。物流信息化的发展现状呈现以下几个特点：一是信息化的需求是分层次的。第一个层次以达到基础信息化目的为主，即完成信息的采集、传输、共享等，最后成为决策的依据，此类应用占80%左右。第二个层次涉及优化，主要是对流程的改造和操作的智能化，其运行模式包括不同程度的计算机智能化决策，此类应用占15%左右。第三个层次是供应链物流，涉及物流以外的领域，如采购与供应商管理、分销管理与市场预测等，整合优化的范围包括供应链的上下游企业，此类应用占5%左右。二是信息系统的供应商分四类，即国际著名的管理软件或物流软件商、国内的大型管理软件商、国内物流软件专业供应商和小型软件企业。总的来看，这些供应商将随着物流业的发展而整合。因此，如何应对这样一个整合的趋势，应该成为发展规划需要考虑的问

㊀ 戴定一，我国物流信息化发展规划的思考，中国包装报，2010-4-9，第001版。

题。三是公共信息服务平台需求迫切，并已经开展了一些有益的实践。目前多数专家都同意这样一种观点：平台建设的难度不在于技术，而在于商业模式，在于公共服务平台的运行能否实现自我良性循环，能否突破条块分割的体制实现服务功能的整合。四是信息化项目的实施要遵循一定的原则。许多信息化项目投资巨大，但效果却并不理想。物流信息化实施原则可概括为 12 个字——需求引导、效益为本、循序渐进。我国的物流信息化处于起步阶段，培养需求、培养人才、培养管理基础都需要一个过程，不可能一蹴而就。

2. 物流信息化发展的原因及目前存在的问题

分析近年来现代物流信息化在我国得以迅速发展的原因主要有三个方面：一是信息技术、网络技术的普及和发展，特别是互联网技术解决了信息共享、信息传输的标准和成本问题，使信息更广泛地成为控制、决策的依据和基础。在这个层面，信息系统为决策提供及时和准确的信息。二是企业在利益的驱动下，不断追求降低成本和加快资金周转，将系统论和优化技术用于物流的流程设计和改造，并融入新的管理制度之中。在这个层面，信息系统是固化管理和优化操作的有效途径。三是供应链管理的作用不断扩大，如何提高整个供应链的效率和竞争力成为关键。这一问题，必须通过上下游企业的信息反馈来解决。在这个层面，信息系统是实现互惠互利的手段。

以上三个层次的需求是由浅入深的，在我国的发展也是循序渐进的，后一阶段往往以前一阶段为基础。

综观我国物流信息化发展的整个进程，目前还存在以下问题：第一，中小物流企业的信息化程度低。一项调查表明，北京市的运输、物流企业采用信息系统进行管理的不足30%，即使已经采用的，其功能也十分简单。其主要原因之一是多数信息系统的成本太高，中小企业的信息化起点低，市场上缺少适应中小企业发展的信息系统，终端市场尚不具备开发价值。第二，缺少具有自主知识产权的主流物流信息系统。由于历史的原因，国内开发商的理论基础和研发能力还无法与国际同行相提并论。因此，产品在成熟度、功能性、系统性等方面存在缺陷是难免的。第三，物流信息系统的标准不统一，难以实现互通互联和信息共享，影响了物流市场的整合。另外，在网络的设计、优化方面也缺乏基础理论的指导。第四，物流软件个性化不足。物流软件和许多管理软件一样，需求的个性化特点十分突出，但软件开发商因不能实现批量生产，从而无法降低成本，结果就造成了“开花不结果”。第五，提供基础信息和技术服务的公共平台进展缓慢，满足不了市场的需求，尤其是中小企业物流信息化的需求。由于标准不统一，系统不能互联互通，影响了公共物流信息和技术服务平台的发展，这反过来又影响了各信息系统的使用价值。

3. 探寻物流信息化战略发展规划之路

当前，我国物流业的发展和物流信息化市场正进入一个加速发展的时期，物流信息系统的规划需要研究很多战略性问题，如基础模型、发展趋势、系统结构设计、标准以及商业发展模式等。

因此，可以通过推进中小企业的物流信息化来开发、培育我国具有自主知识产权的物流信息系统，从基本模型结构的研究开始，到各功能模块、数据接口、数据结构、开发工具等标准或规范的确定，逐步搭建物流信息的公共服务平台。

在制定物流信息化战略发展规划的过程中，必须注意以下几个问题：第一，管理软件向平台化方向发展的趋势受到信息系统开发商的关注，主要供应商均开始推出平台化软件，因此，应把软件研发重点放在基础性的标准、模块、模型结构等方面。第二，一批开发商在中小企业市场上获得成功，不仅拥有一定数量的客户，而且在方法论研究方面也积累了经验。他们实践了一段时间后，会不约而同地提出业界联合研制标准、基础结构和规范的要求。第三，高端市场尽管是物流信息系统赢利的主要方面，但是由于所应用的系统相对成熟，所以主要靠加强咨询服务、满足个性化需求等办法来开拓市场。因此，供应商应加强基础研究，从高端市场中培育具有自主知识产权的系统。第四，中小企业的信息化需求增长很快，需要一批容易入门和升级的产品。如果引导得好，系统的整合可能会比高端市场更容易一些。

要形成物流信息化发展战略规划还需要经过充分的论证，更重要的是要得到有关部门的积极支持。因为信息化乃至科学技术不是推进物流现代化的全部因素，还需要宏观与微观的体制、机制、资金与人才等要素的共同配合。

5.1　物流信息系统开发概述

5.1.1　信息系统开发的任务

信息系统开发的任务，就是开发一个能满足用户需要、高效并有力支持物流管理和决策目标的、具有先进技术的信息系统。

具体来说，可从以下四个方面来分析物流信息系统开发的任务：

1. 满足用户需要

由于原来没有信息系统或旧系统的存在问题，不能满足用户的需要，因此新系统必须保证其最终能够被用户接受，实现用户的初衷。

2. 功能完整

功能是否完整，是指系统能否覆盖组织的主要业务管理范围。同时，还表现在各部分接口是否完备，数据采集和存储格式是否统一，各部分是否协调一致。

3. 技术先进

正确认识各种先进技术的优劣，根据实际情况和未来发展将其合理地运用到物流信息系统开发中去。尽量采用成熟的技术，不要为了先进而采用最新但未经考验的技术。

4. 实现辅助决策

许多组织的决策任务非常复杂、耗时。例如，在国美电器、永乐家电等家电业零售巨头已经进驻福州的情况下，全国性连锁家电苏宁在考虑是否进驻福州以及在何处建新卖场时，其决策行为将受到市场竞争、员工素质、与其他卖场是否邻近以及是否靠近主要交通干线等多种因素的综合影响。因此，许多组织都需要能够帮助他们作出物流决策的决策支持系统。

5.1.2 信息系统开发的原则

1. 四个统一原则

四个统一即“统一领导、统一规则、统一目标规范和统一软硬件环境”。“四个统一”给系统开发人员和系统管理人员提出了共同遵守的准则，加强了系统开发过程的管理和控制，对提高系统开发质量和水平、缩短开发时间、减少开发费用、方便系统管理和维护等都起到了重要指导作用。

2. “一把手”原则

根据发达国家的经验和我国的实践证明，如果组织的“一把手”没有参加信息系统开发，而只是作为一个旁观者，那么信息系统的开发注定要失败。因为信息系统的开发与应用是一个技术性、政策性很强的系统工程，如系统开发目标、环境改造、管理体制变革、机构重组、设备配置、人员培训等一系列重大问题均需“一把手”的支持与参与。“一把手”最清楚自己组织的问题，最能合理地确定系统目标，拥有实现目标的人权、财权、指挥权，能够决定投资、调整机构、确定计算机平台等，这是任何人也不能替代的。因此，只有“一把手”亲自参与和支持管理信息系统的开发，才能获得成功。

系统开发的过程也是加强基础管理和提高管理水平的过程。其中，加强基础管理、改变传统习惯、工作关系的重新组合、人事变动以及各开发阶段设计方案的批准、重大的进程安排、资金的筹集调用等都需“一把手”亲自参与和拍板，这是管理信息系统开发成功的关键。因此，“一把手”要充分认识自己在管理信息系统开发中的地位和作用，应积极参与，加强领导，以最少的投入开发出高效的、多功能的管理信息系统。

3. 面向用户原则

信息系统是为用户开发的，最终要交给用户使用，由用户通过运行并在使用后作出客观评价。因此，系统开发人员要使信息系统开发获得成功，必须坚持面向用户，树立一切为了用户的思想。从总体规划到开发过程中的每一个环节都必须站在用户的立场上，一切为了用户，一切服务于用户。

4. 信息工程原则

要采用信息工程的方法来开发信息系统。因为信息系统开发不仅涉及管理思想的转变、管理体制的变革、管理基础工作的健全，还涉及组织的整体状况、环境及经营管理和业务技术等许多方面，是一项内容繁多、覆盖面广、人机结合的系统工程。因此，必须从组织的全局和实际出发，制定组织管理信息系统的总体规划和设计，妥善处理当前和长远、实用性和科学性、现行管理和管理现代化三者之间的关系，统筹协调理想目标和实际可能、总体规划目标和子系统分目标、现行系统和目标系统之间的关系，从而保证管理信息系统的开发能够顺利进行。

5. 阶段性原则

系统开发过程要划分为若干个工作阶段，明确规定各个阶段的任务和成果，制定各个阶段的目标和评价标准，由开发领导小组或技术负责人对阶段性成果进行评审，在发现问题时及时提出修改方案，保证系统开发质量。值得注意的是，不能混淆工作阶段，例如，系统开发人员热衷于编制程序，在没有充分弄清系统需求之前就急于考虑硬件的选型、网络的方案、系统软件的选择等，匆匆忙忙地购置、安装、调试后就开始了程序的编制工作。其结果必然会造成各种资源的浪费、时间的推迟，甚至会导致整个系统开发的失败。

6. 适用性和先进性原则

信息系统开发，既不能盲目追求技术的先进性而采取不成熟的技术，造成系统不能正常运行或运行不可靠、不稳定；也不能起点太低，采用过分落后的技术或简单地模仿手工，造成系统功能弱、性能差。因此，在信息系统开发中应注重适用性与先进性的结合，一方面要把适用性放在第一位，满足现行管理的实际需求，尽快解决管理工作中的实际问题；另一方面要采用先进的管理思想和先进的技术，开发出功能全、起点高的系统。

5.1.3　信息系统开发的方法

1. 结构化系统开发方法

结构化系统开发方法是自顶向下的结构化方法、工程化的系统开发方法和生命周期方法的结合，是迄今为止的开发方法中最传统、应用最广的一种开发方法。

（1）基本思路。它的基本思路是先将整个信息系统的开发划分成若干个相对比较独立的阶段，如系统规划、系统分析、系统设计和系统实施等。在前三个阶段采用自顶向下的方法对系统进行结构化划分，即从组织管理金字塔结构的最顶层入手，层层分解逐步深入至最基层；先考虑系统整体的优化，然后再考虑局部的优化。在系统实施阶段，采用自底向上的方法逐步实施，即按照前几个阶段设计的模块组织人员从最基层的模块做起（编程），然后按照系统设计的结构，将模块一个个拼接到一起进行调试，自底向上、逐渐地构成整体系统。

（2）步骤。在结构化系统开发方法中，信息系统的开发应用应符合系统生命周期的规律。随着企业和组织工作的需要及外部环境的变化，对信息的需求也会相应地增加，这就要求设计和建立更新的信息系统。系统投入使用后一段时期内，可以在很大程度上满足企业管理者对信息的需求。但随着时间的推移，由于企业规模或信息应用范围的扩大或设备老化等原因，信息系统又逐渐不能满足需求了。这时企业对信息系统又会提出更高的要求。周而复始，循环不息。这种方法将整个开发过程划分成五个首尾相连的步骤，称为结构化系统开发的生命周期，主要包括系统规划、系统分析、系统设计、系统实施和系统运行维护五个阶段。

1）系统规划阶段。首先，根据用户的系统开发请求，对企业的环境、目标、现行系统的状况进行初步调查。其次，依据企业目标和发展战略，确定信息系统的发展战略，对建设新系统的需求作出分析和预测，明确所受到的各种约束条件，研究建设新系统的必要性和可能性。最后，进行可行性分析，写出可行性分析报告。可行性分析报告审议通过后，将新系统建设方案及实施计划编成系统规划报告。

2）系统分析阶段。根据系统规划报告中所确定的范围，对现行系统进行详细调查，描述现行系统业务流程，分析数据与数据流程、功能与数据之间的关系，确定新系统的基本目标和逻辑功能，即提出新系统逻辑模型，并把最后成果形成书面材料——系统分析报告。

3）系统设计阶段。根据新系统的逻辑模型，具体设计实现逻辑模型的技术方案，即提出新系统的物理模型，进行总体结构设计、代码设计、数据库/文件设计、输入/输出设计和模块结构与功能设计。

4）系统实施阶段。根据系统设计说明书，进行软件编程（或者是选择商品化应用产品，根据系统分析和要求进行二次开发）设计、调试和检错、硬件设备的购入和安装、人员的培训、数据的准备和系统试运行。

5）系统运行维护阶段。进行系统的日常运行管理、维护和评价三部分工作。如果运行结果良好，则送管理部门指导组织的生产经营活动；如果存在一些小问题，则对系统进行修改、维护或是局部调整等；若存在重大问题（这种情况一般是在系统运行若干年之后，系统运行的环境已经发生了根本的改变时才可能出现），则用户将会进一步提出开发新系统的要求，这标志着旧系统生命的结束、新系统的诞生。

2. 原型法

原型法（Prototyping Approach）是 20 世纪 80 年代随着计算机技术的发展，

特别是在关系数据库系统（RDBS）、第四代程序生成语言（4GL）和各种系统开发生成环境产生的基础之上提出的一种新的系统开发方法。与结构化系统开发方法相比，原型法放弃了对现行系统的全面、系统的详细调查与分析，而是根据系统开发人员对用户需求的理解，在强有力的软件环境支持下，快速开发出一个实实在在的系统原型，并提供给用户，与用户一起反复协商修改，直到形成实际系统。

（1）基本思路。原型法的基本思路是：在软件生产中，引进工业生产中在设计阶段和生产阶段的试制样品的方法，解决需求规格确立困难的问题。首先，系统开发人员在初步了解用户需求的基础上，迅速而廉价地开发出一个实验型的系统，即“原型”。然后将其交给用户使用，启发用户提出进一步的需求，并根据用户的意见对原型进行修改，用户使用修改后的系统再提出新的需求。这样不断反复修改，用户和开发人员共同探讨如何改进和完善系统，直至最后完成一个满足用户需求的系统。

（2）步骤。采用原型法对系统进行开发时有以下几个步骤：

1）确定用户的基本需求。系统开发人员对组织进行初步调查，与用户进行交流，收集各种信息，进行可行性分析，从而发现和确定用户的基本需求。用户的基本需求包括系统的功能、人机界面、输入和输出要求、数据库基本结构、保密要求、应用范围、运行环境等。但基本不涉及编程规则、安全问题或期末的处理（如工资管理系统在年终产生的报表）。

2）开发一个初始原型。系统开发人员根据用户的基本需求，在强有力的工具软件支持下，迅速开发出一个初始原型，以便进行讨论，并从它开始迭代。通常初始原型只包括用户界面，如数据输入屏幕和报表，但初始原型的质量对生成新的管理信息系统至关重要。如果一个初始原型存在明显缺陷，就得重新构造一个新原型。

3）使用和评价系统原型。用户通过对原型的操作、检查、测试和运行，获得对系统最直接的感受，不断发现原型中存在的问题，并对功能、界面（屏幕、报告）以及原型的各个方面进行评价，提出修改意见。

4）修改原型。根据上一阶段所发现的问题，系统开发人员和用户共同修正、改进原型，得到最终原型。第三阶段和第四阶段需要经过多次反复，直至用户满意为止。

5）判定原型完成。判定原型是否完成就是判断有关用户的各项需求是否最终实现。如果已经实现，则进入整理原型、提供文档阶段，否则将继续修改。

6）整理原型、提供文档。整理原型、提供文档是对原型进行整理和编号，并将其写入系统开发文档资料中，以便为下一步的运行、开发服务。其中包括用户的需求说明、新系统的逻辑方案、系统设计说明、数据字典、系统使用说明书等。所开发出的系统和相应的文档资料必须得到用户的检验和认可。

3. 面向对象的开发方法

面向对象（Object Oriented，OO）方法是一种认识客观世界，从结构组织模拟客观世界的方法。OO 方法产生于 20 世纪 60 年代，在 20 世纪 80 年代后获得广泛应用。它一反那种功能分解方法只能单纯反映管理功能的结构状态，数据流程模型（DFD）只是侧重反映事物的信息特征和流程，信息模拟只能被动迎合实际问题需要的做法，为我们认识事物，进而为开发系统提供了一种全新的方法。这种方法以类、继承等概念描述客观事物及其联系，为信息系统的开发提供了全新思路，因此必将成为 21 世纪的重要开发方法之一。

（1）基本思路。OO 方法认为：客观世界是由许多各种各样的对象所组成的，每种对象都有各自的内部状态和运动规律，不同的对象之间的相互作用和联系就构成了各种不同的系统。设计和实现一个客观系统时，如果能在满足需求的条件下，把系统设计成由一些不可变的（相对固定）部分组成的最小集合，这个设计就是最好的。因为它把握了事物的本质，因而不会被周围环境（物理环境和管理模式）的变化以及用户没完没了的变化需求所左右，而这些不可变的部分就是所谓的对象。客观事物都是由对象组成的，对象是在原来事物基础上抽象的结果。任何复杂的事物都可以通过对象的某种组合而构成。

（2）OO 方法的基本概念。OO 方法的基本概念包括以下几方面：

1）对象。对象是现实世界中具有相同属性、服从相同规则的一系列事物的抽象，也就是将相似事物抽象化，其中的具体事物称为对象的实体。任何事物在一定前提下都可以看成是对象。例如，面对同一条大街，如果你的问题是寻找同伴，则你看到的对象是流动的人群；如果你的问题是搭车，则你看到的是流动的车辆；如果你的问题是逛商场，则你看到的是繁华的商场。从计算机的角度来看，对象是把数据（即对象的属性）和对该数据的操作（即对象的行为）封装在一个计算单位中的运行实体；从程序设计者的角度来看，对象是一个高内聚的程序模块；从用户的角度来看，对象为他们提供所希望的行为。对象可以是具体的，如一个人、一张桌子和一辆轿车等；对象也可以是概念化的，如一种思路和一种方法等。

2）对象的属性。对象的属性是实体所具有的某个特性的抽象，它反映了对象的信息特征，而实体本身被抽象成对象。

3）类。类是具有相同属性和相同行为描述的一组对象，它为属于该类的全部对象提供了统一的抽象描述。如动物、人、高校、管理信息系统都是类。

4）消息。消息是向对象发出的服务请求。在 OO 方法中，完成一件事情的方法就是向有关对象发送消息。消息体现了对象的自治性和独立性，对象间可以通过消息实现交互，从而模拟现实世界。

消息传递：同样输入→不同对象→不同结果（终态）。

过程调用：同样输入→同样输出。

5）行为。行为是指一个对象对于属性改变或在收到消息后所进行的行动的反映。一个对象的行为完全取决于它的活动。

6）操作。操作是指对象行为、动态功能或实现功能的具体方法。每一种操作都会改变对象的一个值或多个值。操作分为两类：对象自身承受的操作，操作结果改变了自身的属性；施加于其他对象的操作，操作结果作为消息发送出去。

7）关系。关系是指现实世界中两个对象或多个对象之间的相互作用和影响，如师生关系、上下级关系、机器与配件的关系等。

8）接口。接口是指对象受理外部消息所指定操作的名称或外部通信协议。

9）继承。继承是指一个类承袭另一个类的能力和特征的机制。继承的优点是避免了系统内部类或对象因封闭而造成的数据与操作冗余现象，并保持接口的一致性。在传递消息时，也无需了解接口的详细情况。而继承机制的最主要的优点是支持重用，在层次方面优于传统结构化方法中的过程调用。

（3）OO 方法的开发过程。按照 OO 方法的基本思想，可将其开发过程分为以下四个阶段：

1）系统调查和需求分析阶段。对所要研究的系统面临的具体管理问题以及用户对系统开发的需求进行调查研究，弄清目的是什么，并给出前进的方向。

2）系统分析阶段。在繁杂的问题领域中抽象地识别出对象及其行为、结构和属性等。

3）系统设计阶段。根据系统分析阶段的文档资料，作进一步的抽象、归类和整理，运用雏形法构造出系统的雏形。

4）系统实现阶段。根据系统设计阶段的文档资料，运用面向对象的程序设计语言加以实现。

4. 计算机辅助软件工程

（1）基本思路。严格地讲，计算机辅助软件工程（Computer Aided Software Engineering，以下简称 CASE）只是一种开发环境而不是一种开发方法。它是 20 世纪 80 年代末从计算机辅助编程工具、第四代程序生成语言及绘图工具发展而来的。目前，CASE 仍是一个发展中的概念，各种 CASE 软件也较多，没有统一的模式和标准。采用 CASE 工具进行系统开发，必须结合一种具体的开发方法，如结构化系统开发方法、面向对象的开发方法或原型法等，CASE 只是为具体的开发方法提供了支持每一个过程的专门工具。因此，CASE 工具实际上是把原先由手工完成的开发过程转变为以自动化工具和支撑环境支持的自动化开发过程。

（2）开发工具。为提高软件开发效率和减轻开发人员的劳动强度而设计的软件称为软件工具。软件工具是为支持计算机软件的开发、维护、模拟、移植或管理而研制的程序系统。

软件工具涉及的面很广，种类繁多，目前分类方法也很多，较为流行的分类方法是按生存周期分类，通常分为以下五大类。

1）软件需求分析工具。利用形式化语言描述，其与自然语言相近，可产生需求分析的文档和相关的图形，如 DFD 图。例如，问题描述语言 PSL、问题分析器 PSA 都是需求分析工具。

2）软件设计工具。一种是图形、表格、语言的描述工具，如结构图、数据流程图、判定表、判定树、IPO 图等；另一种是转换与变换工具，如程序设计语言 PDL 可实现算法描述到接近可执行代码的描述转换。

3）软件编码工具。如各种高级语言编译器、解释器、编译链接程序和汇编程序等。软件编码工具是软件开发的主要工具。

4）软件测试和验收工具。如静态分析程序 DAVE 和程序评测系统 PET。

5）软件维护工具。如 PERT、TSN 和 GANTT 图等。

有些软件工具支持多个软件开发阶段，因此，难以明确地将其归入上述五类中的某一类。对于依赖数据库技术的管理信息系统的开发，目前主要采用面向对象的开发工具。很多数据库管理系统支持多个软件开发阶段，既作为系统开发平台，又作为系统开发编程工具。

5.2 物流信息系统规划

规划是对相关活动的统筹安排。组织的战略规划就是对关系到组织生存发展的长远和全局的关键活动的统筹安排，主要是确定目标，明确重点，划分阶段，制订总体方案，找出实现目标的途径，并构思如何为实现目标获取资源与配置资源。信息系统的战略规划是组织战略规划的一个重要组成部分，也常常作为组织战略规划下的一个专门性规划。物流信息系统规划可以分为战略性规划和执行性规划两部分。战略性规划是宏观指导性的长远规划，执行性规划是对战略规划的具体化和细化。物流信息系统的开发往往是从其系统规划开始的。

5.2.1 物流战略规划

任何组织中物流的基本目标都是以快速有效的方式支持组织的客户服务目标。物流战略的目标主要体现在三个方面，即降低成本、提高利润水平和改进服务。

1. 降低成本

战略实施的目标是将与运输和存储相关的可变成本降到最低。通常要评价各个备选方案，如在不同的仓库选址中作出选择，或者在不同的运输方式、运输线路上做出选择，以形成最佳方案。但应该注意的是，在选择的过程中，要保持客户服务水平不变。

2. 提高利润水平

提高利润水平体现在物流系统的投资最小化和利润最大化两个方面。物流系统的投资最小化需要考虑的是将物流业务外包还是自营；是自建仓库还是租用仓库；是大力提高客户服务水平，扩大销售，还是保持现有服务水平不变，降低物流活动成本等。利润最大化则是该战略的首要目标。

3. 改进服务

企业收入取决于其所提供的物流服务水平。尽管提高物流服务水平将大幅度提高成本，但收入的增长可能会超过成本的上升。要使战略有效果，应该制定与竞争对手截然不同的服务战略。

5.2.2　系统规划的策略

通常，系统规划按照“自上而下”的方法进行，信息系统的开发实施有以下三种策略：

1. “自下而上”的开发策略

从各个基层业务子系统（如库存管理、财务管理和运输与调度管理等）的日常业务处理开始进行分析和设计。完成下层子系统的分析和设计后，再进行上一层子系统的分析和设计。实现一个个具体的功能后，逐步地由低级到高级建立管理信息系统。这种方法边实施边见效，容易开发，可以避免大规模系统可能出现的运行不协调的危险。但由于在实施具体子系统时，不能像想象的那样周密，不能从整个系统出发考虑问题，易导致功能和数据的重复和不一致，随着系统开发的进展，往往要作许多重大修改，甚至要重新规划、设计。

2. “自上而下”的开发策略

从企业高层管理入手，强调从整体上进行协调和规划，由全面到局部，由长远到近期，从探索合理的信息流出发来设计信息系统。它首先考虑企业的总体目标、总功能，划分子系统，然后进行各子系统的具体分析与设计。这种开发策略具有系统性、逻辑性强的优点；缺点是对开发较大的系统来说，由于工作量大而影响具体细节，系统开发费用大。这是一种更重要的策略，是信息系统的发展走向集成和成熟的要求。

3. 综合开发的开发策略

由于“自上而下”的方法适用于系统的总体规划，“自下而上”的方法适用于系统设计、系统实施阶段，所以，在实际使用时往往将两种方法综合起来，发挥各自的优点。即采用“自上而下”的方法进行总体规划，把企业的管理目标转化为信息系统的近期和长远目标，新系统的设计和实现采用“自下而上”的方法。

通常，“自下而上”的策略用于小型系统的设计，适用于缺乏开发工作经验的情况。在实践中，对于大型系统往往使用综合开发方法，即先“自上而下”地做好管理信息系统的战略规划，再“自下而上”地逐步实现各系统的应用开发。这是建设管理信息系统的正确策略。

5.2.3 系统规划的一般步骤

1. 确定规划的基本问题

系统规划的第一步为确定规划的基本问题，如规划的年限、规划的方法，确定集中式还是分散式的规划等。

2. 收集初始信息

收集初始信息即进行信息采集，通过现有文档、系统用户和管理人员、外源信息等不同途径，收集并整理与整个系统有关的资料、情况及存在问题，其主要内容包括以下几个方面：

（1）企业概况。企业概况包括企业发展规模，行业性质，组织目标和结构，产、供、销的概貌，人员、设备与资金的现状以及管理水平等。

（2）组织环境。组织环境包括自然环境和社会环境以及与外部单位之间的物质、资金或信息的来往关系等。

（3）现行信息系统概况。现行信息系统概况包括现行管理信息系统功能、技术水平、工作效率、可靠性、人才队伍、管理体制，以及现行管理信息系统在企业中的作用和存在的问题等。

（4）认识问题。认识问题包括企业的领导者、管理部门对管理信息系统的态度、支持的程度，对管理信息系统的看法以及对信息的需求。

（5）资源情况。资源情况包括开发管理信息系统的人力、资金、环境、条件和时间等。

采集信息常用的方法有召开由主管领导和上层管理人员介绍情况的调查会，印发调查提纲或调查表，走访企业的领导人和管理人员，有目的、有选择地参加某些业务工作，阅读与分析现有系统的资料等。访谈、问卷调查是经常使用的方式。

3. 现存状态的评价和识别计划约束

它包括目标、系统开发方法、计划活动、现存硬件和其质量、信息部门人员、运行和控制、资金、安全措施、人员经验、手续和标准、中期和长期优先序、外部和内部关系、现存的设备、现存软件及其质量以及企业的思想和道德状况。

4. 设置目标

目标主要由总经理和系统开发领导小组来设置，包括服务的质量和范围、政策、组织及人员等，它不仅包括信息系统的目标，而且应包括整个企业的目标。

5. 准备规划矩阵

准备规划矩阵时应列出由信息系统规划内容之间的相互关系所组成的矩阵，确定各项内容以及它们实现的优先顺序。

6. 识别活动

识别活动是指判断是一次性的工程项目性质的活动，还是一种重复性的经常进行的活动。由于资源有限，不可能所有项目同时进行，只能选择一些好处最大的项目先进行，要正确选择工程类项目和日常重复类项目的比例，正确选择风险大的项目和风险小的项目的比例。

7. 确定项目的优先顺序和估计项目的成本费用

依此编制项目的实施进度计划并将战略长期规划书写成文待批。

5.2.4　系统规划的常用方法

制定管理信息系统战略规划的方法有多种，主要有关键成功因素法（Critical Success Factors，CSF）、战略目标集转化法（Strategy Set Transformation，SST）和企业系统规划法（Business System Planning，BSP）三种。还有几种在特殊情况下使用的方法，如企业信息分析与集成技术（BIAIT）、产出/方法分析（E/MA）、投资回报率（ROI）和征费法（Charge Out）等。

1. 关键成功因素法

1970 年，哈佛大学 William Zani 教授在管理信息系统模型中使用了关键成功变量，这些变量是决定管理信息系统成败的因素。过了 10 年，麻省理工学院 John Rockart 教授把 CSF 提高成为管理信息系统的战略。应用这种方法，可以对企业成功的重点因素进行辨识，确定组织的信息需求，了解信息系统在企业中的位置。所谓的关键成功因素，就是关系到组织的生存与组织成功与否的重要因素，它们是组织最需要得到的决策信息，是管理者重点关注的活动区域。不同组织、不同的业务活动中的关键成功因素是不同的，即使在同一组织、同一类型的业务活动中，在不同的时期，其关键成功因素也有所不同。因此，一个组织的关键成功因素应当取决于本组织的判断，包括企业所处的行业结构、企业的竞争策略、企业在行业中的地位、市场和社会环境的变动等。

CSF 是通过分析找出企业成功的关键因素，然后再围绕这些关键因素来确定系统的需求，并进行规划。其步骤如下：

（1）了解企业和信息系统的战略目标。

（2）识别影响战略目标的所有成功因素。

（3）确定关键成功因素。

（4）识别性能指标和标准。

确定关键成功因素所用的工具是树枝因果图。例如，某企业有一个目标，是提高产品竞争力，可以用树枝因果图画出影响它的各种因素以及影响这些因素的子因素，如图 5-1 所示。

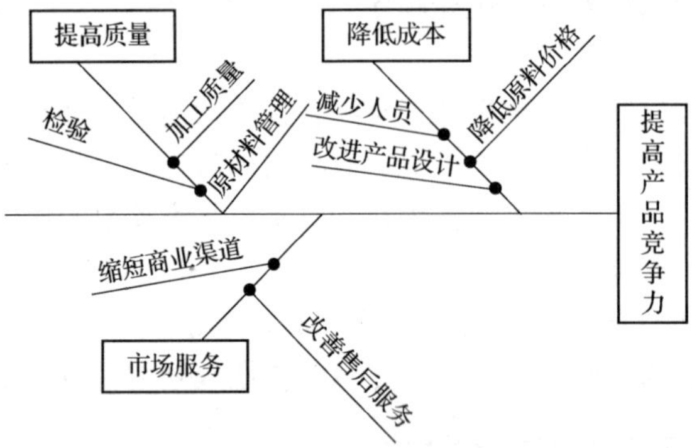

图 5-1　树枝因果图

如何评价这些因素中哪些因素是关键成功因素，不同的企业是不同的。对于一个习惯于高层人员作个人决策的企业，主要由高层人员个人在此图中进行选择。对于一个习惯于群体作决策的企业，可以用德尔菲法或其他方法把不同人设想的关键因素综合起来。在高层中应用关键成功因素法一般效果较好，因为每一个高层领导人员日常总在考虑什么是关键因素。这种方法一般不大适合在中层领导中应用，因为中层领导所面临的决策大多数是结构化的，其自由度较小，对于他们最好应用其他方法。

【拓展阅读】

汽车物流企业的关键成功因素[⊖]

关键成功因素是指企业为获得较高绩效，必须给予特殊和持续关注的管理问题和组织领域，从另一个角度来说，关键成功因素也是企业有限资源在一段时间内应该投入的重点领域，是企业应该着重培育的能力。

本文将汽车物流业的关键成功因素分为中、短期关键成功因素和长期关键成功因素。中、短期关键成功因素在企业进入汽车物流业的早期起决定作用，影响企业的进入战略，解决企业能否生存下来的问题；而长期关键成功因素则在汽车物流企业的发展阶段起关键作用，解决企业的发展战略问题，或者说企业在汽车物流业的可持续发展问题。

⊖ 林薇等，解析汽车物流企业的关键成功因素，商业时代，2005 年第 35 期，第 54-55 页。

1. 中、短期关键成功因素

（1）客户资源。汽车行业条块分割、自成体系、自我服务、“大而全、小而全”及“肥水不外流”的观念，使我国汽车物流企业从诞生的第一天就对汽车制造企业有非常强的依赖关系。另外，国内早期汽车物流企业的服务主要集中在运输、仓储等传统服务领域，无法实现第三方物流的巨大优势，虽名为第三方物流，却实为第一方、第二方物流向第三方物流的过渡形式。以上这些因素使战略性客户资源（合作伙伴）——主要汽车制造商成为国内汽车物流业进入初期及随后较长一段时间内的关键成功因素。

（2）资产规模。汽车物流是一种高度资本密集和技术密集的行业。汽车物流企业的资产规模、专用设备数量、仓储面积、信息处理系统等参数直接与企业能提供的物流吞吐量相关。汽车物流企业在初期需要大量的固定资产投资，而且还需要大量的投资用于建立控制系统和呼叫中心等软件设施。

（3）运输网络。汽车产业是一种典型的全球化产业，拥有很长的供应链，同时其市场分布又非常广，再加上竞争的白热化，因此汽车制造商迫切需要把自己的产品快速渗透到目标市场的每一个角落，这对第三方汽车物流商的分拨能力提出了很大的挑战，需要汽车物流商有一个周密、完善的运输、仓储网络。汽车物流商的运输网络分布情况是企业能否拿下订单的关键。

2. 长期关键成功因素

（1）专业技术资源。对国内汽车物流企业来说，如果只向汽车制造商提供传统的运输、仓储服务，而不考虑将角色向物流解决方案提供商转变，必将制约企业的进一步发展，使企业难以融入世界汽车供应链体系。从汽车制造商的角度来看，目前中国有实力的汽车制造商绝大多数有外资背景，国外的汽车制造商在其本国享有优质的物流服务，他们必然希望在中国能够享受同样的服务。因此，中国物流企业与世界优秀物流企业形成战略联盟，获取并吸收优秀的物流运作经验成为影响我国汽车物流企业长期发展的关键成功因素。目前，荷兰 TNT 加盟安吉天地物流，美国总统物流间接加盟重庆长安民生物流、全球最大的汽车船物流公司日本邮船株式会社（NYK）加盟中远日邮汽车运输有限公司等事件都必将对我国汽车物流业长远发展产生深远影响。这种战略合作关系直接为国内企业带来了成功的运营经验、专业的物流规划技术、整套的供应链解决方案，对建立我国汽车物流业的核心竞争力极具重要意义。

（2）IT 设施。汽车物流的本质在于“流动”，准时地、不间断地将物品运送到所需要的地方，而这取决于对每一客户需求、每一供应商供应能力的准确把握，还取决于对运输能力的调配与实时控制能力，这些实际上都是对信息的获取能力和处理能力。

因此，IT 设施对汽车物流企业的运作管理、市场营销、客户关系管理、内部控制起着非常重要的作用。例如，TNT 的 CAPS/Baan 供应链优化软件的应用不仅直接降低客户总物流成本，而且大大缩短了订单执行周期；安吉天地的奥迪坚呼叫系统身兼客户关系管理（CRM）之职，同时通过与其他应用系统（财务系统、库存系统）的集成，实现前、后台的数据共享，实现了公司资金流、物流、信息流的统一。

（3）品牌声誉。信誉、声望和品牌对于任何一个企业来说都是重要的无形资产。对于第三方物流公司来说，由于其服务需要深入到其他企业供应链的各个环节，没有一个企业愿意将自己的商业秘密提供给一个没有良好声誉的物流公司。国内汽车物流企业的品牌建设可以说才刚刚开始。目前，我国汽车物流企业在服务理念、服务质量、服务成本、服务效率、服务信誉、服务品牌和信息传输等方面还有所欠缺，不能满足客户对汽车物流全球化的发展需求，如果对此不予重视，必将影响企业的长期发展。

2. 战略目标集转化法

1978 年，William King 把组织的战略目标看成是一个“信息集合”，由使命、目标、战略和其他战略变量等组成。战略规划过程是把组织的战略目标转变为管理信息系统战略目标的过程。战略目标集转化法如图 5-2 所示。

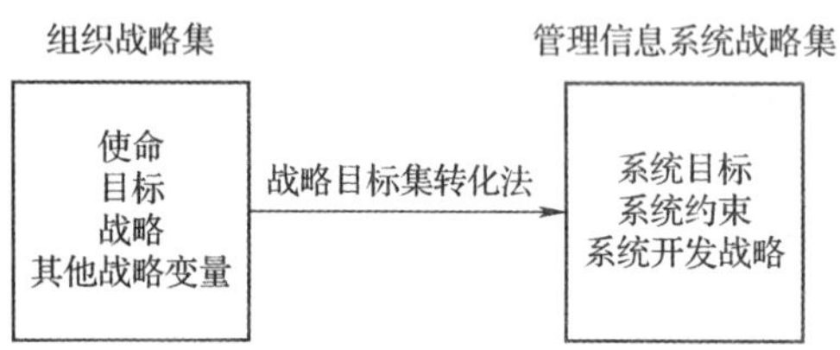

图 5-2　战略目标集转化法

该方法的第一步是识别组织的战略集，先考查一下该组织是否有成文的战略或长期计划，如果没有，就要去构造这种战略集。

第二步是将组织战略集转化成管理信息系统战略集，管理信息系统战略集应包括系统目标、系统约束以及系统开发战略等。这个转化的过程包括对应组织战略集的每个元素识别对应管理信息系统战略集的约束，然后提出整个管理信息系统的结构。最后，选出一个方案送总经理。

3. 企业系统规划法

企业系统规划法是由 IBM 公司于 20 世纪 70 年代提出的一种企业管理信息系统规划的结构化的方法论。它与 CSF 法相似，首先自上而下识别系统目标，识别业务过程，识别数据，然后自下而上设计系统，以支持系统目标的实现，BSP 法如图 5-3 所示。

（1）主要步骤。BSP 法从企业目标入手，逐步将企业目标转化为管理信息

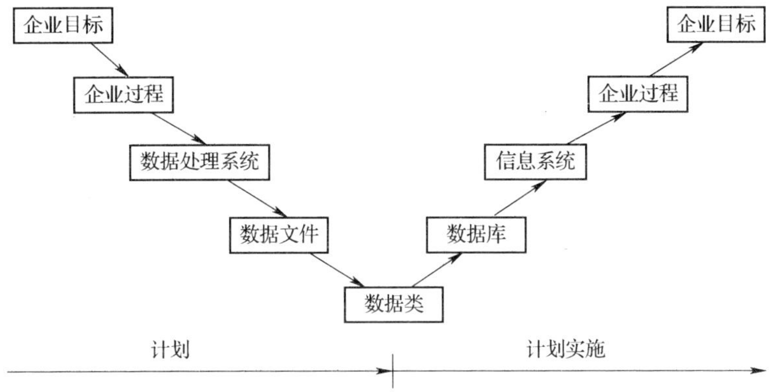

图 5-3　BSP 法

系统的目标和结构。它摆脱了管理信息系统对原组织结构的依从性，从企业最基本的活动过程出发进行数据分析，分析决策所需数据，然后自下而上设计系统，以支持系统目标的实现。BSP 法的主要步骤如图 5-4 所示。下面对其中的一些步骤作简要介绍：

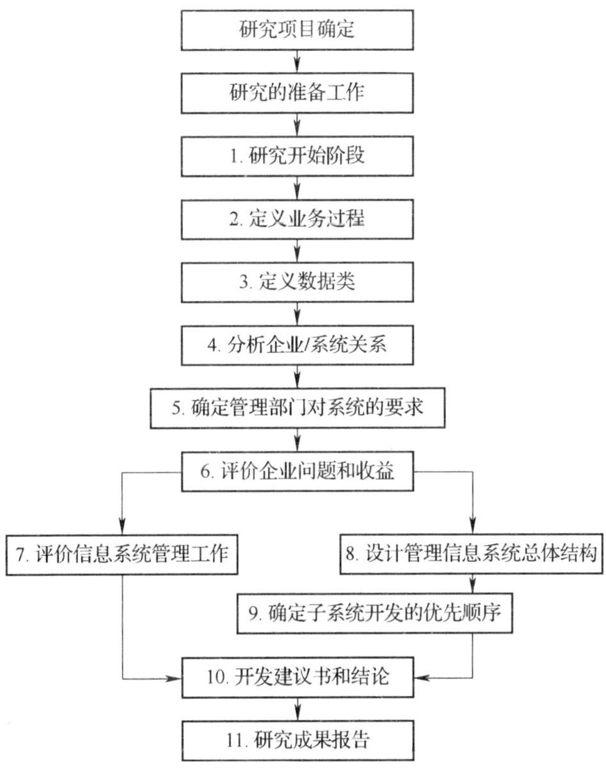

图 5-4　BSP 法的主要步骤

1）研究开始阶段。成立规划组，进行系统初步调查，分析企业的现状、了解企业有关决策过程、组织职能和部门的主要活动、存在的主要问题、各类人员对信息系统的看法。要在企业各级管理部门中取得一致看法，使企业的发展方向明确，使信息系统支持这些目标。

2）定义业务过程（又称企业过程或管理功能组）。定义业务过程是 BSP 法的核心。所谓业务过程就是逻辑相关的一组决策或活动的集合，如订货服务、库存控制等业务处理活动或决策活动。业务过程构成了整个企业的管理活动。识别业务过程可对企业如何完成其目标有较深的了解，可以作为建立信息系统的基础。按照业务过程所建造的信息系统，其功能与企业的组织机构相对独立，因此，组织结构的变动不会引起管理信息系统结构的变动。

定义的业务过程需要进行分析：哪些过程是正确的；哪些过程是低效的，需要在信息技术支持下进行优化处理；哪些过程不适合计算机信息处理，应当取消。检查过程的正确性和完备性后，对过程按功能分组，如经营计划、财务规划和成本会计等。

3）定义数据类。定义数据类是 BSP 法的另一个核心。所谓数据类就是指支持业务过程所必需的逻辑上相关的一组数据。例如，记账凭证数据包括了凭证号、借方科目、贷方科目和金额等。一个系统中存在着许多数据类，如客户、产品、合同和库存等。数据类是根据业务过程来划分的，即分别从各项业务过程的角度将与它有关的输入输出数据按逻辑相关性整理出来，归纳成数据类。

4）设计管理信息系统总体结构。功能和数据类都定义好之后，可以得到一张功能/数据类表格，该表格又可称为功能/数据类矩阵或 U/C 矩阵。设计管理信息系统总体结构的主要工作就是利用 U/C 矩阵来划分子系统，刻画出新的信息系统的框架和相应的数据类。

5）确定子系统开发的优先顺序。由于资源的限制，信息的总体结构一般不能同时开发和实施，总有个先后次序。划分子系统之后，根据企业目标和技术约束确定子系统实现的优先顺序。一般来讲，对企业贡献大的、需求迫切的、容易开发的子系统应优先进行开发。

6）完成 BSP 法研究报告，提出建议书和开发计划。

（2）子系统划分。设计管理信息系统总体结构是 BSP 法中比较重要的环节。BSP 法是根据信息的产生和使用来划分子系统的，它尽量把信息产生的企业过程和使用的企业过程划分在一个子系统中，从而减少子系统之间的信息交换。划分子系统的步骤如下：

1）做 U/C 矩阵。利用定义好的功能（业务过程）和数据类做一张功能/数据类表格（见表 5-1），即 U/C 矩阵。矩阵中的行表示数据类，列表示功能（业务过程），并用字母 U（use）和 C（create）表示功能对数据类的使用和产生，交叉点上标 C 的表示这个数据类由相应的功能产生，标 U 的表示这个功能使用这个数据类。例如，采购计划这个业务过程使用到物资需求、物资和库存这三个数据类产生计划数据类。

2）调整功能/数据类矩阵。开始时数据类和业务过程是随机排列的，U、C 在矩阵中的排列也是分散的，必须加以调整。首先，功能（业务过程）这一列按功能组排列，每一功能组按资源生命周期的四个阶段排列。功能组是指同类型的功能。其次，排列“数据类”这一行，使得矩阵中 C 最靠近主对角线。因为功能的分组并不绝对，在不破坏功能成组的逻辑性基础上，可以适当调配功能分组，使 U 也尽可能靠近主对角线。

3）画出功能组对应的方框，并起个名字，如表 5-2 所示，这就是子系统。

表 5-1　功能/数据类表格

业务过程＼数据类	物资需求	合同	进货	销售	库存	财务	进销存费用	计划	价格	客户	供应商	物资	职工	薪酬
市场预测	C			U						U				
需求分析	U									U				
采购计划	U				U			C				U		
合同登记		C									U			
合同执行		U	U								U			
合同统计		U									U	U		
开入库单			C				U		U		U			
核价		U	U						U					
进货验收		U	U											
开发货单				C					U	C				
客户服务				U						U				
销售分析				U					U	U				
可供资源					U							C		
库存管理					C		U				U	U		
库存控制					U							U		
会计记账			U	U		C	U			U	U			
账务结算			U	U		C	C			U	U			
应收付款分析						U								
人员计划													C	U
人员招聘													C	C
员工考评													U	U

表 5-2　调整功能/数据类矩阵

数据类 业务过程	物资需求	计划	合同	供应商	进货	价格	销售	客户	物资	库存	财务	进销存费用	职工	薪酬
市场预测	C						U	U						
需求分析	C			←采购管理				U						
采购计划	U	C							U	U				
合同登记			C	U		←合同管理								
合同执行			U	U	U									
合同统计			U	U						U				
开入库单				U	C	U						U		
核价			U		U	U		←进货管理						
进货验收			U		U									
开发货单						U	C	C						
客户服务							U	U		←销售管理				
销售分析						U	U	U						
可供资源									C	U		←库存管理		
库存管理				U					U	C		U		
库存控制									U	U				
会计记账				U	U		U	U			C	U		
账务结算				U	U		U	U			C	C		
应收付款分析								财务管理→			U			
人员计划													C	U
人员招聘										人力资源管理→			C	C
员工考评													U	U

4. 三种方法的综合应用

在实践中经常将三种方法综合进行应用，即 CSB 方法：用 CSF 法确定企业目标，用 SST 法补充完善企业目标，然后将这些目标转化为信息系统目标，再用 BSP 法校核企业目标和信息系统目标，确定信息系统结构。这种方法可以弥补单个方法的不足，能较好地完成规划，但又过于复杂而削弱单个方法的灵活性。因此，没有一种规划方法是十全十美的，企业进行规划时应当具体问题具体分析，灵活运用各种方法。

5.3　系统分析

系统分析的目的就是根据用户需求和资源条件，以现状为基础，确定系统应对哪些信息作存储、变换与传递，应具备哪些功能，从而明确系统应该做些什么。系统分析阶段要求系统分析人员从分析公司现有业务流程开始，建立信息系统与组织商业计划的联系，解决企业计划问题所涉及的具体内容，建立一个业务逻辑模型，并使这个业务逻辑模型成为设计新的物理模型（系统设计阶段的主要任务）的基础。

5.3.1 需求调查与分析

系统需求是系统分析的基础，对一个信息系统的需求分析主要包括四个方面，即信息需求、组织需求、控制需求和设备需求。

1. 需求调查

需求调查的内容可以大致地归纳为如下几类：

（1）组织结构和功能业务。其内容包括当前企业的组织结构、各职能部门的管理功能；其目的是为今后确定系统的功能层次结构和子系统划分做基础准备。

（2）组织目标和发展战略。其内容包括当前企业的发展计划和战略目标；其目的是为即将开发的管理信息系统在系统功能、运行环境、开发语言、功能扩充、信息扩充、企业与外部间的信息交换和功能连接以及系统的先进性、适应性等方面的设计提供参考，预留接口等。

（3）工艺流程和产品构成。其主要内容包括当前企业的生产工艺流程或业务管理流程、产品构成或报表栏目格式等；其目的是为将来设计管理信息系统的子系统划分以及模块处理过程设计提供依据等。

（4）数据与数据流程。其主要内容包括当前企业关心和要处理的数据及分类、数据信息的流动情况等；其目的是为将来建立数据字典、绘制 E-R 图，进而确定数据库及其结构、数据库之间的联系和在系统中的分布等提供依据。

（5）业务流程与工作形式。其主要内容包括管理业务的实际处理过程、处理方法等；其目的是为将来设计程序处理模块提供依据。

（6）管理方式和具体业务的管理方法。其主要内容包括当前企业的管理制度、规范、方法以及企业的组织形式等；其目的是在今后开发管理信息系统时为运行管理制度的制定、信息和功能的操作权限的制定等提供依据。

（7）决策方式和决策过程。其主要内容包括企业高层人员的决策方式、程序等；其目的是为待开发的管理信息系统的决策支持系统提供设计依据。

（8）可用资源和限制条件。其内容包括当前企业的管理现状条件，如人员素质、计算机及相关硬件设施状况、系统及应用软件拥有状况、IT 普及应用水平、财力状况和企业的规模等；其目的是在将来开发管理信息系统时为技术培训计划的制订、设备硬件配置、软件引进、开发语言和运行环境、管理信息系统的规模、数据库分布、信息与功能应用扩充等提供依据。

(9) 现存问题和改进意见。其主要内容包括当前企业或现行系统在管理或应用中存在哪些处理不畅通、不规范、不一致等，以及哪些地方需要改进、如何改进等；其目的是为拟建的系统提供要改进的部分、改进的方法等。

调查的方法有座谈访谈、问卷调查等。将调查的问题设计成表格，规划好表格栏目，然后分发给企业内不同层次、不同管理岗位的人员，由他们直接填写。这种方法是一种广泛被采用的快速调查方法。调查表的设计是该方法的重点，因为调查表的设计水平直接影响着调查的质量。

2. 需求分析

(1) 问题识别。研究可行性报告和系统实施计划，确定对目标系统的需求，并且提出实现这些需求的条件以及需求应达到的标准。

1) 功能需求。列出所开发软件的职能，这是最主要的需求。

2) 性能需求。给出系统主要技术性能指标，包括容量、运行时间和安全性等。

3) 环境需求。这是对系统运行时软、硬件所处环境的要求。

4) 可靠性需求。规定按实际运行环境，系统在投入运行后不发生故障的概率。

5) 安全保密需求。应对安全、保密的需求作出恰当的规定，以便进行设计。

6) 用户界面需求。在进行需求分析时，必须对用户界面细致地作出规定。

7) 源使用需求。系统运行环境资源和开发资源需在需求分析时确定。

8) 成本与进度需求。根据合同的规定，规定开发进度和费用，作为管理的依据。

应当预先估计系统可能达到的目标，给系统的扩充与修改留有余地，同时要关注非功能性需求。

(2) 问题分析与综合。从数据流和数据结构出发，逐步细化所有系统功能，找出系统各元素间的联系、接口特性和设计上的限制，分析它们是否满足功能要求，是否合理。依据功能、性能和运行环境需求等，剔除不合理的部分，增加需要的部分，最终综合成为系统解决方案，给出目标系统的详细逻辑模型。分析和综合工作应反复进行，直到正确制定出该系统的需求规格说明书为止。

常用的分析方法有面向数据流的 SA 方法，面向数据结构的 Jackson 方法，面向对象的 OOP 方法，以及用于建立动态模型的状态迁移图或 Petri 网等。这些方法都采用图文结合的方式，可以直观地描述系统逻辑模型。

(3) 文档编制。已经确定的需求应当得到清晰而准确的描述并且编成文档。通常把描述需求的文档叫做需求规格说明书。为了表达用户系统输入和输出的要求，还需制定数据要求说明书及编写初步用户手册，着重反映被开发系统的用户界面和用户使用的具体要求。从目标系统的精细模型出发，更准确地估计所开发项目的成本与进度，从而修改、完善并且确定系统开发实施计划。

（4）需求分析评审。它是需求分析的最后一步，对功能的正确性、完整性和清晰性及其他需求给予评价。评审的主要内容是定义的目标、文档及文档描述、接口描述、数据流与数据结构、图表、主要功能覆盖、约束条件、风险、其他方案、潜在需求、检验标准、初步用户手册、遗漏与估算变化等。为了保证系统需求定义的质量，评审应指定专门机构负责，且严格按规程进行。评审结束后应由评审负责人签署评审意见。通常，在评审意见中应包括一些修改意见。必须按照这些修改意见进行修改，待修改完成后还要再评审，直至通过才可进入设计阶段。

5.3.2　物流信息系统的可行性分析

物流信息系统提供了物流公司日常工作中所需的几乎所有的业务功能，从而使工作人员所从事的工作变得不那么繁杂和枯燥，把计算处理任务交给计算机去做，从而提高工作效率，避免因人为的失误而导致工作不能顺利进行。物流信息系统实施后，应能达到以下目标：

（1）良好的服务。由于物流系统的特性要求物流系统必须拥有服务性。这种服务处于从属的地位，这就要求应始终以用户为中心，并树立“用户第一”的观念。物流系统采取分布式工作方式。在技术方面“准时供货”和“柔性供货”，正是为了能够提供良好的服务。

（2）准时性。准时性不但是服务性的延伸，也是用户对物流提出的较为严格的要求。准时性不允许存在时间误差。物流速度问题不仅是用户提出的要求，而且也是社会发展的要求。快速、准时既是一个传统目标，更是一个现代目标。随着社会大生产的发展，这一要求变得更加强烈了。追求准时制，促使人们在物流领域采取如直达物流、多式联运、高速公路系统等一系列管理和技术。

（3）经济性。节约是物流领域的重要概念。在物流领域中，除了流通时间的节约外，在基本无额外支出的前提下，流通过程的消耗是很大的，所以依靠节约来降低投入，是提高相对产出的重要手段。因为物流过程作为“第三利润源泉”就是依靠节约成本来实现的。

（4）规模优化。以规模作为物流的目标，目的是为了追求“规模效益”。规模效益问题在物流领域如同在流通领域一样，是人们追求的目标，但是由于物流系统比生产系统的稳定性差，往往难以形成规模化的要求。当前大量出现的所谓“第三方物流”走的正是物流的集约化道路。

新系统的目标确定后，可以从以下五个方面对能否实现新系统的目标进行可行性分析。

1. 经济可行性

成本效益分析的目的是从经济角度评价开发一个新的软件项目是否可行。成本效益分析首先是估算将要开发的系统的开发成本，然后与可能取得的效益进行比较和权衡。

成本效益分析的内容包括估计项目的开发成本，估算新系统的开发费用和今后的运行、维护费用，估计新系统将获得的效益，估算开发成本是否会高于项目预期的全部利润。

2. 技术可行性

技术可行性是最难决断和最关键的问题。根据客户提出的系统功能、性能及实现系统的各项约束条件，从技术的角度研究系统实现的可行性。要衡量是否具备所需的技术，就要根据新系统的目标来衡量，一般从软硬件的性能要求、环境条件、技术人员水平和数量等方面去考虑和分析。

（1）风险分析。在给出的限制范围内，能否设计出系统，并实现必要的功能和性能。

（2）资源分析。研究开发系统的人员是否存在问题，可用于建立系统的其他资源如硬件、软件等是否具备。

（3）技术分析。相关技术的发展是否支持这个系统。

3. 运行可行性

运行可行性的研究内容包括新系统规定的运行方式是否可行，对新系统运行后给现行系统带来的影响（包括组织机构、管理方式和工作环境等）和后果进行估计和评价。

如果新系统是建立在原来已担负其他任务的计算机系统上的，就不能要求它在实时在线的状态下运行，以免与原有的任务相矛盾，同时还应考虑现有操作人员的培训问题，分析在给定时间内能否完成预定的系统开发任务等。

4. 法律可行性

法律可行性是指研究在系统开发过程中可能涉及的各种合同、侵权、责任以及各种与法律相抵触的问题。

5. 开发方案可行性

提出系统实现的各种方案并进行评价之后，从中选择一种最优秀的方案。

5.3.3 系统功能分析

系统功能分析主要有六个方面的内容，即组织结构分析、组织结构与业务功能之间的联系分析、业务功能一览表、业务流程分析、数据流程分析以及数据字典。

1. 组织结构分析

组织结构分析通常是通过组织结构图来实现的，某企业组织结构图如图 5-5 所示，即将调查中所了解的组织结构具体地描绘在图上，作为后续分析和设计的参考，不需要使用程序来实现。

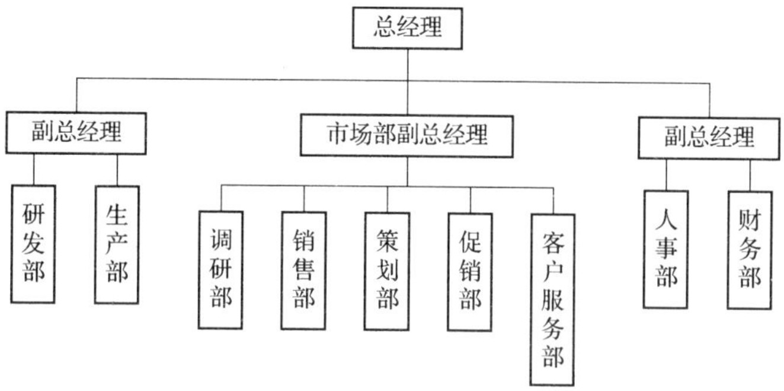

图 5-5　某企业组织结构图

2. 业务功能一览表

以组织结构图为背景分析清楚各部门的功能后，分层次将其归纳、整理，形成各层次的功能结构图；自上而下逐层归纳、整理，形成以系统目标为核心的整个系统的功能结构图，如图 5-6 所示。

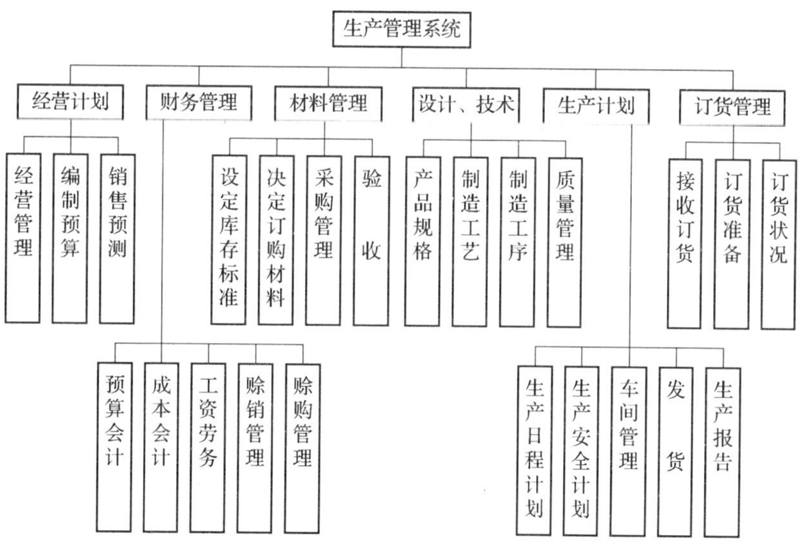

图 5-6　功能结构图

业务功能一览表通过图示或表的形式把组织内部各项管理业务功能罗列出来，它是今后进行功能与数据间关系分析、确定新系统拟实现的管理功能和分析建立管理数据指标体系的基础，同时也为今后划分子系统设计功能层次结构提供依据。业务功能一览表如图5-7所示。

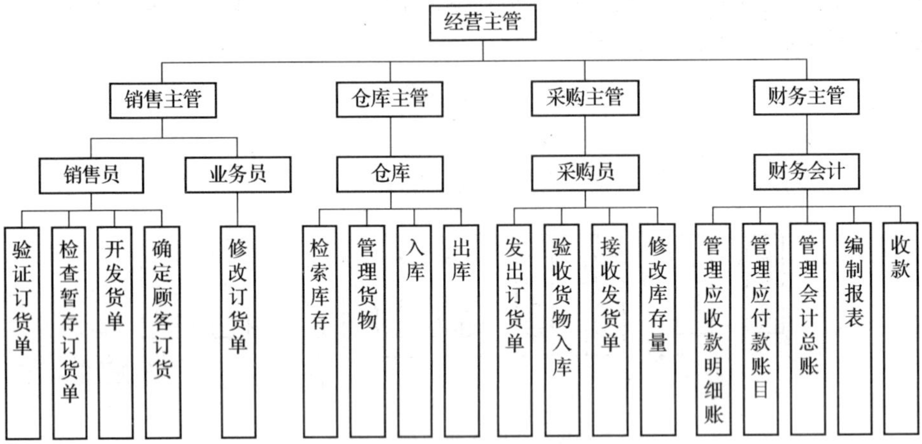

图5-7 业务功能一览表

3. 组织结构与业务功能之间的联系分析

系统必须设定所要实现的功能，功能是做某项工作的能力。功能要以组织结构为背景来识别和调查，因为每个组织都是一个功能机构，都有其各自不同的功能。调查时要按部门的层次关系进行，然后用归纳法找出其功能，形成各层次的功能结构。组织结构与功能结构不完全一致，各组织、各部门的功能，由于种种原因，有可能重叠，许多功能可能还需要多个部门协力完成。一个部门的功能也可能不是唯一的，可能需要完成多项功能。把各部门的功能以及相互之间的功能合作关系用一张二维表格绘制出来，就是组织与功能关系表。

4. 业务流程分析

业务流程分析的基本工具是业务流程图，业务流程图通过标准的符号进行绘制。业务流程分析是数据流程分析的基础，对整个系统分析具有基础性作用。物流信息系统的开发过程可以看成是一系列流程图的设计过程，即从业务流程图开始到数据流程图、处理流程图、程序流程图、代码、测试到最终的构建。

业务流程图（Transaction Flow Diagram，TFD）是一种描述管理系统内各单位、人员之间的业务关系，作业顺序和管理信息流向的图表。它通过一些规定的符号及连线表示某个具体业务的处理过程，帮助分析人员找出业务流程中的不合理流向。

TFD所用的符号在国家标准GB1526—89中有详细的说明，基本图形符号有六个，符号的内部解释可直接用文字标于图内。这些符号所代表的内容与信息系统最基本的处理功能一一对应，如图5-8所示。业务流程图是业务流程重组的有力工具。

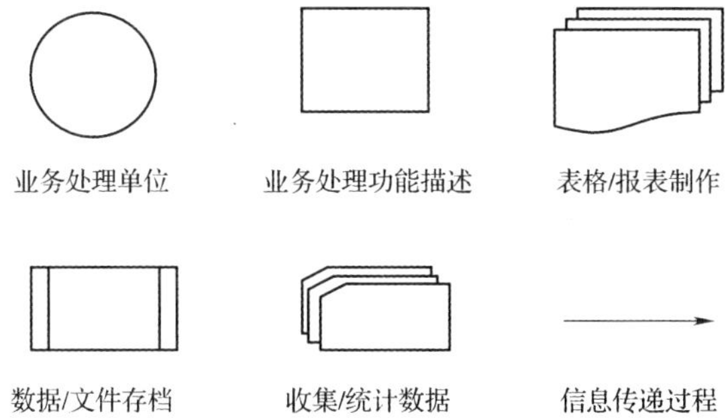

图 5-8　TFD 符号

下面以高校学生综合素质测评信息系统[⊖]为例对业务流程图进行解析：高校综合素质测评的主要业务有班级管理、寝室管理、卫生成绩管理、考勤管理、成绩管理和综合素质测评管理等，在这里只对成绩管理和综合素质测评管理的业务流程进行分析。

综合素质测评的最终目的是由系统处理得到综合素质测评成绩单，如图 5-9 所示为综合素质测评业务流程图。综合素质测评成绩由德、智、体三部分组成，而德育测评成绩由操行成绩、德育奖励分和德育减分计算得出，智育测评成绩由各门课程成绩平均分和智育奖励分构成，体育测评成绩由体育课成绩、早操成绩和体育奖励分计算得出。

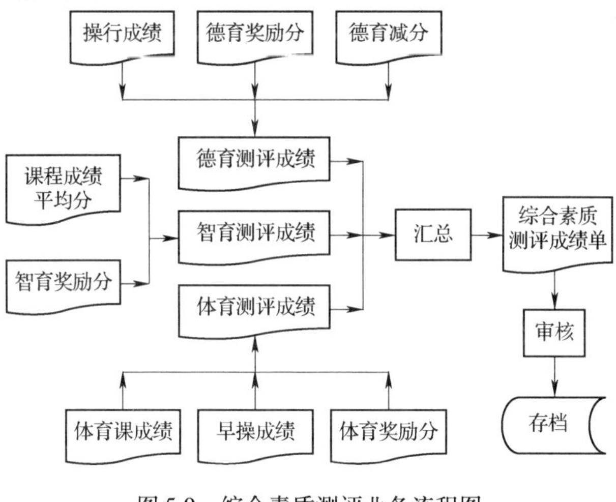

图 5-9　综合素质测评业务流程图

⊖ 刘洁等，高校学生综合素质测评信息系统的系统分析，中国教育信息化，2008 年第 17 期，第 40 ~ 43 页。

5. 数据流程分析

数据流程图（DFD）描述数据流动、存储和处理的逻辑关系，也称为逻辑数据流程图。

（1）基本符号。数据流程图用到四个基本符号，即外部实体、处理过程、数据流和数据存储。如图 5-10 所示。

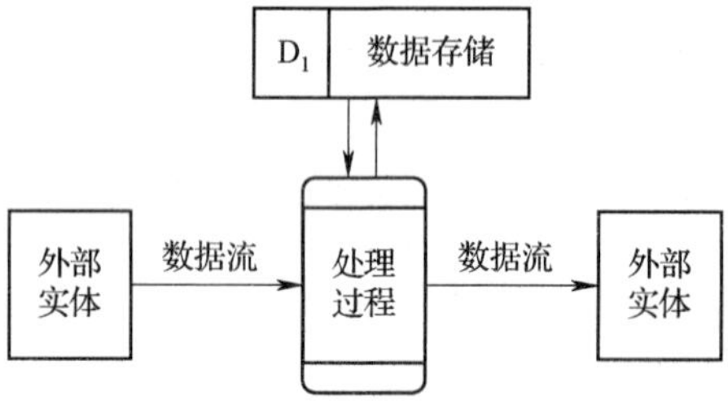

图 5-10　数据流程图的基本符号

1）外部实体。外部实体是指系统以外和系统有联系的人或事物，它说明了数据的外部来源和去处，属于系统的外部和系统的界面。外部实体中支持系统数据输入的实体称为源点，支持系统数据输出的实体称为终点。通常，外部实体在数据流程图中用正方形框表示，框中写上外部实体名称。为了区分不同的外部实体，可以在正方形的左上角用一个字符表示，同一外部实体可在一张数据流程图中出现多次，这时在该外部实体符号的右下角画上小斜线表示重复。

2）处理过程。处理是指对数据逻辑的处理，也就是数据变换，它用来改变数据值。而每一种处理又包括数据输入、数据处理和数据输出等部分。在数据流程图中处理过程用带圆角的长方形表示，长方形分三个部分，标识部分用来标识一个功能，功能描述部门是必不可少的，功能执行部门表示功能由谁来完成。

3）数据流。数据流是指处理功能的输入或输出。它用来表示一个中间数据流值，但不能用来改变数据流值。数据流是模拟系统数据在系统中传递的工具，在数据流程图中以一个水平箭头或垂直箭头表示，箭头指出数据的流动方向，箭线旁注明数据流名。

4）数据存储。数据存储是表示数据保存的地方，它用来存储数据。系统处理从数据存储中提取数据，也将处理过的数据返回数据存储。与数据流不同的是，数据存储本身不产生任何操作，它仅响应存储和访问数据的要求。在数据流程图中数据存储用右边开口的长方条表示。在长方条内写上数据存储的名字。为了区别和引用方便，长方条左端加一小格，再标上一个标识，由字母 D 和数字组成。

（2）画数据流程图的基本原则。画数据流程图的基本原则包括以下几点：

1）数据流程图上的所有图形符号必须是前面所述的四种基本元素。

2）数据流程图的主图必须含有前面所述的四种基本元素，缺一不可。

3）数据流程图上的数据流必须封闭在外部实体之间，外部实体可以是一个，也可以是多个。

4）处理过程至少有一个输入数据流和一个输出数据流。

5）任何一个数据流子图必须与它的父图上的一个处理过程相对应，两者的输入数据流和输出数据流必须一致，即所谓“平衡”。

6）数据流程图上的每个元素都必须有名字。

（3）画数据流程图的基本步骤。画数据流程图的基本步骤包括以下几步：

1）把一个系统看成是一个整体功能，明确信息的输入和输出。

2）找到系统的外部实体。一旦找到外部实体，则系统与外部世界的界面就可以确定下来，系统数据流的源点和终点也就找到了。

3）找出外部实体的输入数据流和输出数据流。

4）在图的边上画出系统的外部实体。

5）从外部实体的输入流（源）出发，按照系统的逻辑需要，逐步画出一系列逻辑处理过程，直至找到外部实体处理所需的输出流，形成数据流的封闭。

6）将系统内部数据处理又分别看成整体功能，其内部又有信息的处理、传递和存储过程。

7）层次的划分。数据流程图是按照层次一步一步细化的。最上层的数据流程图相当概括地反映出信息系统最主要的逻辑功能、最主要的外部实体和数据存储。这张图使人知道该系统的主要功能和与环境的主要联系是什么。逐层扩展数据流程图，是对上一层图（父图）中的某些处理过程加以分解。随着处理的分解，功能越来越具体，数据存储、数据流越来越多。必须注意的是，下层图（子图）是上层图中某个处理过程的“放大”。因此，凡是与这个处理过程有关系的外部实体、数据流和数据存储必须在下层图中反映出来。最下层的处理过程用几句话或者用几张判定表表示，若采用计算机处理，则一般不超过 100 个程序语句。

综合素质测评业务流程图所对应的数据流程分析如下：

进行综合素质测评所需的基础信息是学生基本信息、寝室信息、课程信息、专业班级信息和学生任职部门信息。寝室信息提供学生的寝室情况和寝室卫生成绩，这一成绩汇总计入德育测评成绩。课程表提供各科成绩的基础信息。学生担任干部会获得德育奖励分，这一信息由部门表提供。综合素质测评系统顶层数据流程图如图 5-11 所示。

综合素质测评系统进行进一步细化，得到一层图。涉及的核心数据是奖励、处罚、考勤、成绩的数据，汇总后形成综合素质测评表的核心数据。通过对系统流程分析可得到一层系统数据关系，综合素质测评系统一层数据流程图如图 5-12 所示。

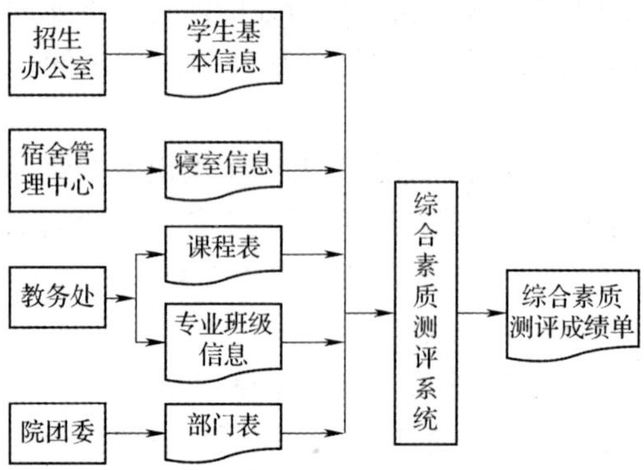

图 5-11　综合素质测评系统顶层数据流程图

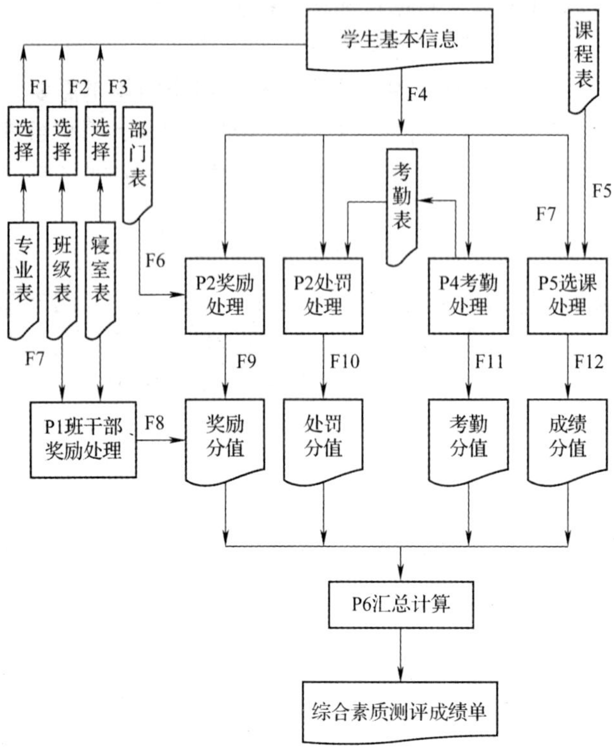

图 5-12　综合素质测评系统一层数据流程图

图 5-12 中的主要数据流名称为：F1——专业信息；F2——班级信息；F3——寝室信息；F4——学生基本信息；F5——课程信息；F6——在院系任职情况；F7——在班级任职情况；F8——班干部奖励情况；F9——学生受奖励分值；F10——学生受处罚分值；F11——考勤奖惩分值；F12——课程成绩等。

（4）数据流程图的正确性。通常可以从以下几个方面检查数据流程图的正确性：

1）数据守恒。数据流遗漏或输入在处理过程中没有被使用都会发生数据不守恒的情况。

2）任何一个数据存储都必须有流入和流出两类数据流。

3）上层图中某一处理过程的输入和输出数据流必须出现在相应的下层图中。

4）任何一个数据流至少有一端是处理过程。初学者往往容易违反这一规定，常常在数据存储与外部实体之间画数据流。其实，记住数据流是指处理功能的输入或输出，就不会出现这类错误。

6. 数据字典

系统分析中所使用的数据字典主要用来描述数据流程图中的数据流、数据存储、处理过程和外部实体。数据字典把数据的最小组成单位看成是数据元素（基本数据项），若干个数据元素可以组成一个数据结构（组合数据项）。数据结构是一个递归的概念，即数据结构的成分也可以是数据结构。数据字典通过数据元素和数据结构来描写数据流和数据存储的属性，数据元素组成数据结构，数据结构组成数据流和数据存储。

数据字典中有六类条目：数据元素、数据结构、数据流、数据存储、处理过程和外部实体。现以上述的高校综合素质测评系统为例来介绍数据字典的条目。

（1）数据元素。数据元素（如图 5-13 所示）是最小的数据组成单位，也就是不可再分的数据单位，如学号、姓名等。对每个数据元素，需要描述以下属性：

数据元素卡片
名称：学号　别名：学生编号
说明：唯一标识每一个学生
数据值类别（连续/离散）：连续
类型：字符　长度：4 位　取值范围：0000 至 9999

图 5-13　数据元素（学号）

1）名称。数据元素的名称要尽量反映该元素的含义，以便于记忆。

2）别名。一个数据元素，可能其名称不止一个，若有多个名称，则需加以说明。

3）类型。说明取值是字符型还是数字型等。

4）取值范围和取值的含义。它是指数据元素可能取什么值或每一个值所代表的意思。

数据元素的取值可分为离散型和连续型两类。例如，人的年龄是连续型的，取值范围为 0～150 岁。当然，这里的“连续”与高等数学中的“连续”的含义不同。按通常编排学号的办法，学号是离散的。再如，“婚姻状况”取值范围是“未婚、已婚、离异、丧偶”，也是离散型的。数据元素（学号）如图 5-13 所示。

（2）数据结构。一个数据结构可以包括若干个数据元素或（和）数据结构。数据结构（学生）如图 5-14 所示。

数据结构卡片
数据结构名称：学生
说明：是综合素质测评系统的主体数据结构，定义了一个学生的有关信息
结构描述：学号　专业　班级　姓名　性别
信息流量：每天约 150 份

图 5-14　数据结构（学生）

（3）数据流。对数据流需要描述以下属性：

1）数据流的来源。数据流可以来自某个外部实体、某个数据存储或某个处理过程。

2）数据流的去处。某些数据流的去处可能不止一个。

3）数据流的组成。数据流的组成是指数据流所包含的数据结构。一个数据流可包含一个或多个数据结构。若只含一个数据结构，应注意名称的统一，以免产生二义性。

4）数据流的流通量。数据流的流通量是指单位时间（每日、每小时等）内的数据传输次数。可以估计平均数或最高、最低流量各是多少。

5）高峰时的流通量。

数据流（图 5-12 中的 F19）如图 5-15 所示。

数据流卡片
代号：F19　名称：学生奖励分值
说明：学生奖励分值是综合素质测评成绩的重要部分
数据流来源：奖励分值，数据流去向：P6 汇总计算
组成：学号、项目号、分值、学期
信息流量：每年约 1 500 次

图 5-15　数据流（图 5-12 中的 F19）

（4）数据存储。数据存储的条目主要描写该数据存储的结构及有关的数据流、查询要求。数据存储（学生基本信息）如图 5-16 所示。

数据存储卡片
名称：学生基本信息 说明：记录学生的基本情况
输入数据流：专业、班、寝室信息
输出数据流：学生基本信息
组成：学号、专业、班级、姓名、性别、政治面貌、出生地、身份证号码、家庭住址、联系方式、兴趣爱好等
数据量：每年约 1500 张 存取方式：随机存取

图 5-16 数据存储（学生基本信息）

有些数据存储的结构可能很复杂，例如，“学生基本信息”中包括学生的联系方式，是数据结构，需要加以说明。但在“学生基本信息”的条目中只需列出数据结构，而不必列出数据结构的内部构成。由于数据流程图是分层的，同一个数据存储可能在不同层次的图中出现。描述这样的数据存储，应列出最底层图中的数据流。

（5）处理过程。对于数据流程图中的处理过程，需要在数据字典中描述处理框的编号、名称、功能的简要说明以及有关的输入、输出。处理过程（图 5-12中的 P4）如图 5-17 所示。

处理过程卡片
代号：P4 名称：考勤处理
说明：确定学生的考勤加减分
输入：F6 学生基本信息
输出：F17 考勤分值 F13 考勤情况
处理：有旷课、迟到等违纪情况的在综合素质测评中应减分，全勤可获得加分

图 5-17 处理过程（图 5-12 中的 P4）

（6）外部实体。外部实体是数据的来源和去向。因此，在数据字典中关于外部实体的条目主要说明外部实体产生的数据流和传给该外部实体的数据流以及该外部实体的数量。外部实体的数量对于估计系统的业务量有参考作用，尤其是对于关系密切的主要外部实体来说。

5.3.4 系统分析报告

系统分析阶段的成果就是系统分析报告。它反映这一阶段调查分析的全部情况，全面总结了系统分析工作，是下一步设计与实现系统的纲领性文件。

系统分析报告形成后，必须组织各方面人员一起对报告以及形成的逻辑方案进行论证，尽可能地发现其中的问题、误解和疏漏。对于出现的问题与疏漏需要及时进行纠正。对于有争论的问题需要重新核实当初的原始调查资料或进一步深入调查研究，对于重大的问题甚至可能需要调整或修改系统目标，重新进行系统分析。一份好的系统分析报告应该充分展示前段调查的结果，还要反映系统分析的结果，即新系统的逻辑方案，并且提出新系统的设想。系统分析报告的内容有如下四个方面：

1. 现行系统情况简述

它主要对分析对象的基本情况作概括性的描述，包括现行系统的主要业务、组织机构、存在的问题和薄弱环节，现行系统与外部实体之间有哪些物资以及信息的交换关系，用户提出开发新系统请求的主要原因等。

2. 新系统目标

新系统的总目标是什么；新系统拟采用什么样的开发战略和开发方法；人力、资金以及计划进度安排；新系统计划实现后，各部分应该具有什么样的功能；某些指标预期达到什么样的程度；哪些工作是现行系统没有而计划在新系统中增补的，等等。

3. 现行系统状况

现行系统状况主要用两个流程图来描述，即现行系统业务流程图和现行系统数据流程图。

4. 系统的逻辑方案

系统的逻辑方案主要反映系统分析的结果和对今后建造新系统的设想，主要包括如下六个方面的内容：

（1）系统的结构以及系统所涉及的范围，包括新系统的功能结构和子系统划分。

（2）数据流程图的进一步说明。说明新系统对比现行系统在界限、处理功能、数据流和数据存储等方面有哪些主要变化，重点是计算机处理和数据存储部分。

（3）数据组织形式。说明新系统是采用文件组织形式还是数据库组织形式。

（4）输入和输出的要求。这部分也是系统与环境的接口，对输入和输出的种类、形式和要求等作一般说明。详细内容将在系统设计阶段进行考虑。

（5）新系统计算机软、硬件初步配置方案。

（6）与新系统相配套的管理制度和运行体制的建立。

5.4 系统设计

系统分析最终是提出系统分析说明书，建立管理信息系统的逻辑模型，而系统设计阶段的目标则是根据新系统的逻辑模型建立基于计算机与通信系统的物理模型，也即根据新系统逻辑功能的要求，考虑实际条件（经济、技术和运行环境等），进行各种具体的设计，提出系统实施方案。

5.4.1 系统设计简介

1. 系统设计的内容

系统设计的内容可以分为总体设计和详细设计两个阶段来完成。系统总体设计是将整个系统划分成子系统、决定系统的总体结构、硬件设备和软件配置等。在总体设计之后进行详细设计。先从代码设计开始，再进行输入/输出设计、数据库设计、结构程序设计等。系统设计的主要内容包括以下几个方面：

（1）根据系统分析说明书所描述的系统目标、功能、环境与约束条件，确定子系统划分、系统设置与机器选型，确定合适的计算机处理方式和计算机总体结构，确定合适的计算机系统配置。

（2）根据系统分析所得到的系统逻辑模型——数据流程图和数据字典，导出系统的功能模块结构图。

（3）根据系统分析说明书进行代码设计，完成输入/输出设计、安全性及可靠性设计。

（4）根据系统分析说明书及系统的硬件和软件配置进行数据库设计。

（5）根据系统分析说明书及以上设计结果，对每一功能模块的详细处理过程进行描述。

（6）系统设计阶段的内容完成以后，最后应以系统设计说明书的形式，给出本阶段的设计结果。

2. 系统设计的原则

（1）系统的效率性原则。系统的效率是指系统的处理能力、处理速度、响应时间等与时间有关的指标。对于处理方式不同的系统，其工作效率有不同的含义。例如，联机实时处理系统的工作效率为响应时间（从发出处理要求至得到应答信号的时间），批处理系统的工作效率为处理速度（处理单个业务的平均时间）。对于一个实时录入、成批处理的事务处理系统来说，用常用处理能力（标准时间周期内处理的业务个数）来表示系统的工作效率。

一般来说，影响效率性的因素取决于：系统中的硬件及其组织结构是否合理；人机接口是否合理；计算机处理过程的设计质量（如中间文件的数量、文件的存取方式、子程序的安排及软件的编制质量）如何等。

（2）系统的可靠性原则。系统的可靠性是指系统在运行过程中抗干扰（包括人为的错误和机器的故障）和保证正常工作的能力。这种能力体现在工作的连续性和工作的正确性上。系统的可靠性包括检错、纠错的能力，在错误干扰下不会发生崩溃性瘫痪，重新恢复及重新启动的能力，硬件、软件的可靠性及存储数据的精度等。系统的平均无故障时间是衡量可靠性的一个指标。

提高系统可靠性的途径主要有①选取可靠性较高的主机和外部设备；②硬件结构的冗余设计，即在高可靠性的应用场合，应采用双机或双工的结构方案；③对故障的检测、处理和系统安全方面的措施，如对输入数据进行校验，建立运行记录和监督跟踪，规定用户的文件使用级别和对重要文件的复制等。

（3）系统的准确性原则。系统的准确性是指系统所提供的信息的准确程度。系统的准确性与系统硬件、软件的功能有关。此外，系统的准确性也与编程质量、人工处理质量和效率等有关。

（4）系统的可维护性原则。系统的可维护性是指系统易于理解、修改和扩充。由于系统环境的不断变化，系统本身也需要不断修改和完善。一个可维护性好的系统，各部分独立性强，容易进行变动，从而提高系统的性能，不断满足人们对系统目标的变化要求。此外，如果一个信息系统容易被修改以适应其他类似组织的需要，无疑这将比重新开发一个新系统的成本要低得多。要提高系统的可维护性，在系统分析和设计的过程中，可采用结构化、模块化的方法。

（5）系统的经济性原则。系统的经济性是指系统的收益应大于系统支出的总费用。系统支出费用包括系统开发所需投资和系统运行、维护的费用之和，系统收益除有货币指标外，还有非货币指标。在设计系统时，系统经济性常是影响设计方案确定的一个重要因素。

上述五个原则在一定程度上既是互相矛盾又是相辅相成的。例如，为了提高可靠性而采取各种校验和控制措施，则会延长机器工作的时间，降低工作效率或提高成本。从系统开发和维护的角度考虑，系统的可维护性是最重要的指标，只有可维护性好，才能使系统容易被修改以满足其他指标的要求，从而使系统始终具有较强的生命力。对于不同的系统，由于功能及系统目标的不同，对上述各项原则的要求也会有所侧重。例如，对联机情报检索系统来说，响应时间是最重要的指标；而对银行系统来说，可靠性与安全性则是首要考虑的因素。

5.4.2 系统总体设计

1. 系统平台设计

物流信息系统平台包括网络平台、硬件平台和软件平台。

（1）网络平台。物流信息系统通常使用客户机/服务器结构、浏览器/服务器结构和三层次客户机/服务器三种网络结构。

客户机/服务器结构简称 C/S 结构，由服务器提供应用（数据）服务，多台客户机进行连接。客户端软件一般由应用程序及相应的数据库连接程序组成。服务器端软件一般是某种数据库系统。在当前的实际应用中多数服务器都是数据库服务器（如DB2、ORACLE数据库），而客户端就是用VB或其他开发工具编写的客户软件，通过ODBC或ADO同数据库服务器进行通信，组成一个应用系统。C/S结构比较适合于局域网应用。

浏览器/服务器结构简称B/S结构，客户机统一采用浏览器，因此客户机不存在安装及维护的问题。软件开发和维护工作转移到了Web服务器端。在Web服务器端，程序员使用脚本语言编写响应页面。主要的浏览器有Firefox、IE等，IE和Windows是捆绑销售的，而Firefox则是可以免费下载的。国内大部分客户机是基于IE的，而服务器则使用ASP、JSP或PHP进行编写。客户机同Web服务器之间的通信采用HTTP协议，浏览器只有在接到请求后才和Web服务器进行连接，之后Web服务器马上与数据库通信并取得结果，Web服务器再把从数据库返回的结果转发给浏览器，浏览器在接收到返回信息后马上断开连接。Web服务器可以共享系统资源，支持几千、几万甚至更多的用户。

三层次客户机/服务器是在常规客户机/服务器的结构上提出的，系统将在客户机和数据库服务器间添加一个应用服务器。

（2）硬件平台。对于具有一定规模的企业管理应用来说，从其管理功能来看，其应用本身就是分布式的，此时所选择的计算机系统的计算模式也应该是分布式的，即客户端以微机为主，可以选用名牌机、品牌机和兼容机。服务器可采用性能一般的小型机或性能高的微机。计算机及网络各项技术参数的选择可依据系统要处理的数据量及数据处理的功能要求来决定。网络设备方案的选择，就是网络集线器HUB、机柜、机架和配线架的选用，应根据工作站的数量和速度的要求来确定HUB的档次和数量。

（3）软件平台。软件平台包括操作系统、数据库管理系统、应用服务器系统及开发工具等。

1）操作系统的选择。网络操作系统的选用应该能够满足计算机网络系统的功能要求、性能要求，一般要选用网络维护简单、具有高级容错功能、容易扩充和可靠、具有广泛的第三方厂商的产品支持、保密性好、费用低的网络操作系统。服务器操作系统一般选择多用户网络操作系统，如UNIX、Netware、Windows NT等。其中UNIX的特点是稳定性及可靠性非常高，但缺点是系统维护困难、系统命令枯燥。Netware适用于文件服务器/工作站工作模式，曾经其市场占有率很高，但现在应用得较少。Windows NT的安装、维护方便，具有很强的软硬件兼容能力，并且同Windows系列软件集成的能力也很强，被认为是最有前途的网络操作系统。客户机上的操作系统一般是采用易于操作的图形界面的操作系统，现在多数选择Windows系列，如Windows XP、Windows 2000等。

2）数据库管理系统的选择。在管理信息系统中，数据库服务器是必不可少的网络组成部分。因此，数据库管理系统的选择对管理信息系统的建设有着举足轻重的影响。

在数据库管理系统的选择上，主要考虑数据库的性能、数据库管理系统的系统平台、数据库管理系统的安全保密性能和数据的类型等。在数据库的稳定性、可靠性、维护方便性、对系统资源的要求等方面，Informix 数据库总体性能比其他数据库系统要好；而在 Windows NT 平台上，SQL Server 与系统的结合则比较完美。

在建立数据库时，应尽量做到布局合理，数据层次性好，能分别满足不同层次的管理者的要求。同时数据存储应尽可能减少冗余度，理顺信息收集和处理的关系。不断完善管理，符合规范化、标准化和保密原则。

目前市场上流行的数据库管理系统如 Oracle、Sybase、SQL Server、Informix 是开发大、中型管理系统时数据库管理系统的首选，而 Visual Foxpro、Microsoft Access 则在小型管理信息系统建设中选用得较多。

在数据库管理系统选择方面，另一个要注意的因素是数据库软件的行业占有性。如果在某一行业中企业采用 Sybase 的比例很高，那么同一行业中的其他企业在建设管理信息系统时一般也应采用相应的数据库软件，这样有利于数据的相互交换。

3）应用服务器系统及开发工具的选择。系统软件结构中的另一个方面是应用服务器系统及开发工具的选择。系统开发工具的选取首先依据的是管理信息系统应用的模式，即是 C/S 模式还是 B/S 模式，若系统确定开发的应用为 B/S 模式，就应选择支持 B/S 模式的应用服务器系统及开发工具。如果网络操作系统选择 Windows NT，则微软公司的 Internet Information Server（IIS）则是建立支持 Web 应用的首选应用服务器系统。目前 B/S 模式应用的开发工具有很多，如 Delphi、ASP、Power Builder 的较高版本都支持 B/S 模式应用的开发。当然，若管理信息系统采用 B/S 模式，则客户端计算机上还需安装浏览器软件，现在用得最多的浏览器软件是微软公司的 IE4.0 及以上版本。

C/S 模式的开发工具及运行环境一般安装在客户端计算机上，用于 C/S 模式应用开发的系统工具软件用得较多的有 Power Builder、Delphi、Visual Basic 和 Visual C + + 等。

2. 总体设计的一般过程

（1）系统方案的确定。根据从需求分析阶段获得的文档（如系统数据流程图）从可供选择的方案中，进一步设想与选择更佳的系统实现方案。系统分析员综合分析各种方案的利弊，推荐最佳方案，并做详细的实现进度计划。由用户与有关专家认真审查分析员推荐的方案，然后提交部门负责人审批。

（2）功能分解。对于软件结构设计来说，首先要把复杂的功能进一步分解为简单的功能，遵循模块划分独立性原则，使划分过的模块的功能对大多数程序员而言是易懂的。功能的分解引发对数据流程图的进一步细化，并选用相应图形工具来描述。

（3）软件结构设计。功能分解后，用层次图（HC）、结构图（SC）来描述模块组成的层次系统，即反映软件结构。当数据流程图细化到适当的层次时，由结构化的设计方法（SD）可以直接映射出结构图。

（4）数据库设计、文件结构的设计。系统分析员根据系统的数据要求，确定系统的数据结构和文件结构。对需要使用数据库的应用领域，分析员再进一步根据系统数据要求作数据库的模式设计。

（5）制订测试计划。为保证软件的可测试性，在软件设计一开始就要考虑软件测试问题。这个阶段的测试计划仅做从 I/O（输入/输出）功能角度考虑的黑盒法测试计划。详细的测试用例与计划，待到详细设计阶段再做。

（6）编写文档。编写的文档有概要设计文档、用户手册、测试计划、详细项目开发实现计划和数据库设计结果。

（7）审查与复审概要设计文档。

5.4.3　系统详细设计

1. 代码设计

代码是客观实体或属性的一种表示符号，在管理信息系统中是人与计算机的共同语言，起着沟通人与计算机的作用。采用代码，可使数据表达标准化，简化程序设计，加快输入，减少出错，节省存储时间，提高处理速度。代码设计是一项重要的基础工作，设计时必须进行统一规划、长远考虑。代码是代表事物名称、属性、状态等的符号，为了便于计算机处理，一般用数字、字母或它们的组合来表示。

（1）代码设计原则。合理的编码结构是信息处理系统是否具有生命力的一个重要的影响因素，在设计代码时，应注意遵循以下一些原则：

1）适用性。设计的代码在逻辑上必须满足用户的功能需要，在结构上应当与系统的处理方法相一致。例如，在设计用于统计的代码时，为了提高处理速度，往往使之能够在不需调出有关数据文件的情况下，直接根据代码的结构进行统计。

2）唯一性。唯一性即每个代码应唯一标志它所代表的某一种事物或属性。每一种材料、物资、设备等只能有一个代码，不能重复，保持代码的单义性。

3）可扩充性。在进行代码设计时，要预留足够的位置，以适应不断变化的需要。否则，在短时间内随便改变编码结构对设计工作来说是一种严重的浪费。一般来说，代码越短，分类、准备、存储和传送的开销就越低；代码越长，就越能满足对数据检索、统计分析和多样化的处理要求。但编码太长、留空太多、多年用不上，也是一种浪费。

4）规范性。代码要系统化，代码的编制应尽量标准化，尽量使代码结构对事物的表示具有实际意义，以便于理解及交流。

5）明义性。要注意避免引起误解，不要使用易于混淆的字符。如 O、Z、I、S、V 与 0、2、1、5、U 易混，不要把空格当做代码，要用 24 小时制表示时间等。

6）合理性。要注意尽量采用不易出错的代码结构，如字母—字母—数字的结构（WW2）比字母—数字—字母的结构（W2W）发生错误的概率要小一些；当代码长于 4 个字母或 5 个数字字符时，应分成小段。这样人们读写时不易发生错误。如 126-319-5123 比 1263195123 易于记忆，并能更精确地被记录下来。

（2）代码的种类。代码有以下几类：

1）顺序码。顺序码又称系列码，是一种用连续数字代表编码对象的码，如用 1001 代表火车、1002 代表汽车等。

顺序码的优点是短而简单，记录的定位方法简单，易于管理，处理容易，设计也容易。但这种码没有逻辑基础，不适宜分类，本身也不能说明任何信息的特征，在项目比较多的时候，编码的组织性和体系性较差。此外，追加编码只能在连续号的最后添加一个号，删除则造成空码。所以，顺序码通常只起序列作用，作为其他码分类中细分类的一种补充手段。

2）区间码。区间码把数据项分成若干组，每一区间代表一个组，码中数字的值和位置都代表一定的意义。典型的例子就是我国公民身份证号码和邮政编码。区间码的优点是信息处理比较可靠，排序、分类、检索等操作易于进行。但这种码的长度与它分类属性的数量有关，有时可能会造成长度很长的码。在许多情况下，码有多余的数。这种码的修改也比较困难。

3）助记码。助记码是把直接或间接表示编码化对象属性的文字、数字、记号原封不动地作为编码。例如，TV——电视，B（Black）——黑色，C（Colour）——彩色，CM——厘米，MM——毫米，KG——公斤。助记码的特点是可以通过联想帮助记忆，容易理解。但随着编码数量的增加，其位数也要增加，将给处理带来不便。因此，助记码适用于数据项数目较少的情况（一般少于 50 个），否则可能会引起联想出错。

助记码适用于表示物资的性能、尺码、重量、容积、面积和距离等。例如，TV-B-12 代表 12in 黑白电视机，TV-C-20 代表 20in 彩色电视机。

4）合成码。合成码是把编码对象用两种以上的编码进行组合，可从两个以上的角度来识别、处理的一种编码。合成码的特点是容易进行大分类、增加编码层次，作各种分类统计也很容易；缺点是位数和数据项目个数比较多。

（3）代码的校验。代码输入的正确性与否将直接影响整个系统处理工作的正确性。当人们重复抄写代码或将代码通过人工输入计算机时，发生错误的可能性会更大。为了保证能够正确输入，人们有意识地在编码设计结构中原有代码的基础上，另外增加一个校验位，使它变成代码的一个组成部分。校验位通过事先规定的算法计算出来。代码一旦输入，计算机会用同样的数学运算方法依据输入的代码数字计算出校验位，并将它与输入的校验位进行比较，以证实输入是否有错。

2. 数据库设计

数据库设计包括以下几个阶段：

（1）数据库结构设计。结构设计的对象是实体、属性及其相互关系、域和约束，设计时应考虑如下几方面：

1）确定实体。对要处理的实体进行确定和命名。

2）分析实体之间的关系。分析实体之间是属于一对一、一对多，还是多对多的关系。

3）确定每个实体集的属性，并对每个属性命名，还要分析确定它们之间的关系是属于哪一种关系。

4）选择属性并确定其关系。

5）分析属性间的约束条件，即分析每个实体集内各个属性间的约束条件，标识主关键字、函数依赖关系和多值依赖关系，定义结构完整性约束。

6）确定属性的取值范围。对各属性值的取值范围进行分析，并决定其类型和长度。

（2）操作特性设计。操作特性是指关系数据库的查询、数据处理和报表处理等应用方面的特性。其设计应考虑如下几方面：

1）汇总数据库所要进行的操作，即指明数据库所有要进行的查询、报表、处理的动态特性。

2）指出每个实体所要进行的查找、插入、删除和修改的操作。

3）确定每个操作的条件、内容和结果。

（3）设计数据库。设计数据库要进行如下工作：

1）数据库需求分析。它主要是分析用户对数据的要求、处理要求及限制条件。

2）数据库逻辑设计。它将用户的数据需求用逻辑数据模型表达出来。

3）数据库物理设计。它对数据库的名称和结构及数据库的安全性、一致性、完整性等作出必要的安排。

4）子模式设计。

5）应用程序设计及调试。

（4）数据库维护。数据库系统除了能高效而巧妙地检索和处理数据外，还能保护数据库中的数据，使其不受干扰和破坏。数据库维护包括以下内容：

1）安全性保护。它主要是对数据库实现存取控制，以防止数据泄密。

2）完整性保护。完整性是指保证数据的正确性、有效性。

3）并发控制。在多个用户同时存取一个数据的操作情况下，应防止数据被破坏。

4）数据库恢复。数据库因故障或偶然事故遭受破坏时，使它恢复至某一正确状态。

3. 输入设计

输入数据的正确性直接决定处理结果的正确性，如果输入数据有误，即使计算和处理十分正确，也无法获得可靠的输出信息。同时，输入设计是信息系统与用户之间交互的纽带，决定着人机交互的效率。

4. 输出设计

（1）输出设计的内容。输出设计的内容包括：

1）输出信息使用方面的内容，包括信息的使用者、使用目的、报告量、使用周期、有效期、保管方法和复写份数等。

2）输出信息的内容，包括输出项目、位数、数据形式（文字、数字）。

3）输出格式，如表格、图形或文件。

4）输出设备，如打印机、显示器和卡片输出机等。

5）输出到磁盘上还是磁带上，输出用纸是专用纸还是普通白纸等。

（2）输出报告。输出报告定义了系统的输出。输出报告中既给出了各常量、变量的详细信息，也给出了各种统计量及其计算公式和控制方法。

设计输出报告时要注意以下几点：

1）方便使用者。

2）考虑系统的硬件性能。

3）尽量符合原系统的输出格式，如确需修改，应与有关部门协商，征得用户的同意。

4）输出表格要考虑系统发展的需要。例如，是否有必要在输出表格中留出备用项目，以满足将来新增项目的需要。

5）输出的格式和大小要根据硬件能力认真设计，并试制输出样品，经用户同意后才能正式使用。

设计输出报告之前应收集好各项有关内容，并填写到输出设计书上（见表5-3），这是设计的准备工作。

表 5-3　输出设计书

输出设计书					
资料代码	GZ-01	输出名称		工资主文件一览表	
处理周期	每月一次	形式	形式打印报表	种类	0-001
份数	1	报送	财务科		
项目号	项目名称	位数及编辑		备注	
1	部门代码	X（4）			
2	工号	X（5）			
3	姓名	X（12）			
4	级别	X（3）			
5	基本工资	9999.99			

5. 用户界面设计

用户界面是人和计算机交互的重要途径，操作者可以通过屏幕与计算机进行对话、向计算机输入有关数据、控制计算机的处理过程并将计算机的处理结果反映给用户。

常用的用户界面分为图形界面和非图形界面，其中图形界面伴随着计算机可视化的发展得到了迅速的应用。常用的图形界面有：①图形用户界面（Graphics User Interface，GUI），其基本组件有窗口、图标、菜单、指针、应用程序客户区和直观操作；②网页用户界面，采用 B/S 结构基于 Web 的用户界面越来越受到用户的欢迎；③手持设备用户界面，它是指个人数字助理（PDA）、手机等设备的界面设计。

为了保证用户界面的高效和有用，设计时应注意：尽量保持一致性；为熟练用户提供快捷键；提供有效反馈；设计完整的对话过程；提供简单的错误处理机制；允许撤销动作；提供控制的内部轨迹；减少短期记忆负担等。

6. 系统设计报告

系统设计报告也称为系统设计说明书，它是系统设计阶段的主要成果，是新系统的物理模型，也是系统实施的重要依据。其主要内容如下：

（1）模块设计。它包括系统中各主要功能的结构图名称和它们之间的关系、功能的简要说明，主要模块的控制结构图、过程结构图及伪码等。

（2）代码设计。它包括各类代码名称、功能，相应的编码表，使用范围，使用要求及对代码的评价等。

（3）用户界面的详细设计说明。

（4）数据库及文件的设计说明。

（5）人工过程的有关设计。它包括工作地的平面布置图、人员配备及组织机构的调整建议。

（6）实施方案的总计划。对工作任务进行分解，即对项目开发中的各项工作（包括文件编制、审批、打印、用户培训、使用设备的安排等）按层次进行分解，指明每项任务的要求及负责人，对各项工作给出进度要求，做出各项实施费用的估算及总预算。

（7）实施方案的审批。参加审议的人员除了用户、系统研制人员、程序员外，还包括有关专家、管理人员等，最后由领导批准。系统设计说明书与计算机系统选择方案报告是系统设计阶段的全部工作成果。它们是由各方面人员多次协商、讨论与修改并且在用户感到比较满意时，经有关领导审批的。一旦确定下来，即成为下一步实施阶段的指导性文件。

【拓展阅读】

以下引用一份可供参考的系统设计报告的格式和基本内容：

一、引言

1. 摘要

说明所涉及的系统名称、目标和功能。

2. 背景

项目的承担者；用户；本项目和其他系统或机构的关系和联系。

3. 工作条件与限制

1）硬件、软件、运行环境方面的限制。

2）保密和安全的限制。

3）有关部门业务人员提供确切的数据及其定义。

4）有关系统软件的文本。

5）网络协议标准文本。

6）国家安全保密条例。

4. 参考和引用的资料

5. 专门术语定义

二、系统总体技术方案

1. 计算机系统配置

1）计算机系统的选择原则

2）硬件配置。说明硬件设备的基本配置要求，列出明细表，画出硬件配置图。

3）软件配置。说明与硬件相协调的系统软件，列出软件明细表，对自制软件或复制软件进行说明。

4）计算机系统的地理分布。

2. 模块设计

1）各主要模块的控制结构图、相应的过程结构图与伪码，它们的名称、功能和接口说明。

2）模块设计的评价与验收。

3. 代码设计

1）代码表的类型、名称、功能、使用范围和使用要求的说明等。

2）代码设计原则与校验码计算。

3）代码设计的评价与验收。从识别信息、信息标准化、节省存储单元、提高运算速度、节省计算机的处理费用以及代码的特性方面去评价。

4. 输入设计

1）输入项目。

2）输入的承担者。对输入工作承担者的安排，指出操作人员的水平与技术专长，说明与输入数据有关的接口软件的来源。

3）主要功能要求。从满足正确、迅速、简单、经济、方便使用者等方面的要求去说明。

4）输入要求。它包括主要输入数据的类型、来源、所用设备、介质、格式、数值范围和精度等。

5）输入校验。校验方法和效果。

6）输入设计的评价与验收。

5. 输出设计

1）输出项日。

2）输出接收者。

3）主要功能。

4）输出要求。它包括输出数据类型、所用设备介质、格式、数值范围和精度等。

5）输出设计的评价和验收。

6. 数据库设计

1）概述。它包括目标、主要功能及用户的安排。

2）需求规定。它包括精度、有效性、时间要求及其他专门要求。

3）运行环境要求。它包括设备、支撑软件和安全保密等要求。

4）逻辑结构设计。本系统内所使用的数据结构中有数据项、记录、文件的标识、定义、长度及它们之间的关系。

5）物理结构设计。本系统内所使用的数据结构中有关数据项的存储要求、访问方法、存取单位、存取的物理关系、设计考虑和保密处理。

6）数据库保证。数据库的安全性、保密性、完整性等。

7）评价和验收。

7. 网络设计

系统的网络结构、功能的设计。

8. 安全保密设计，故障防范措施

三、实施方案说明书

1. 实施方案说明

1）项目的说明。它包括系统名称、子系统名称、程序名称、程序语言及使用的设备等。

2）数据项目的说明。

3）处理内容的说明。

2. 实施的总计划

1）工作任务的分解。对于项目开发中需完成的各项工作，包括文件编制、审批、打印、用户培训工作、使用设备的安排等，按层次进行分解，指明每项任务的要求。

2）进度。对每项工作任务预定开始日期和完成日期，规定各项工作完成的先后顺序以及每项工作任务完成的标志。

3）预算。逐项列出本开发项目所需要的费用，如办公费、差旅费、机时费、资料费、通信设备和专用设备的租金等。

3. 实施方案的审批

说明经审批的实施方案的概况和审批人员。

5.5 面向对象的分析与设计[⊖]

随着现代信息技术的迅速发展，计算机的应用领域也在不断扩大。人们希望把更多、更难的事情交给计算机去处理。这使得计算机软件的规模和复杂性与日俱增，因此软件技术不断受到新的挑战。20 世纪 60 年代出现的软件危机，使人们意识到系统的复杂性需要先进的软件方法和技术。

在过去的数年中，人们提出了许多种过程建模的方法，然而，其中两种在分析建模领域占有主导地位，第一个是结构化分析和设计，这是传统的建模方法，另一种是面向对象的分析和设计。面向对象的建模方法已经逐渐取代了传统的结构化分析和设计方法，成为当前计算机软件工程学的主流方法。

面向对象是一种新的软件工程方法、新的程序设计范型（Paradigm），其基

⊖ 陈娟，基于 UML 的面向对象的系统分析与设计，2005 年武汉理工大学硕士论文。

本技术是使用对象、类、继承、封装、消息等基本概念进行程序设计。因此可以说面向对象 = 对象 + 类 + 继承 + 通信。如果一个计算机软件系统采用这些概念来建立模型并予以实现，它就是面向对象的。面向对象方法学包括面向对象分析（Object-Oriented Analysis，OOA）、面向对象设计（Object-Oriented Design，OOD）、面向对象编程（Object-Oriented Program，OOP）以及面向对象测试（Object-Oriented Test，OOT）四个方面。这里主要涉及与过程建模密切相关的面向对象的分析和设计。

1997 年 11 月，UML（统一建模语言）由 OMG 批准为标准建模语言，成为面向对象建模语言的事实上的工业标准，成为软件工业化生产方式的基础技术。自此，UML 广泛应用于软件领域，为系统开发提供了全面的软件建模支持。UML 是一种可以应用于任何软件开发过程的标记法和语义语言，它必须要运用于开发过程中。UML 所推荐的软件建模过程（Rational Unified Process，RUP）就是这样的开发过程。

5.5.1 UML 的基本内容

UML 是编制软件蓝图的标准化语言，用于对复杂软件系统各种成分的可视化，说明和构造系统模型，以及建立软件文档。

UML 包含三个方面的内容：模型的概念和表示法、语言的公共机制和对象约束语言。

1. 模型的概念和表示法

UML 有三类基本的标准模型建筑块：事物、联系和图形。

UML 规定了四种事物表示法：结构性事物、行为性事物、成组性事物和注释性事物。

结构性事物是指模型的静态部分，如对象类、用例（UseCase）、接口、组件和节点等。

行为性事物是指模型的动态部分，如交互、状态机等。

成组性事物是指模型的组织部分，如包。

注释性事物是指模型的解释说明部分，如注释。

模型建筑块与联系相结合，可以构造出良好的系统模型。UML 图形是模型元素集合的可视化表示。

UML 定义了九类图形，用于建立系统模型：用例图、类图、对象图、顺序图、协作图（顺序图和协作图又称为交互图）、状态图、活动图、组件图、配置图。

（1）用例图。用例模型用于需求分析阶段，它的建立是系统开发者和用户反复讨论的结果，表明了开发者和用户对需求规格定义达成的共识。首先，它描述了待开发系统的功能需求。其次，它将系统看做黑盒，从外部参与者的角度来理解系统。另外，它驱动了需求分析之后各阶段的开发工作，不仅在开发过程中保证了系统所有功能的实现，而且被用于验证和检测所开发的系统是否满足系统需求，从而影响开发工作的各个阶段和 UML 的各个模型。在 UML 中，一个用例模型由若干个用例图来描述，用例图主要包括三部分：参与者、用例和关系。它描述了系统的静态用例视图，在组织系统行为并为之建模时，用例图的使用尤其重要。

（2）类图。类图表达一组对象类和它们的联系。类图一方面描述各个类本身的组成，即类的属性、操作和对象类的约束；另一方面描述系统中类之间的各种静态的联系。类图是一种静态结构图，它描述了类、接口、协作以及它们之间的关系。

（3）对象图。对象图表示一组对象和它们之间的联系。对象图是一个系统的详细状态在某一时刻的快照。对象图实质上是对象类图的实例，或者是交互图的静态部分的实例。对象图有时也称为实例图。

（4）交互图。顺序图和协作图都被称为交互图，这两个图被用于为系统的动态方面建模。交互图描述了交互作用，由对象和对象间的关系组成，并包含在对象间传递的消息。顺序图和协作图以不同的方式表达了类似的信息，顺序图描述了消息的时间顺序，适合于描述实时系统和复杂的脚本；协作图描述了对象间的关系。顺序图是强调消息时间顺序的交互作用图，在图形上，顺序图是一个表，对象沿着 X 轴排列，消息按照时间递增沿着 Y 轴排序。协作图是强调发送和接收消息对象的组织结构的交互图。

（5）状态图。状态图描述了系统的动态视图。由状态、跃迁、事件和活动组成。在为接口、类或协作的行为建模时，状态图尤其重要。状态图强调了对象按事件排序的行为，在对实时系统或响应系统建模时尤其有用。

（6）活动图。活动图是一种特殊的状态图，描述了系统中从活动到活动的控制流。

（7）组件图。组件图描述了组件间的组织结构和依赖关系。组件图描述了系统的静态实现视图。一般来说，软件组件就是一个实际文件，它可以是源代码文件、二进制文件或可执行文件等。组件图可以用来说明编译、链接或执行时组件之间的依赖关系。组件图与类图有关，因为一个组件可以映射到一个或多个类、接口或协作。

（8）配置图。配置图描述了运行处理节点和运行其上的组件的配置。配置图是用来为面向对象系统的物理方面建模的两种图之一。它被用来模拟系统的静态配置。静态配置主要描述了构成物理系统各组成部分的分布和安装。在超大程序上，配置图模拟了运行系统的硬件拓扑。从本质上说，配置图是着眼于系统节点的类图，它为系统中物理节点、节点之间关系的静态方面建立了可视化的模型，并规定了构造的细节。配置图主要包括节点、依赖和关联关系。配置图可以含有组件，但每个组件必须存在于某个节点之上。

UML 提供的模型建筑块之间的基本联系有五种：依赖、关联、聚合、泛化和实现等。依赖是指模型建筑块之间的一种语义联系，其中一个独立事物发生改变将影响另一个依赖事物的语义。关联是指模型建筑块之间的结构联系，模型建筑块之间存在结构性的连接。聚合是一种特殊的关联，表示结构的整体与部分的关系。泛化是指模型建筑块之间的一般与特殊的联系。实现是指模型建筑块之间的一种语义联系，其中一个规定了一组约定，另一个负责实现它们。例如，接口和实现接口功能的类或组件之间的联系就是实现。

通过绘制 UML 图形，可以从不同的抽象角度使系统可视化。UML 提供了对各个模型建筑块进行说明的语法和语义规定。在建立模型时，可以用 UML 的图形表示法使系统可视化，同时用 UML 的说明描述系统的细节。

2. 语言的公共机制

UML 规定了语言的四种公共机制：说明、装饰、通用划分和扩展机制。

（1）说明。UML 不只是一个图形语言，它还规定了对于每一个 UML 图形的文字说明的语法和语义。例如，一个类图标的背后必有一套说明，它提供关于属性、操作、行为等的描述。通常使用 UML 的图形表示法可视化一个系统，使用 UML 的说明叙述系统的细节。

（2）装饰。大多数的 UML 元素有唯一的、直接的图形表示法，表达该元素最重要的特征。除此之外，还可以为该元素加上各种装饰，说明该元素其他方面的细节特征。例如，对于一个对象类，其最基本的图形表示法是一个矩形，其中包含了类的名称、属性和操作。此外还可以加上一些装饰，如可视性标记。

（3）通用划分。对 UML 的元素规定了两种类型的划分。一种是如类与对象的划分，类是对象的抽象，对象是类的实例；另一种是如接口与接口的实现的划分，接口声明了一个约定，实现负责执行接口的全部语义。对于大多数的 UML 元素都可以作这样的划分。例如，对于用例有用例实例、实现用例的协同，以及实现用例的操作和方法。

（4）扩展机制。UML 语言的扩展机制，允许 UML 的使用人员根据需要自定义一些构造型等语言成分，扩展 UML 和把 UML 用户化，更便于完成软件系统的开发工作。

UML 规定可以自定义三种语言成分：构造型、标记值和约束。UML 规定了许多标准的预定义的构造型、标记值和约束，但是允许自行扩充。

3. 对象约束语言

UML 的对象约束语言（Object Constraint Language，OCL）是一种表达施加于

模型元素的约束的语言。OCL 的表达是以条件和限制的形式，附加在模型元素上。

5.5.2 统一软件开发过程（RUP）

UML 在很大程度上是过程独立的。也就是说，可以把它运用于许多软件过程。RUP 是一种二维结构的软件开发过程，其中一维是时间，另一维是过程成分（Process Component）。从时间序列而言，RUP 把软件开发的生命周期划分为若干阶段和一系列的循环重复活动。RUP 的过程成分是指良好定义的开发活动，从中可以获得规定的软件开发的产物。

1. RUP 过程四阶段

从管理的角度来讲，RUP 把软件项目的开发过程划分为四个阶段：开端阶段、精化阶段、构建阶段和过渡阶段。

（1）开端阶段。开端阶段主要是给出关于项目的初步轮廓的说明，理解问题领域的各种业务过程和关系，了解系统的需求，明确系统的范围和职责，构思未来系统的概貌，探讨项目开发的必要性和可行性。

（2）精化阶段。精化阶段的主要任务是，在开端阶段的工作基础上，收集更详细的系统需求，进行高层次的系统分析和设计，确定系统的特征和基本的系统架构，编制系统构建计划，确定开发所需要的活动和资源。

（3）构建阶段。在构建阶段，通过循环重复的工作具体建造软件系统。每一次的循环都包含了常规的软件生命周期阶段的活动如分析、设计、实现和测试等。每一次循环都将得到一个更准确接近未来系统的模型或原型。

（4）过渡阶段。过渡阶段是系统正式投入运行前的阶段，在这一阶段要做的主要工作有系统的 Beat 测试、系统性能调整和人员培训等。

2. RUP 过程的核心工作流

从技术的角度来讲，RUP 规定了六个过程成分：业务建模、需求分析、系统分析与设计、实现、测试和系统配置。它们是 RUP 过程的核心工作流，即软件系统开发的主要的开发活动。

（1）业务建模。业务建模的任务是对将来使用该系统的组织机构或企业进行评估。理解它们的需要以及要求未来系统要解决的问题。业务建模的结果是建立一个业务用例模型和业务对象模型。当然，如果未来的系统对于该机构而言只是属于简单的系统，也没有必要大动干戈去进行业务建模，只要作一些简单的业务分析即可。

（2）需求分析。需求分析的任务是采集和评价系统的需求，其重点是充分考虑系统的实用性。需求分析的结果可以用一个用例模型表达，模型中的活动者代表外部与系统交互的单元（人或外部系统），用例代表交互的事务序列，它为活动者提供可度量的结果值。

（3）系统分析与设计。系统分析与设计的任务是研究欲采用的实现环境和系统构建的效用，结果是产生一个对象模型，即设计模型。设计模型中包含了用例的实现，可以表现对象是如何相互通信和实现用例流的。在设计模型中可能包含对象类和子系统的接口定义，规定它们提供操作服务的责任。

（4）实现。实现的任务是在预定的环境中实现系统，生成系统的源代码、可执行程序和相应的软件文档，建立一个可执行的系统。

（5）测试。测试的任务是对系统进行测试和排错，保证系统符合预定的要求，获得一个无错误的系统实现。测试的结果将确认所完成的系统可以交付使用。

（6）系统配置。系统配置的任务是在真实的使用运行环境中配置系统、调试系统，解决系统正式使用前可能存在的问题。

业务建模、需求分析、系统分析与设计、实现、测试、系统配置是 RUP 核心的开发活动。模型是各个过程成分的产物，也是下一个过程成分的工作依据。RUP 过程对这些模型中的用例、模型、设计模型推荐用 UML 语言工具表达，当然也可以用其他的方式表达。实现模型和测试模型一般使用程序设计语言和文字文档来完成。

RUP 过程的支持工作流包括结构与变更管理、项目管理和环境工作流。对于一个大型软件系统的开发项目来说，非技术因素的管理和支持同样是十分重要的，有时甚至会决定项目开发的成败。

3. UML 在订单管理子系统分析中的应用

（1）业务流程建模。业务流程建模包括以下内容：

1）现代商业企业的完美订单的目标。对于 B2C 现代商业企业，以客户实际订单为拉动方式，实现完美订单目标的要求如下：

① 完全按照订单要求的品种和数量送货。

② 按客户要求的日期，以客户定义的方式及时送货。

③ 需随货送达所有支持订单的文件，包括装箱单、提货单和收据等。

④ 以完好的状况送达货物，包括正确的配置、客户使用准备就绪、无损坏以及正确的安装等。

2）订单处理系统的体系结构。订单处理系统的系统需求目标为：对客户信息和商品信息的管理、订单处理、与银行交互进行支付处理以及为用户进行货物配送处理。订单处理系统涉及的角色主要包括客户、商家、配送商（配送系统）和银行。在角色分析和需求目标分析的基础上，抽象出订单处理系统的主要功能。基于一般的 B2C 商业企业，根据其订单处理系统的主要功能，构建的子系统包括以下几个：

① 系统访问子系统。该子系统控制登录和注销，同时检查访问的权限。

② 产品信息子系统。该子系统提供各种有关产品的信息，它与库存子系统

接口。

③ 管理订单子系统。该子系统管理的内容包括订单获取、返还产品、订单状态和订单取消。

④ 运送订单子系统。该子系统为订单打印提货单，生成邮购标签，计算这张订单的运费和管理费，也即配送处理。

⑤ 货币处理子系统。该子系统与记账子系统接口，管理内容包括更新账目，向客户收费和退费，处理支票、信用卡和现金订单。

⑥ 数据库子系统。该子系统包括必须为应用程序存储的数据，为数据库中的数据提供标准的存储、检索、更新和删除功能。

订单处理体系结构图如图 5-18 所示。

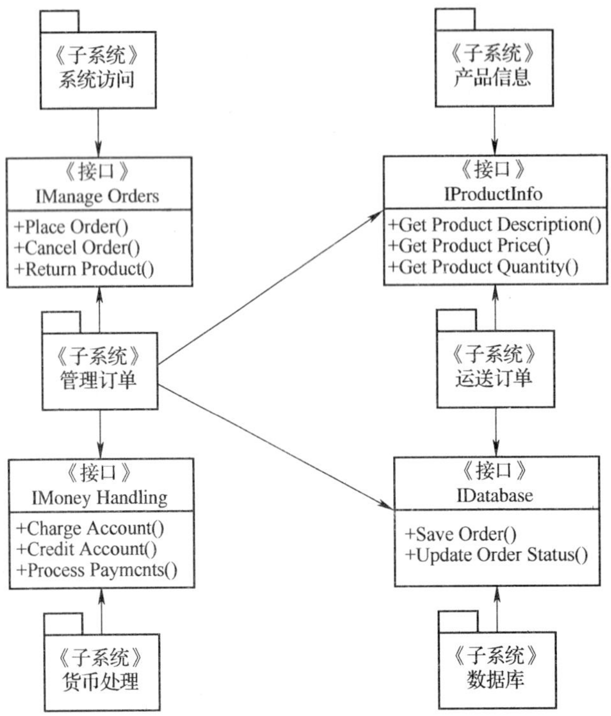

图 5-18　订单处理体系结构图

图 5-19 中涉及 UML 四类关系中的两个：实现关系和依赖关系。实现关系是分类器之间的语义关系，一个分类器规定合同，另一个分类器保证实现这个合同。在大多数情况下，实现关系被用来规定接口和实现接口的类或组件之间的关系。接口是操作的集合，这些操作用于规定类或组件的服务，也就是说，接口规定了类或组件必须实现的合同。一个接口可以被多个类或组件实现，一个类或组

件也可以实现多个接口。接口的使用将操作的接口和操作的实现分离开来。当类或组件实现一个接口时，它意味着类或组件实现了接口的所有操作，完全遵守所建立的与客户之间的协议，并响应客户使用接口中的操作所发出的消息。依赖关系是指如果一个模型元素的变化会影响另一个模型元素（这种影响是不可逆的），那么就说在这两个模型元素之间存在着依赖关系。

（2）需求建模。需求建模包括以下内容：

用例被用来描绘一个系统外在可见的需求情况，常被用在项目的需求分析阶段，对项目的测试计划和用户指南的制定也有用处。它用于创建和验证被提议的设计，并确保该设计能满足所有的需求。订单管理子系统是订单处理系统的一个子系统，也是最关键的一个子系统，它与其他五个子系统进行交互。客户登录系统后，在订单管理系统上进行相应操作。

1）确定系统边界和系统范围。确定系统边界和系统范围意味着找出系统中有什么（必须为创建它们投入大量的精力）以及系统外有什么（不需要创建，但必须考虑与它们接口有关的事情）。

2）定义参与者。参与者代表与系统接口的任何事物或人，它是指代表一种特定功能的角色，因此参与者是个虚拟的概念，它可以是人，也可以是外部系统或设备。订单管理子系统有五个参与者，它们分别是客户、公司职员、产品信息系统、货币处理系统和数据库系统。它们执行的动作分别是：客户是从公司中订购商品的人；公司职员是处理客户请求的职员；产品信息系统是记录产品库存的系统；货币处理系统是记录公司账目的系统；数据库系统是提供数据处理方面功能的系统。

3）定义顶层用例及其用例图。用例图用简单的图形元素表示出系统的活动者、用例，以及用例的联系。

① 活动者。活动者是用户作用于系统的一个角色，它是对系统边界之外的对象的描述。活动者对系统的交互包括信息交换（数据信息和控制信息）和与系统的协同，活动者包括人活动者和外部系统活动者。

活动者可以用带有构造型“《actor》”的对象图标表示，也可以用简易的人形图标表示。一般用对象图标表示外部系统活动者，用人形图标表示人活动者。

② 用例。用例有两个定义：第一，用例是对一个系统或一个应用的一种单一的使用方式的描述；第二，用例是关于单个活动者在系统对话中所执行的处理行为的陈述序列。可见，用例是对系统用户需求（主要是功能需求）的描述，它表达了系统的功能和所提供的服务。

③ 用例的联系。用例除了与活动者有联系以外，用例之间也存在着一定的联系，包括泛化关联、使用关联、包含关联和扩展关联。系统分析员还可以利用UML的扩充机制自定义用例的联系。

泛化代表一般与特殊的关系，泛化关联用泛化箭头来表示，从基本用例指向一般用例；使用关联是指一个用例使用另一个用例的功能的行为；包含关联是一个基本用例的行为包含了另一个用例的行为，它是一种依赖关联；扩展关联的基本含义与泛化关联类似，但是对于扩展用例有更多的规则限制，用例关联如图5-19所示。

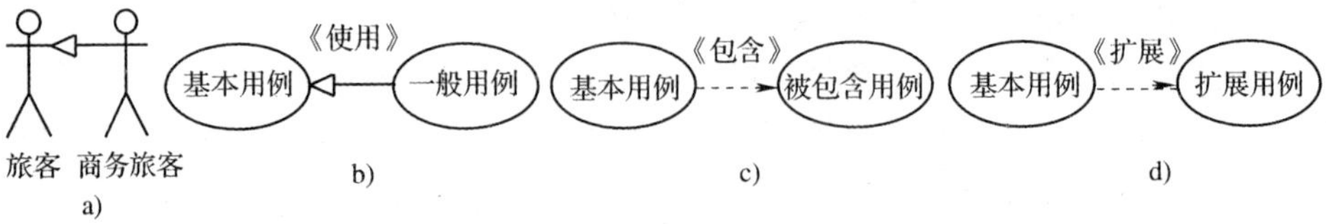

图5-19　用例关联

a）泛化关联　b）使用关联　c）包含关联　d）扩展关联

每一个用例都是一个活动者与系统在交互中执行的有关事务序列。应当根据系统的需求，找出全部的用例，并从活动者的角度给出事件流，当执行用例时系统应为活动者提供服务。对一个用例应说明的基本内容是用例怎样开始和结束、正常的事件流、变通的事件流和意外情况的事件流等。

从顶层的用例来建立用例图，这样设计在项目开始阶段对理解系统的要求和目标是有好处的，但是需要进一步细化，划分为更小一些的用例，以便深入分析系统的要求和目标。订单管理系统顶层用例图如图5-20所示。

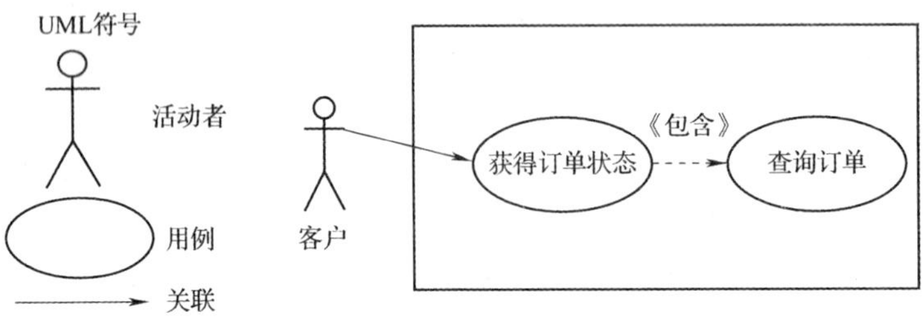

图5-20　订单管理系统顶层用例图

4）细化各个用例，绘制用例图

描述出顶层的用例图之后，对系统的整体要求和目标便有了一个轮廓，接下来将顶层的用例分解成更详细的用例。

订单管理子系统包括的用例有“获得目录”、“获得订单状态”、“订购货物”、“取消订单”和“退货”。这五个用例分别描述了以下的活动：

“获得目录”用例描述了客户要求得到一个目录。

“获得订单状态”用例描述了客户得到了一个已经存在的订单的状态。

“订购货物”用例描述客户创建了一个新的请求商品的订单，并为那些商品付费。

"取消订单"用例描述客户取消了一个已经存在的订单。

"退货"用例描述客户退还商品并要求返款。

①"获得目录"用例。"获得目录"用例描述了客户怎么找到产品目录。当客户选择"获得目录"时，系统显示订单目录界面，客户输入姓名和地址，然后提交。系统创建一个订单，列出各种产品，此时订购总数为零。系统保存订单。图 5-21 是"获得目录"用例图。

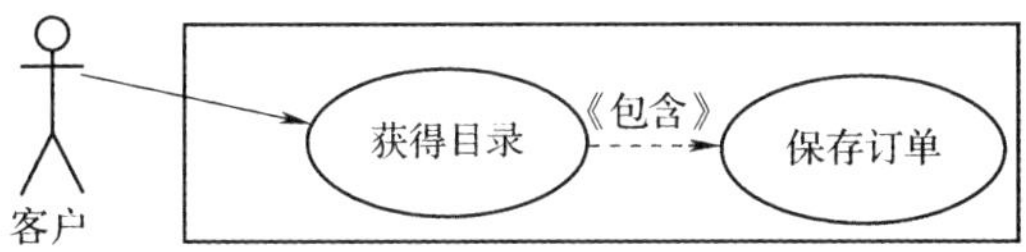

图 5-21　"获得目录"用例图

②"获得订单状态"用例。"获得订单状态"用例描述了客户可以获得他所有当前订单的状态过程。图 5-22 是"获得订单状态"用例图。

图 5-22　"获得订单状态"用例图

③"订购货物"用例。"订购货物"用例描述订单通过该过程进入订单处理系统。订购货物的过程为：当客户选择"订购货物"后，系统显示订购货物界面。客户输入姓名和住址，然后输入要订购产品的代码。对于输入的每一个产品的代码，都必须包括产品的信息，并且系统要将该项价格加到总值中去。完成以上的选择之后，客户输入信用卡支付信息。客户提交后，系统验证输入信息，并把该订单作为未完成的交易保存订单，并更新账目。图 5-23 是"订购货物"用例图。

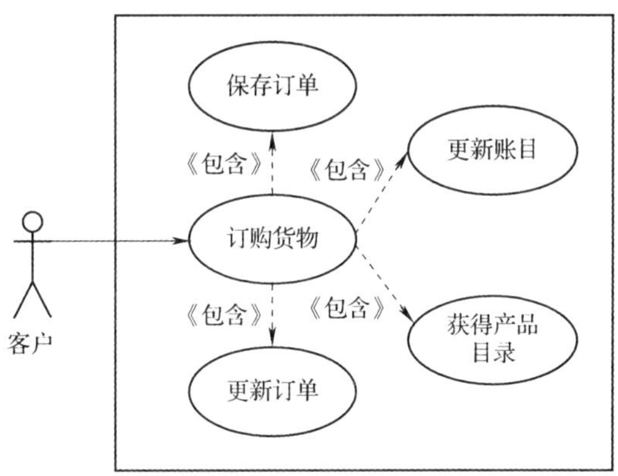

图 5-23　"订购货物"用例图

④“取消订单”用例。“取消订单”用例描述了客户取消订单的过程。客户进入取消订单界面，并选择取消。如果这笔订单中的产品还没有运走，则系统在数据库中删除这笔订单并更新订单，然后向客户账号中加钱并更新账目，把订单中的产品放回仓库并更新产品数量。图 5-24 是“取消订单”用例图。

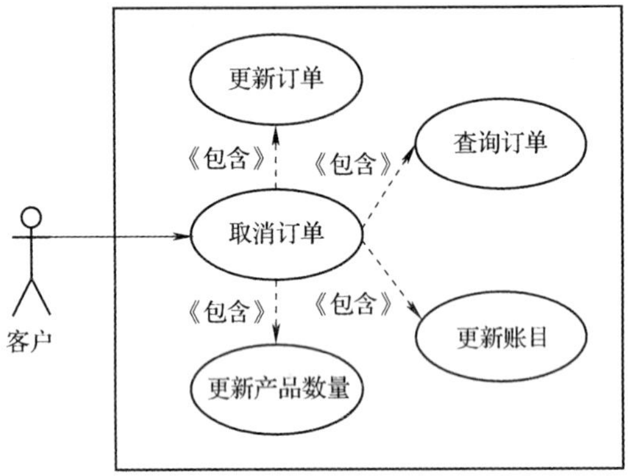

图 5-24　“取消订单”用例图

⑤“退货”用例。“退货”用例描述不合意的产品被客户退回公司的过程。当客户在选择退货时，首先查询订单，然后选择要退回的产品，提交之后，系统更新账目、产品数量及订单。图 5-25 是“退货”用例图。

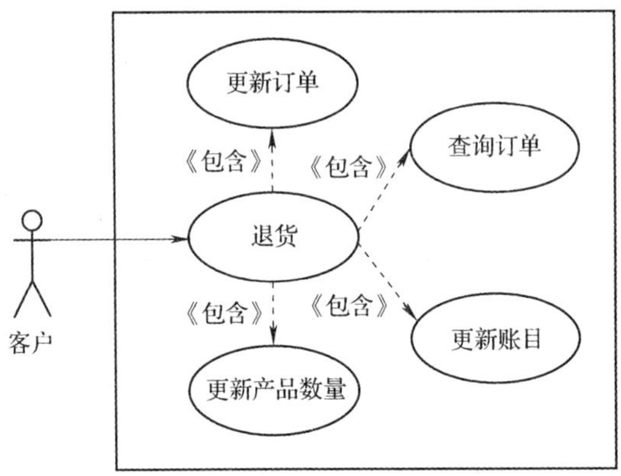

图 5-25　“退货”用例图

（3）静态结构模型。以下介绍静态结构模型：

1）静态结构模型简介。进一步分析系统需求，发现类以及类之间的关系，确定它们的静态结构和动态行为，是面向对象分析的基本任务。系统的静态结构模型主要用类图和对象图来描述。

2）定义系统对象及对象类。在进行系统需求分析之后，可以根据系统需求识别出系统中存在的对象。系统对象的识别可以通过寻找系统域描述和需求描述中的名词来进行。判断是否应该为这些候选对象创建类的标准是：是否有与该对象相关的身份和行为？如果答案是肯定的，那么候选对象应该是一个存在于模型中的对象。从系统需求的分析中可知系统中出现的相关名词有客户、产品目录、产品、账户、订单和订单状态。

客户是有身份的，如“A 公司”或“B 公司”，它们表示不同的机构。又或者是“张三”或“李四”，它们表示不同的人，具有相同名字不同身份证号码的两个人也是不同的。客户是从公司订购商品的人，所以客户是系统的一个对象，类名为客户。

产品目录也有身份，因为它是各种产品的一个列表，是系统创建的一个订单，初始的时候订购总数为零。对于不同的人，不同的订单有不同的订单号以示区别。因此产品目录是系统的一个对象，类名为产品目录。

产品也是有身份的。不同的产品通过不同的产品代码来区别，产品有相关的行为，客户可以订购一件或几件产品，因此产品也是系统中的一个对象，类名为产品。

账户也是有身份的，一个人有一个或者几个账户，不同的人有不同的账户。账户也有相关的行为，客户订购货物、取消订单、退货等，都需要变动账户的数额。因此账户是系统中的一个对象，类名为账户。

订单也是有身份的，不同的客户可以下达一份或者多份订单，订单通过不同的订单号来区别。订单也有相关的行为，客户可以通过下达订单来订购货物，也可以取消订单和查询订单。订单可以创建、查询和删除。因此订单是系统中的一个对象，类名为订单。

订单状态也是有身份的，订单有不同的状态，可能存在，也可能不存在，可能取消，也可能正在运送中。订单状态也有相关的行为，订单状态可以被客户查询。因此订单状态是系统中的一个对象，类名为订单状态。

从上述分析中可以得出六个类：客户、产品目录、产品、账户、订单和订单状态。上述类都是实体类，都需要存储在数据库中。若系统采用面向对象的数据库模型，为了便于从数据库文件中引用和检索对象，需要一个描述对象集的类。另外，由于上述六个类都是持久类，因此还可以抽象出一个代表持久性的父类，该类实现了面向对象数据库文件的读、写、存储、删除和更新等操作。因此，系统中还应该有两个与数据库相关的类：类 OID 和类 Persistent。

抽象出系统中的类后，需要确定这些对象的属性和行为，可以根据前述的系统需求分析、用例图、用例的事件流描述来确定并细化系统中的类、类的操作和类的属性。

① 类客户。类客户描述了订购货物的客户的信息。客户的信息包括客户 ID、姓名、地址、电话号码和邮编。这个类与参与者客户是不同的，参与者客户代表了系统外的物理订购者，而类客户则代表了系统中存储的物理订购者的信息。类客户的主要属性包括 id、name、address、phone、zipcode。类客户的主要操作包括 placeorder、cancelorder、chargeaccount。

② 类产品目录。类产品目录列出产品订购初始量为零时的信息。类产品目录的主要属性包括 productid、productname、productprice、number。类产品目录的主要操作为 getlist。

③ 类产品。类产品描述了各类产品的相关信息。类产品的主要属性包括 productid、productname、productprice、description。类产品的主要操作为 get productdescription。

④ 类账户。类账户的主要属性包括 name、address、zipcode、telenumber、accountsum。类账户的主要操作为 chargeaccount。

⑤ 类订单。类订单的主要属性包括 orderid、item、orderstate。类订单的主要操作包括 placeorder、cancelorder、saveorder。

⑥ 类订单状态。类订单状态的主要属性包括 orderid、ordesrtate。类订单状态的主要操作为 queryorderstate。

⑦ 类 Persistent。类 Persistent 是类客户、类产品目录、类产品、类账户、类订单、类订单状态的父类，该类为商业对象的持久存储提供了支持，它的子类必须实现从数据库文件中读、写对象属性和操作。

⑧ 类 OID。类 OID 实现了对象 ID。类 ODI 的对象可用来引用系统中的持久对象，使得从数据库文件中引用和检索对象变得容易。

3）定义用户界面类。用户与系统要进行交互，一个用户友好的系统通常都采用直观的图形可视化界面，因此需要定义系统的用户界面类。通过对系统的不断分析与细化，可以识别出下述的界面类：

① 类 Main Window。它是系统的主界面，系统的主界面具有菜单和菜单项，当选择不同的菜单项时，用户可以执行不同的操作。当程序退出时，主界面窗口关闭。

② 类 Manage Orders。界面类 Manage Orders 可进行“PlaceOrder”和“CancelOrder”操作。

③ 类 ProductInfo。界面类 ProductInfo 可进行“Get Product-Description”和“Get Product Price”操作。

④类 Money Handling。界面类 Money Handling 可进行“Charge Account”操作。

⑤ 类 Database。界面类 Database 可进行“Save Order”和“Update Order Status”操作。

4）建立包图。包图是在 UML 中用类似于文件夹的符号表示的模型元素的组合，它不是 UML 的正式图。系统中的每个元素都只能为一个包所有，一个包可嵌套在另一个包中。使用包图可以将相关元素归入一个子系统，一个包中可包含附属包、图表或单个元素。

UML 提供了两种物理表示图形：组件图和配置图。组件图表示系统中的不同物理组件及其联系，表达的是系统代码本身的结构；配置图（也称部署图）由节点构成，节点代表系统的硬件，组件在节点上驻留并被执行，配置图表示系统的软件与硬件之间的关系，表达的是运行系统的结构。图 5-26 列出了包、组件和节点的基本符号表示。

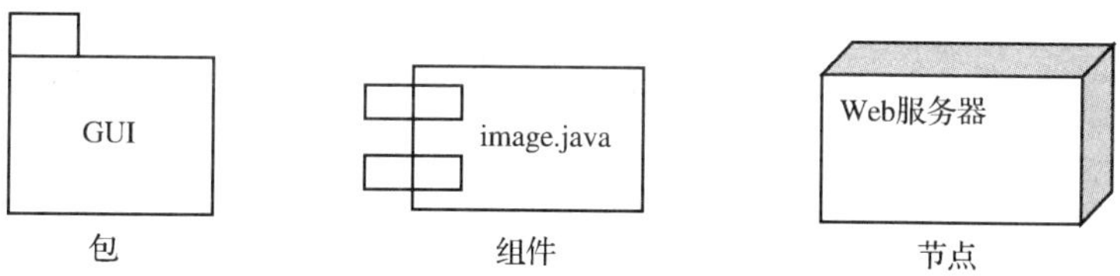

图 5-26　三种图的基本符号

组件图和配置图所表示的系统中的类分为三个包：包 GUI、包 Library 和包 DB。包 GUI 由界面类组成，包 Library 由实体类组成，包 DB 由与数据库有关的类组成。包 GUI 依赖于包 Library 和包 DB，包 Library 依赖于包 DB。如图 5-27所示的是系统包图。

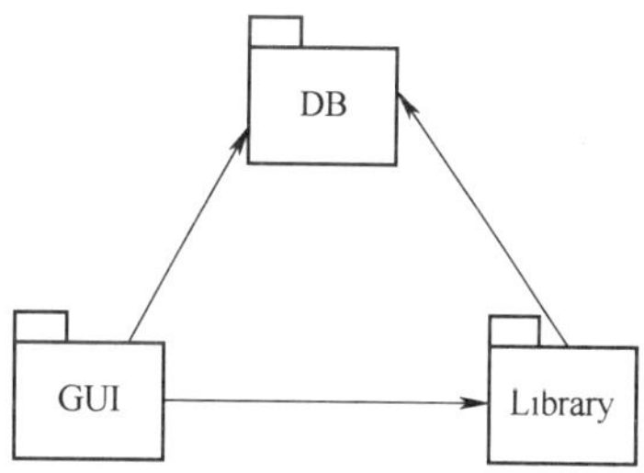

图 5-27　系统包图

在 UML 中，对象类之间的语义连接被定义为关系，并有如下几种关系：

① 泛化关系。泛化是现实世界中一般性实体与特殊性实体之间的关系，表示一般性实体的对象类称为超类（或父类），表示特殊性实体的对象类称为子类，子类继承超类的特性（属性、操作、关联等），同时可以有自己的特性。泛化关系用一个空心箭头加实线表示，箭头指向父类。

② 聚合关系。聚合表示事物部分/整体关系较弱的情况，也称为“has-a”联系。在关联线端加一个小空心菱形表示聚合，菱形连接代表整体事物的对象类，另一个关联连接代表部分事物的对象类。如图 5-28 所示的为泛化与聚合关系的标识。

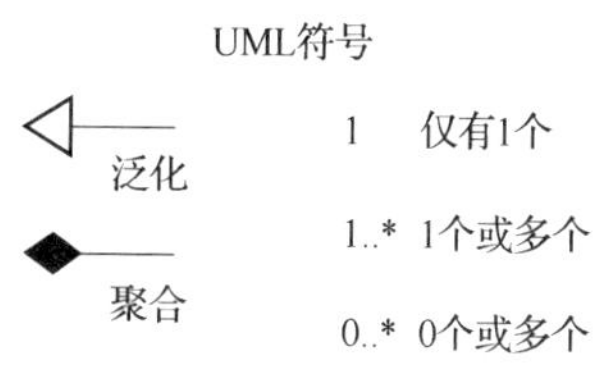

图 5-28　泛化与聚合关系的标识

③ 实现关系。实现关系是表示不继承结构、只继承行为的一种特殊的泛化关系。在 UML 中，用空心箭头加虚线表示实现关系，空心箭头指向父类接口。

④ 关联关系。关联关系描述对象类之间的相互作用与相互依存的对应关系，它在对象类图中用细实线表示，中间可以标注关联名，两端可以标注对象在关联中的角色和多重性。这里的多重性类似于实体联系图中的一对一、一对多和多对多关系。

⑤ 依赖关系。依赖是两个模型元素间的语义联系，依赖是指一个模型元素的变化必定会影响另一个模型元素，如职工家属信息的存在依赖于职工的存在。对象类之间的依赖用一条虚线箭头表示，尾端的对象类依赖于箭头所指向的对象类。

例如，客户和账户之间是相互关联的关系，客户必须对应账户，同样地，也不会存在没有客户的账户。关联的个数表示类之间实例的关系。如一个客户与多个订单关联，而一个订单只与一个客户关联。订单和产品之间是聚集的关系，因为产品是订单内容的一部分，一个订单必须包括产品的相关信息。类似地，订单目录、订单状态和订单之间也是聚集的关系。图 5-29 描述了实体类的类图。

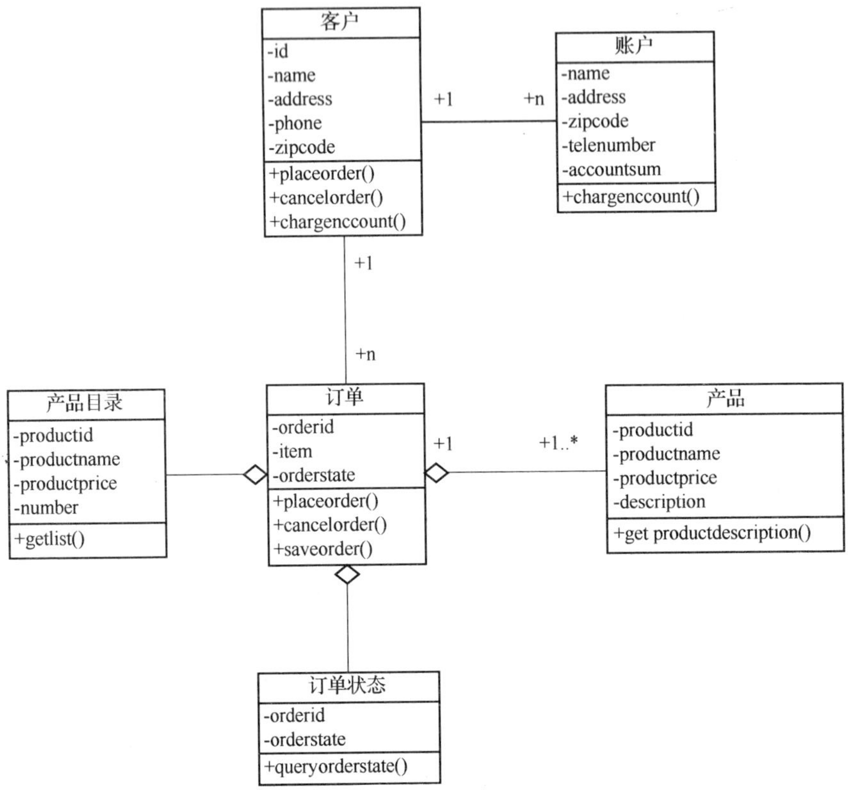

图 5-29　实体类的类图

（4）动态行为模型。以下介绍动态行为模型：

1）动态行为模型概述。系统的动态行为模型用交互图、状态图和活动图来表达。在系统的分析和设计中应当对主要的用例和对象类绘制这些图形，以便分析系统的行为，印证和修改系统的静态结构，满足用户的需求，达到系统的目标。以下用顺序图描述用例的主要场景，用活动图描述对象的过程，用状态图描述对象的动态行为。

2）建立顺序图。顺序图按时间顺序描述对象间的交互模式，它利用对象的"生命线"和它们之间传递的消息来显示对象如何按时序参与交互。顺序图由活动者、对象、消息、生命线和激活组成。在 UML 中，对象表示为一个矩形，其中有对象名；消息由有标记的箭头来表示；生命线由虚线来表示；激活由狭窄的矩形来表示。顺序图标识如图 5-30 所示。

① 客户订购货物顺序图。客户登录系统时，系统显示登录界面，客户选择订购货物，图 5-31 描述了客户订购货物的顺序图。

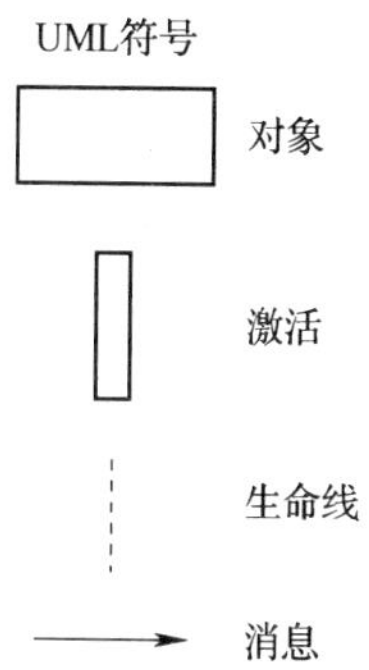

图 5-30　顺序图标识

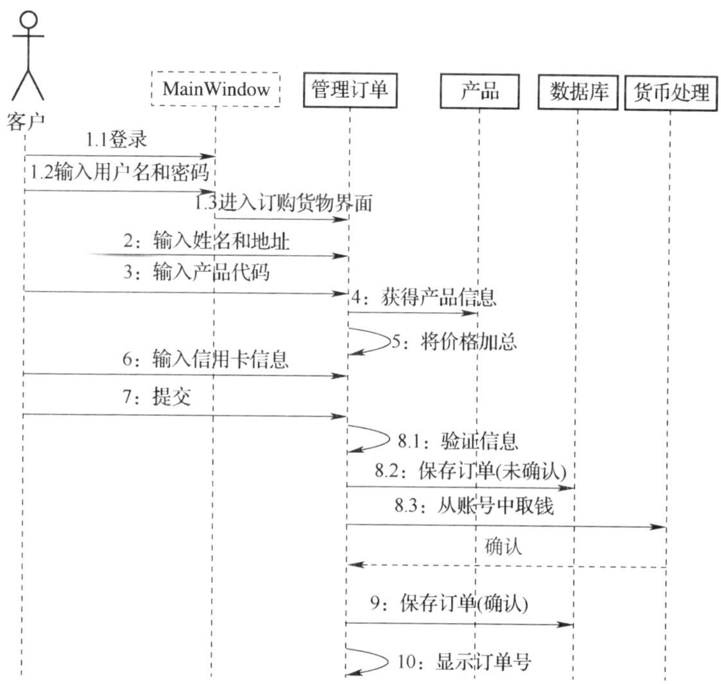

图 5-31　客户订购货物的顺序图

② 客户退货顺序图。客户将不满意的产品退回公司，客户退货顺序包含查询订单、更新订单、更新账目和更新产品数量。图 5-32 为客户退货顺序图。

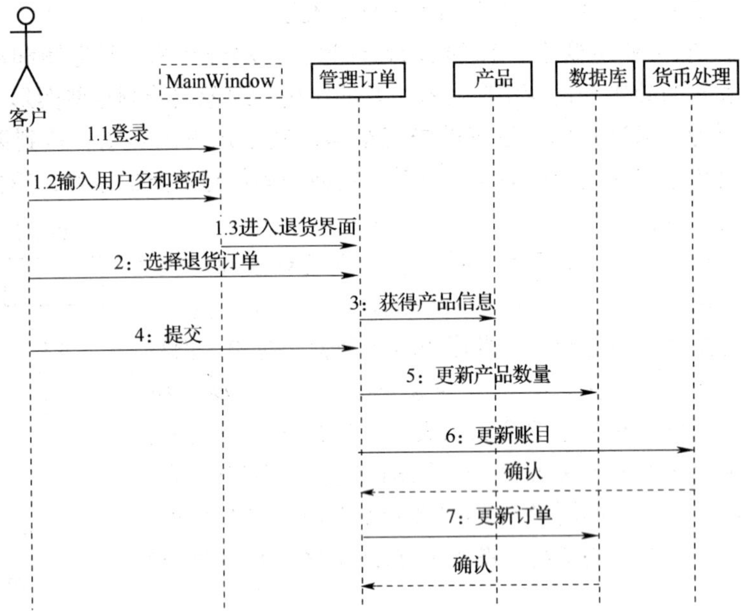

图 5-32　客户退货顺序图

③ 客户取消订单顺序图。通过客户取消订单的用例，描述出客户取消订单的顺序图。图 5-33 描述了客户取消订单的过程。

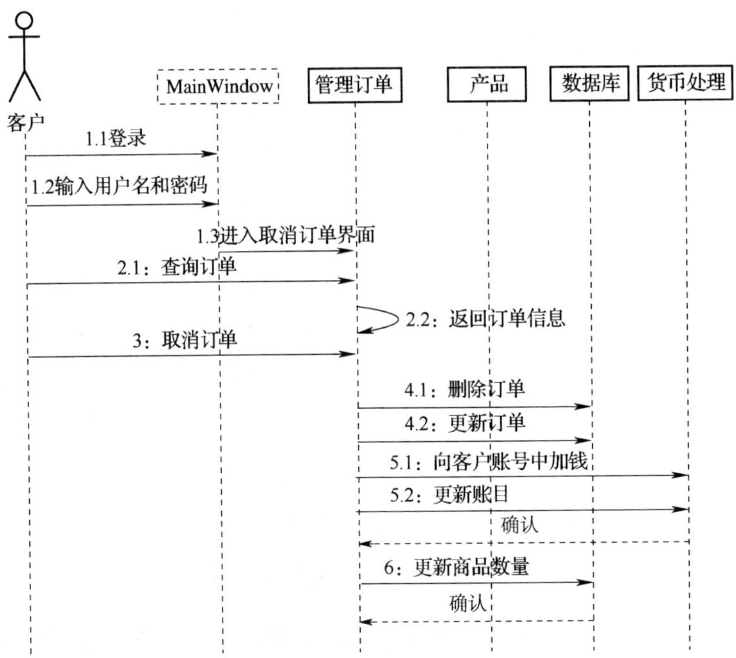

图 5-33　客户取消订单顺序图

3）建立活动图。活动图主要是一个流图，描述了从活动到活动的流。它是由一系列的动作所组成的，用来描述对象在控制流的不同点从一个状态转移到另一个状态时的对象流。活动图可以含有活动、状态、分支、分叉和联结。下面将为三个主要场景建立活动图，分别是客户订购货物活动图（见图 5-34），客户取消订单活动图（见图 5-35）和客户退货活动图（见图 5-36）。

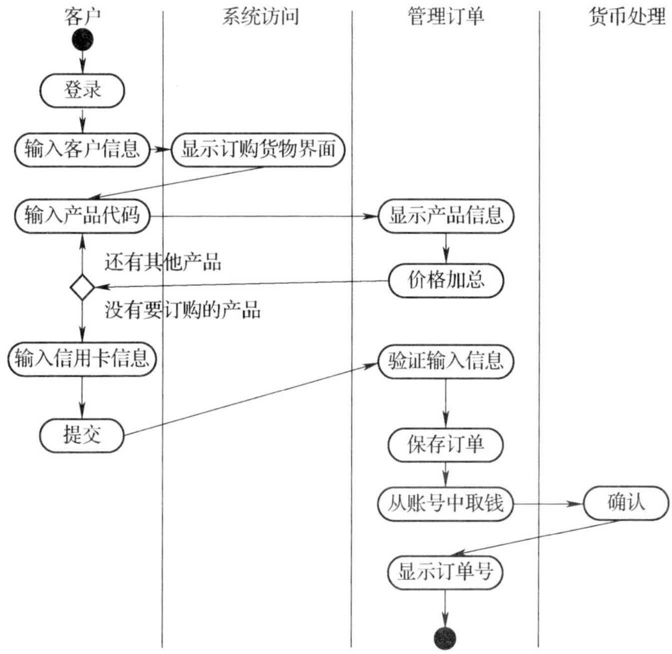

图 5-34　客户订购货物活动图

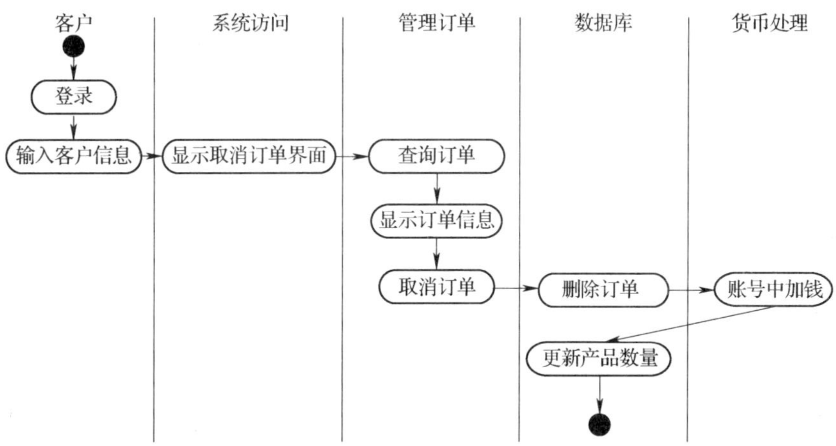

图 5-35　客户取消订单活动图

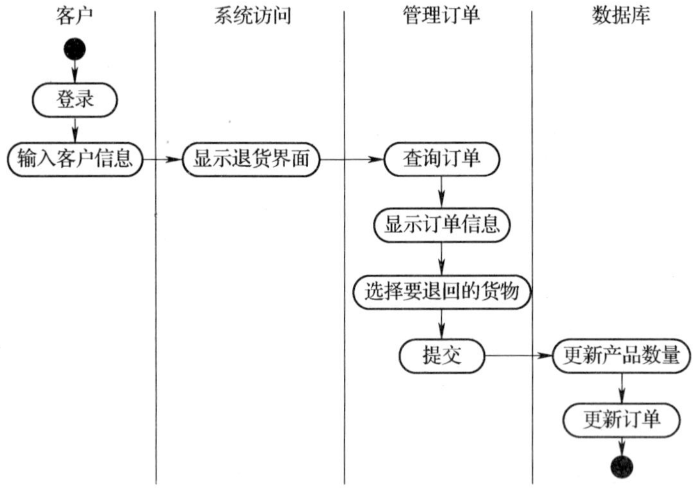

图 5-36　客户退货活动图

5.6　系统实施

5.6.1　程序设计与调试

1. 程序设计的原则

（1）可靠性。系统的可靠性指标在任何时候都是系统质量的首要指标。可靠性指标可分解为两个方面的内容：一方面是程序或系统的安全可靠性，如数据存取的安全可靠性通信的安全可靠性和操作权限的安全可靠性，这些工作一般都要在系统分析和设计时来严格定义。另一方面是程序运行的可靠性，这一点只能在调试程序时进行严格把关（特别是委托他人编程时）来保证编程工作的质量。

（2）可维护性。对于系统在运行期间逐步暴露出的隐含错误要及时进行排错；同时，应客户新增的要求也需要对程序进行修改或扩充。此外，计算机软硬件的更新换代也要求应用程序作相应的调整或移植。所以说，由于排错、改正、改进的需要，系统的可维护性是必要的。考虑到管理信息系统一般要运行 3 ~ 10 年的时间，因而系统维护的工作量是相当大的。

（3）可理解性。可理解性要求程序清晰，没有太多繁杂的技巧，能够让他人比较容易地读懂。可理解性对于大规模工程化地开发软件非常重要，这是因为程序维护的工作量很大，程序维护人员经常要维护他人编写的程序。如果程序不便于阅读，那么将给程序检查与维护工作带来极大的困难，而无法修改的程序是没有生命力的程序。

（4）效率性。程序效率是指程序能否有效地利用计算机资源（如时间和空间），效率性也就是指系统运行时应尽量占用较少的空间，却能用较快的速度完成规定的功能。近年来，硬件价格大幅度下降，而其性能却不断完善和提高，所以效率已经不像以前那样举足轻重了。相反，程序设计人员的工作效率则日益重要。提高程序设计人员工作效率，不仅能降低软件开发成本，而且可明显降低程序的出错率，进而减轻维护人员的工作负担。

（5）健壮性。健壮性是指系统对错误操作、错误数据输入能予以识别与禁止的能力，不会因错误操作、错误数据输入及硬件故障而造成系统崩溃。这是系统长期平稳运行的基本前提。

2. 程序设计语言的选择

比较流行的软件工具一般分为：常用编程语言类、数据库类、程序生成类工具、系统开发类工具、客户（Client）/服务器（Server）工具类以及面向对象的编程工具等。目前，这类工具的划分在许多具体软件上是交叉的。

（1）常用编程语言类。常用编程语言包括 C 语言、C + + 语言、Visual BASIC 语言、PL/I语言（Programming Language One）、PROLOG 语言和 OPS 语言等。

（2）数据库类。目前市场上提供的数据库软件工具产品主要有两类，一类是以微机关系数据库为基础的 XBASE 系统，一类是大型数据库系统。前者以 dBASE-Ⅱ、dBASE-Ⅲ、dBASE-Ⅳ、dBASE-Ⅴ、FoxBASE2.0、FoxBASE 2.1 以及 FoxPro 的各种版本为典型产品；后者以 ORACLE 系统、SYBASE 系统、INGRES 系统、INFORMAX 系统和 DB2 系统等为典型产品。

（3）程序生成类工具。程序生成类工具又称为第四代生成语言（4th Generation Language，4GL），是一种基于常用数据处理功能和程序之间对应关系的自动编程工具。

（4）系统开发类工具。系统开发类工具是在 4GL 的基础上发展起来的，它不仅具备 4GL 的各种功能，而且更加综合化、图形化、可视化。目前系统开发工具主要有两类：专用开发工具类（常见的如 SQL、SDK 等）和综合开发工具类（常见的如 FoxPro、dBASE Ⅴ、Visual BASIC、Visual C + +、CASE、Team Enterprise Developer）。

（5）客户/服务器工具类。客户/服务器工具类是当今软件工具发展过程中出现的一类新的系统开发工具，常见的如基于 Windows 的 FoxPro、Visual BASIC、Visual C + +、Excel、Powerpoint、Word 以及 Borland International 公司的 Delphi Client/Server、Powersoft 公司的 PowerBuilder Enterprise、Sysmantec 公司的 Team Enterprise Developer 等。由此类开发工具所开发出来的应用软件系统对硬件的要求较高。

（6）面向对象的编程工具。面向对象的编程工具主要是指与 OOP（Object-

Oriented Programming)、OOA(Object-Oriented Analysis)、OOD(Object-Oriented Design)方法相对应的编程工具,常见的如 C++、Visual C++、Visual FoxPro。这是一类针对性较强,并且很有潜力的系统开发工具。这类工具最显著的特点是它必须与整个 OO 方法相结合。没有这类 OO 工具,OO 方法的优势将受到极大的限制;反之,没有 OO 方法,该类工具也将失去其应有的作用。

设计语言的选择应考虑以下因素:

(1)管理系统所处理问题的性质。管理信息系统是以数据处理为主,故应选择数据处理能力强的语言。

(2)计算机的软、硬件和所选语言在相应机器上所能实现的功能。有的程序设计语言尽管在文本的规定上具有较强的语言功能,但限于具体的计算机条件(大型机、小型机、微型机、计算机的内存容量等),其功能没能全部实现。即使有的语句功能实现了,但其实际处理能力和效率可能有所下降,如最大文件个数、文件的类型和数字的精度等。

(3)系统的可维护性和可移植性。分析用户对计算机语言的掌握程度,选择用户较为熟悉或易于学习、易于应用的语言,以便于用户维护,并且要考虑语言本身的结构化程度的好坏,便于系统的维护和修改。

3. 结构化程序设计方法[㊀]

目前程序设计的方法大多是按照结构化方法、原型法、面向对象的方法进行的。结构化程序设计(Structured Programming,SP)方法是 E. Djkstra 等人于 1972 年提出的,用于详细设计和程序设计阶段,指导人们用良好的思想方法,开发出易于理解又正确的程序的一种程序设计方法。用 SP 方法设计程序,任何程序逻辑都可以用顺序、选择和循环三种基本结构来表示。SP 方法中的每一种基本结构都只有单一的入口和单一的出口。任何一个程序模块的详细执行过程均可按自顶向下逐步加细的方法来确定,因此编出的程序结构十分清晰。

(1)结构化程序设计方法的思想和核心问题。结构化程序设计方法是为了使程序有良好的结构,从而易读、易懂而推出的一种科学的程序设计方法。它的设计思想和核心问题主要是自顶向下,逐步细化、模块化的设计过程和程序结构限制为三种基本结构。

1)自顶向下,逐步细化、模块化的设计过程。在该过程中,要做好以下两件事:

其一是将一个大问题,分解为由若干子问题(模块)组成的层次结构;其二是将模块细化成更小、更简单的模块,直至能容易地给出具体的处理步骤,并

㊀ 冯崇岭等,结构化程序设计方法中的核心问题,淮北煤炭师范学院学报,2006 年第 2 期,第 62~66 页。

能用程序设计语言的语句来实现自顶向下的方法。解决问题之初不要一下就力图触及问题解法的细节，而应当从问题的全局出发，宏观进行需求分析，确定“做什么”以及怎样把问题分解为几个子问题或子功能，并画出层次结构图及执行流程图，下一步是在子问题一级描述算法，它是对全局算法的细化。

这种细化过程可能要逐步做下去，直到细化的模块能知道具体“怎么做了”，即能写出相应的程序为止。逐步细化的基本思想是把一个复杂问题的求解过程分阶段进行，让每个阶段处理的问题都控制在人们容易解决的范围内。在进行下一层的细化前，对本阶段的正确性进行检查，及时修改存在的问题是十分必要的。层次结构便于检验算法的正确性。

为了清楚表达出“自顶向下，逐步细化、模块化”的设计结果，要求能画出各模块间的层次关系图，图5-37是计算并打印 n 个数平均值的细化后的模块层次图。

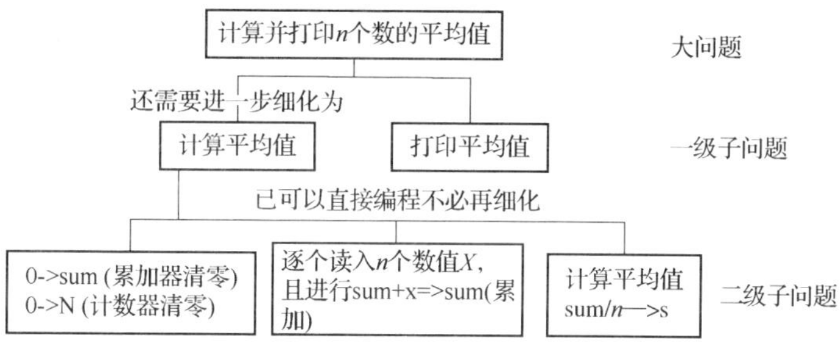

图5-37　模块层次图

在细化过程中，一般上层模块只需指出“做什么”，只有在最底层的模块（没有子模块的模块）才精确地描述“怎么做”。事实上问题本身就比较简单，它可以作为复杂问题的最终子问题，这里之所以逐步细化，主要是为了说明自顶向下逐步细化、模块化的方法。

2）程序结构限制为三种基本结构。只有将程序的结构限制为顺序、选择和循环三种基本结构才可以提高程序的易读、易改性。如果程序的结构是由三种基本结构组成的，那么这样的程序就是结构化程序。如果算法结构是由这三种基本结构组成的，那么该算法就是结构化的算法。结构化程序源于结构化算法，程序的实质就是用计算机语言描述的算法。

结构化程序的主要优点：结构清晰易读、易懂、易修改、易维护、易移植；便于多人协作，能够编制大型软件。

综上可知，结构化程序设计方法是一种较好的程序设计方法。使用该方法设计程序不仅设计出来的程序质量高，而且使程序设计工作化难为易，使过去“无章可循”的程序设计变得思路清晰、做法规范，从而极大地提高了编程效率。

它也是目前较流行的“面向对象”程序设计方法的基础，因此应很好地掌握这一基本的程序设计方法。

（2）结构化程序设计过程。结构化程序设计方法的设计过程可规范为下面几个阶段：

1）问题分析。问题分析是程序设计中必不可少的环节。分析该阶段要解决什么问题，这是和程序设计的风格联系在一起的。结构化程序设计方法认为问题分析阶段主要是从宏观上解决好下面两个问题：

① 实际问题要求做什么？如何将它分成几个简单的子问题？该问题是数值型的还是非数值型的？如果是数值型问题，则要给出相应的数学模型。如果是非数值型问题则要给出求解思路。

② 问题中有哪些输入、输出数据？各是什么类型的？要不要设计数据结构？

该阶段进行的是宏观需求分析，要求“宏观”，不要求“细节”，目的是将难题分解，使每一步操作都变得容易。事实上，一步到位的分析方法往往是行不通的，分析是解决问题的关键，一定要解决好本阶段中的问题。

2）算法与数据结构设计。算法是具体的解题步骤，该步骤实质上是对某些给定的数据按照一定的次序进行有限步运算且能够求出问题的解或判断出问题无解的运算序列。从程序的角度来看，算法是一个有限条指令的集合。

众所周知，同一问题可以有多种算法，显然便存在算法的优劣问题，在算法优劣的评判中，人们总是把易读、易懂、便于修改和交流作为首要指标。此外，还有计算次数问题、存储量问题、数值稳定性问题。算法设计的任务就是要从众多的算法中挑选出一种质量高的算法。

算法要做到易读、易懂，自身就必须具有良好的结构，而良好的结构是指仅用顺序、分支和循环（又分为当循环和直到循环）三种基本结构组合而成，这三种基本结构图如图 5-38 所示。

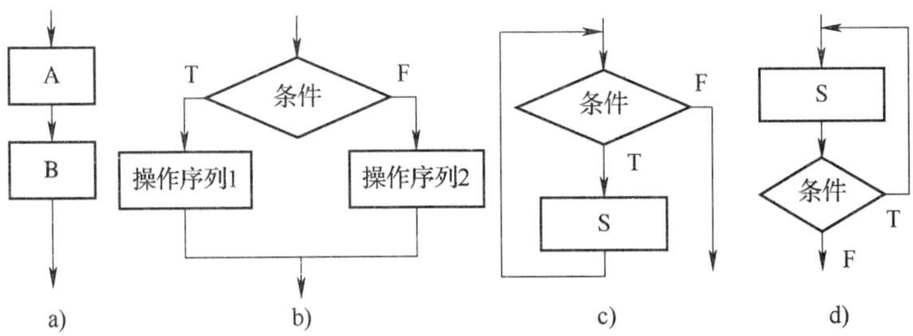

图 5-38　三种基本结构图

a）顺序结构　b）分支结构　c）当循环　d）直到型循环

3）算法流程的描述。程序设计就是要确定解决问题的详细步骤，即设计出算法或算法流程。进行算法流程描述有两个目的：其一是让算法易懂、易读；其二是易于编程。常用的算法描述工具有自然语言、传统流程图、N-S 图、伪代码、高级语言等。为便于描述复杂问题，应注意先按模块描述，然后再将各模块装配起来。

4）编程。编程过程中有两点需要强调，一是编程语言的选择。高级语言虽然都有一定的通用性，但是该语言是否是最适合当前任务的？还有编程人员对该语言的熟悉程度怎样？这些问题是编程之前必须考虑的。例如，解线性规划问题，如果选用 MATLAB 语言进行编程则是十分简单的事，但是要使用其他的高级语言如 C、VB，则要编写很长的程序。这不仅“自找苦吃”，而且对问题的处理也不利。二是程序设计方法的选择。自然应选择“面向结构”或“面向对象”方法。

5）调试运行。程序编好以后，难免会出现这样或那样的错误，因此还应该认真检查程序，找出错误加以改正，这样的过程就是调试。只有经过调试后的程序才可以正式使用，调试分人工检查和上机调试两个方面。

6）编写程序使用与维护的文档资料。内容包括程序功能介绍、使用说明和参数含义等。对于有价值的程序，编写使用和维护说明等文档资料是很有必要的。

4. 结构化程序与面向对象程序设计方法的比较㊀

20 世纪 70 年代，人们都认为结构化方法是最好的系统开发方法，然而，随着计算机应用技术的不断发展，结构化方法越来越不能适应日益复杂、庞大且高速发展的信息系统的建设。20 世纪 80 年代以来，面向对象方法正引起越来越强烈的关注和重视，并在业内掀起一股新的面向对象编程浪潮。由于面向对象方法克服了传统的结构化方法在建立问题系统模型和求解时存在的缺陷，提供了更合理、更有效、更自然的方法。

结构化方法中的提高软件的结构化、模块化及可读性等基本思想是完全正确的，但问题空间和解空间在结构上存在着不一致性，这使大型信息系统的开发和设计面临许多困难。解决这一难题的关键在于分析、设计、实现一个系统的方法和过程应尽可能接近人们认识系统的方法和过程，即问题空间与解空间在结构上尽可能一致。

面向对象方法解决了传统结构化方法中问题空间和解空间在结构上不一致的问题，避免了从分析和设计到软件模块结构间的多次转换过程，使开发软件变得简捷、高效、合理。

面向对象方法首先强调来自域的对象，然后围绕对象设置属性和操作。它尽可能模拟人类习惯的思维方式。把问题域的概念直接映射到对象和对象之间的接

㊀ 喻梅，结构化程序设计方法与面向对象程序设计方法之比较，科技信息，2009 年第 14 期，第 453 ~ 454 页。

口，符合人们常用的思维方式，减少结构化方法从问题域到分析阶段的映射误差。面向对象方法鼓励开发者使用“对象”的观念去看待问题。

（1）面向对象方法与结构化方法的比较实例。例如，用程序来描述一个计算机书店的销售情况（用伪代码完成）。

1）面向过程的程序示例。具体内容如下：

```
    《C++程序设计》本数=5
    《软件工程》本数=6
    《Java 编程思想》本数=4
    《SQL Server 2000》本数=7
    ……
//销售程序段
    《C++程序设计》本数 =《C++程序设计》本数-1
// 卖出了1本《C++程序设计》
    《SQL Server 2000》本数 =《SQL Server 2000》本数-2
    //卖出了2本《 SQL Server 2000》
//采购程序段
    《软件工程》本数=《软件工程》本数+5
    //新进了5本《软件工程》
    《C++程序设计》本数=《C++程序设计》本数+3
    //新进了3本《C++程序设计》
```

正如上面的程序段所示，结构化的程序设计方法通常是定义变量及其初始值，根据事件发展顺序，进行相应的处理。

上面的程序先定义了各种书的初始总数，这些总数会在销售、采购时改变。这种程序的编写思路是随着事件，按照一定的过程来进行。这种方法是一种“解题”的思维方式，即把所有的需求当做一个“应用题”一样来“解答”。

2）面向对象的程序示例。具体内容如下：

```
    书店{
    《C++程序设计》;
    《软件工程》;
    《Java 编程思想》;
    《SQL Server 2000》;
//本数
    卖出（书名，数量）
    {
    书名=书名-数量;
```

```
}
进货（书名，数量）
{
书名 = 书名 + 数量;
}
}
```

可以看出，面向对象方法的基本思想是：对问题空间进行自然分割，以更接近人类思维的方式建立问题域模型，以便对客观实体进行结构模拟和行为模拟，从而使设计出的软件尽可能直接地描述现实世界，构造出模块化的、可重用的、维护性好的软件，同时限定软件的复杂性和降低开发维护费用。

（2）结构化方法与面向对象方法的内在联系。具体内容如下：

1）二者在分解和抽象原则上一致。分解和抽象是软件开发中控制问题复杂性的重要原则。分解即化整为零，将问题剥茧抽丝，层层消化；抽象则是通过分解来体现，在逐层分解时，上层是下层的抽象，下层是上层的具体解释和体现。运用抽象可以不用一次考虑太多细节，而逐渐地，有计划、有层次地了解更多细节。面向对象方法与结构化方法在运用分解和抽象原则上的要求是完全一致的。

2）局部化和重用性设计上的一致。局部化是软件开发中的一个重要原则，即不希望软件的一部分过多地涉及或影响软件的其他部分。在结构化方法中，局部化主要体现在代码与数据的分隔化，即程序各部分除必要的信息交流外，彼此相互隔离而互不影响。而面向对象方法则采用数据、代码的封装，即将数据、代码和操作方法封装成一个类似“黑箱”的整体对象，提高了程序的可靠性和安全性，同时增强了系统的可维护性，也就是说，面向对象方法比结构化方法的运用更加深入、更彻底。

（3）结构化方法与面向对象方法的区别。具体内容如下：

1）处理问题的出发点不同。结构化方法是强调过程抽象化和模块化，以过程为中心构造或处理客观世界的问题，它是一种面向过程的开发方法；面向对象方法强调把问题域的要领直接影射到对象及对象之间的接口上，用符合人们通常思维的方式来处理客观世界的问题。

2）处理问题的基本单位和层次逻辑关系不同。结构化方法把客观世界的问题抽象成计算机可以处理的过程，处理问题的基本单位是能清晰表达过程的模块，用模块的层次结构概括模块或模块间的关系和功能；面向对象方法是用计算机逻辑来模拟客观世界中的物理存在，以对象的集合类作为处理问题的基本单位，尽可能使计算机世界向客观世界靠拢，以使问题的处理更直截了当，面向对象方法用类的层次结构来体现类之间的继承和发展。

3）数据处理方式与控制程序方式不同。结构化方法是直接通过程序来处理数据，处理完毕后即可显示处理结果，在控制程序方式上是按照设计调用或返回，程序不能自由导航，各模块程序之间存在着控制与被控制的关系；面向对象方法将数据与对应的代码封装成一个整体，原则上其他对象不能直接修改其数据，即对象的修改只能由自身的成员函数来完成，控制程序的方式是通过“事件驱动”来激活和运行程序。

4）分析设计与编码转换方式不同。结构化方法强调分析、设计及编码之间按规则进行转换，贯穿软件生命周期的分析、设计及编码之间实现的是一种有缝的连接；面向对象方法从分析到设计，再到编码则采用一致性的模型表示，贯穿软件生命周期的分析、设计及编码之间是一种平滑的过程，即实现的是一种无缝连接。

（4）结构化方法和面向对象方法的优缺点。具体表现在如下几个方面：

1）从执行效率上来说。结构化方法比面向对象方法产生的可执行代码更直接、更高。所以对于一些嵌入式的系统，结构化方法产生的系统更小，运行效率更高。

2）从重用性方面来说。采用结构化方法设计的系统难以修改和扩充，结构化分析与设计清楚定义了系统的接口，当系统对外界的接口发生变动时，往往会造成系统结构有较大的变动，难以扩充新的功能接口。采用结构化方法设计的系统可复用性较差。结构化方法将数据和操作分离，导致一些可重用的软件构件在特定的具体应用环境中才能应用，降低了软件的可重用性，面向对象方法具有很好的重用性，在遇到类似问题时，通过应用抽象继承等技术，来重用代码。

3）从程序语言编译器上来说。面向对象方法通过编译器实现代码的面向对象性。也就是说经过编译器后，代码会被翻译为相对应的结构化代码。所以，要想实现熟练开发，还要懂一定的结构化方法。

4）从掌握难易度上来说。面向对象方法比结构化方法复杂，难于理解。面向对象方法的内容广、概念多，而且很多都是难于理解的，做到精通则更加不易。应用面向对象方法，常常需要一种用于支持的分析、设计方法，如 RUP 方法和敏捷方法等。这些知识抽象、枯燥，难于掌握。面向对象方法要经过长期的开发实践才能很好地理解、掌握。相比之下，结构化方法知识内容少，容易上手。

5）从应用的范围来看。结构化方法适用于数据少而操作多的问题。实践证明，对于像操作系统这样的以功能为主的系统，结构化方法比较适用；面向对象方法则正好相反，对于数据库、信息管理等以数据为主而操作较少的系统，用面向对象方法描述要好于结构化方法。

5.6.2 系统测试

一个较好的程序员，在他交付的程序中，错误率为 1%，而由一个水平低的程序员编写的程序，可能每个语句都含有一两个错误。在一个大型的软件系统中，“错误百出”不必大惊小怪，这是由于人类本身能力的局限所致。人免不了要犯错误。当然这并不是说可以姑息系统开发中的错误。恰恰相反，随着信息技术在国民经济一些重要领域的应用日益广泛，软件系统的任何错误，都可能造成生命和财产的重要损失。问题的关键是应尽早发现和纠正这些错误，减少因错误而造成的损失，避免发生重大的损失。

目前，检验软件有三种手段：静态检查、正确性证明和动态检查。

静态检查是指人工评审软件文档或程序，发现其中的错误。这种方法手续简单，是一种行之有效的检验手段。据统计，30% ~70% 的错误是通过评审发现的，而且这些错误往往影响很大。因此，这是软件开发过程中必不可少的质量保证措施。评审强调要有局外专家参加，可取各家之长。评审是直接检查软件文档，对于错误的排除比较容易，也容易发现产生错误的原因。

程序的正确性证明技术目前还处于初级阶段，近期内还不可能适用于大型系统。设置命题及其证明需要大量的脑力劳动，且推导过程冗长。例如，一个 433 行的 ALGOL 程序，其证明则长达 46 页。人们自然要问，怎样“证明”这 46 页中没有错误？尽管如此，正确性证明仍是一个诱人的课题，它对未来的软件可能产生深远的影响。

动态检查就是测试，即有控制地运行程序，从多种角度观察程序运行时的行为，发现其中的错误。也就是说，测试是为了发现错误而执行程序。测试只能证明程序有错误，而不可能证明程序没有错误。

1. 测试（动态检查）的目的

根据 Glen Myers 的定义，测试的目的在于：

（1）测试是指“意在发现错误而执行一个程序的过程”。

（2）一个好的测试用例是指这个测试用例有很高的概率可以发现一个尚未发现的错误。

（3）一个成功的测试是指它成功地发现了一个尚未发现的错误。

测试的目的是为了发现程序中的错误。因此，测试的关键问题是如何设计测试用例，即设计一批测试数据，通过有限的测试用例，在有限的研制时间、研制经费的约束下，尽可能多地发现程序中的错误。

2. 四种测试方法

测试有模块测试、联合测试、验收测试和系统测试四种类型。

（1）模块测试。模块测试是对一个模块进行测试，根据模块的功能说明，检验模块是否有错误。这种测试在各模块编程后进行。

模块测试一般由编程人员自己进行，模块测试有以下项目：

1）模块界面调用参数（流入数据）数目、顺序、类型。

2）内部数据结构如初始值对不对，变量名称是否一致，共用数据是否有误。

3）独立路径是否存在不正确的计算、不正确的循环及判断控制。

4）错误处理预测错误的产生及后处理，看是否和运行一致。

5）边界条件对数据大小界限和判断条件的边界进行跟踪运行。

（2）联合测试。联合测试即通常所说的联调。联合测试可以发现总体设计中的错误，如模块界面的问题。

各个模块单独执行可能无误，但组合起来相互可能会产生影响，可能会出现意想不到的错误，因此要将整个系统作为一个整体进行联调。联合测试的方法有两种，即根据模块结构图由上到下或由下到上进行测试。

1）由上到下。设置下层模块为假模块，检查控制流，这样能较早发现错误，而不至于影响到下层模块。但这种方法要制作的假模块太多，而且不能送回真实数据，可能发现不了内在的错误。

2）由下到上。先设置上层模块为假模块，测试下层模块执行的正确性，然后逐步向上推广。这种方法方便、设计简单，但要到最后才能窥得全貌，有一定的风险。

较好的方法是二者结合，高层由上到下，低层由下到上，到中层进行会合。

（3）验收测试。验收测试检验系统说明书的各项功能与性能是否实现、是否满足要求。验收测试的方法一般是列出一张清单，左边是需求的功能，右边是发现的错误或缺陷。

常见的验收测试有所谓的 a 测试和 b 测试，这两种测试都是由用户进行的。前者由使用者在应用系统开发所在地与开发者一同进行观察记录，后者由用户在使用环境中独立进行。

（4）系统测试。系统测试是对整个系统的测试，将硬件、软件、操作人员看做一个整体，检验它是否有不符合系统说明书的地方。这种测试可以发现系统分析和设计中的错误。例如，安全测试是测试安全措施是否完善，能不能保证系统不受非法侵入。那么怎样才算是安全的呢？即安全的标准是什么？可以这样定义：如果入侵一个系统的代价超过从系统中获得的利益时，那么这个系统就是一个安全的系统。再如，压力测试就是测试系统在正常数据数量以及超负荷量（如多个用户同时存取）等情况下是否还能正常地工作。

3. 测试的原则

测试阶段应注意以下一些基本原则：

（1）测试用例应包括输入数据和预期的输出结果。

（2）不仅要选用合理的输入数据作为测试用例，而且还应选用不合理的输入数据作为测试用例。

（3）既要检查程序是否完成了它应做的工作，又要检查它是否还做了它不应做的事情。例如，对于工资管理程序，不仅要检查它是否为每个职工都产生了一个正确的工资单，还要检查它是否产生了多余的工资单。

（4）测试用例应长期保留，直到这个程序被废弃为止。精心编制测试用例会给今后的测试带来方便。一旦程序被修改、扩充，就需要重新进行测试。这在很大程度上将重复以前的测试工作。保留测试用例，可以验证发现的错误是否已经改正，还可以很容易地发现因修改、扩充可能产生的新错误。

4. 测试用例设计

传统的测试方法分为“白箱测试”和“黑箱测试”。

白箱测试是根据一个软件部件的内部控制结构，测试软件是否依据设计正确地执行。黑箱测试是根据一个软件部件由外部界面所能观察到的功能效果，测试它是否与其他部件能够正确地进行沟通，一般是指输入正确时，看是否有正确的输出。

既然测试工作不可能采用穷举测试方法，那么测试用例的选择就是测试的关键问题。好的测试用例应以尽量少的测试数据发现尽可能多的错误。下面介绍几种测试用例的设计方法。

（1）语句覆盖。一般来讲，程序的某次运行并不一定执行其中的所有语句。因此，如果某个含有错误的语句在测试中并没有执行，这个错误便不可能被发现。为了提高发现错误的可能性，应在测试中执行程序中的每一个语句。语句覆盖就是要选择这样的测试用例，使得程序中的每个语句至少能被执行一次。

（2）判断覆盖。判断覆盖是指设计测试用例时使程序中每个判断的取“真”值和取“假”值的每一个分支至少通过一次。

（3）条件覆盖。条件覆盖是指执行足够的测试用例，使得判断中的每个条件获得各种可能的结果。

一般说来，条件覆盖比判断覆盖要求严格，因为判断覆盖的对象是每个判断结果，而条件覆盖则考虑每个判断中的每个条件。但是，由于条件覆盖分别考虑每个条件而不管同一判断中诸条件的组合情况，因此，测试用例有可能满足条件覆盖的要求，但却不能满足判断覆盖的要求。

（4）条件组合覆盖。条件组合覆盖是指在设计测试用例时，要使判断中每个条件的所有可能取值至少出现一次，并且每个判断本身的判定结果也至少出现一次。

（5）路径覆盖。路径覆盖是指在设计测试用例时，使它覆盖程序中所有可能的路径。路径覆盖的测试功能很强。但对于一个不太复杂的程序，其路径数可能相当庞大而且又不可能完全覆盖。

以上这五种测试均属于“白箱测试”，下面是“黑箱测试”的例子。下面介绍设计测试用例的另一种技术——边界值测试。

（6）边界值测试。经验证明，程序往往在处理边缘情况时犯错误，因此检查边缘情况的测试用例的效率是比较高的。例如，某个输入条件说明了值的范围是 -1 ~1，则可以选 -1、0.1、0.99 和 1.001 作为测试用例。再如，一个输入文件可以有 1 ~255 个记录，则分别设计有 0 个、1 个、255 个、256 个记录的输入文件等。

把边界值的概念扩大，可以设计出各种测试用例。例如，对文件只处理第一个记录、中间一个记录、最后一个记录和不存在的记录等。

从以上列举的这些例子中可以看出，这种方法表面上看起来很简单，但许多程序的边界情况极其复杂，要找出适当的测试用例，需要有一定的经验和创造性。但如果使用得当，这种方法是相当有效的。

5. 排错

测试是为了发现程序中存在的错误，排错是确定错误的位置和性质，并改正错误。排错的关键是找到错误的具体位置，一旦找到错误所在的位置，修正错误就相对容易得多。以下一些方法可以帮助确定错误的位置：

（1）试探法。分析错误的外在表现形式，猜想程序故障的大概位置，采用一些简单的纠错技术，获得可疑区域的有关信息，判断猜想是否正确。最终经过多次试探，找到错误的根源。这种方法与个人经验有很大的关系。

（2）跟踪法。对于小型程序，可采用跟踪法。跟踪法分正向跟踪和反向跟踪。正向跟踪是沿着程序的控制流，从头开始跟踪，逐步检查中间结果，找到最先出错的地方。反向跟踪是从发现错误症状的地方开始回溯，人工沿着控制流往回追踪程序代码，直到确定错误根源。

（3）对分查找法。若已知程序中的变量在中间某点的预期正确值，则可以用赋值语句把变量置成正确值，并运行程序看输出结果是否正确。若输出结果没有问题，说明程序错误在前半部分，否则在后半部分。然后对有错误的部分再使用这种方法，逐步缩小查错的范围。

（4）归纳法。从错误征兆的线索出发，分析这些线索之间的关系，确定错误的位置。首先要收集、整理程序运行的有关数据，分析出错的规律，在此基础上提出关于错误的假设，若假设能解释原始测试结果，说明假设得到证实，否则重新分析，提出新的假设，直到最终发现错误的原因。

（5）演绎法。分析已有的测试结果，设想所有可能的错误原因，排除不可能的、互相矛盾的原因。对余下的原因，按可能性的大小，逐个作为假设解释测试结果，直至找到错误的原因。必要时，对列出的原因加以补充修正。

5.6.3 系统转换

当系统实施阶段的准备工作已完成，即计算机系统的安装与调试、应用程序的编写与调试、人员培训工作都已顺利结束，并且得到系统开发领导小组批准后，新系统交付使用工作就可以开始了。系统转换是指用新系统代替原有系统的一系列过程，其最终目的是将物流信息系统完全移交给用户使用。

1. 人员培训

一个成功的物流信息系统需要对用户进行培训，这是因为整个系统开发的成功依赖于人们是否理解它，是否知道如何有效地使用它。实际上，在系统开发过程的早期，就应该开始考虑制订一份培训计划，包括确定什么样的人应该接受培训以及接受怎样的培训。

一般来说，人员培训包括管理人员培训、系统操作人员培训和系统维护人员培训三种。

（1）管理人员培训。对用户有关管理人员进行培训，得到他们的理解和支持是新系统成功运行的重要条件。对用户的事务管理人员或主管人员的培训内容主要有新系统的目标与功能；系统的结构及运行过程；对企业组织机构、工作方式等产生的影响；采用新系统后，职工必须学会新技术的要求；今后如何衡量任务完成情况等。

（2）系统操作人员培训。系统操作人员是物流信息系统的直接使用者，相关资料表明，系统在运行期间发生的故障，大多数是由于使用方法的错误而造成的。对用户系统操作人员的培训内容主要有必要的计算机硬、软件知识；键盘指法，汉字输入等训练；新系统的工作原理；新系统输入方式和操作方式的培训；简单出错的及时处理知识；运行操作注意事项等。

（3）系统维护人员培训。对用户的系统维护人员来说，除了要求具有较好的计算机硬、软件知识外，必须对新系统的原理和维护知识有深刻的理解。对系统维护人员培训的最好途径是让他们直接参与系统的开发工作，这样有助于他们了解整个系统，并为后期的维护工作打下良好基础。

2. 系统试运行

系统试运行的过程是系统联调的延续。在系统联调时已经使用了相关的测试数据，但这些数据不一定能测试出系统今后在实际运行中可能出现的一些事先预料不到的问题，所以让新开发的系统实际地试运行一段时间是对系统最好的检验和测试方式。

（1）场所和数据准备。在系统投入运行前，其准备工作会涉及许多方面，但归纳起来主要是场所准备和数据准备。场所准备就是要准备新系统的实际工作场所，数据准备则是指将原手工处理的文件转换成系统文件的过程。如果是对原系统进行重新开发，则要将原系统中的数据整理出来，并转换成新系统文件。在要用新系统代替手工处理的情况下，需要用户和系统开发人员共同参与数据的准备过程，因为这些数据的准备不仅要归类整理，还要对数据进行编码，才能把数据装入到新系统中。

数据准备包括的内容及要求有①各种数据的归类整理要严格科学化，特别是对基础数据的统计工作，具体方法应程序化、规范化；②计量工具、计量方法、数据采集渠道和程序都应该固定，以确保新系统运行有稳定可靠的数据来源；③各类统计、数据采集、报表应标准化、规范化；④将各种准备好的数据装入新系统。

（2）试运行的工作内容。系统试运行是与物流信息系统的最后测试一起开始的。试运行的工作主要包括：①对系统进行初始化处理，并输入各原始数据记录；②在试运行过程中，详细记录系统运行的数据和状况；③对实际系统的输入方式进行全面考查，可从输入的方便性、效率性、安全可靠性、误操作的保护等多个方面进行；④将新系统的输出结果与原系统的处理结果进行仔细核对；⑤对系统的实际运行指标进行测试，如测试其运算速度、传输速度、查询速度和输出速度等，还要测试系统的安全可靠性指标，特别是对于通过网络传输数据信息的系统，更应注意这个问题。

3. 系统转换方式

在试运行结束后，就可以着手系统的转换工作了。为了保证原有系统能够有条不紊地顺利过渡到新系统，在系统转换前应仔细拟订方案和措施，确定具体的步骤。系统的转换方式通常有以下三种。

（1）直接转换。直接转换是指在确认新系统准确无误后，确定一个时刻，停止原系统的运行，并用新系统取代它投入正常运行。这种方式的转换过程简单快捷、费用低，但风险很大。一旦新系统发生严重错误而不能正常运行，将导致业务工作的混乱，造成巨大的损失。因此，必须采取一定的预防性措施，充分做好各种准备，制订严密的转换计划。这种转换方式多适用于小型物流系统的转换。

（2）并行转换。并行转换是指完成系统测试后，一方面原系统继续运行，另一方面新系统同时投入运行，通过新老系统并行运行一段时间后，再停止原系统的工作，让新系统单独运行。这种方式安全保险，但费用高，转换过程中需要投入两倍的工作量，不过用户可以通过新老系统平行运行的过程，熟悉新系统，确保业务工作平稳有序。这种转换方式多适用于一些核心系统的转换。

（3）分段转换。分段转换是指在新系统投入正常运行前，将新系统分阶段、分批逐步代替原系统的各部分，最后完全取代原系统。这种方式实际上是前两种方式的折中方案，既可以保证转换过程的平稳和安全、减少风险，又可以避免较高的费用，但也存在着新老系统对应部分的衔接不平滑问题。采用分段转换时，可选择是按功能还是按部门进行分阶段逐步转换。

5.7　物流管理系统的设计与实现[⊖]

在如今日益激烈的中国市场竞争中，如何整合上游供应商与下游客户，缩短物流过程，降低产品库存，加速对市场的反应是所有商贸企业所共同面对的问题。然而，传统的操作过程复杂，手续繁多，业务信息多，很多企业对商品物流环节的管理都较薄弱，对物流资源没有统一的计划和整合，导致物流与信息流和资金流不能有序、畅通，当市场发生变化时，不能快速进行产品调整。为应对传统操作所带来的诸多问题，物流管理系统应运而生。

5.7.1　物流管理系统的可行性研究

可行性研究实质上是要进行一次大的压缩，简化系统分析和设计的过程。分析员应该给出系统的逻辑模型，为了研究每一种解决方法的可行性，先要从系统逻辑模型出发，再找到可供选择的解决方案。一般说来，应从经济可行性、技术可行性、运行可行性、法律可行性和开发方案等方面研究可行性。

1. 系统的业务流程

系统业务流程图如图 5-39 所示。

从系统业务流程图中可以看出整个物流管理系统的业务流程，本系统以客户为起始点，经过各种业务处理后，又回到了客户端，最后完成整个业务流程。

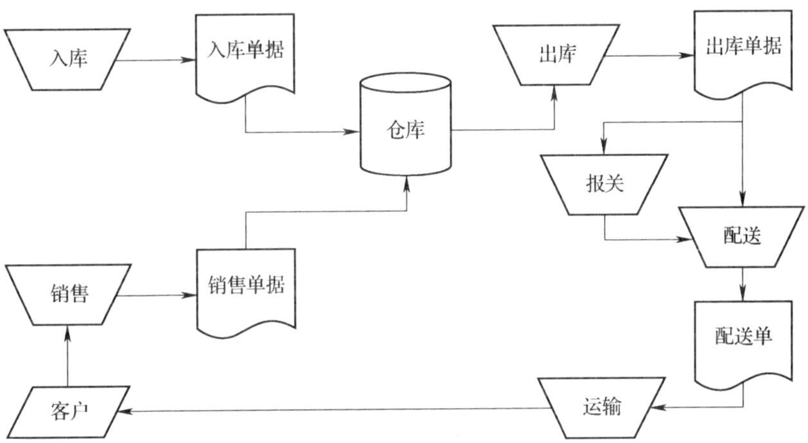

图 5-39　系统业务流程图

⊖ 赵志刚，物流管理系统的设计与实现，2011 年吉林大学硕士学位论文。

2. 经济可行性

经济可行性分析即成本效益分析，成本效益分析的目的是从经济的角度评价开发一个新的软件项目是否可行。成本效益分析首先是估算将要开发的系统的开发成本，然后与可能取得的效益进行比较和权衡。

进行成本效益分析的工作包括估计项目的开发成本，估算新系统的开发费用和今后的运行、维护费用，估计新系统将获得的效益，估算开发成本是否会高于项目预期的全部利润。

3. 技术可行性

技术可行性是最难决断和最关键的问题。根据客户提出的系统功能、性能需求及实现系统的各项约束条件，从技术的角度研究系统实现的可行性。要衡量所需的技术是否具备，就要根据新系统的目标来衡量，一般从软硬件的性能要求、环境条件、技术人员水平和数量等方面去考虑和分析。

（1）风险分析。在给出的限制范围内能否设计出系统，并实现必要的功能和性能。

（2）资源分析。研究开发系统的人员是否存在问题，可用于建立系统的其他资源（如硬件、软件等）是否具备。

（3）技术分析。相关技术的发展是否支持这个系统。

4. 运行可行性

运行可行性的研究内容包括新系统规定的运行方式是否可行，对新系统运行后给现行系统带来的影响（包括组织机构、管理方式、工作环境等）和后果进行估计和评价。如果新系统是建立在原来已担负其他任务的计算机系统上的，就不能要求它在实时在线的状态下运行，以免与原有的任务相矛盾，同时还应考虑现有操作人员的培训问题，分析在给定时间内能否完成预定的系统开发任务等。

5. 法律可行性

法律可行性是指研究在系统开发过程中可能涉及的各种合同、侵权、责任以及各种与法律相抵触的问题。

6. 开发方案可行性

提出系统实现的各种方案并进行评价之后，从中选择一种最优秀的方案。

5.7.2 物流管理系统的需求分析

软件需求分析是软件生存周期中重要的一步，也是最关键的一步。只有通过软件需求分析，才能把软件功能和性能的总体概念描述为具体的软件需求规格说明，进而建立软件开发的基础。下面以石化公司的物流管理系统为例，具体介绍物流管理系统的需求分析。

1. 系统基本情况描述

物流管理系统是在对石化公司进行调研后，根据该公司的物流服务类型和规模为该企业个性化量身定做的系统。该系统属于客户机/服务器模式，该模式的数据是以分布式进行存储和处理的，具有良好的灵活性和可扩充性，并且该模式易于改编应用软件，可以通过前台的操作界面访问后台的数据库，对数据库进行数据的更新和修改。数据库可以单独存放在一个服务器上，而该软件则安装在客户机上。操作简单、界面美观、功能强大和广泛的使用性是本系统的最大特点。

该系统主要帮助物流企业完成进、销、存一体化管理，并配有完善的配送、运输、报关、决策等功能。它主要包括十个功能模块：登录管理、基础信息管理、销售管理、仓储管理、配送管理、运输管理、报关管理、决策管理、系统管理和职员培训。

2. 数据流图

数据流图描述了以下过程客户把所需要的商品信息告诉操作员，操作员首先输入验证信息，验证通过后进入系统进行操作。操作员根据客户的要求进行销售操作，然后将销售商品送入仓库存储，到规定时间再进行出库业务操作。如果是进行国际物流业务则需要对商品进行报关操作，完成报关业务后进入配送管理；如果是进行国内物流业务则无需报关直接进入配送管理。最后运输员运送货物并交给客户，运输员送完货物回场后到运输部进行确认。

此外，操作员还可进行下列操作：

操作员可以对基本信息进行管理、设置等一系列的操作。

操作员根据实际情况对系统数据进行设置操作。

操作员根据上级领导的要求进行某一方面的决策操作，并把结果交给领导查看，这样可以让他们更好地了解企业近期的状况。

操作员还可以选择企业的各种培训讲座进行查看操作。

由于数据流图比较大，所以采用分层的形式给出，系统的第一层数据流图如图 5-40 所示。

图 5-40 为本系统的表现层数据流图，它描述了系统的基本数据流程信息，而本系统主要是围绕着销售管理模块、仓储管理模块、报关管理模块、配送管理模块和运输管理模块五个模块来设计的。

销售管理数据流图如图 5-41 所示。它描述本系统的销售流程信息，主要围绕着销售开票、销售结款和销售查询来制作。

仓储管理数据流图如图 5-42 所示。

报关管理数据流图如图 5-43 所示。

配送管理数据流图如图 5-44 所示。

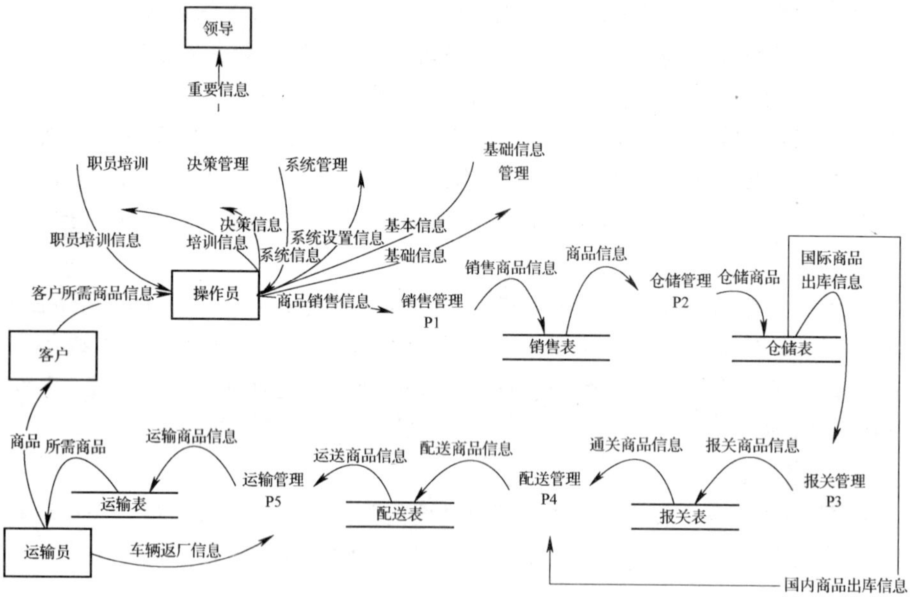

图 5-40　第一层数据流图

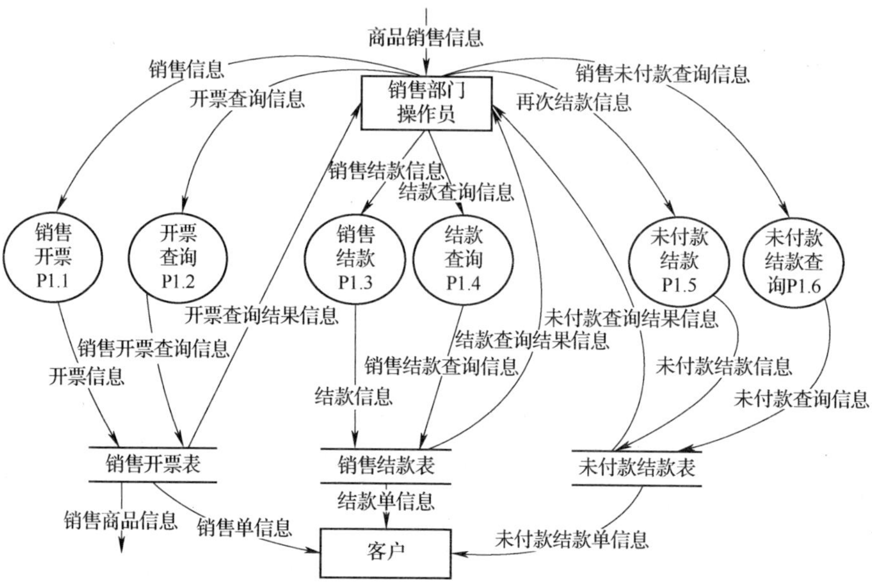

图 5-41　销售管理数据流图

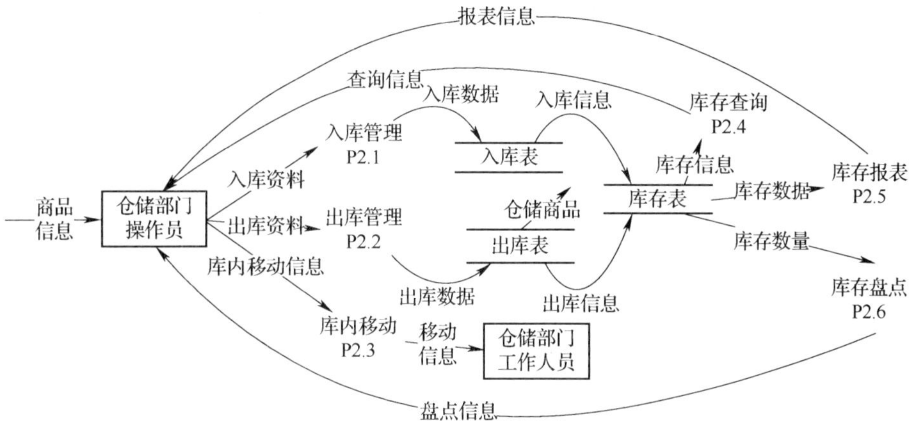

图 5-42　仓储管理数据流图

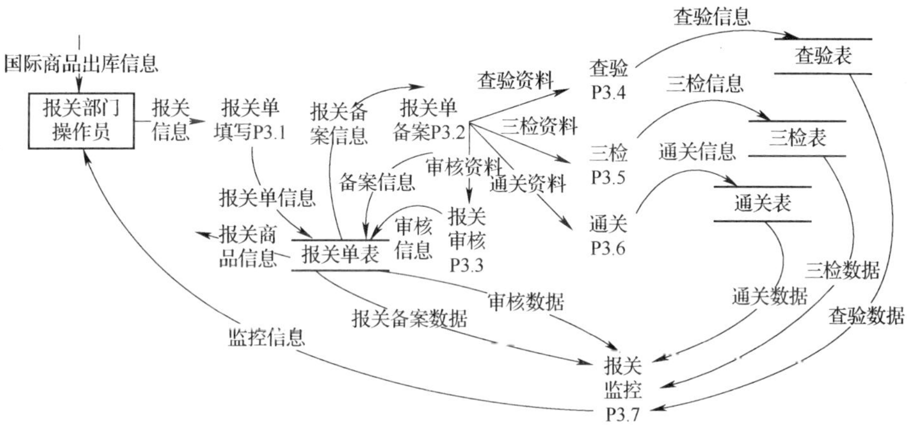

图 5-43　报关管理数据流图

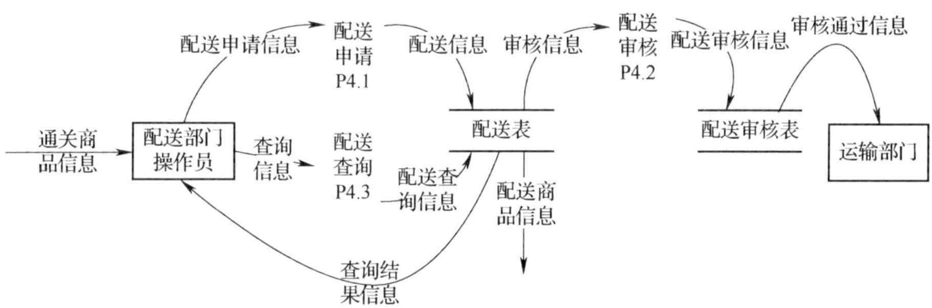

图 5-44　配送管理数据流图

运输管理数据流图如图 5-45 所示。

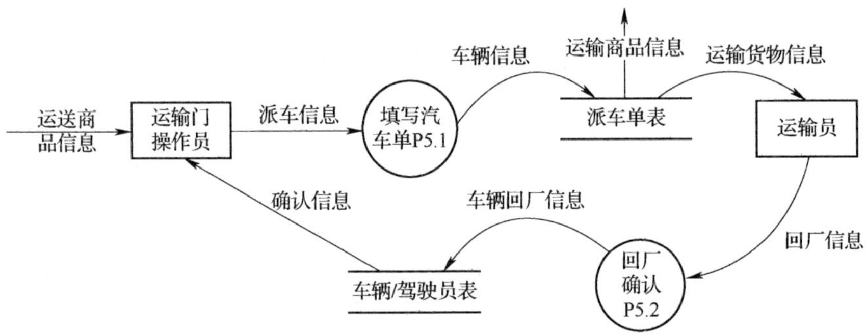

图 5-45　运输管理数据流图

3. 数据字典

数据字典（Data Dictionary）是一种用户可以访问的记录数据库和应用程序元数据的目录。主动数据字典是指在对数据库或应用程序结构进行修改时，其内容可以由数据库管理系统自动更新的数据字典。被动数据字典是指修改时必须手工更新其内容的数据字典。以下为本系统的第一层数据流图中各重要元素的数据字典。

（1）外部实体。外部实体包括：

1）外部实体名称：操作员。

外部实体数据项编号：501-01。

外部实体长度：2 个字符至 10 个字符。

简述：操作本系统的主要人员。

2）外部实体名称：运输员。

外部实体数据项编号：501-02。

外部实体长度：2 个字符至 10 个字符。

简述：负责货物运输的工作人员。

3）外部实体名称：客户。

外部实体数据项编号：501-03。

外部实体长度：2 个字符至 20 个字符。

简述：与本公司有交易的企业名称。

4）外部实体名称：领导。

外部实体数据项编号：501-04。

外部实体长度：2 个字符至 20 个字符。

简述：公司管理层次的人员。

（2）数据流。数据流包括：

1）数据流名称：商品销售信息。
数据流编号：F03-01。
数据流来源：501-01“操作员”。
数据流去向：D02-01“销售管理”。
2）数据流名称：基础信息。
数据流编号：F03-02。
数据流来源：501-01“操作员”。
数据流去向：D02-06“基础信息管理”。
3）数据流名称：系统设置信息。
数据流编号：F03-03。
数据流来源：501-01“操作员”。
数据流去向：D02-07“系统管理”。
4）数据流名称：决策信息。
数据流编号：F03-04。
数据流来源：501-01“操作员”。
数据流去向：D02-08“决策管理”。
5）数据流名称：培训信息。
数据流编号：F03-05。
数据流来源：501-01“操作员”。
数据流去向：D02-09“职员培训”。
6）数据流名称：销售商品信息。
数据流编号：F03-06。
数据流来源：D02-01“销售管理”。
数据流去向：SA04-01“销售表”。
7）数据流名称：商品信息。
数据流编号：F03-07。
数据流来源：SA04-01“销售表”。
数据流去向：D02-02“仓储管理”。
8）数据流名称：仓储商品。
数据流编号：F03-08。
数据流来源：D02-02“仓储管理”。
数据流去向：SA04-02“仓储表”。
9）数据流名称：国际商品出库信息。
数据流编号：F03-09。
数据流来源：SA04-02“仓储表”。

数据流去向：D02-03“报关管理”。

10）数据流名称：国内商品出库信息。

数据流编号：F03-10。

数据流来源：SA04-02“仓储表”。

数据流去向：D02-04“配送管理”。

11）数据流名称：报关商品信息。

数据流编号：F03-11。

数据流来源：D02-03“报关管理”。

数据流去向：SA04-03“报关表”。

12）数据流名称：通关商品信息。

数据流编号：F03-12。

数据流来源：SA04-03“报关表”。

数据流去向：D02-04“配送管理”。

13）数据流名称：配送商品信息。

数据流编号：F03-13。

数据流来源：D02-04“配送管理”。

数据流去向：SA04-04“配送表”。

14）数据流名称：运送商品信息。

数据流编号：F03-14。

数据流来源：SA04-04“配送表”。

数据流去向：D02-05“运输管理”。

15）数据流名称：运输商品信息。

数据流编号：F03-15。

数据流来源：D02-05“运输管理”。

数据流去向：SA04-05“运输表”。

16）数据流名称：所需商品。

数据流编号：F03-16。

数据流来源：SA04-05“运输表”。

数据流去向：501-02“运输员”。

17）数据流名称：商品。

数据流编号：F03-17。

数据流来源：501-02“运输员”。

数据流去向：501-03“客户”。

18）数据流名称：车辆返厂信息。

数据流编号：F03-18。

数据流来源：501-02“运输员”。

数据流去向：D02-05“运输管理”。

19）数据流名称：客户所需商品信息。

数据流编号：F03-19。

数据流来源：501-03“客户”。

数据流去向：501-01“操作员”。

20）数据流名称：基本信息。

数据流编号：F03-20。

数据流来源：D02-06“基础信息管理”。

数据流去向：501-01“操作员”。

21）数据流名称：系统信息。

数据流编号：F03-21。

数据流来源：D02-07“系统管理”。

数据流去向：501-01“操作员”。

22）数据流名称：重要信息。

数据流编号：F03-22。

数据流来源：D02-08“决策管理”。

数据流去向：501-04“领导”。

23）数据流名称：职员培训信息。

数据流编号：F03-23。

数据流来源：D02-09“职员培训”。

数据流去向：501-01“操作员”。

（3）处理逻辑。处理逻辑包括：

1）处理逻辑名称：销售管理。

处理逻辑编号：D02-01。

简述：是负责商品销售管理的所有功能，记录销售情况和销售后结款情况的操作。

处理逻辑输入：F03-01“商品销售信息”。

处理逻辑输出：F03-06“销售商品信息”。

2）处理逻辑名称：仓储管理。

处理逻辑编号：D02-02。

简述：是负责商品入库、出库和库存信息的各种操作。

处理逻辑输入：F03-07“商品信息”。

处理逻辑输出：F03-08“仓储商品”。

3）处理逻辑名称：报关管理。

处理逻辑编号：D02-03。

简述：是负责进出口货物报关的所有操作。

处理逻辑输入：F03-09“国际商品出库信息”。

处理逻辑输出：F03-11“报关商品信息”。

4）处理逻辑名称：配送管理。

处理逻辑编号：D02-04。

简述：是负责货物运输前的一项工作，查看是否可以现在进行配送操作。

处理逻辑输入：F03-12“通关商品信息”。

处理逻辑输出：F03-13“配送商品信息”。

5）处理逻辑名称：运输管理。

处理逻辑编号：D02-05。

简述：是负责货物运送管理的所有操作。

处理逻辑输入：F03-14“运送商品信息”。

处理逻辑输出：F03-15“运输商品信息”。

6）处理逻辑名称：基础信息管理。

处理逻辑编号：D02-06。

简述：是负责基本信息的各种操作。

处理逻辑输入：F03-02“基础信息”。

处理逻辑输出：F03-20“基本信息”。

7）处理逻辑名称：系统管理。

处理逻辑编号：D02-07。

简述：是负责数据库、公司信息和操作员信息的各种操作。

处理逻辑输入：F03-03“系统设置信息”。

处理逻辑输出：F03-21“系统信息”。

8）处理逻辑名称：决策管理。

处理逻辑编号：D02-08。

简述：是负责查看公司运行情况的操作。

处理逻辑输入：F03-04“决策信息”。

处理逻辑输出：F03-22“重要信息”。

9）处理逻辑名称：职员培训。

处理逻辑编号：D02-09。

简述：是负责播放各种员工培训讲座的操作。

处理逻辑输入：F03-05“培训信息”。

处理逻辑输出：F03-23“职员培训信息”。

（4）数据存储。数据存储包括：

1）数据存储名称：销售表。

编号：SA04-01。

简述：存储销售商品的所有有关信息。

流入的数据流：F03-06“销售商品信息”。

流出的数据流：F03-07“商品信息”。

2）数据存储名称：仓储表。

编号：SA04-02。

简述：存储涉及仓库的所有信息。

流入的数据流：F03-08“仓储商品”。

流出的数据流：F03-09“国际商品出库信息”，F03-10“国内商品出库信息”。

3）数据存储名称：报关表。

编号：SA04-03。

简述：存储报关所用到的所有信息。

流入的数据流：F03-11“报关商品信息”。

流出的数据流：F03-12“通关商品信息”。

4）数据存储名称：配送表。

编号：SA04-04。

简述：存储货物信息和收/发货人信息。

流入的数据流：F03-13“配送商品信息”。

流出的数据流：F03-14“运送商品信息”。

5）数据存储名称：运输表。

编号：SA04-05。

简述：存储运输车辆和驾驶员信息。

流入的数据流：F03-15“运输商品信息”。

流出的数据流：F03-16“所需商品”。

(5) 数据库 E-R 图。本系统数据库分为几个主体，主体间由数据表主键进行关联。主体包括销售部分、仓储部分、报关部分、配送部分、运输部分和基础信息部分。数据库局部 E-R 图如图 5-46 所示。

商品信息表与销售开票表是 1 : *N* 的关系（wareinfo and sellnote 1 : *N*）。

销售开票表与销售结款表是 1 : 1 的关系（sennote and sellkink 1 : 1）。

销售开票表与未付款结款表是 1 : 1 的关系（sennote and sellkink 1 : 1）。

销售开票表与入库表是 1 : 1 的关系（sellnote and entemote 1 : 1）。

销售开票表与出库表是 1 : 1 的关系（sellnote and exitnote 1 : 1）。

出库表与配送申请表是 1 : 1 的关系（exitnote and mixapply 1 : 1）。

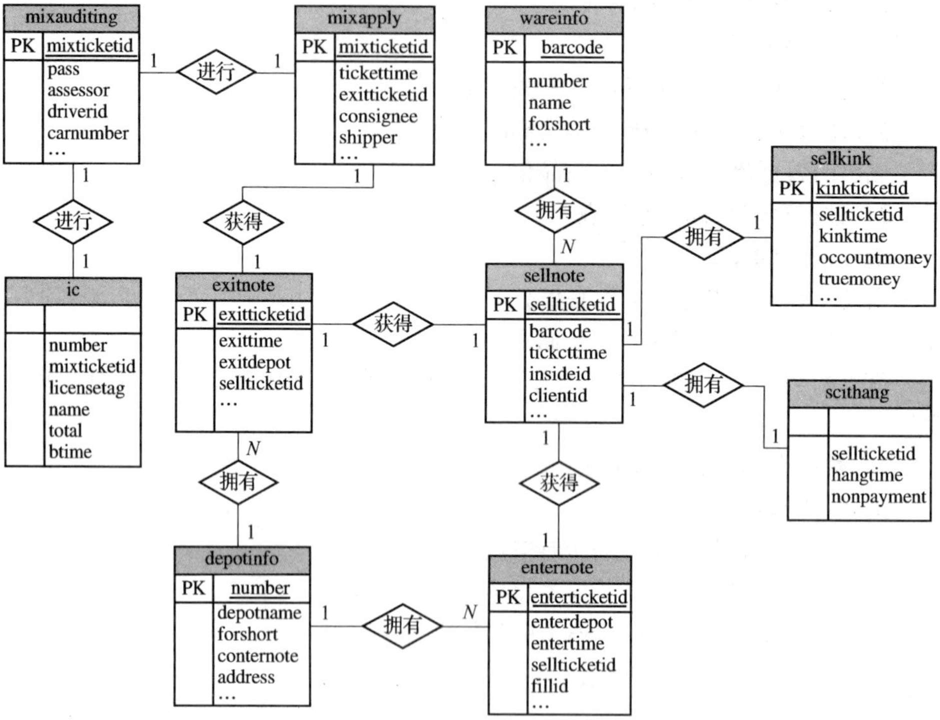

图 5-46　数据库局部 E-R 图

配送申请表与配送审核表是 1：1 的关系（mixapply and mixauditing 1：1）。

配送审核表与派车 IC 表是 1：1 的关系（mixauditing and ic 1：1）。

仓库信息表与入库表是 1：N 的关系（depotinfo and enternote 1：N）。

仓库信息表与出库表是 1：N 的关系（depotinfo and exitnote 1：N）。

报关部分的 E-R 图如图 5-47 所示。

报关表与三检表是 1：1 的关系（customsdeclaration and three 1：1）。

报关表与查验表是 1：1 的关系（customsdeclaration and examine 1：1）。

报关表与通关表是 1：1 的关系（customsdeclaration and customs 1：1）。

报关表与运输方式表是 1：N 的关系（customsdeclaration and traffic 1：N）。

报关表与贸易方式表是 1：N 的关系（customsdeclaration and goods 1：N）。

报关表与征免性质表是 1：N 的关系（customsdeclaration and impose 1：N）。

报关表与成交方式表是 1：N 的关系（customsdeclaration and bargainon 1：N）。

报关表与币种表是 1：N 的关系（customsdeclaration and money 1：N）。

报关表与包装种类表是 1：N 的关系（customsdeclaration and pack 1：N）。

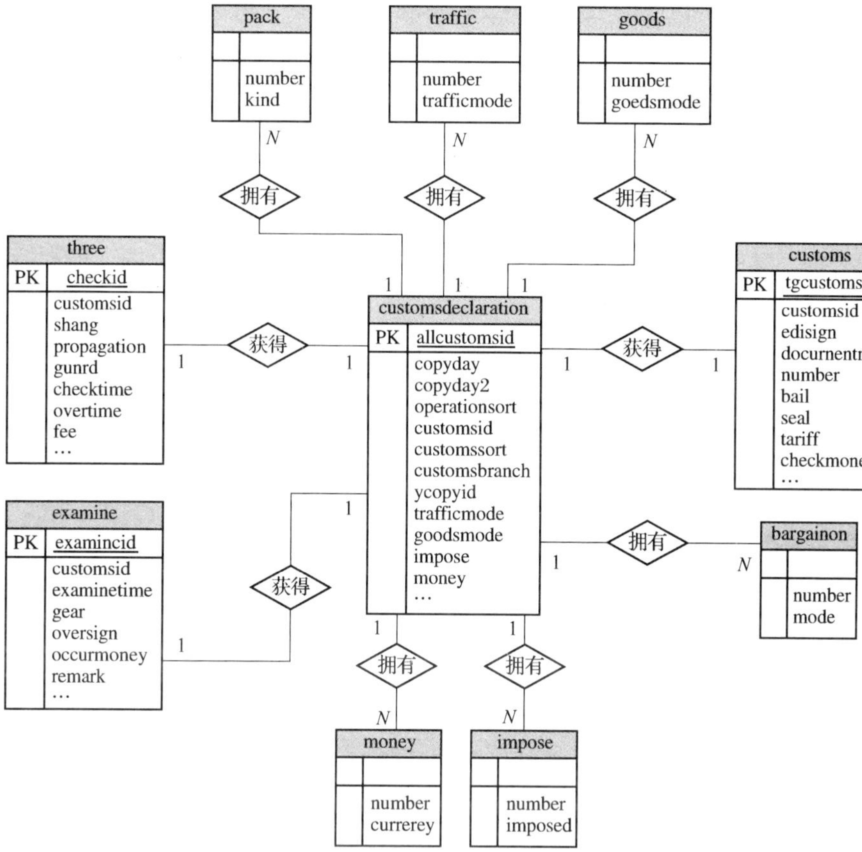

图 5-47　报关部分 E-R 图

5.7.3　物流管理系统的总体设计

1. 系统模块总体设计

利用层次图来表示系统中各模块之间的关系。层次方框图是用树形结构的一系列多层次的矩形框描绘数据的层次结构。树形结构的顶层是一个单独的矩形框，它代表完整的数据结构，下面的各层矩形框代表各个数据的子集，最底层的各个矩形框代表组成这个数据的实际数据元素（不能再分割的元素）。随着结构的精细化，层次方框图对数据结构也描绘得越来越详细，这种模式非常适合于需求分析阶段的需要。从对顶层信息的分类开始，沿着图中每条路径反复细化，直到确定数据结构的全部细节为止。

本系统一共分为十大模块，模块之间在表现层是独立的，在对数据库的访问上是紧密相连的，换言之就是在数据层和业务层紧密相连，各个模块访问的是同一个数据库，只是所访问的表不同而已。本系统在十个大模块的基础上为每一个模块又分了几个子模块，在子模块下实现功能，并将功能划分成为元模块。

（1）登录管理中包括一个子模块单元：登录返回。

（2）基础信息管理中包括四个子模块单元：商品信息维护、往来单位信息维护、员工信息维护和仓库信息维护。

（3）销售管理中包括四个子模块单元：销售开票、销售结款、未付款结款和销售查询。其中销售查询子模块又包括三个子模块：销售开票查询、销售结款查询和未付款查询。

（4）仓库管理包括六个子模块单元：入库管理、出库管理、库内移动、盘点、库存查询和报表等。其中入库管理子模块又包括三个子模块：入库登记、入库审核和入库统计查询；出库管理子模块也包括三个子模块：出库登记、出库审核和出库统计查询。入库统计查询子模块中又包括两个子模块：入库信息查询和入库汇总报表；出库统计查询子模块中也包括两个子模块：出库信息查询和出库汇总报表。

（5）配送管理中包括五个子模块单元：配送申请、配送审核、配送查询、在途管理和配送反馈信息维护。其中在途管理子模块又包括两个子模块：在途反馈和在途反馈查询。

（6）运输管理中包括四个子模块单元：车辆资料维护、驾驶员信息维护、派车单写 IC 卡和派车回场确认。

（7）报关管理中包括七个子模块单元：报关单管理、备案清单管理、报关单审核、三检管理、查验管理、通关管理和报关过程监控。

（8）决策管理中包括四个子模块：商品入库排行分析、商品出库排行分析、运输工作量分析和客户信用度分析。

（9）系统管理中包括八个子模块单元：数据管理、系统初始化、公司设置、操作员信息维护、权限设置、关于、计算器和记事本。其中数据管理子模块又包括两个子模块：数据备份和数据恢复。

（10）职员培训管理中包括一个子模块单元：视频讲座，对员工进行培训。

2. 数据库的设计

数据库作为数据的存储系统是整个系统的底层支持和内部核心，也是系统运作的基础。数据库创建与开发的优劣直接影响到整个系统的质量和效率。

数据库设计（Data Base Design）是指对于一个给定的应用环境，构造最优的数据库模式，建立数据库及其应用系统，使之能够有效地存储数据，满足各种用户的应用需求（信息需求和处理需求）。在数据库领域内，常常把使用数据库的各类系统统称为数据库应用系统。

由于 Delphi 这一开发工具拥有强大的数据库接口功能，几乎可以连接当今已有的所有类型的数据库，这使得系统更具灵活性和扩展性。

所以本系统可以顺利而有效地应用 Microsoft SQL Server 2000 开发的数据库连接到 Delphi 开发的前台应用程序。

数据库的设计首先是选择数据库模型，在 Microsoft SQL Server 2000 中表是处理各种数据、分析数据间级联关系的最基本单元。因为只有信息以表的形式存在时，数据才能被有效利用。在 Microsoft SQL Server 2000 中，各个表的集合便是数据库。根据石化公司的实际情况，本系统数据库的设计结果为：数据库名称为：wlzx，其中包含了 32 张表的设计：bargainon、carinfo、checknote、companysetup、customs、customsdeclaration、depotinfo、driverinfo、employeeinfo、enternote、examine、exitnote、feedback、goods、ic、impose、mixapply、mixauditing、mixfeedback、money、opinfo、Pack、popedom、returnaffirm、sellhang、sellkink、sellnote、stockinfo、three、traffic、unitinfo、wareinfo。

下面针对数据库中部分表进行描述，如入库登记表（见表 5-4）、商品信息表（见表 5-5）、销售开票登记表（见表 5-6）、出库登记表（见表 5-7）和派车单表（见表 5-8）。

表 5-4 入库登记表（enternote）

字段名称	数据类型	字段大小	是否允许空	含义
enterticketid	varchar	15	否	入库票号
entertime	datetime	8	否	入库日期
fillid	varchar	10	是	供应商
enterdepot	varchar	30	否	入库仓库
totalcount	int	4	是	合计数量
totalmoney	money	8	是	合计金额
op	varchar	20	是	操作员
handler	varchar	20	是	经手人
auditing	bit	1	是	审核否
barcode	varchar	30	是	条形码
assessor	varchar	20	是	审核人
sellticketid	varchar	30	是	销售票号

表 5-5 商品信息表（wareinfo）

字段名称	数据类型	字段大小	是否允许空	含义
number	varchar	30	否	编号
barcode	varchar	30	否	条形码
name	varchar	40	否	名称
forshort	varchar	20	是	简称
spec	varchar	20	是	规格
area	varchar	40	否	产地
metric	varchar	10	是	计量单位
stockmoney	money	8	否	进货价格
sellmoney	money	8	否	销售价格

表 5-6 销售开票登记表（sellnote）

字段名称	数据类型	字段大小	是否允许空	含义
sellticketid	varchar	15	否	销售票号
insideid	varchar	16	是	内部编号
clientid	varchar	10	是	客户名称
tickettime	datetime	8	否	开票日期
totalcount	int	4	否	合计数量
totalmoney	money	8	否	合计金额
op	varchar	20	是	操作员
handler	varchar	20	是	经手人
kinkfund	bit	1	否	结款否
barcode	varchar	13	否	条形码

表 5-7 出库登记表（exitnote）

字段名称	数据类型	字段大小	是否允许空	含义
exitticketid	varchar	15	否	出库票号
exittime	datetime	8	否	出库日期
totalcount	int	4	是	合计数量
exitdepot	varchar	30	否	出货仓库
totalmoney	money	8	是	合计金额
op	varchar	20	否	操作员
handler	varchar	20	否	经手人

表 5-8 派车单表（ic）

字段名称	数据类型	字段大小	是否允许空	含义
number	varchar	50	否	驾驶员
mixticketid	varchar	30	否	配送票号
licensetag	varchar	50	否	车牌号
name	varchar	50	是	货品名称
total	int	4	是	货品总数
btime	datetime	8	是	起运日期

5.7.4 物流管理系统实施及详细设计

1. 系统登录模块的实现

（1）实现目标。程序正常启动以后，会对用户的权限和信息进行核对。系统登录窗口主要实现的功能如下：

1）用户信息的录入。

2）身份的验证和权限的管理。

3）如果进行三次身份验证都没有通过，那么系统就会提示用户已无权登录系统并且会自动退出该系统。

4）支持现阶段 I/O 输入设备。

登录模块程序流程图如图 5-48 所示。

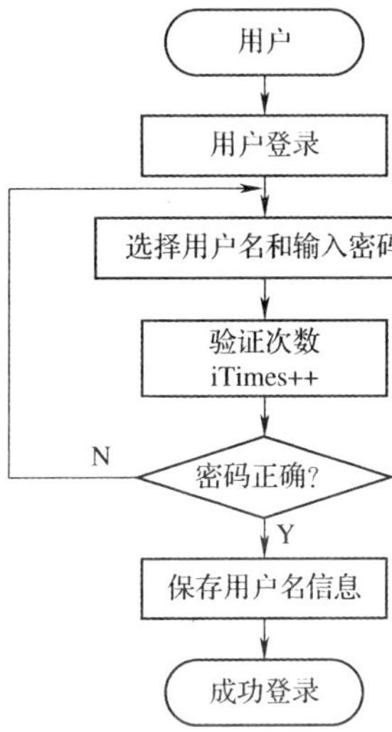

图 5-48　登录模块程序流程图

（2）实现过程。实现过程具体如下：

1）在程序中加入一个窗体，并命名为 Form_LOGIN，将其对应的单元文件进行命名并保存为 enter. pas。

2）在窗体上添加 4 个 Panel 控件、4 个 ComboBox 控件、4 个 Edit 控件、4 个图形控件和 2 个 SpeedButton 控件。

3）登录窗体的主要控件属性设置如表 5-9 所示。

表 5-9　登录窗体的主要控件属性设置

窗体或控件名称	属　　性	设　　置
Form_LOGIN	Caption	登录
	DefaultMonitor	dmprimary
	Position	poDesktopCenter
	OldCreateOrder	False
	Name	Form_LOGIN

（续）

窗体或控件名称	属　性	设　置
ComboBox1	BevelKind	bkFlat
	Style	csDropDownList
	Name	ComboBox1
Edit1	PasswordChar	*
	Name	Edit1
SpeedButton1	Caption	登录
	Cursor	crHandPoint
	Flat	True
	Name	SpeedButton1

2. 系统主窗体

（1）实现目标。正常启动程序，在登录窗口中通过验证后，系统通过用户自定制机制完成窗口布局并进入程序主窗口界面，与此同时调用登录时保存的用户名来判断用户权限，并显示出当前用户所拥有的权限。在主窗口界面要实现的功能如下：

1）主窗口是整个程序正常工作的用户操作区，提供整个系统运行状态的一些提示。

2）通过主窗体连接其他对象进行操作。

3）界面美观、简洁、便于操作。

4）与 Windows NT 系统内核完全兼容。

（2）实现过程。实现过程具体如下：

1）在程序中加入一个窗体，命名为 Form_main，将其对应的单元文件命名并保存为 wl1. pas。

2）在窗体上添加 1 个 MainMenu 控件、1 个 StatusBar 控件、1 个 Timer 控件、1 个 Toolbar 控件、1 个 Image 控件和 16 个 SpeedButton 控件。

3. 销售开票查询模块设计

（1）实现目标。本模块实现销售开票信息的查询功能。

（2）实现过程。在程序中建立一个窗体，命名为 Form_kpfind，并将其单元文件保存为 kpfind。该窗体上的主要控件为 2 个 DBGrid 控件、7 个 Label 控件、1 个 GroupBox 控件、1 个 panel 控件、1 个 Edit 控件、2 个 DateTimepicker 控件、2 个 SpeedButton 控件和 1 个 ComboBox 控件。

4. 入库登记模块设计

（1）实现目标。本模块实现销售商品入库登记录入和入库单据打印功能。

（2）实现过程。本模块的实现过程与销售模块中的销售开票子模块的实现过程类似。

5.7.5　系统测试的实施

由于本系统在测试过程中所涉及的界面较为繁多，并且很多界面都有类似之处，同时有很多功能模块的具体设计与实现都比较雷同，所以在测试阶段仅以某些有针对性和有特点的地方进行分析和说明。

1. 系统启动模块

系统启动后，在启动界面中将自动判断系统数据库是否正常运转，否则将出现错误提示。例如，SQL Server 2000 数据库服务器没有启动或者是要用到的数据库未连接。

2. 系统登录模块

在系统数据库连接正常的情况下，用户便可以进入登录界面选择用户名和输入密码从而进行身份验证。在这里系统还限定了用户错误登录的次数，以三次为基础底线，如果超过三次系统则出现错误提示。

3. 系统主模块

用户登录成功后系统将记录下来用户的权限和用户名，并且根据用户的角色自定义来设计和初始化系统启动后主界面的菜单。

【本章小结】

常用的物流信息系统的开发方法主要有结构化系统开发方法、原型法、面向对象方法和计算机辅助设计法。

物流信息系统规划可以分为战略性规划和执行性规划两部分。战略性规划是宏观指导性的长远规划，执行性规划是对战略规划的具体化和细化。物流信息系统的开发往往是从其系统规划开始的。

系统分析工作从详细调查开始到设计出新系统逻辑模型为止。系统设计可划分为总体设计和详细设计两个阶段。系统平台设计则是根据企业需要，设计新系统硬件平台、网络平台和软件平台。

数据库的设计主要包括需求分析、逻辑设计、物理设计；系统的详细设计还包括输入、输出设计以及用户界面等方面的设计。

UML 由视图、图、模型元素和通用机制等几部分组成。用例图表达了系统的功能，其由参与者、用例和关系组成。

系统实施是按照设计说明书的要求，熟悉和安装新硬件、软件，编制程序，调试与测试新系统，对管理人员进行培训，完成数据准备，进行系统转换并运行。

【思考题】

1. 几种常见的系统开发方法的主要内容是什么？各有何特点？
2. 结构化方法的基本思想是什么？
3. 简述 UML，列出其主要图形，并讨论它们的主要用途。
4. 测试用例的设计方法有哪些？

【案例分析】

物流运输管理系统分析建模㊀

物流运输管理系统主要实现对物理运输业务的全程管理，通过优化业务流程，科学、合理调配企业各种资源，达到压缩运输成本、提高运输利润的目的，并可为客户提供全程可视化的查询服务。

该系统主要包括以下几个模块：

(1) 客户服务管理模块，主要包括客户委托管理、合同管理。

(2) 订单管理模块，包括订单录入生成、订单查询功能，主要是根据客户的委托生成订单，并提供订单状况的查询。

(3) 调配管理模块，主要包括车辆调度、配送单生成、运输线路选择、运输过程查询和跟踪。这是系统的核心功能，主要是在订单生成后，根据订单的需求确定运输的车辆、行车的路线，通过对车辆的高效调配和行车路线的优化选择提高运输效率。

(4) 仓储管理模块，主要包括货物的入库、出库管理和库存管理，并对自有和租赁仓库进行动态管理。

(5) 车辆管理模块，主要包括车辆日常管理、司机管理和车辆维修管理。

(6) 财务管理模块，包括运输费用核算、财务审核和统计打印。主要是根据客户的委托业务计算各种费用，统计和打印各种报表、账单和凭证。

(7) 系统管理模块，包括系统维护、基础信息管理和接口管理，主要是实现对系统用户的权限管理、系统的基础设置，也包括对各种基础信息如货物信息、车辆信息、客户信息等的维护，系统接口管理主要提供与 GPS 的对接调用。

通过系统的需求分析，确定系统的角色和用例，建立系统的用例图。系统的主要角色包括客户（委托方或收货方）、订单管理人员、调配管理人员、车辆管理人员、仓储管理人员、财务管理人员和系统管理员。系统的主要用例包括客户服务管理、订单管理、调配管理、车辆管理、仓储管理、财务管理、系统维护、

㊀ 李伟军，基于 UML 的物流运输管理系统分析建模，科技信息，2011 年第 5 期，第 616 页。

基础信息管理和接口管理。

问题：

1. 基于以上需求分析，画出总体用例图。

2. 在系统用例图分析的基础上，建立系统的类图。物流运输管理信息系统的实体类主要包括客户、订单、货物、仓库、调度单、合同、员工、票据、配送单和车辆 GPS 接口。

3. 以调配管理为例，画出系统顺序图。

第 6 章　物流信息安全

本章教学要点

- **掌握**：信息安全的特征；主要信息安全技术的工作原理。
- **熟悉**：P2DR 模型和 PPDRR 模型；BS7799 和信息安全管理体系（ISMS）；企业信息安全体系架构的内容。
- **了解**：信息安全风险的分类；信息安全保障技术的工作原理。

【导入阅读】

2001 年 2 月，Delta 航空公司下属的大西洋东南航空由于计算机故障导致 400 多个航班被取消和延误。

2001 年 3 月，西雅图地区发生的里氏 6.9 级地震，影响了包括波音公司在内的许多公司。

2003 年 7 月 4 日，首都机场离港系统因发生设备故障而瘫痪 93min，无法为旅客办理登机手续。共有 71 个出港航班因此发生延误，至少 3 000 名旅客无法准时登机。(摘自《京华时报》、中华网)

2005 年 5 月 1 日，黄金周的第一天。下午 2 点多钟，北京市铁路局的计算机售票系统出现临时性故障，致使全市各火车站的售票窗口、代售网点的售票工作全部处于瘫痪状态，时间长达一个多小时。而很多打算当日购票外出的乘客也因此被迫改变了离京日程。直到下午 3 点 50 分左右，瘫痪的票务网络系统才开始恢复正常。在售票系统出现问题的过程中，至少有近两千名乘客停滞在火车站，北京站公安段为此出动了 300 余名警力在现场维持秩序，以防发生拥挤等突发事件。(摘自《计算机世界》、《北京青年报》、新华网)

6.1　信息安全概述

信息安全顾名思义，即保障“信息”的“安全”。信息安全的保障涉及信息的产生、存储、处理、传输和使用各个环节，与各个环节中的信息和系统安全密切相关。信息是伴随着人类社会的发展而存在的，人们对信息安全的保障从未停止过。从遥远的古代到具有些“智能”特征的信息处理系统（计算机）出现之前，所有信息的存在和处理形式都相对较简单，信息安全的概念虽然存在，但是由于过于简单，没有进行专门的研究。从 20 世纪中叶起，随着计算机与现代通信技术的发展，基于这些技术的信息资源共享成为了信息时代到来的标志。由于信息存在和处理形式的复杂化，信息安全需要更加系统、全面的研究。

6.1.1　信息安全的特征[⊖]

信息安全主要是指保护信息系统，使其在没有危险、不受威胁、不出事故的安全环境中运行。从技术角度来说，信息安全的特征主要表现在系统的可靠性、可用性、保密性、完整性、不可抵赖性和可控性等方面。

1. 可靠性

可靠性是信息系统能够在规定的条件下和规定的时间内完成规定的功能的特性。可靠性是系统安全最基本的要求之一，是信息系统建设和运行的目标。信息系统的可靠性包括抗毁性、生存性和有效性。

2. 可用性

可用性是信息可被授权实体访问并按需求使用的特性，即信息服务在需要时，允许授权用户或实体使用的特性；或者即使网络部分受损或需要降级使用时，仍能为授权用户提供有效服务的特性。可用性是信息系统面向用户的安全性能。信息系统最基本的功能是向用户提供服务，而用户的需求是随机的、多方面的，有时还有时间的要求。可用性一般采用系统正常使用时间与整个工作时间之比来度量。

3. 保密性

保密性是网络信息不泄露给非授权的用户、实体或过程，或供其利用的特性，即防止信息泄露给非授权个人或实体，信息只为授权用户使用的特性。保密性是在可靠性和可用性的基础之上，保障信息安全的重要手段。

4. 完整性

完整性是网络信息在未经授权的情况下不被改变的特性，即网络信息在存储或传输过程中保持不被偶然或蓄意地删除、修改、伪造、乱序、重放、插入等破坏和丢失的特性。完整性是一种面向信息的安全性，它要求保持信息的原样，即信息的准确生成和正确存储及传输。

⊖ 陈洪林，集团企业信息安全体系设计，2007 年合肥工业大学硕士论文，第 3 页。

5. 不可抵赖性

不可抵赖性也称不可否认性，在信息系统的信息交互过程中，确保参与者的真实同一性。即所有参与者都不可能否认或抵赖曾经完成的操作和承诺。利用信息源证据可以防止发信方不真实地否认已发送信息，利用递交接收证据可以防止收信方事后否认已经接收的信息。

6. 可控性

可控性是对网络信息的传播及内容具有控制能力的特性。

6.1.2 信息安全的风险㊀

1. 信息安全风险的含义

所谓风险是指在一定的条件下，在一定的时期内，不利事件发生的可能性，即强调风险发生的不确定性，又强调风险所造成的损失的不确定性。信息安全风险是指信息资产的保密性、完整性以及可用性遭到破坏的可能性。

2. 信息安全风险的特征

信息安全本身已经发展成为涉及数学、通信、计算机、管理及工程学等多门学科的复杂系统，信息安全所面临的安全风险不仅种类繁多，而且各种风险之间的关系错综复杂。信息安全风险具有如下特征：

（1）客观性和不确定性。信息安全风险在信息系统的各个层次和生命周期的各个阶段是客观存在的，并且伴随着各种不确定因素的不断变化而呈现出不确定性。

（2）多层次性和多样性。信息安全风险的作用层面包括物理层面、链路层面、网络层面、传输层面、系统层面和应用层面，因此具有多层次性；信息安全风险包括技术风险、管理风险和环境风险等，因此又具有多样性。

（3）可变性和动态性。信息安全风险在其生命周期内发生动态变化，因此具有可变性；而同时，在信息系统生命周期中的不同阶段又呈现出不同的风险，因此具有多样性。

（4）可测性。信息安全风险虽然呈现出不确定性，但是可以利用各种定性和定量的风险方法对其进行预测和衡量。

3. 信息安全风险的分类

（1）人员风险。由于组织内部缺乏人员安全管理、人员岗位职责不明确并且意识教育匮乏，来自组织内部人员的无意或恶意的失误或攻击和来自组织外部人员组织的恶意或好奇的攻击，会使组织的各种业务面临较大的风险。

（2）组织风险。组织在信息安全组织管理方面由于基础薄弱、职责不清、

㊀ 程建华，信息安全风险管理、评估与控制研究，2008 年吉林大学博士论文，第 22 ~ 31 页。

技术服务能力差等原因，致使组织在信息安全管理方面处于失控的状态，这加大了信息安全的风险。

（3）物理环境风险。由于组织缺乏对组织场所的安全保卫，或者缺乏防水、防火、防雷等防护措施，在面临偷盗或自然灾难时，可能会造成极大的损失。

（4）信息机密性和完整性风险。信息作为组织信息技术系统装载的业务数据，是一种具有非常重要价值的资产，甚至有一些观点认为，信息是组织的血液，是“一种在资产负债表之外、经过逐渐积累的、可以被用来提升组织竞争优势的信息”。与实物资产相比，信息非常分散，并且容易被复制，信息是组织业务流程中重要的输入和输出数据，如客户资料、产品设计等，如果不能得到正确的识别、评估、保存和管理，就可能面临被窃取、损毁和丢失的风险，这不仅会对依赖于这些关键信息的核心业务造成严重损坏，还会对组织的信誉和声望造成巨大的损失，甚至会摧毁整个组织。因此，信息风险管理主要是保证信息的机密性、完整性和可用性。

（5）系统风险。一般所用的计算机操作系统，以及大量的应用软件在组织业务交流的过程中使用，是在定制应用产品时，来自这些系统和应用软件的问题和缺陷会对一系列系统造成影响，特别是在多个应用系统互联时，影响会涉及整个组织的多个系统。例如，有的系统具有维护困难、结构不完善、缺乏文档、设计有漏洞等多个问题，有时就会在系统升级和安装补丁的时候引入较高的风险。因此，系统风险要求机构对系统应用要在协同、维护、测试、版本管理、配置管理、系统管理、监控等方面具备管理能力。

（6）通信操作风险。如果在通信加密、应用分区、防病毒、IDS 等安全措施出现技术或管理问题时，被攻击者利用，就会引发信息安全风险。

（7）基础设施风险。基础设施包括支撑业务应用系统的网络（局域网、广域网、互联网、专线网、无线网）、硬件（服务器、主机、应用终端、共享设备）和物理环境，它们是组织业务赖以生存的基础（如电力、Web 服务器、数据库服务器等），一旦出现故障或中断，它所承载的应用也会出现问题或停顿。基础设施风险要求组织在应用层、网络层、链路层和物理层面进行综合防御。

（8）业务连续性风险。依赖于信息系统服务的组织关键业务可能因系统的“死机”而中断，或是因系统服务效能的降低（如响应时间过长）造成新客户的流失或老客户的转移。业务连续性风险，要求机构具备信息技术服务、安全事件处理和灾难恢复能力。

（9）第三方合作风险。第三方是指服务供应商、销售商。随着外包业务的兴起，许多组织业务依赖于供应商和销售商的服务提供，但由于合同不完备、第三方服务能力下降、不适应快速增长的业务需求、缺乏第三方的管理经验、产品支持失效、升级周期过短、功能性不足等多种风险因素，导致第三方服务失效。

第三方合作风险要求在合同谈判、转换服务上加强风险管理。

(10) 风险评估风险。不专业的风险评估人员、不科学的评估方法、不一致的评估标准常常会造成系统风险评估的不一致和不正确的风险评估结果，造成风险决策出现失误。

(11) 法律风险。在信息系统的运行过程中，由于不知晓国家法律，或是明知故犯，使组织面临由于个人隐私泄露而造成的风险。

(12) 决策风险。对风险评估的结果加以应用，进行风险决策和控制选择是信息安全风险管理的核心，也是最终目标。如果在风险分析、评估、控制方面不能全面、科学地反映组织的安全状态，决策者可能会在安全投资方面出现重大失误。风险决策主要是依据风险评估的结果在风险避免、风险减缓、风险转移和风险承受四个方面进行权衡决策，以避免决策失误。

6.1.3 信息安全技术简介[㊀]

1. 密码技术[㊁]

密码技术是对信息进行重新编码，隐藏信息的内容，使非法用户无法获取信息真实内容的一种技术手段。密码技术提供了信息加密保护的基本方法，通过不同的加密机制和加密算法实现对信息的保密和防止信息伪造。

为了满足电子商务活动对信息机密性、完整性、身份确认性和不可抵赖性的要求，必须对电子商务活动进行安全控制。通常电子商务安全控制是由一系列的安全技术来保证的。作为保障电子商务信息安全的技术基础，密码技术在解决电子商务交易数据安全的问题上，发挥着极其重要的作用。在电子商务交易安全保密防护措施中，密码技术被用于信息加密、信息认证、身份认证和密钥管理，是保证电子商务交易信息安全的重要手段。

密码技术主要由两部分组成：密码编码和密码分析。密码编码的任务是构造安全性能高的密码算法，实施对消息的加密与认证；分析的任务是破译密码或伪造认证码，对窃取机密信息或进行诈骗破坏活动的行为进行分析，如信息加密和解密过程分析。密码编码和密码分析技术两者相辅相成、对立统一，相互促进发展。

在密码学中，需要变换的原消息称为明文消息。明文经过变换成为另一种隐蔽的形式，称为密文消息，完成变换的过程称为加密，由密文恢复出明文的过程称为解密。

㊀ 汤发俊，电子商务的信息安全技术研究，2006年南京理工大学硕士论文，第17~33页。

㊁ 田轶，基于JIEE与OpenSSL的物流系统安全性研究及实现，2008年北京邮电大学硕士论文，第6~11页。

对明文进行加密时采用的一组规则称为加密算法，对密文进行解密时采用的一组规则称为解密算法。加密和解密操作通常在密钥的控制下进行，并有加密密钥和解密密钥之分。

数据加密技术是安全认证技术的基础。采用数据加密的方法可以隐蔽和保护需要保密的消息，使未授权者不能提取信息。

广泛应用的两种加密技术是对称密钥加密体制（私钥加密体制）和非对称密钥加密体制（公钥加密体制）。对称加密技术要求加密、解密双方拥有相同的密钥，适合对大数据量进行加密，最常见的对称密钥加密是 DES（Data Encryption Standard）算法；非对称加密技术是加密和解密双方拥有不同的密钥，它需要使用一对密钥来分别完成加密和解密操作，一个公开发布，称为私有密钥，一个由用户自己秘密保存，称为私有密钥，常用的算法有 RSA 等。

（1）对称密钥加密体制。对称密钥加密体制又称单密钥加密体制。在这种加密方法中，信息的加密和解密都使用相同的密钥，或者说从一个密钥可以很容易地推导出另一个密钥。该方法的优点是简单，通信双方只需交换彼此的密钥，即可实现加密过程。实现方法是：甲方向乙方发送消息时，用甲方的加密密钥进行加密，乙方在收到数据后，用甲方所给的密钥进行解密即可。收发双方共享密钥。

（2）非对称密钥加密体制。非对称密钥加密体制又称公钥加密体制。公钥加密的思想是由 Diffie 和 Hellman 在 1976 年提出的。该思想的加密密钥和解密密钥不一样，即使在加密密钥公开的情况下也不至于危及解密密钥的安全。每个用户都有两个密钥：加密密钥（简称公钥）和解密密钥（简称私钥），公钥公开，私钥自己秘密保存。该体制的特性是，从公钥方推导出私钥几乎不可能，用公钥对报文进行加密，只能用私钥对其进行解密。其工作过程是假设报文要由甲方发送给乙方，乙方自己决定私钥，由私钥计算得出公钥告诉甲方，甲方按乙方提供的公钥进行报文加密，将加密报文再传送给乙方，乙方收到经过加密的报文后，再用自己的私钥进行解密，从而完成整个加密解密过程。在传输过程中，即使有第三方窃取经过加密的报文，也只能得到乙方传给甲方的公钥以及甲方发给乙方的密文，而无法得到乙方的私钥，从而无法解密报文，此方法可以有效防止第三方对信息的窃听和盗取。

2. Hash 函数

Hash 函数也称散列函数，是一种接受任意长的消息为输入，并产生固定长的输出 H（x）的算法，这个输出称为消息摘要或指纹。严格地说，它并不是一种密码算法，但是和公钥体制密切相关。本质上这是一种数学变换函数，把可变长度输入串变换为一定长度的输出串，而且此过程不可逆。

Hash 函数的目的是为文件、报文或其他数据产生一个“指纹”，所以要求有如下性质：

（1）函数 H 适用于任何大小的数据分组。

（2）函数 H 产生定长度输出。

（3）对于任何给定数据 M，计算 H（M）是容易的。

（4）对于任何给定的散列值 h，要计算出 M 使 H（M）=h，在计算上是不可行的，这就是上面提到的单向函数性质。

Hash 函数可用于消息或文件的完整性检验。例如，可以对一个二进制文件计算摘要，将结果与可靠站点或媒介中同一文件的摘要相比，如果文件没有改变，则这两个摘要是相同的。Hash 函数的另一个常用方面是数字签名：待签名的消息要先经摘要，然后对这个固定长的摘要进行签名。

3. 数字指纹

数字指纹又称数字摘要、安全 Hash 编码法（Secure Hash Algorithm，SHA）或 MD5（MD Standards for Message Digest），它是使用单向 Hash 函数加密算法对一个任意长度的报文进行加密，摘要成一串 128 比特的密文，这段密文称为数据摘要或报文摘要。数据摘要是一个唯一对应一段数据的值，这里的单向是指不能被解密。不同的数据其摘要不同，相同数据其摘要也相同，因此摘要成为数据的"指纹"，以验证消息是否是"真身"。

4. 数字签名

对文件进行加密只解决了传送信息的保密问题，而防止他人对传输的文件进行破坏，以及如何确定发信人的身份还需要采取其他的手段，这一手段就是数字签名。在电子商务安全保密系统中，数字签名技术有着特别重要的地位。在电子商务安全服务中的源鉴别、完整性服务、不可否认服务中，都要用到数字签名技术。在电子商务中，完善的数字签名应具备签字方不能抵赖、他人不能伪造、在公证人面前能够验证真伪的能力。

目前的数字签名是建立在公共密钥体制的基础上，它是公用密钥加密技术的另一类应用。它的主要方式是，报文的发送方从报文文本中生成一个 128 位的散列值（或报文摘要）。发送方用自己的私人密钥对这个散列值进行加密来形成发送方的数字签名。然后，这个数字签名将作为报文的附件和报文一起发送给报文的接收方。报文的接收方首先从接收到的原始报文中计算出 128 位的散列值（或数字指纹），接着再用发送方的公用密钥来对报文附加的数字签名进行解密。如果两个散列值相同，那么接收方就能确认该数字签名是发送方的。数字签名能够实现对原始报文的鉴别。

（1）具有数字摘要的数字签名。公开密钥由于其算法的复杂性及加密解密的速度太慢等缺陷。因此，不适用于大容量文件的传输。因此，对大容量文件的处理常常采用数字摘要的形式，如图 6-1 所示。

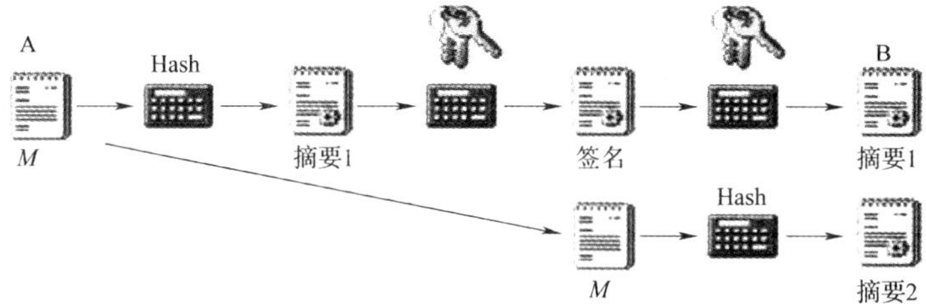

图 6-1　具有数字摘要的数字签名

在此过程中，A 首先采用 Hash 函数算法，对原文信息进行加密压缩形成数字摘要。然后，A 使用自己的私有密钥对数字摘要进行加密，将结果与原文一起传送给 B。B 使用 A 的公开密钥对数字摘要进行解密，然后，采用 Hash 函数算法，对原文信息进行加密压缩形成数字摘要，并与收到的数字摘要进行比较。这种方式在提供数字签名的同时，保证了数据的完整性。

（2）直接用私钥进行加密的数字签名。如果签名数据很短，也可以不做 Hash 函数运算，直接用私钥对签名数据加密而完成数字签名行为，如图 6-2 所示。

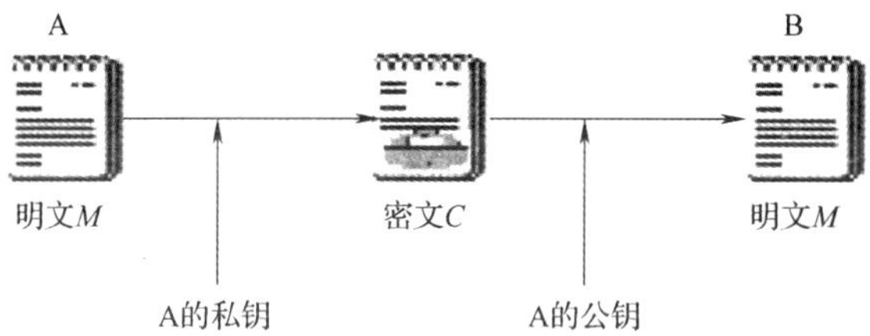

图 6-2　直接用私钥进行加密的数字签名

5. 数字信封

所谓数字信封就是信息发送端用接收端的公钥，将一个对称通信密钥进行加密，形成的数据称为数字信封。此数字信封传送给接收端，只有指定的接收方才能用自己的私钥打开数字信封，获取该对称密钥，于是，接收方便可以解读传送来的密码通信信息。这就好比在生活中，将一把钥匙装在信封中，邮寄给对方，对方收到信件后，将钥匙取出，用它打开保险箱的道理一样，如图 6-3 所示。

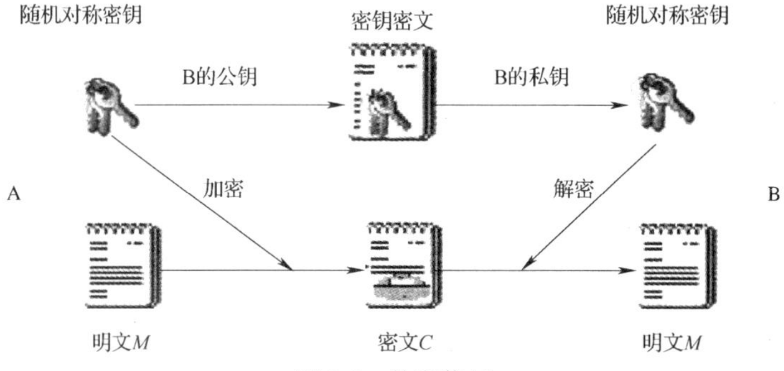

图 6-3　数字信封

使用数字信封的过程如下：

（1）A 产生随机对称密钥，并对明文 M 加密得到密文 C。

（2）A 使用 B 的公钥对随机对称密钥进行加密得到密钥密文（这部分称为数字信封），并连同密文 C 一起传送给 B。

（3）B 首先使用自己的私有密钥对密钥密文进行解密，取出随机对称密钥。

（4）B 使用随机对称密钥对密文 C 进行解密，得到数据明文。

数字信封将对称密钥和非对称密钥巧妙结合，是两种技术的综合运用，分别体现了两者的优点。

6. 数字时间戳

服务获得的时间戳数据可以用来证明在某一时刻数据已经存在。数字签名配合时间戳服务，能更好地支持数据的抗抵赖。

在书面合同中，文件签署的日期和签名一样均是十分重要的防止文件被伪造和篡改的关键性内容。数字时间戳服务（Digital Time Stamp Service，DTS）是网上电子商务安全服务项目之一，能提供电子文件的日期和时间信息的安全保护。

时间戳（Time-stamp）是一个经加密形成的凭证文档，它包括以下三个部分：

（1）需加时间戳的文件的摘要。

（2）DTS 收到文件的日期和时间。

（3）DTS 的数字签名。

一般来说，时间戳产生的过程为：用户首先将需要加时间戳的文件用 Hash 编码加密形成摘要，然后将该摘要发送到 DTS，DTS 在加入了收到文件摘要的日期和时间信息后再对该文件进行加密（数字签名），然后送回用户。

书面签署文件的时间是由签署人自己写上的，而数字时间戳则不然，它是由认证单位 DTS 来加的，以 DTS 收到文件的时间为依据。

7. 数字证书

数字证书就是互联网通信中标志通信各方身份信息的一系列数据，提供了一种在互联网上验证身份的方式，其作用类似于司机的驾驶执照或日常生活中的身份证。它是由一个权威机构（CA 机构），又称为证书授权中心发行的，也是负责签发证书、认证证书、管理已颁发证书的机关。它要制定政策和具体步骤来验证、识别用户身份，并对用户证书进行签名，以确认证书持有者的身份和公钥的拥有权。CA 机构也拥有一个证书（内含公钥）和私钥。网上的公众用户通过验证 CA 机构的签名从而信任 CA 机构，任何人都可以得到 CA 机构的证书（含公钥），以验证它所签发的证书。

（1）数字证书的内容。一个标准的 X. 509 数字证书包含以下一些内容：

1）证书的版本信息。

2）证书的序列号，每个证书都有一个唯一的证书序列号。

3）证书所使用的签名算法。

4）证书的发行机构名称，命名规则一般采用 X. 500 格式。

5）证书的有效期，现在通用的证书一般采用确定时间格式，它的计时范围为 1950 ~ 2049 年。

6）证书所有人的名称，命名规则一般采用 X. 500 格式。

7）证书所有人的公开密钥。

8）证书发行者对证书的签名。

（2）数字证书的功能。在现实生活中，数字证书的功能归纳起来有以下几个方面：

1）验证签名者的身份。

2）表明签名者确认被签名文件的内容。

3）确保已签名文件的内容不被篡改。

4）防止签名者的抵赖行为。

（3）证书授权中心。以 CA 机构作为电子商务交易中受信任的第三方，承担公钥体系中公钥的合法性检验的责任。该机构为每个使用公开密钥的用户发放一个数字证书，数字证书的作用是证明证书中列出的用户合法拥有证书中列出的公开密钥。CA 机构的数字签名使得攻击者不能伪造和篡改证书。它负责产生、分配并管理所有参与网上交易的个体所需的数字证书，因此是安全电子交易的核心环节。

由此可见，建设证书授权（CA）中心，是开拓和规范电子商务市场必不可少的一步。为保证用户之间在网上传递信息的安全性、真实性、可靠性、完整性和不可抵赖性，不仅需要对用户身份的真实性进行验证，还需要有一个具有权威性、公正性、唯一性的机构，负责向电子商务的各个主体颁发并管理符合国内、国际安全电子交易协议标准的电子商务安全证书。

8. 安全认证协议

目前，有两种安全认证协议被广泛应用，即安全套接层协议和安全电子交易协议。

（1）安全套接层协议。安全套接层协议（Secure Socket Layer，SSL）是网景公司提出的基于 Web 应用的安全协议，它包括服务器认证、客户认证（可选）、SSL 链路上的数据完整性和 SSL 链路上的数据保密性。使用 SSL 可保证信息的真实性、完整性和保密性，主要适用于点对点之间的信息传输，常用 Web Server 的方式。但由于 SSL 不对应用层的消息进行数字签名，因此不能提供交易的不可否认性，这是 SSL 在电子商务中使用的最大不足。鉴于此，网景公司在从 Communicator 4. 04 版开始的所有浏览器中均引入了一种称为“表单签名”（Form

Signing）的功能。在电子商务中，可利用这一功能来对包含购买者订购信息和付款指令的表单进行数字签名，从而保证交易信息的不可否认性。

综上所述，在电子商务中采用单一的 SSL 协议来保证交易的安全是不够的，但采用“SSL + 表单签名”的模式能够为电子商务提供较好的安全性保证。

（2）安全电子交易（SET）协议。以下对安全电子交易协议进行简要介绍。

1）SET 协议提供的服务。SET 协议为电子交易提供了许多保证安全的措施。它能保证电子交易的机密性、数据完整性、交易行为的不可抵赖性和身份的合法性。

① 确保不可抵赖性。SET 协议的重点就是确保交易双方的身份认证和交易行为的不可抵赖性。其理论基础就是不可抵赖机制，采用的核心技术包括 X. 509 数字证书标准、数字签名、数字指纹和双重签名等技术。

② 确保合法性。SET 协议使用数字证书对交易各方的合法性进行验证。通过数字证书的验证，可以确保交易双方都是合法的、可信赖的。

③ 保证客户交易信息的保密性和完整性。SET 协议采用了双重签名技术对 SET 交易过程中消费者的支付信息和订单信息分别签名，使得商家看不到支付信息，只能接收客户的订单信息；金融机构也看不到交易内容，只能接收客户支付信息和账户信息，从而充分保证了消费者账户和订购信息的安全性。

2）SET 协议的安全性分析。SET 协议安全性分析的内容如下：

① 采用数字指纹技术保证信息的完整性。SET 协议是通过数字签名方案来保证消息的完整性和进行消息源的认证的，数字签名方案遵循了与消息加密相同的加密原则。即数字签名通过 RSA 加密算法结合生成数字指纹，数字指纹是消息通过 HASH 函数处理后得到的唯一对应于该消息的数值，消息中每改变一个数据位都会引起信息摘要中大约一半的数据位的改变。而两个不同的消息具有相同的数字指纹的可能性极其微小，因此 HASH 函数的单向性使得从信息摘要得出信息摘要的计算是不可行的。数字指纹的这些特性保证了信息的完整性。

② 采用公钥加密和私钥加密相结合的办法保证数据的保密性。在 SET 协议中，支付环境的信息保密性是通过公钥加密算法和私钥加密算法相结合的算法加密支付信息而获得的。它采用的公钥加密算法是 RSA 公钥密码体制，私钥加密算法则是采用 DES 数据加密标准。这两种不同加密技术的结合应用在 SET 协议中被形象地称为数字信封，RSA 加密相当于用信封密封，消息首先以 56 位的 DES 密钥加密，然后装入使用 1024 位 RSA 公钥加密的数字信封在交易双方之间进行传输。这种办法保证了交易中数据信息的保密性。

③ 采用双重签名技术保证交易双方的身份认证。SET 协议应用了双重签名（Dual Signatures）技术。在一项安全电子商务交易中，持卡人的订购信息和支付指令是相互对应的。商家只有确认了与持卡人的支付指令对应的订购信息才能够

按照订购信息发货；而银行只有确认了与该持卡人支付指令对应的订购信息是真实可靠的才能够按照商家的要求进行支付。为了达到商家在合法验证持卡人支付指令和银行在合法验证持卡人订购信息的同时不会侵犯客户的个人隐私这一目的，SET 协议采用了双重签名技术来保证客户的隐私不被侵犯。

9. 信息隐藏技术

近几年来，在传统密码学之外崛起了一种新的信息安全技术——信息隐藏技术（Information Hiding），该技术又称为数字水印技术，它是运用各种信号处理的方法将需要保密的信息隐藏在一般的声像数据中，当非法用户截获到含密文件后，他只能解读文件载体的内容，而不会意识到其中含有秘密信息，或者即使知道其中含有隐秘信息也不能解读出来。

（1）信息隐藏技术的基本原理。信息能够隐藏在多媒体数据中的原因有以下两方面：

1）多媒体信息本身存在很大的冗余性，从信息论的角度来看，未压缩的多媒体信息的编码效率是很低的，所以将某些信息嵌入到多媒体信息中进行秘密传送是完全可行的，并不会影响多媒体信息本身的传送和使用。

2）人眼或人耳本身对某些信息有一定的掩蔽效应，例如，人眼对灰度的分辨率只有几十个灰度级；对边沿附近的信息不敏感等。利用人的这些特点，可以很好地将信息进行隐藏而不被察觉。

信息隐藏技术原理图如图 6-4 所示，信息隐藏系统分为隐秘信息（数字水印）嵌入和隐秘信息提取两部分。隐秘信息嵌入可以看成是通过嵌入函数 f 进行函数映射 $S=f(C, M, K)$。其中，C 代表隐蔽载体，M 代表秘密信息，K 代表嵌入密钥。隐秘信息提取可看成是隐秘信息嵌入的逆过程，信息提取可能需要原始的隐蔽载体，不需要原始隐蔽载体的信息提取技术称为盲检测。由此可知，信

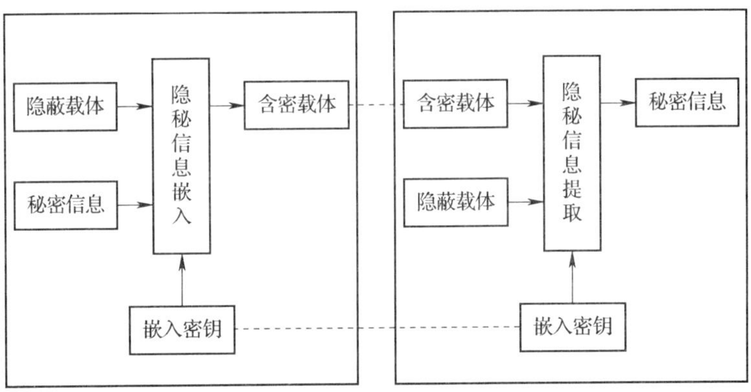

图 6-4 信息隐藏技术原理图

息隐藏系统包含隐蔽载体、秘密信息、嵌入密钥和隐藏算法四个要素。嵌入到隐蔽载体中的秘密信息也称为数字水印，它必须具有保真性、稳健性、安全性和低复杂性等。所谓保真性也称为不可见性，是指嵌入水印后的媒体在视觉或听觉上不能明显感觉出来有什么区别。所谓稳健性是指水印系统能抵抗各种信号处理和攻击的能力。所谓安全性是指水印不易被复制、伪造、非法检测和移去的能力。所谓低复杂性是指水印的嵌入和提取算法复杂度低，便于推广应用。

（2）信息隐藏技术的优点。信息认证和访问控制技术相当于给要保护的信息加上一层门，可以防止非法的用户接近和使用。密码技术的方法是把要保护的信息变换成非法用户（不知密钥的人）无法看懂的无意义的内容。而信息隐藏技术是把要保护的信息隐藏在多媒体载体中，使得非法用户不会注意到隐藏信息的存在或不能检测到信息。信息隐藏技术不但能够防止非法用户提取水印信息，而且能躲避攻击。传统的密码技术可以用于保护数字作品，但是媒体一旦被解密后，数字作品就可以被随意地传播、复制。同时，由于解密算法的复杂性，所以难以满足实时性的要求。信息隐藏技术正好能克服这些缺点。

10. 防火墙技术

防火墙现在已成为各企业网络中实施安全保护的核心，安全管理员的目的是选择性地拒绝进出网络的数据流量，这些工作都是由防火墙来完成的。

“防火墙”是一个通用术语，是指在两个网络之间执行控制策略的系统。防火墙通常是由软件系统和硬件设备组合而成，在内部网和外部网之间构建起安全的保护屏障，其结构如图 6-5 所示。

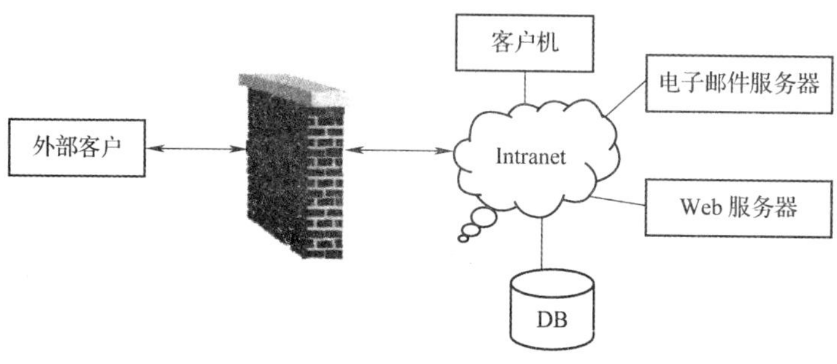

图 6-5　防火墙的结构

防火墙可以被看成是阻塞点。所有内部网和外部网之间的连接都必须经过此阻塞点，在此进行检查和连接，只有被授权的通信才能通过此阻塞点。防火墙使内部网络与外部网络在一定条件下隔离，从而防止非法入侵及非法使用系统资源。同时，防火墙还可以执行安全管制措施，记录所有可疑的事件。其基本准则有以下两点：

第一，一切未被允许的就是禁止的。基于该准则，防火墙应封锁所有信息流，然后对希望提供的服务逐项开放。这是一种非常实用的方法，可以营造一种十分安全的环境，因为只有经过仔细挑选的服务才被允许使用。其弊端是安全性高于用户使用的方便性，用户所能使用的服务范围受到限制。

第二，一切未被禁止的就是允许的。基于该准则，防火墙转发所有信息流，然后逐项屏蔽可能有害的服务。这种方法构成了一种更为灵活的应用环境，可为用户提供更多的服务。其弊端是在日益增多的网络服务面前，网管人员疲于奔命，特别是当受保护的网络范围增大时，很难提供可靠的安全防护。

（1）防火墙的功能。防火墙具有以下几方面功能：

1）防火墙是网络安全的屏障。一个防火墙（作为阻塞点、控制点）能极大地提高一个内部网络的安全性，并通过过滤不安全的服务而降低风险。由于只有经过精心选择的应用协议才能通过防火墙，所以网络环境变得更安全。例如，防火墙可以禁止诸如众所周知的不安全的 NFS 协议进出受保护的网络，这样外部的攻击者就不可能利用这些脆弱的协议来攻击内部网络。

防火墙同时可以保护网络免受基于路由的攻击，如 IP 选项中的源路由攻击和 ICMP 重定向中的重定向路径。防火墙应该可以拒绝所有以上类型攻击的报文并通知防火墙管理员。

2）对网络存取和访问进行监控审计。如果所有的访问都经过防火墙，那么，防火墙就能一一记录下这些访问并作出日志记录，同时也能提供网络使用情况的统计数据。当发生可疑动作时，防火墙能进行适当的报警，并提供网络是否受到监测和攻击的详细信息。另外，收集一个网络的使用和误用情况也是非常重要的。首要的理由是可以清楚防火墙是否能够抵挡攻击者的探测和攻击，并且清楚防火墙的控制是否充足。而网络使用统计对网络需求分析和威胁分析等而言，也是非常重要的。

3）防火墙可以强化网络安全策略。通过以防火墙为中心的安全方案配置，能将所有安全软件（如口令、加密、身份认证和审计等）配置在防火墙上。与将网络安全问题分散到各个主机上相比，防火墙的集中安全管理更经济。例如，在访问网络时，一次一密口令系统和其他的身份认证系统完全可以不必分散在各个主机上，而集中在防火墙一体上。

4）防止内部信息的外泄。通过利用防火墙对内部网络的划分，可实现内部网重点网段的隔离，从而限制了局部重点或敏感网络安全问题对全局网络造成的影响。再者，隐私是内部网络非常关心的问题，一个内部网络中不引人注意的细节可能包含了有关安全的线索而引起外部攻击者的兴趣，甚至因此而暴露了内部网络的某些安全漏洞。使用防火墙就可以隐蔽那些透漏内部细节如 Finger、DNS 等的服务。Finger 显示了主机所有用户的注册名、真名，最后登录时间和使用

Shell 类型等。Finger 显示的信息非常容易被攻击者所获悉。攻击者可以知道一个系统使用的频繁程度，这个系统是否有用户正在连线上网以及这个系统是否在被攻击时能够引起注意等。防火墙可以同样阻塞有关内部网络中的 DNS 信息，这样一台主机的域名和 IP 地址就不会被外界所了解。

除了安全的作用，防火墙还支持具有互联网服务特性的企业内部网络技术体系 VPN。通过 VPN，将企事业单位分布在全世界各地的 LAN 或专用子网有机地联成一个整体，不仅省去了专用通信线路，而且为信息共享提供了技术保障。

（2）防火墙的基本类型。从防护和隔离的层次不同，防火墙可以分为以下几种类型：

1）包过滤型（Packet Filter）防火墙。数据包过滤（Packet Filtering）技术是在网络层对数据包进行选择，选择的依据是系统内设置的过滤逻辑，称为访问控制表（Access Control Table）。通过检查数据流中每个数据包的源地址、目的地址、所用的端口号、协议状态等因素，或它们的组合来确定是否允许该数据包通过。数据包过滤防火墙逻辑简单，价格便宜，易于安装和使用，网络性能和透明性好，通常安装在路由器上。路由器是内部网络与因特网连接必不可少的设备，因此在原有网络上增加这样的防火墙几乎不需要任何额外的费用。

包过滤的优点是一个过滤路由器能协助保护整个网络，数据包过滤对用户透明，过滤路由器速度快、效率高；缺点是不能彻底防止地址欺骗，一些应用协议不适合于数据包过滤，正常的数据包过滤路由器无法执行某些安全策略。

2）应用层网关（Application Layer Gateways）防火墙。应用层网关是在网络应用层上建立协议过滤和转发功能。它针对特定的网络应用服务协议使用指定的数据过滤逻辑，并在过滤的同时，对数据包进行必要的分析、登记和统计，形成报告。实际中的应用层网关通常安装在专用工作站系统上。

数据包过滤和应用层网关防火墙有一个共同的特点，就是它们仅仅依靠特定的逻辑判定是否允许数据包通过。一旦满足逻辑，防火墙内外的计算机系统则建立直接联系，防火墙外部的用户便有可能直接了解防火墙内部的网络结构和运行状态，这为实施非法访问和攻击提供了机会。

3）代理服务型（Proxy Service）防火墙。代理服务型防火墙通常由两部分构成，即服务器端程序和客户端程序。客户端程序与中间节点连接，中间节点再与要访问的外部服务器连接。与包过滤防火墙不同的是，代理服务型防火墙的内部网与外部网之间不存在直接的连接，且同时提供日志（Log）及审计（Audit）服务。

（3）防火墙的体系结构。防火墙的体系结构包括如下几种：

1）屏蔽路由器（Screening Router）。屏蔽路由器可以由厂家专门生产的路由器来实现，也可以用主机来实现。屏蔽路由器作为内外连接的唯一通道，要求所有的报文都必须在此通过检查。路由器上可以安装基于 IP 层的报文过滤软件，实现报文过滤功能。许多路由器本身带有报文过滤配置选项，但一般比较简单。单纯由屏蔽路由器构成的防火墙的危险包括路由器本身及路由器允许访问的主机。屏蔽路由器的缺点是一旦被攻，很难发现，而且不能识别不同的用户。

2）双穴主机网关（Dual Homed Gateway）。双穴主机网关是用一台装有两块网卡的堡垒主机做防火墙。两块网卡各自与受保护网和外部网相连。堡垒主机上运行着防火墙软件，可以转发应用程序、提供服务等。与屏蔽路由器相比，双穴主机网关堡垒主机的系统软件可用于维护系统日志、硬件复制日志或远程日志。但弱点也比较突出，一旦黑客侵入堡垒主机并使其只具有路由功能，任何网上用户均可随便访问内部网。

3）被屏蔽主机网关（Screened Gateway）。被屏蔽主机网关易于实现也最为安全。一个堡垒主机安装在内部网络上，通常在路由器上设立过滤规则，并使这个堡垒主机成为从外部网络唯一可直接到达的主机，这确保了内部网络不受未被授权的外部用户的攻击。如果受保护网是一个虚拟扩展的本地网，即没有子网和路由器，那么内部网的变化不影响堡垒主机和屏蔽路由器的配置。危险被限制在堡垒主机和屏蔽路由器。网关的基本控制策略由安装在上面的软件决定。如果攻击者设法登录到它上面，内网中的其余主机就会受到很大威胁。这与双穴主机网关受攻击时的情形差不多。

4）被屏蔽子网（Screened Subnet）。被屏蔽子网就是在内部网络和外部网络之间建立一个被隔离的子网，用两台分组过滤路由器将这一子网分别与内部网络和外部网络分开。在很多实现的例子中，两个分组过滤路由器放在子网的两端，在子网内构成一个 DNS，内部网络和外部网络均可访问被屏蔽子网，但禁止它们穿过被屏蔽子网通信。有的屏蔽子网中还设有一堡垒主机作为唯一可访问点，支持终端交互或作为应用网关代理。这种配置的危险仅包括堡垒主机、子网主机及所有连接内网、外网和屏蔽子网的路由器。如果攻击者试图完全破坏防火墙，他必须重新配置连接三个网的路由器，既不切断连接又不能把自己锁在外面，同时又要使自己不被发现，这样也还是可能的。但若禁止网络访问路由器或只允许内网中的某些主机访问它，则攻击会变得很困难。在这种情况下，攻击者得先侵入堡垒主机，然后进入内网主机，再返回来破坏屏蔽路由器，并且在整个过程中不能引发警报。

【拓展阅读】

防火墙技术的应用与发展

自从 1986 年美国 Digital 公司在互联网上安装了全球第一个商用防火墙系统、提出防火墙的概念以来，防火墙技术得到了飞速的发展。目前有几十家公司推出了功能不同的防火墙系统产品。第一代防火墙，又称包过滤防火墙，主要通过对数据包源地址、目的地址、端口号等参数来决定是否允许该数据包通过，并对其进行转发。这种防火墙很难抵御IP地址欺骗等攻击，而且审计功能很差。第二代防火墙，也称代理服务器，它用来提供网络服务级的控制，起到外部网络向被保护的内部网络申请服务时中间转接的作用，这种方法可以有效地防止对内部网络的直接攻击，安全性较高。第三代防火墙有效地提高了防火墙的安全性，称为状态监控功能防火墙，它可以对每一层的数据包进行检测和监控。随着网络攻击手段和信息安全技术的发展，新一代功能更强大、安全性更高的防火墙已经问世，这个阶段的防火墙已超出了原来传统意义上防火墙的范畴，已经演变成了一个全方位的安全技术集成系统，称为第四代防火墙，它可以抵御目前常见的网络攻击手段，如IP地址欺骗、特洛伊木马攻击、互联网蠕虫、口令探寻攻击和邮件攻击等。

新一代防火墙加强了放行数据的安全性，因为网络安全的真实需求是既要保证安全，也必须要保证应用的正常进行。新一代防火墙既有包过滤的功能，又能在应用层进行代理。较传统的防火墙来说，新一代防火墙具有先进的过滤和代理体系，能从数据链路层到应用层进行全方位安全处理，TCP/IP协议和代理的直接相互配合，提供透明代理模式，减轻客户端的配置工作，使系统的防欺骗能力和运行的健壮性都大大提高。除了访问控制功能外，新一代防火墙还集成了许多安全技术，如NAT、VPN和病毒防护等，使防火墙的安全性提升到又一高度。

(1) 新一代智能防火墙技术。智能防火墙从技术特征上来说，是利用统计、记忆、概率和决策的智能方法来对数据进行识别，并达到访问控制的目的。新的数学方法消除了匹配检查所需要的海量计算，能高效发现网络行为的特征值，并直接进行访问控制。由于这些方法多是人工智能学科采用的方法，因此被称为智能防火墙。智能防火墙的关键技术主要包括以下几种：

1) 防攻击技术。智能防火墙能智能识别恶意数据流量，并有效地阻断恶意数据攻击。智能防火墙可以有效地解决SYN Flooding、Land Attack、UDP Flooding、Fraggle Attack、Ping Flooding、Smurf、Ping of Death、Unreachable Host等攻击。防攻击技术还可以有效地切断恶意病毒或木马的流量攻击。

2) 防扫描技术。智能防火墙能智能识别黑客的恶意扫描，并有效地阻断或欺骗恶意扫描者。目前已知的扫描工具包括ISS、SSS和NMAP等扫描工具，智能防火墙可以防止被扫描。防扫描技术还可以有效地解决恶意代码的恶意扫描攻击。

3) 包擦洗和协议正常化技术。智能防火墙支持包擦洗技术，支持对IP、TCP、UDP、ICMP等协议的擦洗，实现协议的正常化，消除潜在的协议风险和攻击。这些方法对消除因TCP/IP协议的缺陷和应用协议的漏洞所带来的威胁，效果显著。

4）AAA 技术。IPv4 版本的一大缺陷是缺乏身份认证功能，所以 IPv6 版本增加了该功能。但问题是 IPv6 的推广尚需时日，IPv4 在相当长一段时间内还会继续存在。智能防火墙增加了对 IP 层的身份认证，基于身份来实现访问控制。

5）防欺骗技术。智能防火墙提供基于 MAC 的访问控制机制，可以防止 MAC 欺骗和 IP 欺骗，支持 MAC 过滤，支持 IP 过滤。防欺骗技术将防火墙的访问控制扩展到 OSI 的数据链路层。

6）入侵防御技术。智能防火墙为了解决准许放行包的安全性问题，对准许放行的数据进行入侵检测，并提供入侵防御保护。入侵防御技术采用了多种检测技术，特征检测可以准确检测已知的攻击，特征库涵盖了目前流行的网络攻击；异常检测基于对监控网络的自学习能力，可以有效地检测新出现的攻击；检测引擎中还集成了针对缓冲区溢出等特定攻击的检测。智能防火墙完成了深层数据包监控，并能阻断应用层攻击。

智能防火墙技术的优点主要包括智能防火墙成功地解决了普遍存在的拒绝服务攻击（DDOS）的问题、病毒传播问题和高级应用入侵问题，代表着防火墙的主流发展方向。新一代智能防火墙自身的安全性较传统的防火墙有很大的提高，在特权最小化、系统最小化、内核安全、系统加固、系统优化和网络性能最大化方面，与传统防火墙相比有了质的飞跃。

智能防火墙技术的应用领域主要包括入侵防御、防范黑客攻击、防范潜在风险、防范恶意数据攻击、防范 MAC 欺骗和 IP 欺骗等几个方面。

总之，与传统防火墙相比，智能防火墙在保护网络和网站免受黑客的攻击、阻断病毒的恶意传播、有效监控和管理内部局域网、保护必需的应用安全、提供强大的身份认证授权和审计管理等方面，都有广泛的应用价值。

（2）新一代嵌入式防火墙技术。嵌入式防火墙就是内嵌于路由器或交换机的防火墙。嵌入式防火墙是某些路由器的标准配置。用户也可以购买防火墙模块，将其安装到已有的路由器或交换机中。嵌入式防火墙也称为阻塞点防火墙。由于互联网使用的协议多种多样，所以不是所有的网络服务都能得到嵌入式防火墙的有效处理。嵌入式防火墙工作于 IP 层，所以无法保护网络免受病毒、蠕虫和特洛伊木马程序等来自应用层的威胁。就本质而言，嵌入式防火墙常常是无监控状态的，它在传递信息包时并不考虑以前的连接状态。

嵌入式防火墙因弥补并改善各类安全能力不足的企业边缘防火墙、防病毒程序、基于主机的应用程序、入侵检测告警程序以及网络代理程序而设计，它确保了企业内部与外部的网络具有以下功能：不论企业局域网的拓扑结构如何变更，防护措施都能延伸到网络边缘为网络提供保护。此外，嵌入式防火墙的基于硬件、能够防范入侵的安全特性能独立于主机操作系统与其他安全性程序运行，甚至在安全性较差的宽带链路上都能实现安全移动与远程接入，可管理的执行方式使企业安全性能够被用户策略而非物理设施来进行定义。

一套嵌入式防火墙安全性解决方案能够为那些需要在家访问公司局域网的远程办公用户提供了保护，帮助企业确保网络最薄弱和未保护领域的安全，如笔记本电脑和远程PC，实行集中式管理的嵌入式客户机方案，并实现了跨越企业边缘防火墙的可靠网络连接，为企业和政府网站提供较高的安全性。

(3) 新一代分布式防火墙技术。针对传统边界防火墙的欠缺，专家提出“分布式防火墙”的概念。从狭义和与边界防火墙产品的比较来讲，分布式防火墙产品是指那些驻留在网络中主机如服务器或桌面机并对主机系统自身提供安全防护的软件产品；从广义来讲，“分布式防火墙”是一种新的防火墙体系结构，它包含以下几种类型：

1) 网络防火墙。用于内部网与外部网之间（即传统的边界防火墙）和内部网子网之间的防护产品，后者区别于前者的一个特征是需支持内部网可能有的IP和非IP协议。

2) 主机防火墙。对网络中的服务器和桌面机进行防护，这些主机的物理位置可能在内部网中，也可能在内部网外，如托管服务器或移动办公的便携机。

3) 中心管理。边界防火墙只是网络中的单一设备，管理是局部的。对分布式防火墙来说，每个防火墙作为安全监测机制可以根据安全性的不同要求布置在网络中任何需要的位置上，但总体安全策略又是经过统一策划和管理的，安全策略的分发及日志的汇总都是中心管理应具备的功能。中心管理是分布式防火墙系统的核心和重要的特征之一。

分布式防火墙技术克服了传统防火墙的缺陷，其优势在于：在网络内部增加了另一层安全保障，有效抵御来自内部的攻击，消除网络边界上的通信瓶颈和单一故障点，支持基于加密和认证的网络应用；与拓扑无关，支持移动计算。

分布式防火墙技术主要应用于企业的网络和服务器主机，用于堵住内部网的漏洞，解决来自企业内部网的攻击。分布式防火墙实施于企业各个网络端点上，克服了传统防火墙的缺陷，有效保护了主机，适应了新的网络应用的需要。

(4) 新一代防火墙技术的发展趋势。随着新的网络攻击的出现，新一代防火墙技术也有一些新的发展趋势。这主要可以从防火墙体系结构、包过滤技术和防火墙系统管理三方面来体现。

1) 防火墙体系结构发展趋势。网络应用的增加，对网络带宽提出了更高的要求。这意味着防火墙要能够以非常高的速率处理数据。另外，在以后几年内，多媒体应用将会越来越普遍，它要求数据穿过防火墙所带来的延迟要足够小。为了满足这种需要，一些防火墙制造商开发了基于ASIC的防火墙和基于网络处理器的防火墙。从执行速度的角度看来，基于网络处理器的防火墙也是基于软件的解决方案，它需要在很大程度上依赖于软件的性能，但是由于在这类防火墙中有一些专门用于处理数据层面任务的引擎，从而减轻了 CPU 的负担，该类防火墙的性能比传统防火墙的性能要好许多。

与基于 ASIC 的纯硬件防火墙相比，基于网络处理器的防火墙具有软件色彩，因而更加具有灵活性。基于 ASIC 的防火墙使用专门的硬件处理网络数据流，比前两种类型的防火墙具有更好的性能。但是纯硬件的 ASIC 防火墙缺乏可编程性，这就使得它缺乏灵活性，从而跟不上防火墙功能的快速发展。理想的解决方案是增加 ASIC 芯片的可编程性，使其与软件更好地进行配合。这样的防火墙就可以同时满足灵活性和运行性能的要求。

2）防火墙包过滤技术发展趋势。防火墙包过滤技术有下列发展趋势：

① 使防火墙具有病毒防护功能。具有这种功能的防火墙现在通常被称为“病毒防火墙”，当然目前主要还是在个人防火墙中体现，因为它是纯软件的形式，所以更容易实现。这种防火墙技术可以有效地防止病毒在网络中的传播，比等待攻击的发生更加积极。拥有病毒防护功能的防火墙可以大大减少企业的损失。

② 多级过滤技术。所谓多级过滤技术，是指防火墙采用多级过滤措施，并辅以鉴别手段，在分组过滤（网络层）一级，过滤掉所有的源路由分组和假冒的 IP 源地址；在传输层一级，遵循过滤规则，过滤掉所有禁止出或/和入的协议和有害数据包如 nuke 包、圣诞树包等；在应用网关（应用层）一级，利用 FTP、SMTP 等各种网关，控制和监测互联网提供的所用通用服务。这是针对以上各种已有防火墙技术的不足而产生的一种综合型过滤技术，它可以弥补以上各种单独过滤技术的不足。

这种过滤技术在分层上非常清楚，每种过滤技术对应于不同的网络层，从这个概念出发，又有很多内容可以扩展，为将来防火墙技术的发展打下基础。

③ 一些防火墙厂商把在 AAA 系统上运用的用户认证及其服务扩展到防火墙中，使其拥有可以支持基于用户角色的安全策略功能。该功能在无线网络应用中非常必要。

具有用户身份验证功能的防火墙通常是采用应用级网关技术的，采用包过滤技术的防火墙不具有。用户身份验证功能越强，其安全级别越高，但它给网络通信带来的负面影响也就越大，因为用户身份验证需要时间，特别是对于加密型的用户身份验证。

3）防火墙系统管理发展趋势。防火墙的系统管理也有一些发展趋势，主要体现在以下几个方面：

① 首先是集中式管理，分布式和分层的安全结构是将来的发展趋势。集中式管理可以降低管理成本，并保证在大型网络中安全策略的一致性。快速响应和

快速防御也要求采用集中式管理系统。目前，这种分布式防火墙早已在思科系统公司、3Com 公司等大的网络设备开发商中开发成功，也就是目前所称的“分布式防火墙”和“嵌入式防火墙”。另外，“混合型”和“智能型”等新特性的防火墙也随着企业的应用需求而产生。

② 强大的审计功能和自动日志分析功能。这两点应用可以更早地发现潜在的威胁并预防攻击的发生。日志分析功能还可以帮助管理员有效地发现系统中存在的安全漏洞，及时地调整安全策略等。不过具有这种功能的防火墙通常是比较高级的，早期的静态包过滤防火墙是不具有的。

③ 网络安全产品的系统化。随着网络安全技术的发展，现在有一种提法，叫做“建立以防火墙为核心的网络安全体系”。人们在现实中发现，仅现有的防火墙技术难以满足当前网络安全的需求。通过建立一个以防火墙为核心的安全体系，就可以为内部网络系统部署多道安全防线，各种安全技术各司其职，从各方面防御外来入侵。

例如，现在的 IDS 设备就能很好地与防火墙一起联合。一般情况下，为了确保系统的通信性能不受安全设备太大的影响，IDS 设备不能像防火墙一样置于网络入口处，只能置于旁路位置。而在实际使用中，IDS 的任务往往不仅在于检测，很多时候在 IDS 发现入侵行为以后，也需要 IDS 本身对入侵进行及时遏止。显然，要让处于旁路侦听的 IDS 完成这个任务又太困难，同时主链路又不能串接太多类似设备。在这种情况下，如果防火墙能和 IDS、病毒检测等相关安全产品联合起来，充分发挥各自的长处，协同配合，共同建立一个有效的安全防范体系，那么系统网络的安全性就能得到明显提升。

6.2 信息安全体系

6.2.1 信息安全体系简介

各种信息安全技术及相应的实现机制是信息安全建设中所必需的材料，信息安全整体建设的体系结构相当于蓝图。信息安全要做成什么“模样”？信息安全建设应该考虑到哪些方面？到底什么才是全面而完整的信息安全？这些问题都要由信息安全体系结构来回答。信息安全体系结构的设计并没有严格意义的统一标准，不同领域、不同时期，人们对信息安全的认识都不尽相同，对解决信息安全问题的侧重也有所差别。早在 1989 年，ISO 组织就发布了一个 ISO7498-2 标准，即《信息处理系统—开放系统互连—基本参考模型第 2 部分：安全体系结构》，这个标准提供了安全服务与相关机制的一般描述，确定在参考模型内部可以提供这些服务与机制的位置。之后，ISO7498-2 被引入国内，成为了 GB/T9387. 2-

1995 标准。后来，人们又根据信息安全建设的动态性和过程性特点，提出了 P2DR、PPDRR 等模型。美国的 IATF 提出了人、技术和操作三要素共同构成信息保障体系的观点。信息安全管理标准 BS7799 提出了建立信息安全管理体系（ISMS）的目标。

1. ISO 安全体系结构

ISO 安全体系结构的主要内容包括：①安全服务，包括认证服务、访问控制、数据保密服务、数据完整性服务和抗抵赖服务；②安全机制，ISO 安全体系结构中定义了一些安全机制，包括加密机制、数据签名机制、访问控制机制、数据完整性机制、鉴别交换机制、业务流填充机制、路由控制机制和公证机制等；③安全管理，其主要内容是实施一系列的安全政策，对系统和网络上的操作进行管理，包括安全服务管理和安全机制管理。ISO 安全体系结构概念上是一个大而全的设计；④ISO 的模型完全实用化比较困难。

2. P2DR 模型

策略（Policy）、防护（Protection）、检测（Detection）和响应（Response）组成了完整的 P2RD 模型。在模型中策略是核心，是管理因素的体现，提出了控制要求、控制目标和行为规范，在信息安全控制体系中起到指导的作用。防护、检测和响应是技术因素的体现，通过信息安全技术的应用对安全策略中提出的控制要求提供支持，实现控制目标。模型通过将管理和技术因素相结合，为组织的信息安全保障建设提供了有效的指导。

3. PPDRR 模型

PPDRR 即策略（Policy）、保护（Protection）、检测（Detection）、响应（Response）和恢复（Recovery）。

信息安全策略是一个组织解决信息安全问题最重要的步骤，也是这个组织整个信息安全体系的基础，反映出这个组织对现实安全威胁和未来安全风险的预期，反映出组织内部业务人员和技术人员对安全风险的认识与应对。保护是安全的第一步，但采取丰富的安全防护措施并不意味着安全性就得到了可靠的保障，因此要采取有效的手段对网络进行实时检测，使安全防护从单纯的被动防护演进到积极的主动防御；响应是指在遭遇攻击和紧急事件时及时采取措施；恢复是指在系统受到安全危害与损失后，能迅速恢复系统的功能和数据。在这个模型中，防护、检测、响应和恢复在安全策略的指导下构成一个完整的、动态的安全循环，是基于时间关系的。

4. IATF 信息安全模型

IATF 是由美国国家安全组织专家编写的一个全面描述信息安全保障体系的框架，它提出了信息保障时代信息基础设施的全套安全需求。IATF 提出了信息保障依赖于人、操作和技术来共同实现组织职能、业务运作的思想，对技术、信息基础设施的管理也离不开这三个要素。人借助技术的支持，实施一系列的操作过程，最终实现信息保障目标，这就是 IATF 最核心的理念。IATF 定义了实现信息保障目标的工程过程和信息系统各个方面的安全需求。在此基础上，对信息基础设施就可以做到多层防护，这样的防护被称为“深度保护战略”（Defensein Depth Strategy）。

5. BS7799 和信息安全管理体系（ISMS）

BS7799 是国际信息安全管理标准体系。它包含两个部分：第一部分是被采纳为 ISO / IEC 17799-2000 标准的信息安全管理实施细则，它在 10 个标题框架下列举定义了 127 项作为安全控制的惯例，供信息安全实践者选择使用；第二部分是建立信息安全管理体系（ISMS）的一套规范，详细说明了建立、实施和维护信息安全管理体系的要求，指出实施机构应该遵循的风险评估标准。作为一套管理标准，BS7799-2 指导相关人员怎样去应用 ISO / IEC 17799，其最终目的在于建立适合企业需要的信息安全管理体系。ISMS BS7799 提出的 ISMS 是一个系统化、程序化和文档化的管理体系，技术措施只是作为依据安全需求有选择、有侧重地实现安全目标的手段而已。

为了实现 ISMS，组织应该在计划（Plan）阶段通过风险评估来了解安全需求，然后根据需求设计解决方案；在实施（Do）阶段将解决方案付诸实现；解决方案是否有效，是否有新的变化，应该在检查（Check）阶段予以监视和审查；一旦发现问题，需要在措施（Act）阶段予以解决，以便改进 ISMS。通过这样的过程周期，组织就能将确切的信息安全需求和期望转化为可管理的信息安全体系。

6.2.2 企业信息安全体系架构⊖

IT 研究与顾问咨询 Gartner 公司将企业信息安全体系架构视为企业进行信息安全管理的指南，用于在企业内部以一致的方式记载和交流信息安全管理成果。Gartner 基于其企业信息安全体系架构实践和对信息安全管理的深入理解，提出了企业信息安全体系架构（EISA）模型。Gartner 认为，要建立 EISA，必须给组织提供某种机制，使得组织能够充分利用通用的原则和最佳实践经验，将信息安全的业务需求转换成可操作的信息安全和风险管理解决方案。

Gartner 建议 EISA 应包括业务、信息和技术三个视角和概念层、逻辑层和实现层三个层面。其中业务视角包括信息安全组织和流程，信息视角包括执行信息安全职能所需要的各类信息，技术视角包括的安全设施体系架构、安全服务体系架构和应用安全体系架构，定义了实现安全需求的软硬件配置。概念层描述相对抽象的意图、目标、特性和模型，在相当长的时期内保持稳定；逻辑层详细描述

⊖ 罗革新等，大型企业信息安全体系架构设计初探，勘探地球物理进展，2008 年第 6 期，第 471 ~478页。

在对环境、资源等进行各种可能的选择分析和权衡基础上确定的实现概念层目标的各种思想、方法、技术和设计；实现层描述实现概念层目标和逻辑层设计的具体模型。Gartner 企业信息安全体系架构，如图 6-6 所示。

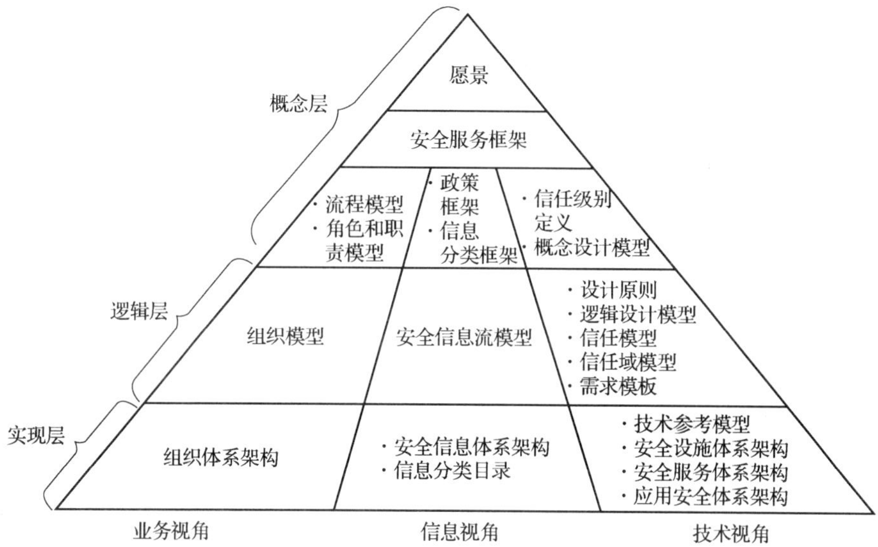

图 6-6　Gartner 企业信息安全体系架构

1. 企业信息安全体系架构的三个视角

企业信息安全体系的建立是为了保障业务运作。从企业的可实施角度，在企业信息安全体系架构实践的基础上，结合对信息安全管理的理解，提出从业务、信息和技术三个视角来综合考虑企业信息安全体系的构建。

（1）业务视角。它关注企业的信息安全管理架构。信息安全管理架构描述企业信息安全工作如何开展，信息安全管理职能如何与企业内的其他业务职能沟通协作，实现对信息安全的有效管理。如同企业内其他业务管理架构一样，信息安全管理架构应包括组织、流程和管理制度三个要素。

（2）信息视角。它关注企业的信息安全控制架构。信息安全控制架构全面描述了企业信息安全对业务运作过程的要求、业务运作对信息安全技术的要求，以及网络和信息系统所采用的保护方式。

（3）技术视角。它关注企业的信息安全技术架构。信息安全技术架构从技术角度描述了企业信息技术基础设施和应用系统的安全保护措施，包括应用安全架构、信息安全服务架构和信息技术基础设施安全架构三个方面。

企业信息安全体系架构的三个视角是相互联系、相互合作的，由此构成一个有机融合的整体。信息安全管理架构包含信息安全风险管理的流程、信息安全管理的职责和相应的信息安全制度，使企业能够正确地评价信息系统所面临的安全风险，并根据等级保护的基本要求，选择和实施合理的安全控制，从而实现对信息系统的等级保护。信息安全控制架构规范了对企业信息系统的基本保护要求，包括两个方面：一方面，该架构建立在对风险合理预估基础之上，同时也是信息安全风险管理的成果；另一方面，该架构是企业进行信息安全需求分析并确定安全控制的重要工具，是信息安全风险管理的输入。信息安全技术架构描绘了企业基础设施和应用的信息安全架构以及信息安全服务的架构，是控制架构中技术控制要求的实际实现。

2. 企业信息安全体系架构的三个层次

企业信息安全体系架构必须能够指导企业将信息安全的战略和业务的要求转换成可操作的信息安全风险管理实践。在实现信息安全目标的过程中，不同层级的管理和实施者关心不同详细程度的信息。因此从概念层、逻辑层和实现层三个层次，来考虑企业信息安全体系架构就显得更加重要并具有可操作性。

（1）概念层。概念层定义了信息安全体系架构的概念模型。概念模型由概念要素组成，包含目标和特征，是高度抽象的模型，能在较长的时间内保持稳定。概念模型为规划者所关心，阐述了实现企业信息安全战略目标所需要的管理、控制和技术组件。

（2）逻辑层。逻辑层定义了信息安全体系架构的逻辑模型。逻辑模型由功能逻辑元素组成，描述了如何通过功能逻辑元素及元素间的合作关系来实现概念模型要求的目标和特征，与具体的资源和产品无关。逻辑模型为设计者所关心，是在环境、资源、各种可能选择分析和权衡的基础上确定的实现概念层目标的各种思想、方法、技术和设计。

（3）实现层。实现层定义了信息安全体系架构的实施模型。实施模型由具体的物理实现元素组成，描述用什么资源和产品来实现逻辑设计方案，解决部署和配置等方面的问题。实施模型涉及具体的资源、产品，为构建者所关心，是概念层目标和逻辑层设计的具体实现。

概念层、逻辑层和实现层之间的关系是：上层模型指导下层模型，下层模型是上层模型的细化和实现。通过这种内在的指导和实现关系，信息安全体系架构提供了将业务对信息安全的要求转换成具体的信息安全控制方案的工具。

6.2.3 物流企业信息安全体系架构

物流信息安全体系架构是物流企业信息安全建设和运作的蓝图，是物流企业构建信息安全保障体系的核心内容。通过对物流企业信息安全体系架构的描述，以及在物流企业内部进行广泛的宣传与推广，可以帮助物流企业规范信息安全的管理、建设和运作，提高信息安全的整体保障水平。最重要的是，物流企业信息安全体系架构，提供了一种将业务对信息安全的需求转换成可操作的信息安全和风险管理解决方案的机制。因此，根据上述三个视角、三个层次的建设理念，提出 MCT（管理、控制和技术）物流企业信息安全体系架构模型，如图 6-7 所示。

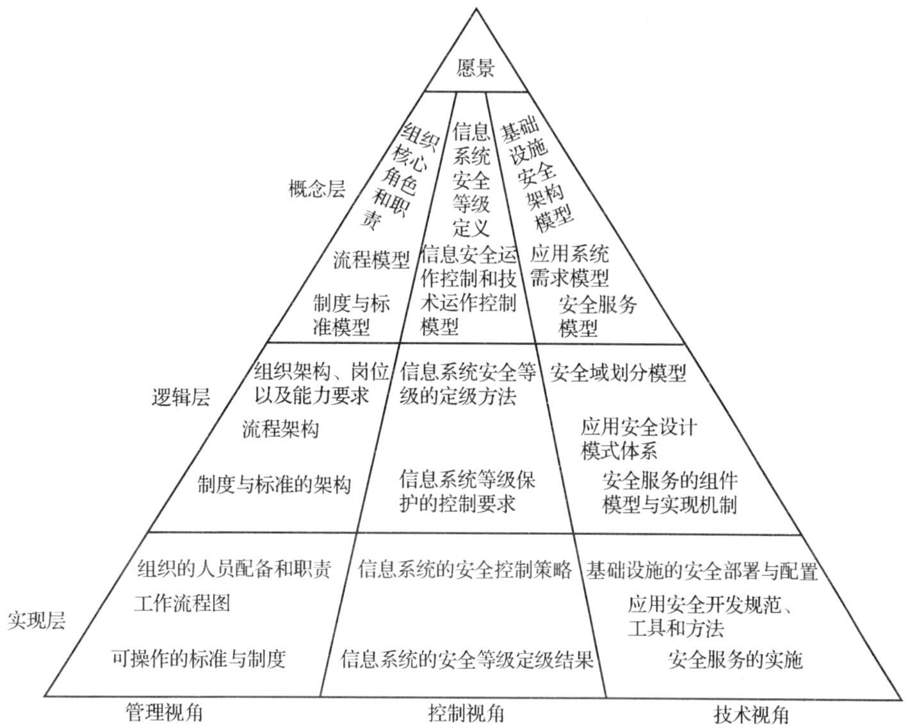

图 6-7　MCT 物流企业信息安全体系架构模型

该信息安全体系架构模型从物流企业信息安全风险管理的角度出发，构建了组织、人员、信息安全流程、制度和标准规范、基于等级保护的安全控制基本要求体系、基础设施与应用的安全架构、共享信息安全服务等关键要素，强调从组织、人员技能、流程、基础设施、标准规范等五个方面实现信息安全体系的核心功能，规划了以等级保护为基础的控制架构，以符合国家关于信息安全保障体系与等级保护的要求。

6.3　物流信息安全风险控制㊀

尽管信息系统的安全威胁是普遍存在的，但物流信息化已经成为现在以及未

㊀ 贾斌，企业信息安全风险分析与控制，2006 年西北工业大学硕士论文，第 40 ~ 57 页。

来企业发展的必然趋势，是企业实现第三利润源泉功能的必要条件。实际上，任何的安全措施都是相对的，只要能够保证管理信息系统在现有的技术条件下是相对安全的，在管理信息系统的风险与其所带来的竞争优势之间作一个权衡就可以了，而目前的信息安全技术和管理能力是可以保证信息的相对安全性的。因此，在物流信息系统的开发与运行过程中，一定要加强技术控制和管理控制。技术控制是通过与系统直接相关的技术手段防止安全事故的发生，包括技术架构设计原则的制定、安全域划分和信息安全保障技术等手段；管理控制主要是从企业组织管理上采取措施，它不受系统本身的控制，是施加于信息管理系统之上的，包括信息安全组织的创建和信息安全政策的制定。

6.3.1 组织安全

信息安全组织是指建立一定的组织结构并确定相应的组织成员。在企业中，管理层应当建立适当的信息安全组织，用以协调企业内部的各项资源，实现信息安全控制的目标。信息安全组织的功能由组织的成员来完成，各个成员的职责由管理层指定。

信息安全组织的职能包括以下几方面：

（1）信息安全管理活动的发起，信息安全策略的制定、审核、批准和维护。在企业内部，强制实行对其实施过程的监督，并对策略的实施进行审计，以确定策略的严格执行并对执行效果进行评估。

（2）在信息安全保障过程需要多部门合作的时候，信息安全组织起到协调各部门的作用。信息安全组织负责批准信息安全的特殊方法和程序，如风险评估，任命信息安全管理的特殊角色并明确其责任，实施全员安全意识计划等。要实现此项职责，信息安全组织应由企业内部各个部门和管理层的代表组成。

（3）企业中每个角色都有其信息安全的责任，信息安全组织负责指派每个角色的信息安全责任，将责任落实到人。

（4）对需要对信息系统进行操作的人员和程序授予其相应的权限，保证所有的操作行为和被操作对象都在企业的控制之下。

（5）企业的活动需要与企业本身之外的第三方进行合作，在这些合作行为中信息安全的控制由信息安全组织负责，包括制定及实施相关策略。

信息安全组织是企业建立信息安全保障体系的推动者、策划者和制定者，需要由有经验的信息安全专家参与其中，可以是组织内部的人员，也可是组织外部的、受到组织邀请的人员。建立完善的信息安全组织，是企业信息安全保障的首要条件。

企业信息安全应是协作性的安全，即信息安全是通过各种角色责任集成而实现的。安全组织架构模型是一个基于角色的层次模型，信息安全责任模型如

图 6-8所示。

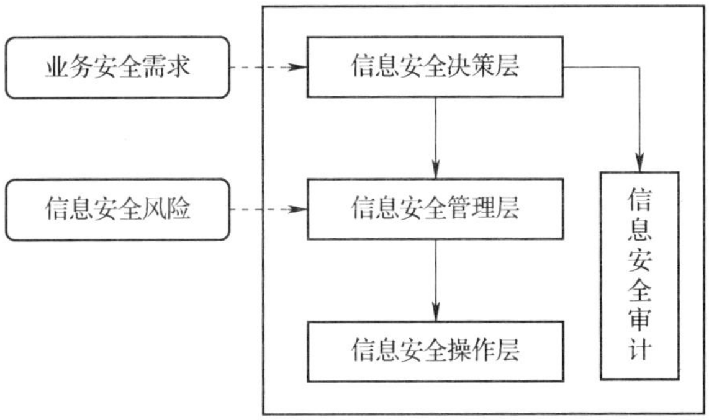

图 6-8　信息安全责任模型

信息安全责任模型说明如下：

（1）信息安全责任是管理信息安全风险、使业务安全需求得到满足。

（2）信息安全决策层负责业务安全需求范围的确定、企业信息安全目标的建立、企业信息安全战略规划的制定、信息安全政策和风险管理实施计划的批准。

（3）信息安全管理层负责根据信息安全决策层的决策，分析信息安全需求、建立/维护企业信息安全体系来管理信息安全风险、保障业务的安全。

（4）信息安全操作层的责任是执行风险管理计划。

（5）信息安全审计责任是独立于信息安全管理层和操作层的责任体。信息安全审计负责审计信息安全活动是否满足业务安全的需求和风险管理的目标。它将审计的结果直接向决策层报告。

6.3.2　人员安全

人员是企业活动的执行者，因此对企业的活动起到决定性的作用。具有良好责任感的、遵守企业规定的高素质人员，是信息安全保障实现的决定性环节。

人员安全包括如下几方面内容：

（1）人员来源的保证。在选择人员的时候，应考虑其背景、资质是否能够胜任其所申请的职位，根据其职位所涉及信息敏感程度的不同，其审查程序也不同，敏感程度越高，审查程序越严格。对于个别的重要职位，应当定期进行审查。

（2）人员职责的明确。将信息安全责任归纳在工作责任中，使每个人员都应当清楚地知道自己的职责所在，明白哪些事情可以做，哪些事情不能做。

（3）法规约束。通过法律、法规、政策的形式明确人员的责任和义务，以及明确违反这些责任和义务应承担的后果，如同被企业录用的人员签订合同和保密协议等。

（4）安全培训。通过定期和不定期的、组织内部和组织外部的培训来提高人员的安全意识，增强其对组织安全政策和程序的理解。

（5）人员本身的安全。人员是企业的资源，人员的损失会对企业的正常运行造成影响。企业应当采用一定的措施来保证人员本身的安全，保障企业在遭受人员伤亡的时候，可以正常运作。

6.3.3 安全政策

1. 基本框架

本章“信息安全体系概述”这一节中提及的国际通用的ISO/IEC 17799-2000信息安全管理实施细则为企业制定了安全政策。安全政策应当覆盖标准所要求的所有10个安全域，这10个安全域为：

（1）信息安全方针。为企业信息安全管理提供政策性的支持和指导，使信息安全管理工作制度化。

（2）信息安全组织。建立相应的管理组织，负责信息安全管理政策的制定、执行、执行情况的监督，并负责信息安全管理的交流工作。

（3）资产分类与管理。对企业的信息资产进行分类，根据资产的敏感程度不同采取适当措施进行保护。

（4）人员安全。对人为的错误、偷窃、滥用等行为对信息系统造成的伤害进行管理。

（5）实体和环境安全。防止对信息系统所处的环境及对信息的未经授权的访问、控制及破坏。

（6）通信管理。确保对信息设备的操作处于正确的指导之下。

（7）访问控制。控制对信息和信息系统的访问，对需要访问系统的人员进行正确的授权，防止未经授权的访问。

（8）信息系统的开发和维护。保证所使用的信息系统本身的安全性。

（9）业务连续性管理。保证在遭受灾难的情况下，企业的关键业务能够持续地进行下去。

（10）法律符合性。企业的所有规定和活动必须符合相关的法律法规。

以上10个安全域从整体上描述了企业信息安全管理体系所应该包含的内容。对每个安全域的要求，企业应当制定相应的管理策略并严格执行。

2. 安全政策的制定原则和过程

（1）安全政策的制定原则。安全政策的制定应遵循以下原则：

1）完整性。安全政策应当包含企业信息安全管理的所有方面，为了防止因缺乏管理措施而导致的信息安全漏洞的出现，所有的与信息安全相关的企业活动和人员活动都应该在适当的信息安全政策的指导下进行，以降低企业的管理风险。

2）可操作性。制定的信息安全政策应当能够被顺利地执行。安全政策应当简单易懂并易于执行，防止由于过于复杂的操作过程或者由于超出现有能力范围的执行过程出现在安全政策中，导致在现实中政策难以执行，使安全政策形同虚设。

3）经济性。执行安全政策所需要的资源应当控制在一定的范围之内，不能大于其所要控制的风险发生所带来的损失。

4）有效性。企业的安全政策应能有效地控制系统的弱点，对企业的业务起到促进作用。所制定的安全政策应当经过正式的途径在企业内部颁布，确保人员及时熟悉相关安全政策的最新版本及内容。

5）可审计性。所有安全政策中所规定的执行过程或方法必须具有可审计性，用以监督安全政策的执行情况，使信息安全组织可以对政策的执行效果做出评估，并根据评估的结果对政策内容做出修改和调整。

（2）安全政策的制定过程。信息安全政策的制定工作由信息安全组织负责，包括以下几步：

1）识别需要保护的对象。

2）识别保护对象可能面临的威胁。

3）确定需要采取的管理措施并制定执行政策。

4）制订应急方案。

5）颁布实施。

6）对执行结果进行审计。

安全政策的制定是一个循环的过程，随着企业的发展和技术的进步，政策中可能出现不合理的部分，利用审计的结果对政策中不合理的部分进行修改，这一任务由信息安全组织负责。

6.3.4　技术架构的设计原则

技术架构的设计应遵循以下原则：

（1）系统性原则。安全体系的建设要有系统性和适应性，不会因网络和应用技术的发展、系统升级和配置的变化而导致在系统整个生命期内的安全保护能力和抗御风险能力的降低。

（2）技术先进性原则。采用先进的安全体系进行结构设计，选用先进、成熟的安全技术和设备，实施中采用先进可靠的工艺和技术，提高系统运行的可靠性和稳定性。

（3）可控性原则。系统的所有安全设备（管理、维护和配置）都应自主可控；系统安全设备的采购必须有严格的手续；安全设备必须有相应机构的认证或许可；安全设备供应商和实施方案的设计和施工单位应具有相关的资质。

（4）适度性原则。系统安全方案应充分考虑保护对象的价值与保护成本之间的平衡性，在允许的风险范围内尽量减少安全服务的规模和复杂性，使之具有可操作性，避免超出用户所能理解的范围，变得难以执行或者无法执行。

（5）技术与管理相结合原则。系统安全建设是一项复杂的系统工程，包括产品、过程和人的因素，因此在考虑技术解决方案的同时还应考虑管理、法律、法规方面的制约和调控，技术应为管理、法律、法规的实现提供支持。

（6）系统可伸缩性原则。企业信息系统和网络系统将随着网络和应用技术的发展而发生变化，同时，信息安全技术也在发展，因此安全系统的建设必须考虑系统可升级和可伸缩性，重要和关键的安全设备不应因网络变化或更换而废弃。

6.3.5 安全域划分

安全域是指具备一定的目标安全功能、结构上相对独立，执行共同的一组安全政策的系统部件及其行为的集合。就安全域的定义来看，企业的整个信息系统本身就是一个安全域，信息系统的任何一个子系统也构成一个安全域。

安全域可以从物理上进行划分，也可以从逻辑上进行划分。安全域的物理划分是依据系统组成的物理位置，如楼层、建筑、地理位置等。安全域的逻辑划分依据政策和管理，如信息系统所属的部门。逻辑上划分的安全域，更能反映安全政策的要求。

安全域最好的划分方法是将物理划分和逻辑划分结合起来，多数情况下，物理上的区分往往与逻辑上的区分紧密联系。由于现实应用系统的复杂性，安全域可能具有包容性，即一个大的安全域又可以划分为若干个小的安全域，还有可能有些系统组件既属于这个安全域，又属于那个安全域。

在划分了安全域之后，可以根据不同的安全域所面临风险的不同和所执行安全政策的不同来对其进行信息安全保障操作。

安全域的信息安全保障包括以下三个方面：

（1）域内保障。对安全域内部所面临的风险进行控制。

（2）域边界保障。域边界是安全域与其他安全域或用户交换信息的接口，所有穿越域边界的行为应当在控制之下。

（3）域外保障。对所有潜在的可能对安全域进行访问的行为进行控制。

6.3.6 信息安全保障技术

以 P2DR 模型为参考对信息安全进行分类：

1. 防护技术（P）

（1）人员认证体系。当用户向服务器提出访问请求时，服务器要求用户提交数字证书。收到用户的证书后，服务器利用认证中心的公开密钥对认证中心的签名进行解密，获得信息的散列码。然后服务器用与认证中心相同的散列算法对证书的信息部分进行处理，得到一个散列码，之后与对签名解密所得到的散列码进行比较，若一致则表明此证书确实是由认证中心签发的，而且是完整的未被篡改的证书。这样，用户便通过了身份认证。服务器从证书的信息部分取出用户的公钥，以后在向用户传送数据时，以此公钥进行加密，该信息只有用户可以进行解密。业界实现协议有 Kerberos v5 和 X. 509 等协议。

系统包括认证服务器和 Cache 服务器。认证服务器负责密钥管理、证书签发。Cache 服务器负责保存用户证书，减少服务器载入，实现网络加速。

（2）网络认证体系。系统主要是通过身份认证和安全策略检查的方式，对未通过身份认证或不符合安全检查策略的用户终端进行网络隔离，并帮助终端进行安全修复，以达到快速、有效地强制执行企业终端安全策略的目的。当用户试图接入网络时，系统首先对其进行身份认证，拒绝不合法的用户。

对于合法的用户，由安装在客户端的 Agent 收集客户端的有关信息，交由安全策略服务器进行安全认证，如果客户端的安全策略执行情况与要求相符合，则通过认证，允许客户端接入网络；如果不符合，则强制其进入安全修复服务器进行修复，直到客户端符合安全策略后，才可以接入网络。

（3）防火墙体系。防火墙系统通过建立防火墙规则，检测防火墙状态，实现边界安全，提供访问控制，并实现安全策略。防火墙作为内外部网络之间通信的唯一通道，在不同安全策略的两个网络连接处，建立一个安全控制点，通过允许拒绝或重新定向经过防火墙的数据流，实现对进出内部网络的服务和访问的审计和控制。

（4）应用网关。应用交换系统采用 4 ~7 层交换技术，将数据交换与数据内容建立起联系，不仅可根据数据包的 IP 地址和端口来传递数据，还可以打开数据包，进入数据包内部并根据包中的信息做出负载均衡、内容识别等判断，智能地在各个服务器之间分配数据流量。应用交换系统通过 Ping、HTTP、TCP 等检测方法，对后台服务器的状态进行检查，一旦发现死机或提供项服务失败时，便将服务器从服务器组中移出，以保证系统的可靠性。

（5）开发工程过程。根据统计过程理论，如果使用一个不加改变的工程过程，那么输出结果的质量在统计意义上也是不变的。如果质量好则总好下去，如果差则总会差，这就是过程的能力。对工程过程如果不加以改善，那么该工程过程的能力则会很弱，但对过程的改善必须针对关键和关键过程实施，否则改善的成本会很高而且收效很低。

（6）VLAN。VLAN 通过划分虚拟工作组设定安全域。每个 VLAN 具有一个广播域，通过设定策略，能够提高系统性能，并提供一定程度的安全保护。

（7）病毒防御系统。安装防病毒系统，可以使企业网络系统抵御病毒攻击的能力增强，减少受到病毒损害的可能性。

1）网络防病毒系统部署。设定独立的病毒服务器，安装网络版的防病毒软件。

2）网关防病毒系统部署。网关防病毒功能是在网关处对通过的网络数据流进行病毒扫描以保护用户网络不受计算机病毒的侵害。网关防病毒与主机防病毒的最大区别在于主机防病毒产品保护的范围仅仅是所在主机自身上的文件系统，而网关防病毒保护的范围则是用户网络中的所有主机，同时还可以避免网络内部的主机主动传播病毒到网络外部的主机。

2. 检测技术（D）

（1）入侵检测。通过入侵检测系统（IDS）发现入侵事件以便对其做出及时的反应，从而保护企业网络。

IDS 通常采用由管理控制中心和检测引擎组成的分布式体系结构，通过监视网络或系统资源，寻找违反安全策略的行为或攻击迹象，为网络系统提供保护。

IDS 首先采集来自网络系统不同节点（不同子网和不同主机）隐藏了网络入侵行为的数据，如系统日志、网络数据包、文件与用户活动的状态和行为。接着通过模式匹配、异常检测和完整性分析等技术，对数据进行分析以寻找入侵行为。最后，一旦发现有入侵行为，IDS 就进入响应过程，并在日志、报警和安全控制等方面做出反应。

入侵检测系统主要分为网络入侵检测与主机入侵检测两部分，各部分的功能如下：

1）网络入侵检测系统。网络入侵检测系统是实时的网络违规自动识别和响应系统。它运行于敏感数据需要保护的网络上，通过实时监听网络数据流，识别、记录入侵和破坏性代码流，寻找网络违规模式和未授权的网络访问尝试。当发现网络违规模式和未授权的网络访问尝试时，网络信息安全检测系统的预警系统能够根据系统安全策略做出反应。该系统可安装于防火墙前后，可以对攻击防火墙本身的数据流进行响应，同时可以对穿透防火墙进行攻击的数据流进行响应。在被保护的局域网中，入侵检测设备应安装于易受到攻击的服务器或防火墙附近。这些保护措施主要是为了监控经过出口及对重点服务器进行访问的数据流。入侵检测报警日志的功能是通过对所有对网络系统有可能造成危害的数据流进行报警及响应。这些因数据流引起的报警日志，足够作为受到网络攻击的主要证据。

2）主机入侵检测系统。主机入侵检测系统是为网络安全管理员提供一个软件工具，对网络中运行的服务器进行自动实时监测，以发现可能的入侵和越权使用行为。通过对服务器的数据进行分析（数据包括操作系统的安全日志、进程、网络通信数据以及关键文件的信息等），采用预定义的模式匹配、基于统计异常分析和状态迁徙技术，识别入侵和越权使用行为并产生相应报警信息，通知管理员及时采取安全措施。主机入侵检测系统是网络入侵检测系统的有效补充。

（2）安全监控。信息安全管理的本质是对信息安全系统执行的“检测”，检测的内容包括信息安全过程的执行状况、安全政策的执行状况、安全控制的运行状况等。将监测到的状况与基准进行比较，如果在基准范围内，则属于正常；如果不在基础范围内，就属于异常。

状态检测包括手工和自动两种方式，但检测到的状态数据要统一进行分析和处理。基准的定义取决于安全管理的对象，但所有的基准都必须依赖于安全政策。

（3）安全审计。在每个待审计的系统上都安装代理和控制器，这些组件一起配合收集环境内的所有被审计的事件，这些数据被收集于中央数据库中。系统整合异构系统和应用软件的审计数据，对事件进行详细分析，系统管理员通过使用这些数据来协调监控和系统报警工作，并报告跨平台用户的活动信息。

系统包括代理端和审计服务器两部分。代理端负责收集待审计信息并实现存储转发功能。在审计服务器上建立中央数据库，存储各种审计日志用于分析、报告，管理员可以在服务器上察看、分析各种审计日志，并生成各种报表。

3. 响应技术（R）

（1）主页恢复。系统利用一定的算法对Web网站的内容生成摘要，并将Web网站的内容在安全目录中进行备份。系统会定期对Web网站的内容进行检测并与事先生成的摘要进行核对，一旦发现内容发生变化，则从安全目录中将Web网站的内容进行恢复。

系统一般包括检测端和控制台两部分。检测端是整个系统的核心，运行在需要保护的Web服务器上，负责对系统进行扫描，发现非法操作，并向控制台提出警告。在控制台上，管理员可以通过IE浏览器在本地或远程连接登录控制台对Web服务器进行监控与管理，制定相应的控制策略，包括对非法操作的响应。

（2）备份系统。备份利用冗余纠错的方法，对关键设备提供适当的冗余度，保证在其中一台设备不工作的情况下，网络仍旧能够正常进行通信。

（3）灾备中心。利用冗余的原理，为整个主用系统建立一个系统级的备份（包括运行系统以及运行环境），在主用系统遭受灾难无法使用时，业务暂时转移到灾备中心进行。

灾备中心是在远离主用系统的地方，为企业的关键业务所依赖的系统建立的备份，包括硬件设备、运行环境、软件配置以及相关数据。在主用系统瘫痪的情况下，可以暂时替代主用系统的功能，恢复企业的关键业务。对于用户来说，在主用系统与灾备中心之间的切换应当是透明的。

6.4 物流信息管理规章制度样式

6.4.1 信息管理办法

第一条 总则。信息管理制度是单位的基本管理制度，是单位正确决策的前提和依据。为使单位的信息管理规范化、系统化，特制定本办法。

第二条 管理原则和体制。

（一）单位按集中与分散结合、纵向与横向结合的原则建立信息管理系统。

（二）单位级信息管理由单位信息部统筹和协调。各部门负责各职责范围内的信息管理工作。

第三条 管理分工和内容。

（一）综合信息系统。该系统的管理工作由信息部负责，主要范围为国家、地方法律、法规、政策文件，国家和地方社会经济、科技发展动态、本公司及上级企业经营管理，公司整体规划、计划及有关综合统计汇总信息、材料，公司订阅的图书、报纸、杂志资料。

（二）行政信息系统。该系统的管理工作由行政部负责，主要范围为地方政府、上级企业文件、指示，单位各类公文、往来函电记录，办公用品功能和市场价格，车辆运行、维修及消耗情况。

（三）人事信息系统。该系统的管理工作由人事部负责，主要范围为国家、地方劳动人事政策，工资福利，社会保障政策，人才市场信息，人事、工资档案，以及人员培训、考核、考勤等人事执行情况。

（四）财务信息系统。该系统的管理工作由财务部负责，主要范围为国家财务、会计、税收、利率、汇率制度和政策，单位上级、本部和下属企业财务报表，资金使用状况，国家通用的会计、审计、税收惯例和准则，公司融资、社会资金走向，金融、货币、财政信息。

（五）其他信息系统。根据实际情况可由各部门建立。

第四条 信息处理程序。单位信息处理流程包括信息的收集、加工、传递、存储、使用等几个环节。

（一）信息的收集。

1. 信息收集来源

（1）单位内部各部门已有的生产、经营、管理活动所记载的。

（2）单位外部公共图书、情报信息机构收集的。

（3）通过社会调查、外出考察获得的。

2. 信息搜集的媒体

信息搜集的媒体包括：①统计报表；②报纸、期刊；③年鉴；④书籍；⑤论文与报告；⑥原始记录和文件；⑦互联网与局域网。

3. 信息搜集方式

信息搜集方式包括：①原件；②剪贴复印；③文摘卡片；④相关笔记。

（二）信息的加工。

1. 信息加工的方法

（1）筛选。围绕单位的中心工作、参考价值大、有前瞻性和启发作用的原则进行选择。

（2）鉴别。核实和查证，去伪存真，衡量效用。

（3）分类。按单位需要分类。

（4）综合。对信息进行定性、定量分析，对其进行编辑和研究。

2. 信息加工的媒体

（1）文字。

（2）表格。

（3）图示。

（4）影像、录音。

（三）信息传递。

1. 传递方式

（1）空间传递。通过阅读、宣传、会议、电话、邮政网络等传递信息。

（2）时间传递。通过写字、印刷、影像、录音等媒体随时间流逝而传递。

2. 传递方向

（1）单位内部传递。在单位内自上而下、自下而上、平行、交叉传递信息。

（2）单位内外传递。

3. 传递时间

各种信息传递可规定其时限。

（四）信息的存储。

（1）建立信息档案。

（2）信息存储电子化，即运用计算机信息管理系统技术。

（五）信息的使用。

（1）为领导决策服务，即信息自下而上传递，提供决策依据、素材。

（2）为贯彻单位各部门日常经营管理事务服务，即信息自上而下传递。

（3）为单位各部门日常经营管理事务服务，由各个信息系统自行使用信息或上下传递。

（4）为单位协调工作服务，即信息平行传递。

（5）为特定的咨询问题服务。

（6）为适应上级领导部门和有关部门需要服务。

（7）为公共关系目的服务。

第五条　信息的反馈。建立信息反馈机制，评估信息管理效果、效率，改进信息管理作业。

第六条　附则。

（一）本制度未尽事项，依其他办法、规定配套使用。

（二）本制度由信息部门解释、补充、执行，经单位领导办公会议批准颁行。

6.4.2　公司信息资源管理办法

第一条　总则。

（一）为适应分公司信息化发展要求，充分利用信息资源为生产、经营、管理和决策服务，保证各类信息合理、有序流动，保证信息安全，遵循总部有关规定，特制定本管理办法。

（二）信息资源是分公司的重要资产，是进行生产、经营、管理和决策的重要基础，必须加强对信息的采集传输、日常维护、信息平台建设、信息整合、信息共享各方面的管理，以股份公司信息化建设“五统一”原则为指导，不断提高信息资源的管理和使用水平。

（三）本管理办法所涵盖的信息资源范畴，主要是指分公司内部有关生产经营管理方面的信息（以下称内部信息）。

管理的对象主要是由信息系统形成的信息、使用计算机编制的信息、专业系统采集的原始信息等，包括各类文本信息、数据库信息、Web 页面信息、图形图像信息、多媒体信息等；印刷品作为信息的主要载体之一，对其尽可能进行电子化处理，也纳入信息资源管理之内。

第二条　管理体系。

（一）分公司信息资源管理体系依照信息化管理“一个整体，两个层次，归口管理，分工负责”的方针建立，信息中心归口管理，各业务部门专业管理。

（二）分公司信息工作领导小组是分公司信息资源管理体系的最高层次，负责审定分公司有关信息资源管理的规章、制度、办法，负责审核有关标准、规范、重要需求等。

（三）信息中心是分公司信息资源的归口管理部门，负责信息资源的组织、协调、采购、服务等日常管理工作，主持信息平台、信息整合等系统建设工作，负责有关技术支持工作。信息资源管理业务工作接受股份公司信息系统管理部的指导。

（四）各级业务部门既是信息资源的使用单位，也是专业信息资源的主要管理单位，负责本部门业务范围内有关信息资源的日常管理工作，协同信息中心全面开展信息资源的管理工作。

第三条　内部信息的管理。

（一）信息中心负责分公司内部信息的管理，组织各业务部门进行内部信息的需求分析，各业务部门依据业务职责提出各种内部信息需求，并分别按本部门形成和管理的信息（以下称“部门内自管信息”）、需要其他部门提供的信息分别汇总，确定信息内容、信息提供时间和信息提供方式等，需要其他部门提供的重要信息由分公司信息工作领导小组予以审核确认。

（二）信息中心组织汇总各业务部门需要其他部门提供的信息，并进行归类，将各部门需要其他部门提供的信息归纳为部门间共享信息，理顺信息来源和信息使用渠道，并分别反馈给各部门核对认可。

（三）部门间共享信息源由信息中心协调信息需求部门落实，实施信息共享，消除信息滞留在部门或个人的现象，任何个人和部门无权独占信息资源。

（四）各级下属单位的内部信息除供本单位内部使用外，也要按要求及时提供给上级相关部门及领导。

第四条　信息整合和统一信息平台。

（一）信息整合是对分散在各部门的信息资源进行物理或逻辑的集中存储、整理、分类、分级和发布，并提供相应的授权访问，从而发挥信息资源的最大效用。信息整合的主要内容包括各部门确认的结构化信息、非结构化信息及页面信息。

（二）建立统一信息平台是实施信息整合、进行有效信息资源管理的基本策略。统一信息平台是各部门发布、访问、共享信息资源的工作平台。信息中心负责建立统一信息平台，将各部门内自管信息、部门间共享信息、外购信息全部接入信息平台，并实施信息整合。各部门有责任支持和配合统一信息平台的建设工作。

（三）统一信息平台的建设除包含针对结构化数据的数据整合和非结构化数据的内容整合外，还包含应用系统的应用整合和业务流程的业务整合。统一信息平台的建设首先要完成数据整合和内容整合工作，提供信息集成和管理、个性化信息服务、针对互联网和企业内部网的信息搜索功能等。

（四）信息中心负责统一信息平台的运行和维护，及时实施信息整合、信息分发等处理，保证信息的畅通交流和充分共享。

第五条　信息的分级和授权。

根据信息本身在生产、经营和管理中的重要性，结合有关保密规定，按部门内自管信息、部门间共享信息、外购信息分别制定信息分级标准。

部门内自管信息按 A1、A2、A3 三级分级。A1 级信息提供给本部门所有人员访问；A2 级信息提供给相关处（科）室人员访问；A3 级信息提供给相关处（科）室负责人和部门负责人访问。

部门间共享信息按 B1、B2、B3、B4 四级分级。B1 级信息提供给相关部门所有人员访问；B2 级信息提供给相关部门相关处（科）室人员访问；B3 级信息提供给相关部门相关处（科）室负责人和部门负责人访问；B4 级信息提供给相关部门负责人和公司负责人访问。

外购信息分级主要考虑和外部信息公司所签合同，按 C1、C2 两级分级。C1 级信息在分公司范围内使用；C2 级信息在本单位内使用。

按以上信息分级标准对各类信息进行分级，并形成信息的分级属性。部门内自管信息由本部门实施分级，部门间共享信息和外购信息由信息中心会同有关业务部门实施分级，并由信息工作领导小组确认。

依据部门管理职责和个人岗位职责，结合信息分级属性，对部门和个人进行信息授权，保证信息能够准确送达和安全使用。个人的信息授权列表由部门负责人 审查。

个人岗位或职责发生变动后，必须及时更改信息授权，避免信息授权不当的风险，并报信息中心备案。

第六条　信息资源的安全。

（一）为保证信息资源的安全，分别建立相应安全控制策略：管理员权限管理策略、用户权限管理策略、信息资源授权策略、信息资源存储安全策略、信息资源传输安全策略等。

（二）管理员权限管理策略。根据统一信息平台系统管理的不同功能，建立相应的管理员角色，包括系统管理员、负责用户管理的管理员组、负责信息资源目录管理的管理员组以及相应的二级管理员组。

（三）用户权限管理策略。普通用户可以查看被授权的信息，并能将自己的信息与其他特定的用户或用户组进行共享。负责用户管理的管理员组有权完全管理和维护系统的用户信息，相应的二级管理员只能管理和维护所管部门的用户信息，用户可以维护自身的用户信息。

（四）信息资源授权策略。对于普通受控信息采用用户组共享方式授权或针对单个用户直接授权的方式，对于高度受控信息只能采用针对单个用户直接授权的方式。

（五）信息资源存储安全策略。根据信息资源不同的安全级别和对访问效率的不同要求，对信息资源的存储进行非加密存储、部分加密存储或者完全加密存储。

（六）信息资源传输安全策略。根据信息资源不同的安全级别和对访问效率的不同要求，对信息资源的传输进行非加密传输、部分加密传输或者完全加密传输。

第七条　内部网站管理。

内部网站是为满足企业内部信息共享和保密的需求而建立的公用信息平台，主要用于发布企业内部生产经营管理信息及有关市场、经济信息。

内部网站目前仍是分公司内部共享信息的平台，现阶段需按建设统一信息平台的要求加强管理，待条件成熟，逐步向统一信息平台过渡。内部网站在技术及内容上必须考虑与统一信息平台的兼容。信息中心负责分公司内部网站的管理，负责统一规划，负责网站的设计，根据分公司公用信息平台、网络安全管理规定及信息保密规定监督、考核网站的建设和运营，并提供技术支持，实现对内部网站的统一管理，保障内部网站的运行安全。

内部网站信息资源管理，遵循信息共享和信息安全兼顾的原则，保证信息及时、准确，保证使用安全、可靠。发布的信息内容严格遵守有关规定，不得违反国家、股份公司及分公司的相关规章制度。

内部网站要加强信息安全管理，严格内容发布程序和访问权限控制，同时做到内外网严格分离，防止未经授权的非法访问。

内部网站在满足分公司信息使用的同时，需对总部有关部门提供必要的访问通道和链接，保证总部能够及时了解分公司的生产经营状况。

内部网站上的信息发布需经各业务部门业务领导、保密领导小组确认，内部网站上的信息未经授权，禁止对外披露、发布。擅自对外泄漏内部信息，影响企业经营业务或造成经济损失的，应严肃追查，并对相关责任人员或部门追究违纪责任。

第八条　源信息的维护。

分公司各单位内自管信息由各单位负责源信息的人员进行维护，信息管理部门予以必要的配合和支持。

部门间共享信息由信息提供部负责源信息的维护，按要求适时更新信息，保证共享信息的时效性。信息中心予以配合和督促，并与企管部共同负责信息共享的监督与考核。

各源信息维护部门在维护信息时应标明信息的类别、级别等必要标志。

信息中心根据相关管理制度组织源信息的上网共享和加密，并对源信息的更新、维护进行监管和考核。

第九条　信息质量管理。

为了保证信息资源管理的科学性，保证信息的提供能够准确、及时、便于利用，符合安全、保密要求，必须建立、健全信息质量反馈制度，以保证分公司信息资源的质量。信息中心是信息质量的考核单位，各业务部门有义务监督其他业务部门所提供信息的质量是否符合准确、及时和规范性要求，将信息质量反馈也纳入各部门的信息考核当中。

信息中心负责组织有关信息质量反馈意见的收集，信息使用部门负责提出关于信息准确性、文件操作时效性和一致性的意见，由信息中心汇总并分别送达各信息提供部门，协助和督促信息提供部门不断提高共享信息的质量，同时不断完善信息平台的性能和功能，并定期检查、跟踪、反馈记录。

第十条　附则。

（一）本办法自发布之日起执行。

（二）本办法由分公司信息中心负责解释。

6.4.3　信息系统管理与维护制度

公司信息系统的使用与维护，必须按照信息系统的管理规定来执行。其具体规定如下：

第一条　用于安装信息系统的机器，必须严格按公司的统一要求购置，计算机的分辨率指定为 1024×768 像素。

第二条　操作信息系统的人员，必须是参加过公司统一培训的人员，而且需固定，不能随便更换。若有特殊情况需更换人员，需向公司汇报。

第三条　信息操作员有使用、管理所用计算机软件的责任与义务；有管理并对系统中数据保密的权利与义务。操作员必须严格按操作手册操作和维护软件；严禁在运行机器上安装、使用与物流项目无关的软件；严禁无关人员操作机器或未经许可将软件及数据交与第三者。

第四条　信息操作员在信息系统安装时，必须严格按照安装手册进行安装。安装后需确认软件能正常进行业务信息处理。

第五条　开展作业后，信息操作人员必须及时按规定将信息录入系统中，不得拖延或随意修改已录入信息。

第六条　信息操作人员不得在系统中录入与业务无关的信息，不得随意制作单据。

第七条　单据中涉及的编码，应按照公司的统一要求进行编制。

第八条　计算机设备出现故障，需要重装系统软件及信息系统软件，必须及时向公司有关人员报告情况。

第九条　信息系统软件在使用过程中出现异常，必须及时向公司有关人员报告情况。

第十条　设备使用者必须对设备进行日常保养与维护。其内容包括设备表面清洁，计算机中文件、邮件的分类与后备，过期冗余文件、邮件的适时清除，磁盘碎片的定期整理，对磁盘文件尤其是外来磁盘文件的查毒、杀毒处理等。

第十一条　计算机设备在使用过程中禁止插拔电源插头、数据连线，每天使用结束后应关闭计算机设备及电源开关，应尽量避免非正常情况下的强行关闭。

第十二条　严禁使用人员私自打开计算机机箱，私自拆、装计算机零部件，擅自移动台式计算机设备。

第十三条　在计算机设备的散热部位上，严禁放置物品妨碍其正常散热。

6.4.4　机房管理制度

第一条　目的。

为进一步规范公司机房的管理，为公司计算机信息系统的安全、正常运行提供可靠保障，信息部决定即日起实行机房管理制度。

第二条　适用范围。

公司计算机机房。

第三条　职责。

（一）信息部负责公司计算机机房的日常管理。

（二）信息部负责人为公司计算机机房安全、管理责任人。

（三）总务部协助信息部对公司计算机机房进行安全、保卫管理。

第四条　工作程序。

（一）来访者登记。

机房重地，非公莫入。非信息部人员需经信息部负责人批准后，由接待人员陪同方可进入机房，到访人员和接待人员需在“机房值班日记”中的“来访者登记簿”内记录来客姓名、来访时间、来访者单位、来访事由、操作设备、涉及设备和接待人等。

（二）常规检查。

(1) 每天早上上班后、午休后、下班前检查机房设备有无异常情况，如遇异常情况，需及时报告。

(2) 认真填写值班日记（值班日记主要内容包括日期、设备名称、出现的问题、处置情况、值班人、备注等）。

(3) 下班前，关闭机房内所有照明灯。

(4) 管理好机房钥匙。上班后，打开机房门；下班前，负责锁好机房门。

原则上，值班人应在自己当班期间，解决该时间段内出现的问题。若实在不能解决时，应及时报告部门领导并在值班日记中进行详细记录，留待下轮接班人解决。

（三）卫生清洁。

1. 进入机房人员，需换上专用拖鞋

每周一的早上，务必对机房进行一次彻底打扫，平日注意机房保洁，如遇特殊情况需要打扫时勿延怠。

2. 清洁范围

（1）各种电气机柜（包括配电柜、主机、电池柜）的表面。

（2）每个计算机柜的表面。

（3）配线柜的表面。

（4）机房内所有地面。

（5）墙面（包括各种墙面开关表面）。

（6）进门脚垫。

（7）机房门口旁侧鞋柜的清洁及拖鞋的检查，如果发现拖鞋不干净，及时督促相关人员清洗干净。

3. 清洁方法

（1）柜体、墙面用潮布擦干净。

（2）地面用潮抹布或潮墩布擦干净。

（3）进门脚垫。换上备用脚垫，用水将脏的脚垫冲干净后晾干。

（四）交接班。

1. 值班人员

信息部所属人员。因故不能值班者，请事先自行调换。

2. 交接班时间

每周一早上上班后及时进行交接班，由上周值班人将值班记录簿及机房钥匙送交接班人，并交代清楚遗留问题。

（五）注意事项。

1. 人身安全

机房清洁时，要注意以人为本。由于配电柜及UPS电池柜带电，机房清洁时，请不要打开柜门。

2. 机房安全

由于机房地板下面铺设了电缆及电气开关，打扫机房卫生时，必须将抹布或墩布拧干后再使用，以免将水渗漏到地板上，造成安全隐患。机房UPS开关，除计算机主机外，勿接其他设备。

（六）约束机制。

本制度为规范机房管理而制定，如果发现本部人员无故违反此规定，则按公司相关考核制度予以惩罚。

【本章小结】

信息安全主要是指保护信息系统，使其在没有危险、不受威胁、不出事故的安全环境中运行。信息安全的特征主要表现在系统的可靠性、可用性、保密性、完整性、不可抵赖性和可控性等方面。

信息安全风险主要有人员风险、组织风险、物理环境风险、信息机密性和完整性风险等 12 种。

信息安全技术是信息安全的基础，主要有密码技术、信息隐藏技术、数字签名技术和防火墙技术等。

信息安全体系结构用于描绘信息安全的目标和信息安全建设的主要内容，主要有 ISO 安全体系结构、P2DR 模型、PPDRR 模型、IATF 信息安全模型、BS7799 和信息安全管理体系（ISMS）。

Gartner 建议的企业信息安全架构应包括业务、信息和技术三个视角和概念层、逻辑层和实现层三个层面。

物流信息安全体系架构是物流企业信息安全建设和运作的蓝图，是物流企业构建信息安全保障体系的核心内容。通过对物流企业信息安全体系架构的描述，以及在物流企业内部进行广泛的宣传与推广，可以帮助物流企业规范信息安全的管理、建设和运作，提高信息安全的整体保障水平。

信息系统风险的控制主要从组织和人员安全、安全政策、技术架构设计原则、安全域划分、信息安全保障技术几个方面入手。

【思考题】

1. 举例说明信息安全的特征有哪些。
2. 信息安全的风险有哪些？
3. 简述信息加密的两种体制。
4. 试述防火墙的功能。
5. 什么是 P2DR 模型？什么是 BS7799 和信息安全管理体系（ISMS）？
6. 图文描述物流企业信息安全体系架构。
7. 信息系统风险控制的技术架构设计原则有哪些？
8. 简述 IDS 的基本原理。

参 考 文 献

[1] 于健南．信息技术与物流业的发展——从物流定义谈起［J］．科技管理研究，2004（5）．

[2] 工业和信息化部中小企业司．中小企业信息化成果案例选登［J］．企业科技与发展，2010（11）．

[3] G. 贝林杰，等．数据、信息、知识、智慧［J］．国外社会科学，2007（6）．

[4] 贾君枝，等．企业战略信息资源管理层次构建［J］．图书情报工作，2006（11）．

[5] 王广平．从信息管理到知识管理的途径与方法［J］．工业技术经济，2009（5）．

[6] 王玮．从信息管理到知识管理［J］．广东青年干部学院学报，2002.

[7] 边文莉．浅谈现代企业的信息管理与知识管理——基于联想集团的案例分析［J］．中国商贸，2010（4）．

[8] 王汉新．物流信息管理［M］．北京：北京大学出版社，2010.

[9] 张传玉．物流信息管理［M］．北京：北京大学出版社，2007.

[10] 徐燕．物流信息管理［M］．北京：对外经济贸易大学出版社，2004.

[11] 董昌孝．物流信息管理系统［M］．北京：中国轻工业出版社，2006.

[12] 吴伟强，等．信息技术在零售物流的应用研究［J］．商品储运与养护，2007（5）．

[13] 肖南峰，等．第五代计算机——智能计算机［C］．第五届全国先进制造装备与机器人技术高峰论坛，2009.

[14] 张梦然．是什么将在25年后改变世界？［N］．科技日报，2011-7-12.

[15] 杨春，等．美国战略启动全球网络军备竞赛［N］．南方日报，2011-7-28.

[16] 刘丽丽．物联网需要IPv6支持［J］．计算机世界，2011（19）．

[17] IDC：数据库技术面临革命［N］．人民邮电，2010-3-4.

[18] 仇丰刚．采用PDF417技术有效打击涉牌违法［N］．人民公安报：交通安全周刊，2011-7-15.

[19] 陈燕．新条码技术在现代图书馆中的应用与发展［J］．图书馆论坛，2008（5）．

[20] 赵桂芬．商品条码印刷疏忽 药品“身份”错变衣衫［N］．山西日报，2006-9-26.

[21] 黄玲．交通电子口岸连云港分中心成立［N］．中国水运报，2011-7-20.

[22] 柳鹏．构建信息大平台 促进物流大发展［N］．中国交通报，2011-8-26.

[23] 李晨曦．浅析POS机的功能［J］．理论研究，2010（8）．

[24] 毕康．我国连锁超市企业电子订货系统模型构建［J］．山东科技大学学报：社会科学版，2005（9）．

[25] 江彬，等．地理信息系统的应用及发展趋势［J］．中国高新技术企业，2010（15）．

[26] 魏翔．浅谈GIS的应用与发展［J］．北京测绘，2011（2）．

[27] 杨福新．GPS在物流配送管理系统中的应用［D］．长春：吉林大学硕士论文，2008.

[28] 吴佳佳．北斗卫星导航应用市场潜力巨大［N］．经济日报，2011-4-20.

[29] 尤海燕．网络环境下物流信息管理安全模型和应用研究［J］．物流技术，2007，26.

[30] 王云鹤．打造创新型行业信息化枢纽典范［N］．人民邮电，2011-4-6.

[31] 文浩．中远物流信息技术新观察 [J]．专家论坛，2009 (6).
[32] 陈功．泉州烟草以“三化”科学优化物流业务流程 [N]．经理日报，2008-1-23.
[33] 孙林岩．业务流程外包的概念化分析 [J]．管理学报，2004，1 (2).
[34] 黄平．康佳公司业务流程再造研究 [D]．兰州：兰州大学 MBA 论文，2009.
[35] 刘飚．企业业务流程分析及其再造的评价方法研究 [D]．武汉：华中科技大学博士论文，2009.
[36] 张连富．配送中心物流系统规划方法研究．长春：吉林大学博士论文，2007.
[37] 崔鹏森，等．山东速递物流流程优化管理创新力度大 [N]．中国邮政报，2011-8-16.
[38] 宋维平，等．润滑油物流再造降本三千万 [N]．中国石化报，2009-11-23.
[39] 孙友．物流信息系统：精细管理新平台 [N]．中国石化报，2010-3-9.
[40] 李力．物流信息平台构建与应用研究 [D]．武汉：武汉理工大学博士论文，2006.
[41] 刘兴增，等．在现代物流业发展中充分体现政府公共服务 [N]．中国交通报，2011-8-5.
[42] 创文．山东开通公共物流信息平台 [N]．中国电子报，2010-10-15.
[43] 岳冠文．建信息平台提速物流产业 [N]．长沙晚报，2011-9-7.
[44] 戴定一．我国物流信息化发展规划的思考 [N]．中国包装报，2010-4-9.
[45] 林薇，等．解析汽车物流企业的关键成功因素 [J]．商业时代，2005 (35).
[46] 刘洁，等．高校学生综合素质测评信息系统的系统分析 [J]．中国教育信息化，2008 (9).
[47] 陈娟．基于 UML 的面向对象的系统分析与设计 [D]．武汉：武汉理工大学硕士论文，2005.
[48] 冯崇岭，等．结构化程序设计方法中的核心问题 [J]．淮北煤炭师范学院学报，2006 (2).
[49] 喻梅．结构化程序设计方法与面向对象程序设计方法之比较 [J]．科技信息，2009 (14).
[50] 赵志刚．物流管理系统的设计与实现 [D]．长春：吉林大学硕士论文，2011.
[51] 李伟军．基于 UML 的物流运输管理系统分析建模 [J]．科技信息，2011 (5).
[52] 陈洪林．集团企业信息安全体系设计 [D]．合肥：合肥工业大学硕士论文，2007.
[53] 程建华．信息安全风险管理、评估与控制研究 [D]．长春：吉林大学博士论文，2008.
[54] 汤发俊．电子商务的信息安全技术研究 [D]．南京：南京理工大学硕士论文，2006.
[55] 田轶．基于 J2EE 与 OpenSSL 的物流系统安全性研究及实现 [D]．北京：北京邮电大学硕士论文，2008.
[56] 罗革新，等．大型企业信息安全体系架构设计初探 [J]．勘探地球物理进展，2008 (6).
[57] 贾斌．企业信息安全风险分析与控制 [D]．西安：西北工业大学硕士论文，2006.